언스쿨링

Peter Gray 저
황기우 교수 역

박영story

서 평

"깔끔하고 체계적이며 멋지게 서술된 걸작이다... 나는 이 책을 모든 학부모뿐 아니라 교육개혁에 관심을 갖는 우리 사회의 모든 교육자들과 모든 사람들에게 적극 추천한다." -로레트 린, 언프러그드 맘 닷컴

"이 책은 강력한 변혁의 에이전트다. 나는 학부모, 교사, 그리고 학교 교육 정책 결정자들이 반드시 읽어볼 것을 권한다." -마더링 닷컴

"열정이 넘치는 그레이는 학교가 학습을 방해한다고 강하게 주장한다... 개인을 형성하는 '놀이의 힘'에 대한 그의 생생한 예증은 순응을 조장하고 창의적 사고를 죽이는 학교제도의 흐름을 역류시키는 대화를 새롭게 이어 갈 것이다." -퍼블리셔위클리

"이 책은 용기가 넘치는 매우 중요하고 심오한 책이다. 그레이는 교육에 대한 매우 인간적이고 동정적이며 효과적인 접근을 공개적으로 과감하게 주장함으로서 리처드 루브와 알피 콘 등과 합류했다." -프랭크 폴렌시크, 『활기 넘치는 동물』, 『당신의 몸을 변화시켜라, 세계를 변화시켜라』의 저자

"그레이는 아동놀이의 진화에 대한 세계적인 권위자다. 그는 백과사전적인 심리학적 지식과 인간주의적인 주장을 교육개혁의 중대한 문제에 적용하고 있다. 나는 그의 모든 권고에 전적으로 동의하

지 않는다. 하지만 그는 아이들이 스스로 배우는 방식에 정합하도
록 어떻게 학교를 설계할 것인지에 대한 우리들의 오랜 숙원을 우
리 모두가 새롭게 생각하는 기회를 제공하고 있다."-스티븐 핑커,
하버드 대학교, 하버드칼리지 심리학과 교수, 『마음은 어떻게 작동하는가』
의 저자

"모든 아이들은 배우기를 좋아한다. 하지만 대부분의 아이들은 학
교를 좋아하지 않는다. 섬광 같은 이 책이 나오기 전까지 우리는
이런 단절에 대한 논의를 피해왔다. 만약 호기심 많은 당신의 아이
가 학교에서 시무룩한 달팽이처럼 변해가는 이유를 궁금하게 생각
한 적이 있다면, 피터 그레이의 책에서 답을 찾을 수 있을 것이다.
역시 그는 해독제다."-리노어 스커네이지, 『자유 방목 아이들』의 저자

"현대 교육제도는 끔찍한 이야기가 전개되는 동화 속에서 간절히
구하는 소원과 같은 것이다. 피터 그레이의 책은 결과를 알 수 없
는 미로 속에서 아이들이 스스로 자기를 교육하게 만드는 자연의
길로 우리들을 안내한다. 그레이의 메시지는 너무 당연한 것이어서
사실 여부에 착각을 일으킬 정도지만, 어디까지나 명확한 과학적인
증거를 바탕으로 하고 있다. 이 책은 당신의 일상을 통해서 지금
당장 아이들에게 변화를 일으킬 수 있다."-데이비드 슬론 윌슨, 미국
뉴욕 주립대 빙햄튼 대학의 생물학과 인류학의 저명한 교수이며 『진화론
의 유혹』의 저자

"빠질 수밖에 없는 매력적인 책. 그레이는 현대사회의 학교교육이
발달하면서 우리 아이들이 배우기 원하는 바로 그 능력, 놀이를 아
동기에서 어떻게 제거했는지를 역설적으로 예증한다. 놀이의 쇠퇴
는 매우 심각하고 중대한 일이 아닐 수 없다."-로버타 미치닉 골린

코프, 『아이슈타인은 결코 플레시 카드를 사용하지 않았다』, 『유아학교 놀이학습의 의무』의 저자

"피터 그레이의 저서는 일반적으로 실패했으며 또한 실패하고 있는 교육제도에서 아이들과 교사들이 지속적으로 맞게 되는 비극의 함정을 근본적으로 조명하는 데 매우 유익한 책이다. 그레이는 인간이라는 좋은 놀이를 즐기도록 설계되어 있어서 놀이를 통해서 형성되기 때문에 아이들에게 놀이는 곧 학습이라는 등식을 과학이론과 진화생물학을 통하여 명쾌하게 증명한다. 이 책에서 주장한 패러다임의 전환은 시의적절하며 환경에 적응하는 인간의 장기적인 생존을 위해서 반드시 읽어야 할 책이다." -스튜어트 브라운, 미국 국립놀이 연구소 설립자 및 소장, 『플레이, 즐거움의 발견』의 저자

역자 서문

학교를 좋아하는 아이들이 얼마나 될까?

언젠가 우연히 들었던 우스갯소리가 생각난다. 갓 입학한 초등학교 1학년 교실의 수업을 참관하던 한 학부모가 맨 뒤에 앉아있는 자그마한 여자 아이에게 물었다. "애야, 학교수업이 재미있니?" 그러자 아이는 모기만한 소리로 "아니요, 다음 달에는 끊을 거예요"라고 대답했다. 수업이 재미없고 지루할 때면 이 아이의 계획처럼 언제든지 학교를 그만 둘 수 있다면 얼마나 좋겠는가? 하지만 각종 법령으로 강제된 학교교육의 현실에서는 거의 불가능한 일이다. 안타깝지만 아이의 소원이 이루어지기 위해서는 앞으로 12년을 더 기다려야 할 것 같다.

수많은 교육개혁에도 불구하고 왜 학교는 늘 그대로인가? 초중등학교를 불문하고 수업시간에 잠자는 아이들의 모습은 어느덧 학교의 일상이 되었고, 학교폭력으로 학교를 떠나는 중도탈락자의 행렬이 줄을 잇는다. 성적에 대한 압박감으로 자살하는 학생 수와 천정부지로 치솟는 사교육비는 OECD 국가 중 단연 1등이다. 이 모든 것이 우리 학교교육의 민낯인 것을 어찌하겠는가?

한동안 거의 성역으로 군림했던 학교현장이 소란스럽다. 최근 "학교에 배움이 있느냐"고 일격을 가한 뒤 당당히 학교를 떠난 한 여고생의 행동이 많은 누리꾼들 사이에서 공감을 일으킨 적이 있다.

이는 오랫동안 잠재해 있던 학교교육에 대한 학생들의 누적된 불만이 언제든지 일시에 폭발할 가능성을 암시한다. 이제 학교는 아이들에게 꿈을 키우는 곳이 아닌 가능하면 피하고 싶은 루저양산 공장으로 생각되고 있다.

이 책의 저자인 피터 그레이는 평생에 걸쳐 인간의 성장과 발달을 연구한 세계적인 발달심리학자다. 그럼에도 불구하고 그는 매우 특이하게 교육의 생물학적인 관점을 기반으로 하는 새로운 교육연구영역을 개척하기 위해서 심리학, 인류학, 사학 등을 융합한 자신만의 독특한 학문세계를 구축했다. 그는 이런 학문적 바탕 위에서 우리와 비슷한 처지에 놓인 미국의 공교육을 향해 돌직구를 던진다. "학교는 아이들을 강제로 수용하는 감옥"이다. 즉 자유를 억압하는 학교교육이 학교를 스트레스, 집단괴롭힘, 과대망상증을 조장하는 불행한 곳으로 인식하게 만들어 점점 더 많은 아이들이 학교교육에서 소외되고 있다는 것이다. 나아가 그는 학교교육을 아이들의 호기심과 창의력을 방해하는 족쇄로 규정한 후, 하루빨리 아이들에게서 이 족쇄를 풀어 놓으라는 반직관적인 주장을 펼친다. 이런 주장은 전통적인 학교교육의 근본을 송두리째 뒤집는 것을 의미한다.

그레이는 자신의 주장을 뒷받침하기 위해서 (1) 어떻게 하면 아이들이 잘 배울 수 있는가? (2) 수렵시대 아이들의 놀이 환경은 어떠했는가? (3) 어떤 점에서 오늘날의 교육제도가 감옥에 비유되고 있는가? (4) 대안교육은 아이들을 즐겁게 할 수 있는가? 등 도발적인 질문을 제기한다. 이에 대해 그는 "아이들은 학습본성을 가지고 세상에 태어나기 때문에 자신이 알 필요가 있는 모든 것들을 자기 주도적으로 배울 수 있지만, 오늘날 강제적인 학교교육이 아이들의 학습본성을 억압한 결과 공교육의 몰락을 눈앞에 두고 있다."고 답한다.

이런 맥락에서 그레이는 가까운 미래에 "언스쿨링(unschooling)"
이 학교교육(schooling)을 대체할 것으로 예측한다. 언스쿨링은 현
재의 학교교육과 대치하는 반주류적인 대안교육의 극단적인 한 형
태다. 간단히 말하면 이는 학교, 교사, 교육과정은 물론 평가, 시험,
숙제 등이 전혀 허용되지 않는 그야말로 자유천국의 교육이라고 할
수 있다. 이 자유교육의 원형은 수렵채집인들에게서 유래했으며 인
간의 학습본성에 근거하는 교육의 자기책임을 강조한다. 그레이는
이런 언스쿨링의 모범사례로 미국의 서드베리 벨리 학교를 제시하
고 이에 대한 많은 연구를 실시했다. 서드베리 벨리 학교는 교사와
교육과정은 물론 성인이 강요하는 수업시간이나 학습시간표 등을
전혀 필요로 하지 않는 완전히 비구조적인 환경 속에서 학교의 모
든 일들을 아이들이 민주적인 방식으로 운영한다. 이런 까닭으로
이 학교는 현대사회에서도 적용이 가능한 대표적인 언스쿨링으로
명성을 얻게 되었다.

이 책을 통해서 그레이가 전달하려는 메시지는 간단하다. 즉
아이들은 자기학습의 주도권을 갖도록 생물학적으로 설계되어 있
기 때문에 안전한 환경에서 자기관심을 추구할 수 있는 자유와 수
단을 제공하게 되면, 아이들은 다양한 방법을 좇아 성장하면서 인
생의 도전에 맞설 수 있는 능력과 자신감을 자연적으로 획득한다
는 것이다. 한마디로 아이들에게 필요한 것은 더 적은 학교교육,
더 많은 자유 그리고 더 즐겁게 놀고 더 넓게 탐색할 수 있는 안
전한 환경이다.

그레이가 던지는 메시지는 우리의 학교교육에 대한 경고음인
동시에 미래교육이 나아갈 지침을 제공한다. 우리 사회가 앓고 있
는 학교교육의 고질병은 공허한 "교육개혁"의 깃발을 흔드는 것으
로 치유하기에는 불가능한 상태에 처해 있다. 이미 시대정신은 학
교제도권 내의 개혁이 아닌 학교혁명을 상상할 것을 요구하고 있

다. 우리 아이에게 무슨 잘못이 있는지 묻지 말고 우리 교육제도에 무슨 잘못이 있는지 물으라고 일갈하는 그레이의 준엄한 질책은 우리 학교교육의 심장을 멎게 한다.

부디 이 책이 많은 독자들에게 읽혀, 아이들의 자연적인 학습 본성에 대한 새로운 인식이 사회적으로 확산되길 바란다. 또한 기존 교육제도의 틀을 과감하게 해체하는 데 요구되는 새로운 상상력을 자극하는 촉매제가 되길 희망한다. 나아가 빼앗겼던 아이들의 자유를 돌려주고 쇠퇴하는 놀이가 회복되어 세상의 모든 아이들이 자립적이고 안전하며 행복한 인간으로 스스로 성장하는 날을 기대한다.

이 책의 출판을 기꺼이 허락해주신 박영스토리 임직원들께 감사드린다. 또한 이 책을 기획하신 이선경 과장님, 그리고 정갈한 글로 다듬어 주신 배근하 선생님께 감사드린다. 특히 하리 숲 학교에서 언스쿨링의 씨앗을 뿌리는 정대현 교수님과 상큼한 조언을 아끼지 않은 손준종, 권순달 두 교수님께도 감사드린다. 무엇보다도 생소한 언스쿨링에 눈을 뜨게 안내해 준 귀여운 손주들에 대한 감사를 빼놓을 수 없을 것이다. 자유를 갈망하는 이들의 일상은 무지한 나에게 영감을 주어 인간을 새롭게 이해하게 해주었다. 이들이 대학에 진학할 무렵이면 제법 많은 언스쿨러 출신들이 대학 교정을 누빌 것으로 상상한다.

2015년 8월
역자 황기우

서 문

"지옥에나 떨어져 뒈져 버려라."

이 말은 한순간 쇠망치로 내 머리를 강타하는 듯 했다. 예전에 나는 종종 지옥에나 가버리라는 저주를 받은 적이 있었지만 이처럼 충격으로 다가오는 경우는 없었다. 명백한 사실조차 인정하지 않으려는 내 우둔함에 실망한 동료들이나 멍청한 내 생각을 못마땅해 하는 친구들에게서 그런 말을 들은 적은 있었지만, 그런 경우 "지옥에나 떨어져 뒈져 버려라."라는 말은 긴장을 완화시켜 소모적 논쟁을 잠재우려는 수단일 뿐이었다. 그러나 이번에는 달랐다. 정말 지옥에 갈 것 같은 생각이 들었다. 나는 유황불이 펄펄 끓는 내세의 지옥을 믿지 않지만, 나를 사랑하고 나를 필요로 하며 나를 믿고 의지하는 사람을 실망시킨 사실을 알고 나서 깊은 마음의 상처를 받았다면, 현세의 내 삶은 지옥이나 다름없을 것이다.

이제 9살 난 내 아들 스콧(Scott)은 초등학교 교장실에서 이 말을 내뱉었다. 그것은 나뿐 아니라 그와 반대진영에 있는 교장, 스콧의 두 선생님, 학교상담사, 학교아동심리학자, 스콧의 엄마(사망한 아내) 등 7명의 쟁쟁한 어른들을 향해서 던진 말이었다. 우리는 스콧에게 반드시 학교에 출석해야 하며 선생님이 학교에서 지시한 일은 무엇이든지 성실하게 수행해야 한다는 점을 단단히 일러주기 위해서 연합전선을 펼 작정이었다. 각각 단호하게 우리의 입장을 전하자, 스콧은 우리 모두를 정면으로 바라보며 그 욕설을 내뱉어 내 발을 얼어붙게 했다.

나는 순간적으로 울음을 터트렸다. 그때야 비로소 나는 내 아들의 반대편이 아닌 내 아들 편에 섰어야 했다는 것을 깨달았다. 아내의 얼굴에 흐르는 눈물을 보고 아내도 역시 울고 있는 것을 알아차렸다. 그녀의 눈물은 아내도 나와 똑같이 느끼고 생각하고 있다는 것을 말해 주었다. 우리 모두는 스콧이 오랫동안 우리가 자신에게 해주기를 원했던 것, 즉 이 학교뿐 아니라 이 학교와 비슷한 어떤 곳에서라도 그를 탈출시켜야만 했다는 사실을 깨닫게 되었다. 내 아들에게 학교는 감옥이었다. 그에게는 감금되어야 할 하등 어떤 이유도 없었다.

그날 교장실에서 있었던 회의는 이 학교에서 열렸던 수 년간의 회의 중 단연 압권이었다. 나와 내 아내는 당일 회의 자리에서 최근에 내 아들이 저지른 나쁜 행동을 알 수 있었다. 내 아들의 비행은 예의 바른 소년들에게서 교사가 기대할 수 있는 통상적인 수준을 넘는 것이었다. 내 아들의 비행은 교사들의 방식에 반하는 것이었기 때문에 교직원들을 더욱 불안하게 만들었다. 이는 매우 치밀하게 계획된 반항처럼 생각되었다. 내 아들은 고의적으로 그리고 체계적으로 교사의 지도방식에 반발했다. 교사가 특정 방법으로 수학문제를 풀도록 가르치면 그는 그 문제를 다른 방식으로 풀 수 있는 방법을 찾는 데 골몰했다. 마침표와 대문자를 배우는 철자 시간에 그는 제시된 시와 똑같이 베껴 썼다(원문대로). 그는 마침표와 대문자를 사용하고 싶거나 전혀 하고 싶지 않을 때는 사용규칙을 무시하고 그것을 제멋대로 사용했다. 점점 이런 일이 잦아지면서 아이는 종종 허락도 받지 않은 채 교실을 뛰쳐나오는 횟수가 빈번해졌다. 강제적인 제재가 없었다면, 그는 곧장 집으로 돌아왔을 것이다.

마침내 우리는 스콧에게 꼭 맞는 학교를 찾아냈다. 이 학교는 당신이 상상할 수 있는 그런 "학교"가 아니다. 잠시 후 나는 이 학교와 그곳에서 영감을 얻었던 세계적인 교육운동에 대해 이야기할 것이다. 이 책에서는 특별한 학교가 아닌 주로 인간의 학습본성에 대한 이야기를 담았다.

아이들은 유전적으로 프로그램화된 특별한 학습능력과 강렬한 학습열정을 가지고 세상 밖으로 나온다. 아이들은 학습기계가 아니다. 4살 전후쯤 되면 그들은 누가 가르쳐주지 않아도 계산이 불가능할 정도로 엄청나게 많은 양의 정보와 기술을 습득한다. 걷고, 달리고, 뛰고, 기어오르기 등을 배운다. 자기문화의 언어를 배우고 이해하는 동시에 자기 뜻을 주장하고, 논쟁하고, 즐겁게 놀고, 괴롭히고, 친구를 사귀고, 질문하는 것 등을 배운다. 그들은 주변의 자연과 사회세계에 대해 믿기 어려울 만큼 많은 양의 지식을 획득한다. 그들의 선천적인 본성과 욕구, 타고난 장난기와 호기심은 이 모든 것들을 빨아들인다. 아이들이 5세나 6세가 되어도 자연은 이런 엄청난 학습욕구와 능력을 멈추게 하지 않는다. 강압적인 학교교육제도가 그것을 멈추게 할 뿐이다. 가장 중요하고도 가장 오랫동안 지속되는 학교의 교훈은 배움이란 가능하면 피하고 싶은 일이라는 것이다.

교장실에서 내뱉은 내 아들의 말은 내 직업뿐 아니라 내 인생의 방향까지 바꿔 놓았다. 나는 당시뿐 아니라 현재까지도 포유류의 욕구와 감정에 대한 생물학적 기반에 깊은 관심을 가지고 이를 연구하는 생물심리학 교수이다. 나는 생쥐의 공포를 조절하는 특정 호르몬의 역할을 연구해 왔다. 최근에는 쥐에게 모성행동을 일으키는 뇌의 메커니즘 연구에 집중하고 있다. 교장실에서 있었던 그날의 사건은 점점 내 연구의 초점을 변화시키는 일련의 사건을 촉발시켰다. 나는 생물학적인 관점에서 교육을 연구하기 시작했는

데 그 동기는 주로 내 아들에 대한 관심 때문이었다. 나는 전문가 (교사)의 지도방법을 따르기보다 오히려 자신의 교육방법을 따르게 하는 것이 결코 잘못이 아니라는 점을 분명히 해두고 싶었다. 그러나 스콧이 자기 주도적 학습을 매우 성공적으로 수행하는 것을 확인하게 되면서부터 내 연구의 관심은 보통 아이들로부터 점차 인간 교육의 생물학적인 기초분야로 바뀌게 되었다.

도대체 인류를 문화적 동물로 만드는 것은 무엇인가? 바꾸어 말하면 인간본성의 어떤 점이 전 세계의 신세대들로 하여금 선세대의 기술, 지식, 신념, 이론, 가치 등을 획득하여 축적·발전하게 만드는가? 이 질문으로 인해서 나는 학교제도 밖의 환경, 즉 내 아들이 다녔던 특별한 넌스쿨(non-school)에서 교육을 연구하기 시작했다. 이후 나는 그런 학교 아이들의 교육방법을 이해하기 위해서 "언스쿨링(unschooling)" 운동에 대해 조사했다. 언스쿨링 운동은 새로운 교육운동으로 급성장을 거듭하면서 전 세계로 확산되는 추세에 있다. 나는 수렵채집 문화에서 이루어지는 아동학습과 그들의 생활에 대해 내가 할 수 있는 한 많은 것들을 얻기 위해서 인류학의 문헌들을 읽고 여러 인류학자들에 대해서 조사했다. 나는 아동놀이와 관련된 심리학적·인류학적 연구물들을 거의 모두 검토했다. 이후 나는 내가 지도하는 대학원 학생들과 함께 아동놀이를 통한 학습방법을 연구하는 새로운 프로젝트를 수행해 왔다.

이런 연구를 통해서 나는 놀고 탐색하려는 아이들의 강한 욕구는 수렵채집 문화뿐 아니라 현대사회의 우리 문화권 교육에서도 작동하는 방식으로 이해할 수 있었다. 그것은 아이들이 자기놀이의 방식으로 자기교육을 실행하도록 아이의 능력을 최적화 시키는 환경적 조건을 새롭게 통찰할 수 있게 해 주었다. 만약 우리가 의지만 있다면, 그것은 우리가 강제적인 학교교육으로부터 아이들을

자유롭게 하는 것은 물론 아동기의 고유한 기쁨을 박탈하지 않고
서 아이들의 자기 교육력을 극대화 시키는 학습센터의 방안을 연
구할 수 있게 할 것이다.

이 책에는 그런 모든 것들이 담겨져 있다.

차 례

CHAPTER 1

우리는
어린 시절에
무엇을
했는가?

나는 지금껏 살아오면서 수백 명 이상의 위대한 교사들에게서 수많은 것들을 배워왔다. 그러나 내 인생에서 단 한 명의 가장 위대한 교사를 꼽으라고 한다면 나는 주저 없이 루비 루(Ruby Lou)를 떠올릴 것이다. 우리는 내가 5살이었고 그녀가 6살이었던 어느 여름날 만났다. 우리 가족은 새 동네로 갓 이사했기 때문에 어머니의 조언에 따라 나는 집집마다 찾아가 "여기 내 또래의 아이가 살고 있어요?"라고 물으면서 온 동네를 돌아다녔다. 그러던 중 나는 바로 길 건너 맞은편에 서있는 그녀를 발견할 수 있었다. 우리는 불과 몇 분 만에 친구가 되어 이 동네에 살았던 2년 동안 매우 가깝게 지낼 수 있었다. 루비 루는 나보다 나이가 더 많고 더 영리하고 더 대담한 면이 있었다. 이런 것들은 내가 그녀를 내 생애 위대한 교사로 기억하기에 충분한 이유가 되었다.

 1980년대 중반, 로버트 풀검(Robert Fulghum)은 많은 사람들로부터 선풍적인 인기를 끌었던 『내가 정말 알아야 할 모든 것은 유치원에서 배웠다』(All I Really Need to Know I Learned in Kindergarten)라는 책을 냈다. 5살 때 내가 이사 온 동네는 매우 조그마하여 유치원이 없었기 때문에 나는 결코 유치원에 다닐 수 없었다. 그러니까 만약 내가 풀검을 다그친다면 그도 어쩔 수 없이 일상생활에서 배운 중요한 교훈의 대부분은 유치원이나 학교가 아닌 다른 곳에서 배웠다는 사실에 동의할 것으로 생각한다. 사람들은 거의 모든 것들을 생활 그 자체에서 배웠다.

 그 해 첫 여름 내내 루비 루와 나는 거의 매일, 때로는 거의 하루 종일, 어떤 때에는 둘이서만, 어떤 때에는 이웃집 아이들과 함께 해지는 줄 모르고 놀았다. 그때 그녀는 이제 갓 1학년에 들어갔고 나는 입학하기 전이었다. 그러나 우리는 방과 후에 그리고 주말에 항상 함께 즐겁게 놀았다.

 나는 한때 『내가 정말 알아야 할 모든 것은 루비 루에게서 배웠다』라는 제목의 책을 쓸 생각을 했다. 내가 기억하기에 루비 루가 나에게 맨 처음 가르쳐 준 것은 자전거 타기였다. 나에게는 자전거가 없었고 그녀에게는 자전거가 있었기 때문에 그녀는 내가 자전거를 타도록 배려해 주었다. 그것은 타고 내릴 때 다리를 들어 올려 가로대를 넘을 필요가 없는 여자용 자전거였기 때문에 배우기가 쉬운 편이었다. 우리가 살고 있는 동네에는 작은 언덕 아래로 내리막길이 있었다. 루비 루는 내가 언덕의 꼭대기에서 자전거에 타고 발로 살짝 밀어만 주면 페달을 밟지 않고도 금방 속도를 높일 수 있어서 자전거가 균형을 잃지 않을 것이라고 말하고서 자전거를 타는 시범을 보여주었다. 나는 그런 방법을 이용하여 혼자서 균형을 잡아 페달을 밟는 방법을 배울 수 있었다. 언덕 맨 아래에 도달했을 때, 그녀는 페달을 밟는 법을 가르쳐 주면서 넘어지기 전이나 발을 땅에 딛고 멈추기 위해서 가능하면 매번 더 멀리 가도록 주문했다. 나는 처음 연습할 때 무릎에 무수한 상처를 입고 주차해 놓은 이웃집 차에 가볍게 부딪치기도 했다. 그러나 루비 루는 내가 점점 나아지고 있어서 곧 넘어지지 않고 "영원히" 잘 타게 될 것이므로 걱정하지 말라고 친절하게 응원해 주었다. 며칠이 지나지 않아서 나는 정말로 영원히 자전거를 탈 수 있게 되었다. 부모님이 이런 사실을 알고 나에게 낡은 중고 자전거를 사주셨다. 그 자전거는 나에게 너무 컸고 ("빨리 자라야 맞을 크기였다.") 게다가 너무 높아서 올라타기가 어려운 남자용 가로대로 되어 있었다. 그러나 나는 곧 그 자전거를 탈 수 있었다. 그것은 내 생애 첫 번째 자동차였다. 그 자전거는 내가 5살이 되기 전에는 결코 알지 못했던 자유를 나에게 안겨주었다.

일단 내가 자전거를 갖게 되자, 루비 루와 나는 온 마을과 가까운 시골 구석구석까지 누비고 다니기 시작했다. 지금 돌이켜보면 결코 집에서 2마일이나 3마일 이상 떨어진 먼 거리까지 가지 않았을 것이라고 생각되지만, 당시에는 그것이 마치 거대한 모험처럼 생각되었다. 나 혼자서는 그런 여행이 허락되지 않았으나 루비 루와 동행했기 때문에 그런 여행이 가능할 수 있었다. 내 어머니는 6살의 루비 루가 조숙하고 책임감이 강하며 주변 길에 익숙한 사실을 알고 있었다. 그녀는 내가 곤경에 처할 때마다 나를 구해 주었다. 모험을 떠날 때마다 우리는 우리가 살고 있는 주변 세계와 우리가 만나는 사람들에 대해 새로운 것들을 배우게 되었다. 지금도 나는 이 동수단으로서 자전거를 좋아하기 때문에 자전거를 타고 출근하거나 어디론지 가고 있을 때면 가끔씩 루비 루를 생각하곤 한다.

또한 루비 루는 내가 나무에 오르는 법을 가르쳐 주었다. 우리 집 앞마당에는 엄청나게 큰 소나무 한 그루가 있었다. 그 나무는 어른들에게는 보통 크기의 소나무였을지 모르지만 내 추측에 당시 나에게는 나무 꼭대기가 하늘에 닿아 있을 정도로 거대해서 하나님이 올라가기 위해서 만든 것처럼 보였다. 나는 매우 민첩하거나 대담한 아이가 아니어서 더 높이 올라가기 위해서 수주일이나 몇 달 동안 열심히 노력해야 했다. 소나무는 나를 불렀던 것처럼 루비 루를 불렀고 그녀는 항상 나보다 앞서 올라갔다. 그녀가 이전에는 결코 다 다르지 못했던 가지까지 더 높이 오르려고 마음먹을 때마다 나도 역시 할 수 있다는 자신감을 얻었다. 하늘을 향해 올라가서 저 땅 아래까지 내려다보는 것은 얼마나 큰 스릴인가. 아마 그 높이는 15피트(약 4.6미터) 혹은 20피트(약 6.1미터)쯤 되었을 것이다. 하지만 그런 위험스런 스릴과 심지어 내가 그런 위험을 포용할 수 있다는 더 큰 자신감은 5살 난 내 자아를 채우고도 남았다. 그때의 자신감은 내 일생 동안 큰 자산이 되었다.

모든 것을 태워버릴 듯 무더운 어느 여름날 루비 루는 나에게 죽음에 대한 교훈을 최초로 가르쳐 주었다. 내가 마당에서 플라스틱 간이풀장 안으로 뛰어들어 물 위에서 슬라이딩을 하면서 놀고 있을 때였다. 루비 루가 우리 집 마당으로 걸어오는 것을 보고 나는 그녀가 항상 그랬던 것처럼 풀장으로 뛰어들 것으로 기대했다. 그러나 그녀는 그렇게 하지 않았다. 그녀는 멀리 떨어진 채 아무 말도 없이 그냥 잔디에 앉아 있었다. 나는 바보처럼 히죽거리면서 그녀를 웃기려 했으나 소용이 없었다. 나는 이전에 그렇게 행동하는 사람을 본 적이 없었다. 결국 나는 슬그머니 그녀 옆으로 걸어가 앉았다. 그때 그녀는 그녀와 함께 살던 할아버지가 지난 밤에 세상을 떠났다는 말을 들려주었다. 이는 죽음에 대한 내 최초의 경험이었으며 사랑했던 사람을 잃어버린 슬픔을 위로하려는 내 최초의 시도였다. 물론 나는 실패했지만 필경 내가 얻은 것은 누구라도 그런 때에는 항상 실패한다는 사실이었다. 당신이 할 수 있는 모든 것은 친구로서 거기에 함께 있어주는 것이고 시간이 치유하도록 지켜보는 것뿐이다. 다행스럽게도 6살 아이의 시간은 빨리 지나가기 때문에 하루가 2주일처럼 지나가는 효과가 있었다. 그리 길지 않았던 여름날은 루비 루와 내가 다시 웃으면서 함께 놀기도 전에 슬쩍 지나가 버렸다.

　　나는 내 어린 시절을 뒤돌아보고 오늘날의 아이들이 우리들의 어린 시절보다 더 적은 자유를 누리는 점을 안타깝게 생각하는 유일한 사람이 아니다. 중년이나 그 이상의 연장자들에게 자신의 어린 시절이 어떠했는지 물어보아라. 그러면 그들은 다시 어린 시절로 돌아가 친구들과 함께 모험을 즐기며 보냈던 시간을 추억하기 시작할 것이다. 여기에 예전에 영부인이었고 내가 글을 쓰는 당시에는 미국 국무장관이었던 힐러리 로댐 클린턴(Hillary Rodham Clinton)이 일리노이즈 파크 리지에서 보냈던 어린 시절을 회고하는 에세이의 한 부분을 소개한다.

　　우리들에게는 잘 조직된 아이들 집단이 있었기 때문에 방과 후, 매 주말, 그리고 이른 새벽부터 부모님들이 여름날 어둠 속에서 우리들을 부르실 때까지 여러 가지 게임을 하면서 신나게 놀 수 있었다. 꼬리잡기 게임을 자주 했는데, 이것은 숨고-찾고-태그하는 것을 결합한 팀 중심의 복합게임이었다. 우리는 팀을 구성한 후 아마 두세 블록에 걸친 근처 지역으로 흩어져서 누가 추적해 올 경우를 대비해 도망갈 수 있는 안전한 장소를 물색했다. 또한 게임이 계속 진행되도록 태그 효과를 없애는 방법도 마련해 놓았다. 모든 게임과 마찬가지로 규칙은 정교했다. 그 규칙은 길거리 모퉁이에서 오랜 논의의 끝에 이루어진 협상의 결과였다. 그 규칙은 우리들이 어떻게 더 많은 시간을 보낼 수 있는지에 관한 것이었다. …

우리는 매우 독립적이어서 많은 자유를 누릴 수 있었다. 그러나 오늘날 아이들에게 그런 자유를 허용하는 일을 상상하는 것조차 불가능하게 되었다. 이는 사회적으로 큰 손실이 아닐 수 없을 것이다.[1]

정치적으로 어떤 진영을 지지하느냐와 관계없이 당신은 힐러리가 특별한 능력과 자신감을 갖추고 사회적으로 유능한 사람으로 성장한 사실에는 동의할 것이다. 나는 세계적인 지도자들과 협상을 이끌어내는 힐러리 국무장관을 생각할 때마다, 이웃 아이들과 함께 꼬리잡기 게임의 규칙을 놓고 협상안을 만들어 내는 작은 소녀를 상상한다.

"우리는 매우 독립적이었다. 우리들은 많은 자유를 누릴 수 있었다. 그러나 이제 오늘날 아이들에게는 그런 자유를 허용하는 일을 상상하는 것조차 불가능하게 되었다. 이는 사회적으로 큰 손실이 아닐 수 없을 것이다." 이는 단순히 큰 손실만이 아니다. 비극이며 문화적 손실이다. 아이들은 천성적으로 어른들의 간섭을 받지 않고 스스로 놀고, 스스로 탐색하도록 유전적으로 설계되어 있다. 그들은 성장하기 위해서 자유를 필요로 한다. 그들은 자유가 없으면 고통을 느낀다. 자유놀이의 충동은 기본적인 생물학적 욕구다. 음식, 공기,

물처럼 자유놀이가 부족하면 몸이 죽게 된다. 또한 자유놀이가 부족하면 정신이 죽게 되어 내면의 성장을 방해하게 된다. 자유놀이는 아이들이 친구를 사귀고 두려움을 극복하고 자기문제를 해결하는 등 일반적으로 자기 인생의 통제를 배우는 수단이다. 우리가 행하는 어떤 것도, 우리가 선물하는 수많은 어떤 장난감도, 또는 "퇴근 후 부모와 함께 하는 어떤 귀중한 시간"도, 그 밖에 어떤 것도 우리가 박탈한 자유를 보상할 수는 없다. 아이들이 자유놀이에서 스스로 주도권을 가지고 배우는 것은 다른 어떤 방법으로도 가르치는 것이 불가능한 것이다.

우리는 아이들의 적응 가능성을 벼랑 끝까지 몰아가고 있다. 우리는 아이들이 하루 중 대부분의 시간을 책상 앞에 앉아서 어른들의 지도를 받고, 정작 흥미도 없는 것을 읽고 듣고, 자신이 제기하지도 않은 질문에 대답하면서, 오직 시간만 낭비하는 비정상적인 환경에서 생활하도록 아이들에게 압박을 가하고 있다. 우리는 아이들이 놀고 탐색하고 자신의 관심을 추구할 수 있는 시간과 자유를 점점 더 많이 빼앗고 있다.

나는 진화론적인 발달 심리학자인 까닭에 다윈의 관점에서 아동발달을 연구한다. 나는 아이들이 자기가 태어난 문화에서 생존하면서 만족스런 삶을 살아가기 위해서는, 반드시 수행해야 할 일들을 자기 주도적으로 학습하도록 안내하는 아이의 본성에 특별한 관심을 가지고 있다. 즉 나는 교육의 생물학적 기반에 관심을 가지고 있다. 나는 이 목적을 위해서 인간사회의 기원, 수렵채집 사회의 교육을 연구했다. 그런 사회에는 학교와 같은 것이 없었기 때문에 아이들은 항상 자기학습의 책임을 가지고 있었다. 또한 나는 현재 매사추세츠의 우리 집 근처에 소재하는 한 대안학교에서 일어나고 있는 놀라운 교육에 대한 연구를 했다. 이 대안학교에는 성인들이 제공하는 일체의 교육과정이나 시험 등이 없으며 수백 명의 아이들이 오직 자기 주도적인 활동을 통해서 자기교육을 성공적으로 수행하고 있다. 아울러 나는 "언스쿨링"이라고 부르는 일종의 홈스쿨링을 실시하는 가정교육과 놀이의 생물학적·심리학적 역할에 대한 심층적인 연구를 수행했다.

이 모든 연구는 빈틈없는 일관성을 유지하는 가운데 우리들에게 놀라운 이야기를 전해준다. 이 이야기는 현대의 주류적인 교육신념과는 배치되는 것으로서 아이들은 자기교육의 주도권을 갖도록 생물학적으로 설계되어 있다고 주장한다. 그러므로 만약 아이들에게 안전한 환경에서 자기관심을 추구할 수 있는 자유와 수단을 제공한다면, 그들은 예측 불가능한 다양한 방법을 좇아 성장해가면서 아름다운 꽃을 피우게 될 것이다. 또한 그들은 인생의 도전에 맞서는 데 필요한 능력과 자신감을 획득하게 될 것이다. 그런 환경에서라면 아이들은 성인들로부터 얻을 필요가 있는 어떤 도움도 사양하지 않을 것이다. 실제로 아이들의 천부적인 학습방식을 방해하는 이모든 것들, 즉 강요된 수업, 잔소리, 과제, 시험, 학점, 연령별 학급 분리 또는 강제적이며 획일적인 학교교육제도 등 어떤 덫도 설치할 필요가 없을 것이다.

이 책에서는 자기교육을 하는 아이들의 자연적 본성, 그런 본성이 최적으로 작용하는 데 필요한 환경 조건, 그리고 우리 사회에서 현재 학교에 지출하는 것보다 훨씬 더 적은 예산으로 그런 환경을 제공할 수 있는 방안을 기술할 것이다. 놀이욕구는 자기교육을 실행하는 아이들의 본성적 수단 중 중요한 부분이기 때문에 이 책의 일부분에서는 놀이의 힘에 대해 기술할 것이다. 그러나 제1장에서 나는 현재 우리들의 아동양육과 돌봄의 방식으로 인해 우리가 초래한 폐해를 평가할 것이다. 지난 반세기 또는 그 이상의 기간 동안 우리는 아이들의 놀 자유를 지속적으로 감소시켜 왔으며 이에 상응하여 젊은이들의 정신과 심리적 건강은 지속적으로 악화되어 왔다. 만약 이런 추세가 계속된다면 분명히 우리는 자기생활방식을 찾을 수 없는 미래세대를 생산하는 심각한 위험에 처하게 될 것이다.

불행의 반세기[2]

한때 당신은 미국에서 방과 후, 주말, 또는 여름날 가까운 거리를 거닐면서 어른들의 보호 없이 바깥에서 자유롭게 놀고 있는 아이들을 보았을 것이다. 만약 당신이 어쩌다 바깥에서 아이들을 보게 된다면 유니폼을 입고 성인코치의 지도를 따르고 있는 아이들과 아이들의 모든 움직임을 뚫어져라 지켜보면서 열심히 응원하는 부모들의 모습을 보게 될 것이다.

아동놀이의 역사를 다룬 한 권위 있는 저서에서 미국의 하워드 추다코프(Howard Chudacoff)는 20세기 초반에서 중반까지를 "비구조화 아동놀이의 황금시대"[3]라고 말했다. 추다코프에 따르면 "비구조화 놀이(unstructured play)"는 구조가 결핍된 놀이가 아니다. 그는 놀이가 결코 무작위로 이루어진 활동이 아닌 것을 인정했다. 즉 놀이에는 항상 구조가 따른다. 그는 "비구조화 놀이"는 외부에서 주어지는 권위가 아닌 놀이꾼에 의해서 구조화된 것이라고 주장했다. 나는 이를 자유놀이(free play)라고 부른다. 자유놀이는 놀이종류와 놀이방법을 놀이꾼이 스스로 결정할 뿐 아니라 놀이의 진행과정에서 목적과 규칙의 변경이 자유로운 놀이로 정의할 수 있다. 그러므로 즉석

야구는 자유놀이인 반면, 리틀리그 게임은 자유놀이가 아니다. 자유
놀이는 아이들이 자기행동을 구조화하는 학습방법이다.

지나치게 단순화한 면이 있지만, 미국에서 식민지 독립 후 아이
들의 자유놀이는 두 가지 흐름에 의해서 결정되었다고 보는 것이
타당하다. 하나는 아동노동이 점진적으로 감소하여 아이들에게 놀
시간을 더 많이 허용할 수 있었던 흐름이다. 이는 20세기 초반에서
중반까지 전반적으로 놀이가 증가한 점을 보면 잘 알 수 있다. 다른
하나는 노동세계 밖에서 아동들의 생활에 대한 어른들의 간섭이 점
진적으로 증가하여 아이들이 자유롭게 놀 기회를 감소시킨 흐름이
다. 이런 흐름은 20세기 중반 무렵에 가속화되기 시작했고 그 이후
놀이는 계속 내리막길을 걸어왔다.

아동생활에 대한 어른들의 간섭이 유래 없이 증가한 한 가지 주
된 이유는 강제적인 학교교육의 영향력이 꾸준히 증가했기 때문이
다. 아이들은 매우 어린 나이부터 학교에 다니기 시작한다. 이제 우
리는 유치원은 물론 일부 지역에서는 유아학교(preschool)까지 운영
한다. 유치원의 선행단계인 유아학교는 놀이 대신에 어른들이 학습
과제를 부과하는 초등학교처럼 구조화 되었다. 수업일이 증가하면
서 학기도 더욱 길어졌고, 이에 따라 수업이 아닌 시간에 놀 기회는
크게 줄었다. 내가 1950년대에 초등학교 학생이었을 때 우리는 매일
오전과 오후에 30분의 휴식시간이 있었고 정오에는 1시간 동안의
점심시간이 주어졌다. 이런 시간 동안(6시간 수업의 1/3을 차지했다),
우리는 우리가 원하는 것이면 무엇이든지 할 수 있었다. 심지어 학
교 운동장을 자유롭게 벗어나는 것도 가능했었다. 3학년 시절 내 친
구와 나는 점심시간 내내 거의 잔디밭이나 눈 위에서, 또는 학교에
서 그리 멀지 않은 언덕 위에서 레슬링을 하면서 시간을 보냈다. 또

한 우리는 잭나이프를 가지고 게임을 하거나 겨울이 오면 큰 눈싸움판을 벌렸다. 나는 그런 놀이를 할 때 우리를 보호했던 어떤 교사나 어른들을 기억하지 못한다. 설령 우리가 그들을 기억해 내더라도 그분들은 분명히 간섭하지 않았을 것이다. 그런 행동은 오늘날 내가 관찰한 초등학교에서는 불가능한 일이다. 현대사회의 아이들은 어른들로부터 별로 신뢰를 받지 못하지만 당시 우리들은 어른들에게서 상당한 신뢰를 받았다.

공부하는 날은 더욱 증가하고 노는 날은 더욱 감소하면서 학교는 가정과 가족생활에 더욱더 깊이 침투했고 숙제가 더욱 증가하면서 놀이에 사용되었을 시간이 잠식당하게 되었다. 학부모들은 이제 교사의 보조자가 되었다. 그들은 아이들이 해야 할 모든 숙제와 특별과제를 파악하여 아이들이 과제를 완성하도록 구슬리고 잔소리하고 회유해야 한다. 아이들이 숙제를 하지 않거나 대충 하게 되면 학부모들은 마치 자기가 잘못한 것처럼 종종 죄의식을 느끼게 되는 사회 분위기가 형성되었다. 학부모들은 아이들을 하루나 이틀 정도 학교에 결석하게 만드는 가족여행이나 아이들이 학교에 빠지고 집에서 활동하게 할 계획은 감히 엄두조차 못 내게 되었다. 정말로 그런 활동은 학교에서 그 시간 동안 배웠을 것보다 더욱 유용한 결과를 가져다 줄 수 있는 소중한 것임은 두말할 나위가 없을 것이다.

하지만 학교는 점점 더 은밀한 방식으로 아이들의 생활을 빼앗아 갔다. 학교제도는 아이들이 주어진 과제를 수행하고 어른들의 평가를 받을 때 더욱 잘 배워서 향상될 수 있는 반면, 스스로 하는 활동은 시간낭비라는 생각을 직간접적으로, 때로는 본의 아니게 사회에 확산시켰다. 애틀랜타, 조지아의 교육감이 휴식시간에 자유놀이의 전통을 종식시키기로 결정하고 "아이들에게 즐길 수 있는 30분

의 여가시간을 주기보다 춤이나 체조 같은 기술을 가르치는 것이
더욱 의미 있는 일"[4]이라고 선언했을 때조차도, 또한 동일한 교육감
이 아이들은 체육시간에 놀 수 있기 때문에 운동을 위해서 자유놀
이를 할 필요가 없다고 말했을 때까지도 이런 사고방식은 분명히
드러나지 않았다. 그런 반놀이적 사고방식에 대해 강력하게 반발하
는 교육자는 거의 없었다. 대부분은 자유놀이의 가치에 대해 그저
빈말만 늘어놓을 뿐이었다. 하지만 반놀이적 사고방식은 어른들이
아이들의 행동을 실제로 통제하는 단계까지 이르렀다. 이는 수십 년
이 지나면서 학교의 벽 틈에서 서서히 새어 나와 사회 곳곳으로 확
산되었다. 아이들은 점점 더 어른들이 지도하는 수업에 따라야 했고
학교 밖에서는 자유놀이보다 어른들이 지도하는 스포츠에 참여하도
록 요구되었다.

　이런 반놀이적 사고방식으로 인해서 아이들의 성적(performance)
이 점점 더 강조되었다. 성적은 평가가 가능해야 하기 때문에 평가
가 어렵거나 불가능한 학습영역, 즉 진정한 학습에 대한 관심은 강
조하지 않는다. 오늘날 교육계에서 중요한 것은 성적이다. 이는 점
수를 매겨서 모든 학생, 모든 학교, 심지어 모든 국가들과 비교함으
로써 누가 잘 하고 누가 못 하는지를 알 수 있기 때문에 매우 중요
하게 여겨진다. 그러므로 학교 교육과정의 일부분이 아닌 지식, 즉
깊은 지식은 평가하지 않는다. 나는 "진정한 학습"과 "깊은 지식"이
란 아이들이 주변 세계를 이해하여 지속적으로 반응하는 아이디어
와 정보의 결합이라고 생각한다(제2장 참고). 이는 단순히 시험에 통
과할 목적으로 요구하는 피상적인 지식, 즉 시험이 끝나면 금방 잊
어버리는 지식과는 크게 다른 지식이다.

　오늘날 아이들은 물론 학부모, 교사, 학교 그리고 모든 교육구

는 이런 시험성적을 근거로 평가된다. 아이들 주변의 어른들이 성취도 평가에서 가능한 최고의 점수를 뽑아내기 위해서 혈투를 벌이는 경쟁게임에서 아이들은 장기판의 졸로 취급된다. 이런 고부담 게임에서는 노골적으로 컨닝만 하지 않으면 성적을 올릴 수 있는 어떤 수단도 "교육"으로 간주된다. 그러므로 시험에서 취급하게 될 정보를 단기간에 암기할 수 있는 반복과 연습은 비록 그것이 전혀 이해력을 향상시키지 못하더라도 훌륭한 교육으로 간주된다.

　성적에 집중된 이런 관심은 모든 종류의 특별 프로그램과 학교 밖의 활동을 교실 수업에서 제외시켰다. 오늘날 많은 학부모들과 교육자들의 눈으로 보면 아동기는 배우는 시기라기보다 이력서에 쓸 한 줄을 작성하는 경력관리의 시기이다. 학교 점수와 표준화된 시험성적은 학교교육, 학교 밖의 성인지도 활동, 특히 트로피, 상장 또는 성인들에 의해 긍정적으로 평가를 받는 어떤 것들을 통과한 것으로 "계산"한다. 이렇게 하여 아이들과 청소년들은 강제하지는 않지만 어른들이 조직한 스포츠, 학교 밖의 수업, 그리고 성인지도의 자원봉사자 활동에서 지도를 받도록 회유된다. 심지어 현실적으로 아이들의 활동은 서류상 평가가 불가능한 데도 불구하고 어린 아이들은 훗날 더욱 확실한 경력관리를 위한 디딤돌이 될 성인지도 활동으로 직행한다. 자유놀이는 **그냥 놀이**에 불과하기 때문에 중요하게 여겨지지 않는다. 대학입학지원서에 그것을 쓸 항목은 없다.

　학교교육의 영향력과 경력관리의 필요성에 대한 인식이 높아진 것만이 지난 반세기 동안에 놀이가 감소한 유일한 원인은 아니다. 감독자가 없는 놀이는 위험하다는 어른들의 신념도 이에 못지않은 영향을 미쳤으며 이런 신념은 꾸준히 증가하는 추세다. 만약 오늘날 선진국의 어떤 지역에서 놀던 아이가 수상한 사람에 의해 납치되어 성추행을 당하거나 살해되었다면 그 사건을 밝혀내기 위해서 미디어는 벌떼처럼 앞을 다투어 달려들 것이고 사람들의 두려움은 이성을 넘을 정도로 과장될 것이다. 그러나 실제로 그런 사례가 발생하는 비율은 낮은 수준이며 최근에는 감소하는 추세를 보이고 있다.[5] 최근에 실시된 대규모 다국가 간 조사에 의하면 학부모들이 아이들의 바깥놀이를 금지시키는 두려움으로 가장 자주 언급되는 것은 "아이 대상 범죄자(child predator) 때문이다."로 나타났다(부모의 49%).[6] 더욱 현실적일 수 있는 조사에서 눈에 띄는 것은 교통사고와 집단따돌림의 두려움이었다. 또한 영국에서 실시된 소규모 조사에서는 부모들이 아이들의 바깥놀이를 금지시키는 이유로서 응답자의 78%가 수상한 사람에 의한 성추행의 위험성을 꼽은 반면 응답자의 52%는 교통사고의 위험성을 들었다.[7]

미국에서 실시된 또 다른 조사에서 지역을 대표하는 표본 집단 중 830명의 어머니들은 자신들의 어린 시절에 비해서 자녀들이 바깥에서 노는 시간이 더 적은 것으로 생각하느냐는 질문에 85%가 그렇다고 응답했다.[8] 자녀들의 바깥놀이에 방해가 되는 것이 무엇이라고 생각하느냐고 물었을 때 82%의 어머니들이 범죄와 안전에 대한 불안을 들었다. 놀랍게도 이런 두려움에 대한 비율은 지역 간에 별 차이가 없었다. 농촌과 소규모 마을이나 도시 모두 비율이 엇비슷했다. 만약 우리가 바깥에서 아이들이 자유롭게 놀 수 있는 기회를 증가시키려고 한다면 우리는 부모들이 아이들이 안전하다고 인식할 수 있도록 이웃 간의 관계를 강화해야 할 것이다.

이와 같은 통계자료의 분석결과에서 나타난 놀이의 감소추세는 부모들에게 날짜를 무작위로 선택하여 자녀의 활동을 기록하도록 요청한 일기장의 연구를 통해서도 알 수 있다. 사회학자인 샌드라

호퍼드(Sandra Hofferth)와 그녀의 동료들은 장기간의 연구를 통해서 1977년에 표집집단의 아이들이 매일 다양한 놀이로 보내는 시간과 1981년에 비슷한 표집집단의 아이들이 동일한 활동으로 보내는 시간의 양을 비교했다.[9] 특히 이 연구에서 6-8세 아이들은 1981년보다 1997년에 학교에서 18%, 집에서 숙제하는 데 145%, 부모와 쇼핑하는 데 168% 이상 더 많은 시간을 보내는 것으로 나타났다. 반면 동일기간 동안 집안에서 가족들 간의 대화에 55%, TV 시청에 19%, 놀이에 25% 더 적은 시간을 보내는 것으로 나타났다. 즉 1997년의 6-8세 아이들은 1981년의 동집단 아이들보다 학교, 숙제, 쇼핑 등에서는 더 많은 시간을 보냈지만 대화, TV시청, 놀이 등에서는 더 적은 시간을 보낸 것을 알 수 있다. 이 모든 것은 한 세대의 거의 절반인 16년 동안에 일어난 일이다. 이 연구에서 "놀이"의 범주에는 바깥놀이는 물론 보드 게임과 컴퓨터 게임 등 실내놀이도 포함되었다. 우리는 실내놀이에서 컴퓨터 놀이의 양이 이 기간 동안에 증가했기 때문에 다만 바깥놀이의 양은 25% 이상 감소한 것으로 추정할 뿐이다(1981년에는 바깥놀이가 거의 0%에 가까웠을 것이다). 이 연령 집단의 아이들이 1997년에 놀이(컴퓨터 놀이를 포함해서)에 소비한 평균 시간의 총합은 주당 거의 11시간을 약간 상회했다. 후속 연구에서도 동일한 방법을 사용했는데 호퍼드와 그녀의 동료들은 아이들이 숙제하는 데 보내는 시간이 지속적으로 증가했고(32%) 1997년에서 2003년까지 6년간의 기간 동안 이 연령 집단이 노는 데 보내는 시간은 약간 더 감소한 사실(7%)을 밝혀냈다.[10]

부모들에게 자녀들이 더 이상 바깥에서 놀지 않는 이유가 무엇이냐고 물었을 때, 그들은 아이들 자신이 실내놀이를 좋아할 뿐 아니라 안전에 대한 걱정 때문이라고 응답했다. 특별히 그들은 TV와 컴퓨터 게임의 유혹적인 특성 때문이라고 응답했다.[11] 그러나 아이들에게 자기가 좋아하는 것을 질문한 대규모 연구에서는 친구들과 즐기는 바깥놀이가 최상위를 차지했고 86%는 컴퓨터 게임을 좋아한다고 말했다. 아마 오늘날 아이들은 자기들이 할 수 있는 한 최대한으로 컴퓨터를 이용한 놀이를 즐길 것이다.[12] 여러 가지 이유 중 하나는 그것이 어른들의 간섭이나 지도를 받지 않고 자유롭게 놀 수 있는 유일한 공간이기 때문일지 모른다. 많은 아이들이 바깥에서 자유롭게 놀도록 허용되지 않고 있으며 설령 허용된다 하더라도 함께 놀 친구 찾기가 쉽지 않을 것이기 때문에 대신 그들은 실내에서 놀게 된다. 물론 컴퓨터 게임이 번성하는 것만이 유일한 이유는 아니다. 컴퓨터 놀이는 매우 재미있고 아이들이 그런 놀이를 통해 많은 것들을 배우는 것은 사실이다. 그러나 신체단련과 실제세계에 대한 학습, 동료들과 잘 지내는 방법 등을 배우기 위해서는 바깥에서 친구들과 노는 것에 필적할 만한 것은 아무 것도 없다.

청소년들의 정신장애 증가

자유놀이의 감소와 아동기에 대한 출세 지향적인 접근은 비싼 대가를 치렀다. 중산층 이웃이라면 어느 집에서든지 우리가 흔히 찾을 수 있는 이반(Evan)이라는 아이가 있다. 이반은 11살이다. 보통 아침 6시에 어머니가 그를 침대에서 끌어내면 이반은 옷을 입고 학교버스 시간에 늦지 않기 위해서 먹을 것을 손에 움켜쥐고 나간다. 걸어서 등교하면 시간도 덜 걸리고, 더 재미있고, 운동도 상당할 텐데 그렇게 하지 않는다. 등굣길이 너무 위험하기 때문이다. 이반은 하루 종일 자리에 앉아서 교사의 수업을 듣고 시험을 치르고, 읽으

라는 것을 읽고, 쓰라는 것을 쓰면서, 정말로 자기가 하고 싶은 것
은 내내 백일몽만 꾸면서 학교생활의 대부분을 보낸다. 학교는 아이
들에게서 상해와 법정소송을 방지하고 전국 성취도 검사의 대비에
필요한 시간을 더 확보하기 위해서 기존에 있던 30분간의 휴식시간
제도를 폐지했다. 방과 후 이반의 생활은 그에게 일련의 균형 잡힌
능력을 제공하여 장차 겪을지도 모르는 고난에 대비하기 위한 시간
표로 짜여져 있다(주로 부모에 의해). 그는 월요일에는 축구, 화요일에
는 피아노, 수요일에는 가라데, 목요일에는 스페인어를 배운다. 저
녁시간에는 TV를 시청하거나 비디오 게임을 하고 숙제를 하는데 많
은 시간을 보낸다. 어머니는 이반의 숙제를 검사했다는 증거로 매일
밤 숙제장에 서명을 한다. 주말에는 리그 경기에 참가하고, 주일학
교에 출석한다. 아마 극히 짧은 자유시간이 주어질 경우 그는 집안
의 안전한 장소에서 친구들과 시간을 함께 보내게 될 것이다. 이반
의 부모는 항상 그것이 "아이의 선택"이며 아이가 "바쁘게 지내기를
좋아한다."고 둘러대면서 여러 가지 활동에 대한 자랑을 늘어놓는
다. 그들은 이반이 앞으로 7년 후 부모들이 진학하기를 바라는 명문
대학에 합격할 준비를 갖추는 것으로 생각한다. 이반은 강한 체력을
가지고 있으나 때때로 약간 "소진" 상태에 빠지는 사실을 인정한다.

그래도 이반은 운이 좋은 편이다. 길 아래에는 행크(Hank)가 살
고 있다. 행크는 과잉행동장애라는 진단을 받았다. 그는 학교에서
하루 종일 앉아 있을 수가 없기 때문에 애더럴(Adderall)을 복용한다.
그는 약의 힘을 빌려 학교생활을 간신히 통과할 정도로 그럭저럭
해내고 있다. 그러나 이 약은 식욕을 떨어뜨리고 밤중에도 계속 깨
어 있도록 유도하기 때문에 일반적으로 그를 "기이한" 기분에 빠지
게 한다. 그는 약을 먹으면 자기가 자기같이 느껴지지 않는다고 말

했다. 행크의 부모도 약을 끊을 때 행크가 재미있고, 즐겁고, 행복한 사실을 인정한다. 그러나 선택할 여지가 없다. 그는 학교에서 요구하는 통과점수를 올려야 한다. 그렇지 않으면 그는 뒤쪽으로 밀려나 희망을 잃게 될 것이다.

물론 오늘날 모든 아이들이 이반이나 행크와 같은 그런 정도의 고통을 겪는 것은 아니다. 그러나 실제로 너무 많은 아이들이 이런 문제로 고통을 받기 때문에 많은 아이들이 고등학교를 졸업하기 전이나 졸업할 즈음에 소진상태를 맞게 된다. 다음은 내가 살고 있는 한 지역신문에서 발췌한 글이다. 이는 7살 더 많은 이반이라고 해도 좋을 18세의 한 고등학교 졸업생이 쓴 글이다. "나는 지난 2년간 제대로 잠을 자지 못하고 오직 공부에만 매달렸다. 나는 거의 매일 저녁이 되면 숙제하느라 5-6시간을 소비했다. 더 이상 학교공부를 하지 않는 것이 내 소원이었다." 동일한 신문 기사에서 하버드 대학에 합격한 또 다른 18세의 한 학생은 스트레스로 뒤범벅 되었던 고등학교의 마지막 학년을 기술했다. 특히 그는 경쟁적으로 공부하고, 비올라를 연주하고, 중국의 흑백 초상화 수업을 듣는 등 6과목의 대학선이수제(Advanced Placement Course)와 마치 곡예하듯이 아슬아슬한 줄타기를 했다고 썼다. 그도 역시 대학진학 전에 적어도 1년 정도 쉬어야 할 정도로 극심한 소진상태를 경험했다.

학령기 연령 아동들이 지나가는 스펙트럼의 다른 한쪽의 끝을 알아보기 위해서 내가 psychology today의 블로그에 올렸던 논평을 소개한다. "아이들은 4살이 되면 여기 NYC에서 유치원 과정을 시작한다. 지난 9월에 가장 친한 내 친구의 아들이 이곳에 입학했다. 학교에 입학한 지 약 2주일이 지날 무렵 교사가 아이가 "학업이 뒤떨어진다."는 내용의 가정통신문을 보냈다. 그 후 내 친구는 계속해서 가정통신문을 주고받았고 교사와 수차례 직접 만나서 상담도 했다. 그는 저녁마다 집에서 아들에게 반복과 연습을 훈련키면서 문제해결을 위해 노력했다. 불쌍한 아이는 제발 잠자게 해달라고 간청하기에 이르렀다. 두 사람은 실망과 절망감을 느꼈다."[13] 이와 같은 논평은 울적하지만 우리 주변에서 쉽게 찾아볼 수 있는 사례들이다.

발췌문, 인용문, 감동과 구체적인 증거들은 별개의 문제로 치자. 오늘날 젊은이들의 정신건강을 지난 10여 년 전의 그것과 비교해보면 어떻겠는가?

스트레스 관련 정신장애의 비율은 지난 50년 동안 젊은이들 사이에서 급증했다. 이런 증가는 단순히 장애에 대한 인식이 크게 개선되고 또한 그것을 발견하여 치유할 가능성이 더 높아졌다는 결과만으로는 그 이유를 충분히 설명하기 어렵다. 이는 장애발생의 실질적인 증가를 나타낸다. 정신과 의사들과 심리학자들은 정신문제아의 장애를 판별하는 표준 질문지를 개발했다. 그 중 일부는 수십 년 동안 젊은이들의 대규모 표본 집단을 대상으로 실시해 왔다. 그러므로 특정 정신장애에 대한 비율변화의 추이를 동일한 방법을 사용하여 장기간 동안 조사하는 일이 가능했다.

예를 들어, 테일러의 외현불안척도(Taylor's Manifest Anxiety Scale)는 1952년부터 대학생들의 불안수준을 판별하기 위한 목적으로 사용되었다. 아동용은 1952년부터 초등학생을 대상으로 사용되었다. 또 다른 질문지인 미네소타 다면적인성검사(MMPI; Minnesota Multiphasic Personality Inventory)는 1938년부터 대학생을 대상으로 사용되었고 청소년용(the MMPI-A)은 1951년부터 고등학생을 대상으로 사용해 왔다. MMPI와 MMPI-A는 우울증을 포함한 수많은 정신문제와 장애의 정도를 판별하기 위해서 제작했다. 이 모든 질문지는 자아에 대한 진술로 구성되었는데, 그 진술에 대해 개인이 동의하거나 동의하지 않는 방식이다. 예를 들어, 테일러의 외현불안척도에는 다음과 같은 진술문이 들어 있다. "나는 가끔 어떤 나쁜 일이 일어날 것을 걱정한다.", "나는 대부분 좋은 기분을 느낀다." 첫 번째 진술문에 "예"라고 대답하면 불안점수가 높고, 두 번째 진술문에 "예"라고 대답하면 불안점수가 낮다. "예"가 우울증 점수를 높이는 MMPI의 한 질문 사례는 "나의 미래는 희망이 없어 보인다." 등이다.

캘리포니아의 샌디에이고 주립대학의 심리학 교수, 진 트웬지(Jean Twenge)는 이런 검사에 대한 젊은이들의 점수변화를 시간의 추이에 따라 광범위하게 분석했다. 결과는 정말 절망적이었다. 조사에 의하면 불안과 우울증은 검사지가 처음 개발된 이후 수십 년 동안 아동, 청소년, 대학생 등이 모두 수직적으로 증가하는 극적인 추세를 나타냈다. 실제로 불안과 우울증이 증가하는 폭이 너무 큰 나머지 오늘날 젊은이들의 거의 85% 정도가 1950년대의 동일한 연령집단의 평균보다 훨씬 더 높은 점수를 나타냈다. 다른 방법으로 조사한 결과를 보면 오늘날 젊은이들은 의학적으로 심각한 불안장애나 중증 우울증의 진단을 받을 가능성이 있는 컷오프 이상의 점수가 50년 또는 그 이전보다 5배에서 8배까지 더 많이 증가했다. 매우 큰 차이가 있는 것은 아니지만, 대학생보다는 초등학생과 고등학생에게서도 증가폭이 더 크게 나타났다.[14]

트웬지와 그 동료들과는 별도로 실시한 연구에서, 심리학자 카산드라 뉴섬(Cassandra Newsom)과 그 동료들은 1948년과 1989년 사이에 14-16세의 청소년으로부터 수집한 MMPI와 MMPI-A 점수를 분석했다.[15] 그들의 연구결과는 트웬지의 연구와 비교가 가능했으며 또한 그들의 논문에는 대규모 표준샘플(normative samples)을 조사했던 1948년과 1989년의 특정 질문의 문항이 포함되어 있어서 당시 청소년들의 반응을 알 수 있다. 이해를 돕기 위해서 큰 변화를 보여주는 문항 중 5개 문항을 선택하여 그 결과를 제시한다.[16]

	1948년	1989년
"나는 기분 좋게 일어나서 대부분 아침에 휴식을 취한다."	74.6%	31.3%
"나는 많은 긴장 속에서 일한다."	16.2%	41.6%
"인생은 항상 나에게 버겁다."	9.5%	35.0%
"나는 눈앞에 보이는 명백한 걱정거리보다 더 많은 걱정거리를 가지고 있다."	22.6%	55.2%
"나는 미쳐버릴까 봐 두렵다."	4.1%	23.4%

젊은이들의 정신건강이 이처럼 급락하는 지표는 정신을 번쩍 차리게 만든다. 이는 자살률의 통계에서도 잘 나타나 있다. 1950년 이후 미국의 15세 이하 아이들의 자살률은 4배, 15-24세 연령대는 2배 이상 증가했다. 동일기간 동안 25-40세 성인의 자살률은 약간 증가했으나 40세 이후의 성인 자살률은 감소했다.[17]

이런 증가 추세는 세계적인 불확실성이나 현실적인 위험과는 아무런 관계가 없는 것으로 나타났다. 이런 변화는 경제주기, 전쟁, 또는 젊은이들의 정신상태에 영향을 미칠 것으로 보이는 국가적 혹은 세계적 사건과는 별다른 상관관계가 없는 것으로 나타났다. 아이들과 청소년들이 겪는 불안과 우울증의 비율이 대공황기, 제2차세계

대전기, 냉전기, 그리고 격동의 1960년대와 70년대 초기가 현재보다 더 낮았던 사실은 이를 반증하는 것으로 볼 수 있다. 이런 변화는 현실적인 세계관보다 젊은이의 세계관과 더욱 큰 관계가 있는 것으로 보인다.

우리 모두가 알고 있는 것처럼, 한 가지 분명한 사실은 불안과 우울증이 개인의 통제감이나 자기인생에 대한 통제감의 약화와 높은 상관관계가 있다는 것이다. 자기운명에 대한 자기책임을 믿는 사람들은 자신이 자기통제를 벗어난 상황의 희생자라고 믿는 사람들보다 훨씬 덜 불안하거나 덜 우울할 가능성이 높다. 당신은 지난 수십 년 동안 개인의 통제감이 상승했을 것으로 생각할 것이다. 즉 질병을 예방하고 치료의 기술력이 실질적으로 향상되었다. 인종, 성, 그리고 성적인 성향으로 인해 개인의 선택을 제약했던 낡은 편견들이 사라졌다. 오늘날 보통 사람들의 생활수준은 지난 수십 년 전의 그 어느 때보다 훨씬 더 부유해졌다. 그러나 통계자료에 의하면 자기운명에 대한 젊은이들의 통제감은 꾸준히 하락한 것으로 나타났다.

통제감의 표준측정(standard measure)은 1950년대 말에 심리학자, 쥘리앵 로터(Julien Rotter)가 개발한 내외통제소재척도(Internal-External Locus of Control Scale)라고 부르는 설문지를 사용한다. 이 설문지는 23쌍의 진술문으로 구성되어 있다. 각 쌍에서 하나의 진술은 내적통제소재의 신념(개인에 따른 통제)을 나타내고 다른 진술문은 외적통제소재의 신념을(개인 밖의 상황에 따른 통제) 나타낸다. 각 쌍에서 검사를 받는 사람은 두 진술문 중에서 더욱 진실인 것을 결정해야 한다. 예를 들면 한 쌍의 질문은 다음과 같다. (a) 나는 예정된 일은 반드시 일어난다고 생각한다. (b) 내가 결정한 행동방침은 운명을 믿는 것보다 나에게 훨씬 더 유리하다. 이 경우 선택 (a)는 외적통제소재를, (b)는 내적통제소재를 나타낸다.

트웬지와 그녀의 동료들은 1960년부터 2002년까지 대학생 집단과 아동 집단(9−14세)을 대상으로 로터의 척도를 사용한 많은 연구들의 결과를 분석했다. 그들은 이 기간 동안 두 연령집단의 척도가 되는 평균점수가 내적 목표에서 외적 목표의 방향으로 급변한 사실을 밝혀냈다. 동일한 맥락에서 그들은 2002년의 일반적인 젊은이들의 외적 지향성은 1960년대의 젊은이들이 나타냈던 80%보다 더 높아진 것을 알 수 있다(이를 개인 통제감의 부족으로 주장하는 경향이 있다). 지난 40년 동안의 이런 외적 지향성의 증가는 불안과 우울증이 급증했던 것과 마찬가지로 수직적인 증가추세를 나타냈다.[18]

외적통제소재의 증가가 불안과 우울증의 증가와 인과관계가 있는 것으로 믿는 데는 상당한 타당성이 있다. 불안과 우울증의 성향을 지향하는 외적통제소재와 무력감이 서로 관련되어 있는 것은 의학적 연구를 통해서 아동과 청소년은 물론 성인들에게서도 반복적으로 확인된 사실이다.[19] 사람들이 자기운명을 거의 또는 전혀 통제할 수 없는 것으로 믿게 되면 불안감을 느끼게 된다. "끔찍한 일이 언제라도 나에게 일어날 수 있기 때문에 나는 그것과 관련된 것은 아무 것도 할 수 없을 것이다." 불안과 무력감이 지나치면 사람들은 우울해진다. "노력해야 아무런 쓸모도 없을 것이다. 나는 죽을 운명이다." 또한 이 연구에서는 외적통제소재에 해당하는 사람들은 자신의 건강, 미래, 그리고 공동체에 대해 내적통제소재에 해당하는 사람들보다 책임감이 더 적다는 사실을 규명했다.[20]

아이들의 자유감소와 정신장애 증가

과학자들의 말처럼 상관관계는 인과관계를 증명하지 못한다. 불안과 우울증, 무력감, 그리고 기타 여러 가지 장애는 모두 놀이가 감소하면서 젊은이들에게서 증가했다는 관측은 그 자체로서는 후자가 전자를 초래했다는 사실을 증명하지 못한다. 하지만 그런 인과관계에 강한 논리적 근거는 주장할 수 있다.

자연은 자유놀이를 통해서 아이들이 결코 무력하지 않은 존재라는 사실을 가르친다. 아이들은 어른들의 감독에서 벗어난 놀이를 통해서 진정한 통제감을 기르며 그것을 강화하는 연습을 한다. 아이들은 자유놀이를 통해서 스스로 결정하고, 스스로 규칙을 만들어 지키고, 스스로 문제를 해결함으로써 복종하거나 저항하는 부하가 아닌, 평등한 인간으로서 공존하는 방법을 배운다. 아이들은 바깥놀이를 통하여 좌우로 몸을 흔들고, 미끄러지거나 운동장 시설을 빙빙 돌고, 삼각형 정글짐이나 나무에 오르고, 또는 스케이트보드를 타고 난간을 내려오는 등 일부러 자기를 적절한 정도의 공포에 내맡긴다. 이리하여 아이들은 자기신체는 물론 스스로 공포를 통제하는 방법을 배운다. 아이들은 사회놀이를 통하여 협상하는 방법, 사람들을 만족시키는 방법, 갈등이 야기하는 분노를 조절하고 극복하는 방법을 배운다. 또한 자유놀이는 아이들이 좋아하는 것을 발견하도록 도와주는 자연적 수단을 제공한다. 아이들은 놀이를 통하여 다양한 활동을 시도하고 자기재능과 자기가 좋아하는 영역을 발견한다. 어떤 언어적 방법을 사용하더라도 이런 것들은 결코 가르칠 수 없다. 그것들은 오직 자유놀이의 경험을 통해서만 가능한 것들이다. 놀이의 중요한 감정은 흥미와 기쁨이다.

　이와 대조적으로 학교에서 아이들이 스스로 결정하는 것은 거의 없다. 아이들이 하는 일이라곤 고작 지시에 따르는 것이 전부다. 학교에서 아이들은 시험점수의 중요성을 배운다. 학교 밖에서조차 아이들은 어른들로부터 지시, 보호, 음식물 공급, 평가, 판단, 비판, 칭찬, 보상을 받는 환경에서 점점 더 많은 시간을 보낸다. 미국 북동부에 위치한 한 부유한 교외의 인접지역에서 실시한 일련의 연구에서 심리학자인 수니아 루타(Suniya Lutha)와 그 동료들은 부모로부터 성적에 대한 압박감을 심하게 느끼고 이리저리 바쁘게 다니면서 여러 가지 특별활동에 참여하는 아이들은 불안이나 우울증을 경험하게 될 가능성이 매우 높다는 사실을 밝혀냈다.[21] 우리가 학교 공부시간이나 어른들의 지시활동을 늘려가면서 자유놀이의 기회를 박탈할 때마다, 아이들은 자기생활의 통제감과 자신은 환경이나 강자들의 단순한 희생자가 아니라는 사실을 배울 기회 또한 박탈당하게 된다.

　몇 년 전 심리학자 미하이 칙센트미하이(Mihaly Csikszentmihalyi)와 제레미 헌터(Jeremy Hunter)는 공립학교 6−12학년을 대상으로 행복과 불행에 대한 연구를 실시했다. 전국 12개 지역에 걸쳐 33개의 학교에서 800명 이상의 대상자들을 선발하여 이들에게 특별 제작한 손목시계를 1주일 동안 휴대하고 다니게 했다. 이 손목시계는 오전 7시 30분과 오후 10시 30분 사이에 무작위로 신호가 가도록 프로그램화 되어 있었다. 대상자들은 신호가 갈 때마다 그들이 어디에서 무엇을 하고 있는지, 그들이 현재 어느 정도 행복한지 또는 불행한지를 묻는 설문지의 빈칸에 응답하도록 했다. 그 결과 가장 낮은 행복도는 아이들이 학교에 있을 때였고, 가장 높은 행복도는 학교 밖에서 친구들과 대화를 나누거나 놀 때로 나타났다. 부모와 함께 보

내는 시간은 행복과 불행의 범주에서 중간 정도였다. 평균적인 행복
도는 주말에 높아졌으나 학교에 가는 날이 다가옴에 따라 일요일
늦은 오후에서 저녁시간까지는 급락했다.[22] 우리는 어떻게 하여 학
생들이 지루해하고, 불행하고, 불안하게 여기는 환경 속으로 그들을
강제로 밀어 넣는 것이 최상의 교육방법이라는 결론에 도달할 수
있게 되었는가?

　여기에 무서운 아이러니가 숨어있다. 우리는 교육이라는 이름으
로 아이들이 자기방법으로 자기교육을 해야 할 자유와 시간을 빼앗
았다. 그리고 우리는 안전이라는 이름으로 자신감의 발달에 필수적
인 이해와 용기, 자유를 아이들에게서 빼앗았다. 자신감은 인생의
위험과 도전에 침착하게 대응하는 원동력이다. 우리는 해마다 매우
심각한 위기 속으로 빠져들어 가고 있다. 우리는 자연적인 양육방법
을 잊어버렸다. 미국뿐 아니라 모든 선진국 아이들은 자신감을 잃어
버렸다. 우리는 자기교육에 책임지는 아이들의 자연적 본성을 억압
하고 대신에 어른들이 아이들을 위해서 준비해 놓은 길을 맹목적으
로 따라가는 세계를 창조했다. 실제로 우리는 많은 젊은이들의 정신
을 황폐화시켜 성인으로서 책임감이 필요로 하는 자신감과 능력발
달을 방해하는 세계를 창조했다.
　그럼에도 불구하고 오늘날 우리들이 정치가나 전문가들로부터
듣는 강력한 항의는 학교교육을 느슨하게 통제하지 말고 더욱 세게
통제해야 한다는 것이다. 그들은 더 많은 성취도 평가, 더 많은 숙
제, 더 많은 감독, 더 긴 수업시간, 더 긴 학기, 그리고 가족여행으
로 하루나 이틀 정도 결석하는 아이들에 대한 더 많은 제재를 원한
다. 이는 주요 정당 및 정부의 각 부처 정치가들이 모두 동의할 것

으로 보이는 대목이다. 즉 학교교육이 많을수록 시험횟수가 많을수록 더욱 효과적이라는 것이다.

무엇이 옳고 그른지를 잘 아는 사람들이라면 모두 일어서서 이런 무서운 파도에 맞서야 할 시점이다. 아이들은 더 많은 학교교육을 필요로 하지 않는다. 그들은 더 적은 학교교육과 더 많은 자유를 필요로 한다. 또한 놀고 탐색하기에 부족함이 없는 안전한 환경을 필요로 한다. 그들은 도구, 아이디어, 그리고 자기선택의 길을 동행하는 사람들(놀이 친구 포함)과 접촉할 수 있는 자유를 필요로 한다.

이 책은 불평을 늘어놓는 책이 아니다. 희망과 개선의 길을 찾는 책이다. 이는 내적통제소재를 가지고, "그렇지 바로 그거야. 우리는 당연히 그걸 해낼 수 있어."라고 담대하게 말하면서 세상을 더욱 개선하길 원하는 사람들을 위한 책이다. 다음 장에서 보여주는 것처럼, 자연선택의 특성은 인간인 아이들에게 자기교육을 할 수 있는 강한 본성을 주었다. 어리석게도 우리는 아이들이 그런 본성을 연습하는 데 필요한 환경을 그들에게서 빼앗았다.

놀이가 넘치는
수렵채집인 아이들의
자연생활

　　지구를 반 바퀴 돌아서 우리는 이반과 행크가 받았던 교육의
압력으로부터 완전히 벗어나서 생활하는 7살의 퀴(Kwi)를 찾아냈
다. 퀴는 아이들의 본성과 판단을 신뢰하는 문화에서 성장했다. 퀴
는 아프리카의 칼라하리 사막(Kalahari Desert)에서 수렵채집인 부족
의 일원으로 살고 있다. 이 집단은 주호안시(Ju/'hoansi)라고 부르는
문화집단의 한 부류에 속한다. 그에게는 학교도, 정해진 시간표도
없다. 그는 잠에서 완전히 깰 때 일어나고 복합연령집단의 친구들
과 어울려 놀고 탐험하고 캠프에서 생활하고, 때로는 어른들의 지
도 없이 캠프에서 멀리 떨어진 곳에서 지내는 등 자기가 원하는
대로 생활하면서 하루를 보낸다. 그는 4살 이후부터 이런 생활을
했다. 주호안시의 어른들에 따르면 아이들이 4세가 되면 논리적
사고가 가능하여 자신을 통제하기 때문에 더 이상 어른들의 곁에

머무를 하등 이유가 없다고 한다. 매일 새로운 모험, 새로운 학습 기회가 기다린다.

아이들은 자신들이 주도권을 가지고 자라서 유능한 성인이 되기를 원하기 때문에 퀴와 그 친구들은 집단생활에서 모든 중요한 활동을 놀이와 함께 연습한다. 그들은 쉴 틈 없이 이동하는 사냥놀이를 좋아한다. 활과 화살을 가지고 몰래 접근하여 나비, 새, 설치류 등을 쏘며 종종 더 큰 동물들을 사냥을 한다. 어른들이 만든 것과 비슷한 도구를 만들고 오두막을 짓는다. 누, 영양, 사자, 기타 포식 동물과 대적하는 유능한 사냥꾼과 방어자가 되기 위해서 배워야 할 수많은 동물들의 습관을 과장된 모습으로 재미있게 흉내 내면서 논다. 그리고 놀이꾼들끼리 서로 다른 동물의 역할을 수행하는 게임을 한다. 또한 그들은 자신들이 세심히 관찰하는 자기 부족집단의 어른들과 방문자들의 언행을 재미있는 유머로 희화한다. 그들은 종종 멀리 떨어진 덤불 숲속으로 모험을 떠나 은밀한 비밀의 장소를 찾는다. 달리고, 쫓고, 오르고, 뛰고, 던지고, 춤춘다. 그렇게 함으로써 그들은 탄탄하고 조화로운 신체를 발달시킨다. 그들은 악기를 만들어 익숙한 주호안시 노래를 연주하고 새로운 악기를 만든다. 이 모든 것들은 자기가 원하기 때문에 하는 일이다. 누구도 그들에게 이래라 저래라 말하지 않는다. 누구도 그들을 평가하지 않는다. 가끔 성인들, 특히 나이가 적은 성인들이 함께 놀기 위해서 참여하지만 그들의 놀이를 지도하는 성인은 아무도 없다. 종종 퀴와 그의 친구들은 성인들이 주도하는 게임과 춤에 참여하여 함께 어울린다. 그들의 안내인은 자기 자신의 자유의지다.

이것이 자연이 설계한 아동기다.

유전적으로 우리는 모두 수렵채집인들이다. 자연선택이라는 특성은 수십만 년에 걸쳐 우리의 생존에 적합한 방식으로 우리를 형성했다. 인류학자들은 수렵채집인들의 삶을 우리 종들에게 알려진 유일한 안정적인 생활방식이라고 기술했는데 이는 매우 적절한 지적이다.[1] 약 만 년 전에 아시아의 비옥한 초승달 지역(나일 강과 티그리스 강, 페르시아 만을 연결하는 고대 농업 지대를 일컫는다)의 서쪽에서 농업이 처음 출현한 후 상당한 시간이 지나서 전 세계의 여러 지역으로 전파되었다.[2] 농업의 출현은 인간의 생활방식에 걷잡을 수 없는 변화의 소용돌이를 일으켰다. 이는 자연선택률을 앞지르는 변화였다. 따라서 우리는 우리의 욕구를 충족시키도록 진화된 생물학적 메커니즘을 가지고 수렵채집인으로서 우리가 할 수 있는 한 최선을 다해서 적응해야 했다. 만약 우리가 임의로 백만 년 전 인류역사의 초기로 돌아간다면, 우리 모두는 역사의 99%를 수렵채집인으로 보냈을 것이다.[3]

수렵채집인의 순수한 생활방식은 농업, 산업, 그리고 현대적인 생활방식의 침범으로 밀려나 이제는 거의 사라져 없어졌다. 그러나 비교적 최근이라고 할 수 있는 1970년대와 1980년대, 그리고 그 이후에도 인류학자들은 온갖 어려움을 무릅쓰고 외부 세계로부터 접근이 거의 불가능한 지역을 찾아 들어가 문명의 영향을 받지 않고 생활하는 수렵채집인 부족들을 발견했다. 이 글을 쓰고 있을 당시에도 인류학자들의 노고는 예외가 아니었다. 비록 수렵채집인들이 비수렵채집인들과 무역통로를 구축하여 상호 교류를 하며 생활하고 있었을지라도, 인류학자들은 수많은 전통을 따르며 조상의 가치를 소중하게 보존하는 수렵채집인들에 대한 연구를 계속하고 있다. 물론 이런 수렵채집인들이 우리 조상은 아닐지라도 우리는 그들의 문

화가 우리가 일상에서 경험하는 것보다 농업 이전의 조상들이 향유
했던 문화에 훨씬 더 가까울 것이라는 사실을 확신할 수 있다.

　세계 도처에서 발견되는 수렵채집인 사회는 여러 가지 측면에
서 서로 상이한 특성을 나타낸다(주: 이 장에서 수렵채집인들의 관심을
기술하면서 나는 인류학자들이 민족지학적 현재(ethnographic present)라고
부르는 것, 즉 현재 그런 관습이 존재하지 않는 경우에도 연구가 수행된 시기
를 의미하는 현재형 시제를 사용한다). 수렵채집인 사회는 각양각색의
서식지, 언어, 의식, 예술형태 등에서 다양한 차이를 나타낸다. 그러
나 수렵채집인들의 사회는 아프리카, 아시아, 남아메리카, 또는 기타
지역 등 발견되는 지역에 따라 큰 차이가 있음에도 불구하고, 독특
한 삶의 기본방식은 놀랄 정도로 비슷하다. 이런 사회에는 비슷한
사회구조, 비슷한 가치, 그리고 비슷한 양육방식이 있다. 이런 유사
성 때문에 연구자들은 간단히 "수렵채집인 문화"라고 말할 수 있으
며 이런 사회는 농업이 시작되기 이전사회의 일반적인 특성을 나타
내는 점에서 더욱 확신감을 갖게 한다.[4] 이런 사회를 거의 완벽하게
연구한 사례 중에는 주호안시(!쿵이라고도 부른다. 아프리카 카라하리 사
막), 하즈다(Hazda, 탄자니아 우림지역), 아카(Aka, 중앙아프리카 공화국과
콩고), 바텍(Batek, 말레이시아 반도), 아그타(Agta, 필리핀의 루손), 나야카
(Nayaka, 인도 남부), 아체(Ache, 파라구아이 남부), 파라카나(Parakana, 브
라질의 아마존 분지), 그리고 이와라(Yiwara, 오스트레일리아의 사막) 등이
있다.

　이 장에서는 수렵채집인 문화의 아동생활과 교육에 대해 기술
할 것이지만 중간에 문화 자체가 갖는 통합적인 특성도 기술할 것
이다. 나는 **교육을 문화전수**라고 규정한다. 즉 특정 사회집단의 신세
대들이 선세대들의 기술, 지식, 구비설화, 그리고 가치와 문화를 획

득하고 형성하는 일련의 과정이 교육이다. 아동양육과 교육에 대한 수렵채집인의 접근방법을 이해하기 위해서 먼저 그들의 문화가치와 관련된 내용들을 알아볼 필요가 있다.

자율, 공유, 그리고 평등[5]

수렵채집인은 유용한 사냥감과 식물을 따라서 넓지만 제한된 지역 안의 이곳저곳으로 옮겨 다니는 작은 집단에서 생활한다(일반적으로 아이를 포함하여 20-50명의 사람들). 이들을 연구한 많은 연구자들이 기술한 것처럼 그들의 핵심가치는 **자율**(개인의 자유), **공유**, **평등**이다.[6] 현대 민주주의 문화에서 우리가 이런 가치를 추구하는 것은 당연하지만 수렵채집인들이 이런 가치를 이해하고 강조하는 정도는 우리의 수준을 훨씬 뛰어넘는다.

수렵채집인의 자율인식은 너무 강해서 무엇을 할 것인지에 대해 서로 말을 꺼내는 것조차 꺼릴 정도다. 그들은 다른 사람의 자유를 방해한다는 인상을 주지 않기 위해서 청하지 않은 충고는 서로 삼간다. 아이들을 포함해서 모든 사람들은 매일 자유롭게 자기선택을 할 수 있다. 물론 그런 선택은 다른 사람의 자유를 방해하거나 사회의 금기에 위배되지 않아야 한다. 하지만 그들의 자율성에는 사유재산을 축적할 권리나 다른 사람들에게 빚을 지게 하는 것 등은 포함되지 않는다. 그것은 그들에게 두 번째로 소중한 가치인 공유에 반하기 때문이다.

경제적 관점에서 보면 공유는 수렵채집인 집단의 존재목적이라고 할 수 있다. 그들은 음식물의 획득, 포식자의 방어, 아이의 보호 등을 서로 협력하여 해결하기 때문에 자기기술과 노력을 자유롭게 공유한다. 그들은 음식물과 재화를 집단 내의 모든 성원들은 물론 다른 집단의 성원들과도 공유한다. 수렵채집인들이 매우 열악한 환경에서 오랫동안 생존할 수 있었던 이유는 바로 이처럼 쉽게 이용할 수 있는 공유(물) 때문이었다. 수렵채집인들의 공유개념은 서방세계에서 이해하는 것과 큰 차이가 있다. 서방세계에서 공유는 칭찬할 가치가 있는 관용적인 행동이다. 그것은 당연히 고맙다는 말을 들을 가치가 있으며 미래에 어떤 형태의 보상을 기대한다. 하지만 수렵채집인들에게 공유는 관용적 행동이나, 암묵적인 거래가 아니며 오직 의무일 뿐이다. 당신이 어떤 것을 다른 사람보다 더 많이 가지고 있다면 그것의 공유는 당연한 일이며 만약 공유하지 않는다면 당신은 경멸과 조롱의 대상이 될 것이다.[7]

인류학자인 리처드 리(Richard Lee)가 그들의 "극단적 평등주의(fierce egalitarianism)"라고 부른 것은 수렵채집인의 자율성과 공유에 대한 기대와 밀접한 관계가 있다.[8] 그들의 평등주의는 현대 서방의 기회균등의 개념을 훨씬 뛰어 넘는다. 이는 모든 사람들의 욕구는 똑같이 중요하며 누구도 다른 사람보다 더 우월하다고 생각할 수 없을 뿐 아니라 누구도 다른 사람보다 더 많은 물질을 소유할 수 없다는 것을 의미한다. 불평등은 자기가 더 많이 소유하고, 더 우월하다고 믿으면서, 적게 소유한 사람들을 지배하도록 유도하기 때문에 강력한 평등의 개념은 그들의 자율에 내재하는 핵심이 된다.

물론 수렵채집인들은 어떤 사람들은 다른 사람보다 더 훌륭한 사냥꾼이거나 채집자이며, 일부는 탁월한 협상가, 일부는 더 훌륭한 춤꾼이라는 점을 인정하기 때문에 그런 능력을 매우 중시한다. 하지만 그들은 어떤 능력을 과시하거나 우월성을 지나치게 나타내는 것을 강하게 부정한다. 흔히 전투력을 자랑하기 위해서 사용되는 무기, 공유거절, 또는 기타 금지된 행동 등은 모두 조소와 수치거리가 된다.[9] 첫 단계는 적절하지 못한 방식으로 위반행동을 한 사람을 조롱하는 것으로 시작한다. 그들은 아무개가 어떻게 자기가 "빅맨(big man)", "위대한 사냥꾼"으로 생각하는지를 노래로 조롱한다. 그래도 그런 행동이 계속되면 다음 단계는 마치 위반자가 존재하지 않는 것처럼 행동한다. 그런 방법은 위반자를 설득하는 데 매우 효과적이다. 만약 모든 사람들이 당신의 행동을 비웃는다면 으스대며 행동하기는 어려울 것이다. 만약 치러야 할 대가가 당신이 투명인간으로 취급받는 것이라면 비밀리에 음식물을 저장할 필요가 없을 것이다.

수렵채집인 집단에는 원시농경사회(채집사회에서 주 4 참고)에서 공통적으로 발견되는 것, 즉 전체집단의 의사결정을 하는 "빅맨"이나 두목 등이 없다. 이는 그들이 개인의 자율성과 평등을 높이 평가하는 것에 부합한다. 일부 수렵채집인 부족에는 일반적인 지도자조차도 없다. 다른 부족과 협상하기 위해서 부득이 대표자로 나서서 다른 부족과 거래하는 명목상 지도자가 있기는 하지만 그렇다고 다른 사람보다 공식적인 의사결정의 권력을 더 많이 갖는 것은 아니다. 부족캠프를 이전하는 것과 같이 전체집단에게 영향을 미치는 중요한 결정은 집단토론을 거치기 때문에 합의를 거쳐 행동으로 옮기기까지 수 시간에서 수일이 소요될 수 있다. 이런 토론에는 남녀 모두가 참석하며 심지어 아이들도 참석하여 의견을 낼 수 있다. 특정 집단에서 어떤 사람들이 다른 사람보다도 더 현명한 것으로 드러나면 더욱 큰 영향력을 행사할 수 있다. 그러나 그들이 행사하는 권력은 항상 모든 사람들의 욕망을 고려하여 타협점을 모색하고 설득하는 능력에서 나온다.[10]

아동신뢰의 양육

일반적으로 연구자들이 수렵채집인들의 문화에서 어른들이 아이의 양육방식을 기술하는데 자주 사용하는 용어는 관대함이다. 그러나 신뢰가 더 적합한 용어라고 말할 수 있다. 수렵채집인들의 사회관계에서 보편화되어 있는 자율과 평등주의는 아이와 성인 간의 상호작용에도 작동한다. 즉 수렵채집인의 사회관계에 보편화 되어 있는 자율과 평등주의는 성인과 성인들 간의 상호작용처럼 아이들과 성인 간의 상호작용에도 그대로 적용된다. 수렵채집인들의 교육철학과 양육의 핵심 원리는 아이들의 본성은 신뢰할 수 있으며 아이들이 자기의지에 따르도록 허용한다면 그들은 배워야 할 필요가 있는 지식과 기술을 스스로 배워서 부족집단의 경제에 자연스럽게 공헌할 수 있다는 것이다. 이런 신뢰의 태도는 다음과 같은 연구자들의 논평에 잘 설명되어 있다(이는 각각 상이한 수렵채집인의 문화에 관한 상이한 연구자들의 견해이다).

○ "호주 원주민의 아이들은 극단적인 상황에 이르기까지 마음껏 하도록 허용하며 종종 4-5세까지 젖을 먹인다. 아이의 체벌은 거의 들은 적이 없다."[11]

○ "수렵채집인은 자녀들에게 지시하지 않는다. 예를 들어 어른들은 잠 잘 시간을 알려주지 않는다. 아이들은 밤에 피곤해서 잠에 빠질 때까지 … 어른들 주변에 남아있다. 파라카나 성인(브라질)은 아이들의 생활에 간섭하지 않는다. 그들은 결코 아이들을 꾸중하거나 체벌을 하는 등 언어적·신체적인

공격행위 따위는 하지 않는다. 또한 그들은 발달에 관심을 갖거나 칭찬하지 않는다."[12]

○ 이 아이는 '내 아이' 또는 '당신의 아이'라는 개념이 없다(베네주엘라의 에쿠아나 원주민). 나이를 불문하고 어떤 사람이 무엇을 해야 한다고 명령하는 말은 에쿠아나 어휘에서 존재하지 않는다. 모든 사람들이 해야 할 일에는 관심이 많지만, 강제는 고사하고 누구에게도 영향을 미치려고 하지 않는다. 아이의 의지가 자기 능력이다."[13]

○ "유아와 어린 아이는 성인들로부터 최소한의 도움을 받으면서 자기 신체 능력의 한계까지 주변 환경을 탐험하는 것이 허용된다(허드슨 만 지역의 이뉴잇족 수렵채집인). 그러므로 만약 아이들이 위험한 물체를 집으면 일반적으로 부모들은 스스로 위험을 탐색하도록 내버려 둔다. 그들은 아이들이 어떤 경험을 하고 있을 것으로 판단한다."[14]

○ "주호안시 아이들은 거의 울지 않는다. 아마 그들은 울 일이 없기 때문인 것 같다. 고함을 지르거나 손바닥으로 맞거나 체벌을 당하는 아이들은 아무도 없다. 심지어 꾸중을 듣는 경우도 거의 없다. 그들은 청소년이 될 때까지 사기를 죽이는 말이나 비난하는 말을 거의 듣지 않고 자란다. 만약 정말 꾸중할 일이 있으면 부드러운 목소리로 타이른다."[15]

　우리 문화권의 사람들은 대부분 그런 관대함은 무엇이든지 요구만 하는 버릇없는 아이, 즉 버릇없이 자라서 어른들에게 요구만 하는 경망스런 아이들을 양육하는 비법쯤으로 생각할 것이다. 그러나 적어도 수렵채집인의 생활방식에서 보면 그런 일은 절대로 있을 수 없다. 여기 주후안시 부족의 초기 관찰자 중 한 사람인 엘리자베스 마샬 토마스(Elizabeth Marshall Thomas)가 버릇없게 만드는 양육방법이라는 질문을 받고 어떻게 응답했는지 그 대답을 들어보자: "종종 우리는 매우 너그럽게 양육한 아이는 버릇이 없게 된다는 말을 듣는다. 그러나 이는 그렇게 말하는 사람들이 그런 양육방법이 얼마나 훌륭한 것이지 모르기 때문이다. 절망이나 불안으로부터의 자유, 유쾌함과 협력 … 주호안시 아이들은 모든 부모들의 꿈이었다. 이들의 문화보다 더 똑똑하고, 더 호감이 가고 더 강한 자신감을 갖는 아이로 양육할 수 있는 문화는 결코 없을 것이다."[16]

　이처럼 관대하고 신뢰하는 수렵채집인들의 태도를 고려한다면, 이 사회의 아이들이 자유롭게 놀고 탐색하면서 대부분의 시간을 보내도록 허용되는 것은 결코 놀랄 일이 아닐 것이다. 아이는 자기 주도적인 놀이와 탐색을 통해서 스스로 교육한다는 수렵채집인들의 일반적인 신념은 수세기 동안의 경험을 통해 실증된 사실이다.[17] 수렵채집 사회의 아동생활에 대해 더 많은 것을 알아보기 위해서 당시 내 대학원 학생이었던 조나단 오가스(Jonathan Ogas)와 나는 다양한 수렵채집 문화를 연구했던 10명의 저명한 연구자들을 대상으로 설문조사를 실시했다.[18] "당신이 연구했던 집단의 아이들은 얼마나 많은 시간 동안 자유롭게 놀 수 있습니까?"라는 질문에 대해 연구자들은 기본적으로 모든 아이들은 거의 매일 새벽부터 땅거미가 질 무렵까지 자유롭게 놀았다고 응답했다. 여기 세 가지 일반적인 응답을 제시한다.

○ "소년과 소녀들은 모두 거의 매일 하루 종일 자유롭게 노
는 것이 일이다."(남아프리카 느하로, 알렌 브레이나드).

○ "아이들은 거의 하루 종일 자유롭게 놀면서 지낸다. 십대
후반이 될 때까지 아이들의 심한 노동을 원하는 사람은 아
무도 없다."(말레시아의 바텍, 카렌 엔디콧).

○ "소년들은 15-17세까지 거의 하루 종일 자유롭게 놀면서
생활한다. 소녀들은 사이사이에 심부름을 하거나 아기를 돌
보지만, 하루의 대부분은 놀면서 보낸다."(중앙아프리카의 에
페, 로버트 베일리).

이런 반응의 유형은 최근 출판된 연구 보고서에서도 일관되게
나타난다. 주후안시 아이에 대한 공식연구에서 인류학자, 페트리카
드레퍼(Patrica Draper)는 "소녀들은 거의 14세 무렵이 되면 일반식품
을 채취하고 물을 긷고 땔감을 모은다. …소년들은 16세 무렵이 되
면 위험한 사냥을 시작한다. … 아이들은 놀랍게도 거의 일을 하지
않는다."라고 말했다.[19] 수렵채집인의 아이들은 거의 생산적인 노동
에 참여하지 않는다는 규칙에 예외적인 사례로 하즈다(아프리카 탄자
니아 우림지역)가 종종 인용된다. 하즈다 아이들은 자기가 먹을 상당
한 양의 식품을 스스로 구한다. 그러나 5-15세까지의 하즈다 아이
에 관한 연구에 의하면 하즈다 아이들은 캠프 근처의 풍부한 식물
지역에서 음식물을 구하는 데 하루에 불과 2시간을 보낼 뿐 음식물

을 구하는 동안에도 놀이를 계속하는 것으로 밝혀졌다.[20]

수렵채집인 문화의 성인들은 통제, 지도 또는 아동교육에 대한 동기부여의 노력은 하지 않을지라도 아이들이 원하는 것에 반응해 주면서 아이들의 자기교육을 도와준다.[21] 그들은 아이들이 성인의 도구, 심지어 칼이나 도끼와 같이 위험한 것들을 가지고 노는 것도 용납한다. 그 까닭은 그런 도구를 사용하는데 익숙해지기 위해서는 아이들이 그런 물건을 가지고 노는 것이 필요하다고 생각하기 때문이다. 아이들은 자신에게 상처를 입히지 않을 정도의 충분한 분별력을 가지고 있다고 그들은 믿는다. 하지만 몇 가지 제약이 있다. 즉 끝에 독이 묻은 화살촉이나 화살은 아이들의 손에 닿지 않는 곳에 감춰둔다.[22] 또한 어른들은 아이들을 위해서 크기를 축소한 활과 화살, 뒤지개, 물통, 그리고 아이용 도구, 심지어 걸음마 아이의 놀이도구까지 만든다. 그들은 기본적으로 아이들이 모든 성인들의 활동을 만족스러운 정도로 관찰하고 적극적으로 참여할 것을 허용한다. 이따금씩 아이들이 성인들 주변으로 몰려드는데, 어린 아이들은 성인들의 무릎에 올라가 관찰하거나 요리를 하거나 악기를 연주하거나 사냥도구나 기타 도구를 만드는 일을 "도와준다". 어른들은 그들을 내쫓지 않는다. 드레퍼는 일반 수렵채집인을 관찰한 모습을 다음과 같이 기술했다.

어느 오후 아버지(주호안시)가 망치로 금속을 두드려서 서너 개의 화살촉 모양을 만드는 동안 나는 2시간 동안 내내 그 광경을 지켜보았다. 그 시간 동안 그의 아들과 손자(모두 4세 이하)가 그를 밀치고 들어와 다리 위에 앉았다. 아이들은 망치 아래의 화살촉을 앞으로 당겨 끌어내리려고 했다. 아이의 손가락이 망치를 내리치는 지점에 가까이 오자, 그는 작은 손이 조금 멀리 떨어질 때까지 기다렸다가 망치질을 시작했다. 그는 아이들에게 조심하라고 말했으나 화내거나 내쫓지는 않았다. 방해하는 일을 그만 두라고 경고하지도 않았다. 결국 아마 50분쯤 지날 무렵 아이들은 몇 발짝씩 발을 움직여 그늘에 누워있는 십대들의 무리 속으로 합류했다.[23]

아이들이 어른들에게 어떤 것을 어떻게 하는지 보여주거나 그것을 할 수 있도록 도와달라고 요청하자, 어른들은 어김없이 들어주었다. 수렵채집인 연구자들 중 한 사람이 말한 것처럼, "공유와 기부(sharing and giving)는 약탈자의 중요한 가치이기 때문에 개인이 아는 것을 모두 개방하여 모든 사람들이 그것을 이용할 수 있게 한다. 만약 아이가 무엇을 배우기 원한다면 사람들은 지식이나 기술을 공유할 의무를 갖게 된다."[24] 또한 수렵채집인은 자신들의 약탈과 사냥의 모험, 다른 집단의 방문, 과거 중요한 사건 등에 관한 이야기를 나눔으로써 지식을 전달한다. 토마스가 관찰했던 집단 내 60-70대 여성들은 특별히 과거사를 꿰뚫고 있는 위대한 이야기꾼들이었다.[25] 이야기는 특별히 아이들을 겨냥한 것은 아니었지만 아이들은 이야기를 듣고 그 의미를 이해했다. 수렵채집인 아이들은 자기교육을 통제하고 주도했으나 집단의 모든 어른들뿐 아니라 아이들도 모두 학습자원이 되었다.

지식과 기술

　수렵채집인의 문화가 우리 문화보다도 더 "단순"하기 때문에 그런 문화권의 아이들은 우리 아이들보다 덜 배울 것이라고 생각하면 오산이다. 수렵채집인의 생활방식은 특별히 지식과 기술집약적일 뿐 아니라 상대적으로 직업분화가 낮은 수준에서 이루어지기 때문에 아이들은 각각 기본적으로 전체문화나 적어도 자신의 성에 적합한 하위문화들을 배우지 않으면 안 된다.

　사냥 자체는 엄청난 지식과 기술을 요구한다. 사자, 호랑이, 늑대와 같은 그런 동물과 달리 우리 인간은 힘이나 속도가 무기인 포획 게임에 적응하지 못했다. 대신에 우리는 재치와 기술을 이용한다. 수렵채집인의 남자들은 물론 여자들이 사냥하는 문화권의 여자들도 역시 자신들이 사냥하는 200－300가지의 포유동물과 새의 습관에 관한 방대한 지식을 가지고 있다. 그들은 소리와 발자국뿐 아니라 시력을 이용하여 각 동물을 식별한다. 얼마 전 루이 리벤버그(Louis Liebenberg)는 사냥감을 추적하는 수렵채집인의 기본 능력을 과학적으로 추론하는 정교한 책을 썼다.[26] 사냥꾼들은 자신들이 모래, 진흙 또는 나뭇잎 등에서 관찰한 표시를 단서로 이용한다. 이 단서는 과거 경험을 통해서 축적한 지식과 결합된 것이다. 그들은 자신들이 쫓고 있는 동물의 크기, 성, 신체적 조건, 이동 속도, 통과 시간 등과 같은 문제에 대해 가설을 세우고 이를 검증하여 해결한다. 그런 추적은 사냥감의 발견과 근거리 사격을 확보할 뿐 아니라 사격 후 사냥감을 추적하는데 필수적이다. 수렵채집인은 일반적으로 독을 묻힌 작은 활과 화살로 사냥한다. 사냥에는 많은 시간이 걸린다. 거대한 동물의 경우 사냥감을 수일간 추적해서 죽인 후에 캠

프로 가져온다. 인류학자 알프 워넨버그(Alf Wannenburgh)는 주호안시 부족의 추적능력에 대해 "모든 것에 주목하고 그것을 고려한다. 그리고 모든 것을 논의한다. 사람이 많이 다니는 길섶의 쓰러진 풀잎, 덤불숲에 있는 작은 나뭇가지의 부러진 방향, 깊이, 크기, 그리고 발자국 자체의 특성 등 이 모든 것들은 동물의 상태, 움직이는 방향, 이동비율, 그리고 앞으로 벌어질 상황에 대한 정보를 제공한다."고 기술했다.[27] 동일한 문제에 대해서 토마스는 "특별히 선명한 발자국이 거의 없기 때문에 크기가 거의 비슷한 6-7마리의 누떼가 이동하는 흔적(일격을 당한 특정 누)을 알아낸 것은 매우 높이 평가되어야 할 재능이다. 다른 누들이 발을 질질 끌고 가면서 여러 곳에 움푹 패인 곳을 만들어 놓았는데 이는 그 가운데서 특히 모래 위가 깊게 패인 곳이었다. …특히 만약 특정 기온을 기록한 날 다음에 딱정벌레가 이동한 경우라면, 사냥감의 발자국 위에 겹쳐진 딱정벌레의 흔적과 같이 아주 작은 표시도 사냥꾼들에게는 의미가 있다."라고 기술했다.[28]

사냥도구, 즉 활과 화살(끝에 묻힌 독의 여부와 관계없이), 입으로 부는 화살총과 독이 묻은 화살촉, 창, 올가미, 그리고 그물 등은 뛰어난 기술로 완벽하게 제작해야 한다. 또한 이런 기술은 도구를 사용하는데도 필요하다. 수렵채집인들이 직접 만든 도구를 사용하여 이들과 매우 유사한 사냥능력을 연구하여 보고한 인류학자는 없다.[29] 대부분은 자기가 관찰했던 놀라운 능력에 대해서만 기술했을 뿐이다. 사냥의 성공에 대한 연구에 따르면 최고의 사냥꾼은 신체조건이 최고에 도달하는 20대의 남자가 아니라 30대, 40대, 그리고 그 이상의 사람들이었다. 이는 최상급 사냥꾼이 되는 데 필요한 지식과 기술을 획득하기 위해서는 오랜 시간이 걸리는 사실을 말해준다.[30]

사냥이 매우 중요시 되고, 사냥에 대해 많은 이야기를 하고, 사냥이 매우 힘든 문화권에서 자라나는 아이들이 능숙한 사냥꾼이 되기 위한 방법으로 놀이와 탐색을 이용하는 것은 놀랄 일이 아니다. 우리의 설문조사에 응한 응답자들은 모두 자신들이 연구한 문화에서 소년들은 신나게 추적하고 사냥하면서 엄청난 시간을 보냈다고 말했다. 남자뿐 아니라 여자들도 사냥문화를 즐기는 아그타 부족을 연구한 두 응답자들은 소년뿐 아니라 소녀들도 사냥에 재미있게 참여하는 모습을 여러 번 관찰했다고 보고했다.

3살 정도 되는 수렵채집인의 아이들은 작은 동물에 몰래 접근하여 서로 추적하는 놀이를 한다.[31] 그들은 정해진 목표 혹은 나비나 두꺼비를 향해서 작은 화살을 쏘는 놀이를 한다. 8-9살쯤 되면 이미 작은 식용동물을 죽인 경험을 한다. 그들은 아버지들이 큰 동물을 옮기는 흉내를 내면서 그것을 나무에 묶어 부족캠프로 가져간다. 10살쯤 되면 가끔 소량의 고기를 제공할 정도가 되어 부족캠프의 일상적인 음식물 공급에 기여한다. 10대 초반에 이르면 성인들과 합류하여 진짜 큰 사냥시합에 참여할 수 있기 때문에 아이들은 관찰을 통한 학습을 할 수 있고 16세나 그 이상이 되면 여전히 놀이하는 즐거운 마음으로 큰 사냥시합에서 완전한 사냥꾼이 될 수 있다.

사냥과 마찬가지로 식물류의 식품을 채취하는 일도 엄청난 지식과 기술을 요구한다. 우리의 원시조상들이 그랬던 것처럼 인간은 쉽게 구할 수 있는 잎사귀를 뜯어 먹는데 적응되지 않았다. 오히려 우리는 고르고, 추출하고, 가공해야 영양이 풍부해지는 식물에 의존하도록 적응되었다. 또한 수렵채집인 여자는 물론 남자도 근처에 있는 수많은 뿌리, 덩이줄기, 열매, 씨앗, 과일, 그리고 푸른 채소 중에서 영양이 풍부하고 식용이 가능한 것, 발견할 수 있는 시기와 장소, 채집하여 먹기에 적절한 양을 효과적으로 추출하는 방법, 그리고 경우에 따라서 이전보다 양과 영양가를 더욱 풍부하게 가공하는 방법을 알아야 한다.[32] 연습한 햇수에 따라 연마되는 신체적 기술뿐 아니라 기억력을 포함하는 이런 능력은 음식물에 대해 문화적으로 공유된 거대한 언어지식창고를 사용하여 추가하고 변경한다. 식물을 채취하고 음식을 가공하는 수렵채집인 여성들의 효율적인 능력은 마치 남자의 사냥기술이 그런 것처럼 약 40세가 될 때까지 크게 증가하는 것을 많은 연구를 통해서 알 수 있다.[33]

수렵채집인의 아이들은 사냥법을 배웠던 방식과 동일한 방식으로 식물성 음식물에 대해 배운다. 그들은 이야기를 듣고 어머니와 부족 어른들과 함께 채집여행에 합류한다. 부족캠프에서 음식을 만드는 어른들을 관찰하고 그들이 할 수 있는 일이면 "돕는다." 그들은 전적으로 자기 주도권을 가지고 뒤지개와 절구, 절굿공이를 이용한 놀이를 한다. 그리고 다양한 식물을 찾고 확인하는 놀이를 고안한다. 가끔 그들은 어른들에게 요청하여 말로 가르침을 받는다. 인터뷰를 통해서 아카족의 여자들은 자기가 어렸을 때, 자기 어머니들이 여러 가지 버섯과 야생 참마를 그들 앞에 놓고, 먹을 수 있는 것과 없는 것 간의 차이를 설명한 방법에 대해 말했다.[34]

모든 문화권의 아이들처럼 수렵채집 문화의 소년과 소녀들은 6살이 되면 남녀가 분리되어 놀기 시작한다. 물론 수렵채집 문화의 아이들이 모두 다 그런 것은 아니다. 소년들은 주로 소녀들보다 사냥이나 그 밖에 남성 활동 중심의 놀이를 많이 하는 반면, 소녀들은 소년들보다 채취, 음식 만들기, 출산, 아기 돌보기, 그리고 그 밖의 여성 활동 중심의 놀이를 많이 한다. 소년과 소녀들은 남녀 모두가 정기적으로 참여하는 여러 가지 활동을 통해서 함께 놀기도 한다.

이들의 모든 놀이는 약 4살 이상에서 10대 중반까지의 연령에 해당하는 아이들로 구성된 복합연령집단이 주축이 된다. 복합연령집단의 놀이에서 나이가 어린 아이들은 나이가 더 많은 아이에게서 기술을 배우고 나이가 많은 아이들은 어린 아이들을 보호해 줌으로써 리더십과 애정 어린 돌봄과 배려를 실천한다. 아이들이 어른들로부터 많은 것을 배우는 것이 사실이지만 아이들의 일상적인 교사는 그들과 함께 노는 아이들이다.

우리가 요청한 설문조사에 응했던 연구자들은 수렵채집 아이들은 사냥과 채집이 아닌 오히려 놀이를 통해서 다양하고 가치 있는 성인 활동을 모방하는 사실에 주목했다. 그런 성인 활동에는 아이 돌보기, 나무 오르기, 덩굴 사다리 만들기, 오두막 짓기, 도구 만들기, 뗏목 만들기, 불 지피기, 요리하기, 포식자의 공격으로부터 방어하기, 동물 모방하기(동물을 확인하고 그 습관을 배우는 수단), 음악 연주하기, 춤추기, 이야기하기, 그리고 논쟁하기 등이 있다. 수렵채집 집단은 음악, 춤, 이야기 등에서 풍성한 전통을 이어가고 있기 때문에 아이들이 악기를 만들어 연주하고, 노래하고, 춤추고, 놀이를 통해서 이야기를 하는 것은 전혀 놀라운 일이 아니다. 또한 그들은 전통문화에 의존하여 구슬 장식품이나 그 밖의 시각예술작품을 만든다.

수렵채집인들의 외부생활은 포식자로부터 피하거나 도망가야 할 상황이 대부분이다. 이는 연령과 성별에 상관없이 모든 사람들이 단단하고 민첩한 신체를 유지할 것을 요구한다. 농경문화와 산업사회에서는 일반적으로 소년들은 소녀들보다 상당히 활기찬 신체놀이에 참여하지만 수렵채집사회에서는 양성이 모두 거의 대등한 수준에서 그런 놀이에 자주 참여한다.[35] 그들은 서로 이곳저곳을 추적하기, 지형이용하기, 나무 위에 오르기, 흔들기, 달리기, 수영하기, 무거운 물체 들기, 그리고 갖가지 곡예를 한다. 또한 그들은 우아하고 조화롭게 움직이는 춤을 춘다. 춤 그리고 춤과 유사한 게임은 거의 모든 수렵채집문화에서 인기 있는 놀이의 형태다. 춤은 협동심뿐 아니라 유연한 동작을 위한 연습이다.

사회성 기술과 가치

수렵채집인의 성인들은 아이들에게 자유롭게 놀 수 있는 무한한 시간을 허용함으로써 아이들이 자기생활 방식에서 가장 중요한 사회성 기술과 가치를 꾸준히 숙달할 수 있게 한다. 집단놀이(즉 한 명 이상이 참여하는 모든 놀이)는 그 본질상 협동, 다른 사람의 욕구에 대한 관심, 그리고 합의를 지향하는 의사결정을 지속적으로 연습할 수 있는 놀이의 특성을 나타낸다.

놀이는 반드시 놀이꾼(player)들이 **해야** 하는 것은 아니다. 놀이꾼은 항상 그만 둘 자유가 있다. 집단놀이에서 각 놀이꾼은 불행하다고 느끼게 되면 누구든지 그만둘 수 있는 사실을 알고 있다. 만약 너무 많은 사람들이 그만두면 게임이 끝나게 되기 때문에, 게임을 계속 진행하기 위해서 놀이꾼들은 자기욕구뿐 아니라 다른 놀이꾼들의 욕구도 만족시켜야 한다. 그러므로 아이들이 다른 아이들과 함께 놀려는 강한 충동은 다른 사람들의 욕구에 유의하여 각각의 욕구차이를 조정하는 방법을 배우는 튼튼한 원동력이 된다. 우리 문화에 대한 많은 연구들은 유치원 아이들이 놀이상황에서 엄청난 양의 타협과 협상을 반복하는 모습을 보여주었다(제8장 참고). 아이들이 키, 힘, 능력 등의 차이에도 불구하고 모든 사람들의 욕구와 욕망을 충족시키기 위하여 서로 대등하고 공손하게 그리고 정중하게 존중하면서 응대하는 방법을 배우게 하는 것은 집단놀이가 갖는 중요한 진화론적 목적 중 하나다. 이런 기술은 수렵채집 사회의 생존에서도 매우 중요한 요소지만 모든 인간사회에서 역시 매우 소중한 요소들이다. 우리 모두는 다른 사람들을 돕고 지원할 필요가 있기 때문에 반드시 다른 사람들을 돕고 지원하는 방법을 알아야 한다.

앞에서 언급한 것처럼 수렵채집인의 아이들은 항상 광범위한 연령범위를 망라하여 집단놀이를 한다. 그들이 오직 동일한 연령의 친구들과 놀기를 원한다고 해도 그것은 불가능하다. 수렵채집 집단은 워낙 소규모이고 출산이 간헐적이기 때문에 한두 살 이내의 차이가 나는 아이들을 두세 명 이상 찾기는 매우 어려운 실정이다. 우리 문화에 대한 연구(제9장 참고)에서 복합연령 놀이는 동일연령 놀이와 질적으로 다른 사실을 보여 준다.[36] 복합연령 놀이는 덜 경쟁적이면서 더욱 배려적인 특성을 나타낸다. 복합연령 놀이에서 각 아이들은 최선을 다하기 위해서 노력하지만 다른 사람들을 패배시키는 일에는 거의 또는 전혀 관심을 보이지 않는다. 이는 놀이꾼의 나이, 신장, 힘 등에서 큰 차이가 나게 되면 다른 사람보다 더 잘한다는 인정을 받는 것이 더 이상 놀이의 목적이 되지 못하기 때문이다. 놀이가 갖는 복합연령의 특성은 수렵채집인 문화의 평등주의 풍토와 더불어 아이들의 놀이가 매우 협력적이며 비경쟁적이라는 사실을 분명히 말해준다.

1950년대와 1960년대에 실시된 전 세계의 게임에 관한 비교문화(cross-culture) 연구에서 존 로버트(John Robert)와 그의 동료들은 경쟁적인 게임이 전혀 없는 것으로 판단되는 유일한 문화는 수렵채집인 문화 밖에 없다는 결론을 내렸다.[37] 우리가 실시한 조사연구의 모든 응답자들도 자신들이 관찰한 비경쟁적인 놀이의 특성을 강조함으로써 그런 결론과 일치하는 맥락을 보여주었다. 예를 들어, 인류학자 비온 그리핀(P. Bion Griffin)은 그가 아그타 부족의 아이들에게서 관찰한 일관성 있는 유일한 규칙은 "누구도 눈에 띄는 방법으로 다른 사람을 이기고 지게 해서는 안 된다"는 것이었다고 말했다. 수렵채집인 집단의 놀이나 게임과 관련한 광범위한 기술에서 로나 마샬(Lorna Marshall)은 대부분의 주호안시 부족의 놀이는 비형식적이고 비경쟁적이었으며 형식적인 게임이라고 해도, 즉 분명한 규칙이 정해져 있는 경쟁적인 게임도, 모두 비경쟁적으로 진행되었다고 주장했다.[38] 예를 들어 5 - 15세까지의 주호안시 아이들은 남녀 모두 종종 제니(zeni)를 던지는 게임을 했다. 제니는 가죽 끈으로 만들어져 있으며 길이가 약 7인치로 한쪽 끝에는 가벼운 물체를 단단히 고정시키고 다른 쪽 끝에는 깃털이 매달려 있다. 놀이꾼은 막대기와 함께 그것을 가능한 공중으로 높이 던지고 나서 그것이 팔랑거리며 떨어지기 시작할 때 막대기와 함께 잡으면 성공하게 된다. 그리고 그 위치에서 다시 게임을 시작한다. 이 게임은 많은 사람들이 상당한 수준의 기술을 가지고 참여하기 때문에 쉽게 경쟁적인 게임이 될 수 있다. 예를 들어 누가 그것을 가장 높이 던지는지 또는 누가 그것을 성공적으로 잡는 횟수가 더 많은지를 관찰할 수 있기 때문이다. 그러나 마샬에 의하면 그 게임은 그런 식으로 진행되지 않았다. 참여자들은 죽을 힘을 다해 최선을 다했지만 놀이꾼 간의 경쟁은 이뤄지지 않았다.

　　수렵채집인의 게임은 각 놀이꾼의 동작과 다른 놀이꾼의 동작을 대부분 비슷하게 조정한다. 이는 자기 춤을 모방한 모든 게임에서도 마찬가지지만 다른 게임에서도 크게 다르지 않다. 예를 들어 그들은 그물을 가지고 재미있는 사냥놀이를 할 때, 그물잡이와 몰이꾼은 자신들의 동작을 성인들이 진짜 그물사냥을 할 때 취하는 것과 똑같은 흉내를 내야 한다. 또 다른 예는 나무 흔들기 게임이다. 이 게임에서 아이들은 자신들의 행동을 잘 조정하여 어린 나무를 땅에 휘어지게 하고 나서 거의 모두 그것을 놓아서 날려 보낸다. 이 때 미처 날려 보내지 못한 아이들은 나무의 끝부분을 아무렇게나 휘두르거나 공중으로 던진다.[39] 그런 게임은 분명히 아이들이 하나의 팀으로서 협동을 배우게 할 뿐 아니라 공동체로서 정서적인 연대감을 갖게 한다.

콜린 턴불(Collin Turnbull)은 중앙아프리카의 음부티(Muti) 부족을 연구했다. 그는 벌꿀시즌의 행사 중 하나인 줄다리기 축제를 관찰하고 기술했다. 이 축제에는 매년 모든 부족이 참여한다. 성인남자들과 소년들이 덩굴줄기의 한쪽을 붙잡고 성인여자들과 소녀들은 덩굴줄기의 다른 쪽을 붙잡는다. 그들은 서로 당길 때마다 응답가를 부른다. 턴불에 따르면 성인남자들과 소년들이 이기기 시작하면 "그들 중 하나가 자기편을 포기하고 여자 쪽에 합류하여 자신의 나무껍질 옷을 끌어당겨 여자 옷차림새로 바꾸고 나서 자신의 무언극을 크게 과장하여 남자들이 여성스럽다고 조롱하면서 가성으로 응원의 소리를 외쳐댄다." 그 후 성인여자들과 소녀들이 이기기 시작하면 "여자들 중 하나가 자신의 나무껍질 옷을 내려놓고 남자 쪽으로 걸어가 합류하여 굵은 저음으로 여자들이 남성스럽다고 점잖게 놀리고 응원의 소리를 외쳐댄다." 턴불은 이어서 다음과 같이 말했다. "넘나드는 사람들이 각각 점점 더 큰 웃음을 유발해서 놀이꾼들이 너무 많이 웃거나 너무 많이 노래를 불러서 더 이상 밧줄을 끌어당길 수 없게 되어, 결국 흥분 속에서 덩굴밧줄의 고삐를 땅에 내려놓을 때까지 조롱을 이겨내기 위해 그들은 마지막까지 안간힘을 쓴다. 젊은이들과 성인들이 모두 서로 상대편을 넘나들지만, 정말로 웃음을 유발하는 사람은 주로 젊은이들이다 … 조롱은 적대감 없이 적어도 부분적으로는 동일시와 공감을 나누면서 행해진다. 양성의 '승리'에 대한 폭력성과 공격성을 피하면서 경쟁의 어리석음을 드러낸다."[40]

몇몇 연구자들은 주고받기 게임에 대해 말했다.[41] 이는 수렵채집인 유아들과 나이 많은 아이 및 성인들과 함께 주고받는 놀이다. 12개월 정도의 어린 유아나 그보다 더 어린 영아는 나이 많은 놀이꾼에게 행복한 마음으로 물건을 건네준다. 그리곤 그것을 되돌려 받고 또다시 되돌려 주는 행동을 계속 반복한다. 이처럼 주는 기쁨은 모든 보통 아기들의 본능인 것 같다. 미국에서 실시된 거의 알려지지 않은 일련의 실험에서 실험실에 머물러 있던 짧은 시간 동안 100명이 넘는 12-18개월의 아기가 거의 모두 성인들에게 스스로 장난감을 주는 장면이 관찰되었다.[42] 우리 문화에서 그런 행동은 충분히 회자되지 않지만 일부 수렵채집인 문화에서는 칭송되는 행동이다. 주호안시 부족은 유아가 성인에게 나누어 주는 행동을 의도적으로 장려한다. 특히 할머니는 아기가 다른 사람에게 구슬을 주도록 아기가 손을 내밀게 함으로써 공유하고 나누는 문화의 기초를 가르친다.[43] 이는 내가 수렵채집인의 관습을 기록한 연구자들의 기술에서 발견한 것으로써 성인들이 체계적이고 의도적으로 아이들의 놀이에 영향을 주는 여러 가지 사례들 중 하나이다. 수렵채집인의 생활방식에서 어떤 인간의 특성도 스스로 주고 공유하는 것만큼 중요한 것은 없다.

성공적인 수렵채집인의 성인이 되기 위해서 그들은 다른 사람과 공유하고 협력할 뿐 아니라 다른 사람을 괴롭히지 않고 자신의 필요와 욕구를 주장할 수 있어야 한다. 그런 자기주장의 연습은 어디서나 흔하게 관찰할 수 있는 집단놀이를 통해서 알 수 있다. 집단놀이를 할 때 놀이꾼은 놀이규칙과 역할 담당자를 놓고 협상을 한다. 더불어 수렵채집인의 아이들은 성인들의 논쟁을 흉내 낼 때, 자기가 주장할 발언들을 의도적으로 연습한다. 예를 들어 9세나 그 이상의 음부티 부족의 아이들은 그들이 관찰한 성인들의 논쟁을 그대로 반복하고 개선하려고 노력한다. 다음은 턴불이 기술한 것이다.

그것은 아마 어제 저녁에 아이들이 부족캠프의 본부에서 목격한 진짜 논쟁을 모방하는 것으로 시작할 것이다. 그들은 성인들을 따라 다양한 역할을 수행한다. 성인들의 논쟁은 재판의 형태와 가깝다. 왜냐하면 만약 성인들이 교묘한 말로 설득하여 논쟁을 피하려고 한다면, 한때 자신들을 모방하던 행동을 아이들이 그만둘지도 모르기 때문이다. 만약 아이들이 어떤 개선의 여지를 찾으려는 의도를 가지고 성인들의 논쟁을 탐색한다면, 그리고 만약 성인들의 발언이 부적절해서 모든 사람들이 그날 밤 심기가 불편한 상태에서 잠자리에 든다면, 아이들은 자신들이 더욱 잘할 수 있다는 것을 보여주기 위해 노력할 것이다. 만약 그들이 해결할 수 없을 경우, 다시 조롱하던 상태로 되돌아가 거의 히스테리에 가까울 정도까지 놀이터에서 뒹굴 것이다. 이는 지나치게 폭력적인 방식으로 변할 수 있기 때문에 위험스런 논쟁은 성인들의 생활에서 해결될 것이다.[44]

자기 통제력

수렵채집인을 조사한 연구자들은 종종 그들의 특별한 낙천성과 금욕에 대해 말한다. 인류학자인 리처드 굴드(Richard Gould)는 수렵 채집인의 낙천성에 대해 다른 연구자의 글을 인용하면서 "가끔 나는 열과 종기, 성가신 파리, 그리고 부족한 음식 때문에 시달릴 때면, 이와 비슷한 환경에서 생활하는 깁슨 사막(Gibson Desert, 오스트레일리아 수렵채집인)의 사람들이 갖는 특유한 낙천성과 항상 준비된 농담과 웃음을 알릴 필요성을 느낀다. 이런 쾌활함은 빈번한 고통 속의 단련을 통해서 얻은 것으로써 불평은 오직 모든 것을 악화시킬 뿐이라는 교훈의 일부분으로 보인다."라고 기술했다.[45]

수집채집인들은 운명의 장난과 예기치 않은 사건에 직면할 때마다 불평하기보다 이를 무리 없이 수용함으로써 그것을 더욱 유의미하게 이용하는 것처럼 생각된다. 이제 고전이 된 진 리들로프(Jean Liedloff)의 저서에서 소개된 **연속성 개념**(Continuum Concept)에는 우리들이 고난으로 생각하는 시련에 대응하는 수집채집인들의 태도가 훌륭하게 기술되어 있다. 젊고 모험심 강한 여성인 리들로프는 베네주엘라의 우림지역으로 다이아몬드 사냥을 떠나는 두 명의 이탈리아 탐험가와 동행하게 되었다. 여행 중에 그녀와 두 명의 이탈리아 남자, 그리고 일꾼으로 고용한 몇 명의 남아메리카 토리판 문화(Tauripan culture)의 원주민들이 무겁고 다루기 힘든 통나무배를 태양이 작열하는 바위 위를 걸어서 운반하는 위험천만한 상황 속에서 진땀을 빼고 있었다. 그녀는 이런 고통스런 작업에서 순간이나마 벗어날 핑계로 사진기를 들고 한걸음 뒤로 물러났다. 다음은 그녀가 비교적 공정한 관점에서 당시 상황을 기술한 보고서다.

바로 내 앞에서 몇 사람들이 단순작업을 하고 있었다. 두 명의 이탈리아 사람들은 토스카나인 특유의 방식으로 긴장된 눈을 잔뜩 찌푸린 채 쉬지 말고 계속 일하라고 욕설을 퍼부으면서 화난 표정을 짓고 있었다. 나머지 사람(토리판 원주민)들은 유유낙낙하며 즐거운 시간을 보내고 있었다. 그들은 거추장스런 통나무배를 보며 웃고, 편을 짜서 전투게임을 하고, 통나무배를 들어 올리는 중간 중간마다 긴장을 풀고, 맨살에 긁힌 상처자국을 보면서도 낄낄거리며 웃어댔다. 특히 그들은 통나무배가 앞쪽으로 크게 흔들려 불안정하게 되자 당황한 기색 속에서 급하게 통나무배를 고정시키면서도 즐거움을 잃지 않았다. 그들은 머리 위로 통나무배를 들고 헉헉거리며 뜨거운 화강암을 맨발로 건너갔다. … 다시 숨을 쉴 수 있게 되자, 그들은 언제 그랬냐는 듯 큰 소리로 웃고 그들의 안전함을 기뻐했다. … 내가 사진을 다 찍고 팀에 다시 합류했을 때, 나는 고상한 척하기보다는 오히려 그들과 함께 나머지 운반작업을 매우 재미있게 즐기게 되었다.[46]

그 이후에 리들로프는 토리판인들과 다른 두 명의 남아메리카의 베네주엘라 원주민과 함께 생활하면서 상당한 시간을 보냈다. 그녀는 그들의 재미있는 놀이, 삶에 대한 느긋한 태도, 그리고 고통의 순간에도 변함없이 서로 즐겁게 상호작용하는 방식에 깊은 감명을 받았다. 리들로프가 관찰했던 시기의 원주민들은 완전한 수렵채집인이 아니었다. 그들은 수렵과 채집을 대신하여 작은 텃밭을 일구어 생활하고 있었다. 그러나 그들은 수렵채집인들의 생활방식 중 특징적인 가치와 태도를 분명히 보유하고 있었다.

곤경을 코앞에 놓고도 낙천성을 잃지 않는 수렵채집인들의 성향은 안이한 불평에 익숙한 우리들에게는 너무나 놀랄 일이기 때문에 나는 부득이 한 가지 사례를 더 소개하지 않으면 안 될 것 같다. 주호안시 부족에 대한 자신의 저서에서, 엘리자베스 마샬 토마스는 부족캠프로부터 멀리 떨어진 곳을 걷다가 하이에나를 연구하는 한 야생동물 생물학자가 쳐놓은 덫에 걸린 한 소녀의 끔찍한 이야기를 자세하게 전했다. 덫의 강철 이빨은 소녀의 발을 관통했고 그 덫은 땅에 단단히 고정되어 있어서 그녀가 할 수 있는 일이라곤 다른 한 발로 서서 구조를 기다리는 수밖에 없었다. 시간이 흐른 뒤에 근처에서 사냥을 하고 있던 삼촌이 멀리서 그녀를 보고 뭔가 잘못되었다는 것을 직감하고 달려왔다. 그가 덫을 열 수 없게 되자 도움을 청하기 위해서 부족캠프로 돌아갔다. 다음은 이 사건에 대한 보고서의 일부다.

나는 우리가 그녀를 캠프로 데려와서 상처를 치료했을 때 그녀가 보여준 침착성을 지금도 기억한다. 그녀는 하이에나가 빈번하게 출몰하는 장소에서 상처를 입은 채 수 시간 동안 혼자서 어찌해 볼 도리가 없었다. 그러나 그녀는 마치 아무 일도 일어나지 않았던 것처럼, 정말 아무 일도 없었던 것처럼 의연하게 행동했다. 대신에 그녀는 무덤덤하게 이것저것에 대해 물었다. 나는 그런 상황에서 그녀가 보여준 그런 평정심을 도저히 이해할 수가 없어, 주호안시 부족의 신경계통이 우리보다 우월한 것은 아닌지 당황해 하면서 당시를 떠올렸다. 그러나 물론 그들의 신경계통은 우리 그것과 동일하다. 우월한 것은 그들의 자기 통제력이었다. … 그 가치는 옛날 방식에 뿌리를 두고 있다. 동물과 싸울 때 도망치지 못하고 홀로 우는 먹잇감보다 포식자에게 더욱 매력적인 것은 없을 것이다.[47]

생존을 위해서는 하이에나 뿐 아니라 당신의 용기를 필요로 하는 동료들에게 걱정하고, 징징거리고, 약골처럼 보이는 것보다 짐짓 태연한 척 하는 것이 더 낫다. 가끔 인생이 특별한 시련에 직면하게 될 때 그런 평정심은 상황이 더 악화되는 것을 막을 수 있다. 이는 역경 속에서도 사람들이 유머와 심지어 기쁨까지도 발견할 수 있게 한다.

수렵채집인들은 어떻게 그런 놀랄만한 자기 통제력을 발달시키게 되었는가? 누구도 모르는 일이지만 내가 말할 수 있는 것은 예전에 이 문제를 깊이 연구한 사람들이 거의 없다는 것이다. 이에 대해 나는 적어도 그런 능력의 일정한 부분은 아이들의 광범위한 놀이활동을 통해서 발달했을 것으로 추측한다. 1930년대의 유명한 러시아 심리학자인 레브 비고츠키(Lev Vygotsky)는 자유놀이는 아이들이 자기 욕구와 감정을 통제하는 최고의 수단이라고 강하게 주장했다. 아이들의 놀이욕구는 불안을 없애고 충동을 억제하게 함으로써 게임의 규칙을 꾸준히 지킬 수 있게 한다. 또한 그런 능력은 점점 놀이 밖의 생활로 전이된다. 최근에 실시된 동물에 대한 연구(제8장 참고)는 스트레스 상황에서도 분노와 공포를 통제하여 안정된 행동을 유도하는데 두뇌의 특정 부분이 매우 중요한 작용을 한다고 주장하면서 놀이는 두뇌의 이 특정 부분을 발달시키는 데 필수적이라고 했다. 그러므로 아이들에게 놀 자유를 충분히 허용하는 동일한 문화권에서 매우 뛰어난 자기 통제력의 소유자들이 많이 배출되는 것은 우연의 일치가 아닐 것이다.

"동의할 수 없어요." 나는 당신들 중 누군가의 아우성을 듣고 있다. "이 모든 주장들이 수렵채집인들에게는 당연할 수 있을 것이다. 하지만 우리 아이들, 우리 문화권의 교육에서 도대체 그것은 어떤 타당성이 있을 수 있겠는가?"

좋은 질문이다. 우리 아이들은 수렵채집인의 아이들이 배운 것보다 더 많이 배울 필요는 없을 것이다. 그러나 우리 아이들은 수렵채집인의 아이들이 배운 것과 다른 것을 더 많이 배워야 한다. 갓 배움을 시작하는 아이에게 읽기, 쓰기, 그리고 계산하는 법을 가르치는 것은 수렵채집인 문화에서는 없는 것들이다. 더구나 우리 문화는 수렵채집인 문화보다 훨씬 더 다양하기 때문에 아이들이 모든 것을 다 알 수도 없는 형편이다. 수렵채집인의 교육욕구를 충족시키기에 알맞게 진화된 학습본성이 현재 우리 문화의 교육에도 충분한지 여부는 결코 분명치 않다.

하지만 계속해서 조사해보자. 만약 수렵채집인들이 자신의 아이들에게 제공했던 것과 동일한 조건을 우리 문화권에서 제공한다면, 아이들의 자연스러운 수렵채집인의 학습방식은 우리 문화권의 교육에도 **충분히 가능하다는** 설득력 있는 증거를 다음 장에서 제시할 것이다. 그런 조건을 제공하기 위해서는 상당한 노력이 요구되지만 현재 우리의 강제적인 학교교육의 요구에 비하면 훨씬 더 적은 노력일 뿐이다.

먼저 현대학교의 기원을 이해하는 데 중점을 두고 그 역사를 간단하게 살펴볼 것이다.

왜 학교는 현재의 모습을 갖게 되었는가?

: 교육의 역사

우리는 어떻게 쿼에서 이반까지 오게 되었는가? 우리 교육은 어떻게 자기 주도적이며 즐겁던 학습 환경에서 수많은 아이들이 무력감, 불안감, 우울증을 느끼는 강제적인 학습 환경으로 바뀌게 되었는가?

오늘날 우리 아이들은 법률에 규정된 의무교육을 마쳐야 하고, 거의 모든 학교는 동일한 방식으로 구조화 되었으며, 그런 학교들을 지원하기 위해서 우리 사회는 해마다 엄청난 비용과 고통을 부담한다. 이런 현실을 바라보면서, 우리는 당연히 이 모든 것에는 매우 유익하고 명백한 논리적 근거가 있을 것으로 생각한다. 만약 우리가 아이들을 강제로 학교에 보내지 않았거나, 현재와 다른 방식으로 학교를 경영했더라면, 아이들은 현대사회에서 경쟁적인 인간으로 성장하지 않았을 것이다. 아마 교육전문가들은 이 모든 사실을 알고 있었을 것이다. 아니면 아이들의 자기발달을 지원하는 대안적 방법의 검증과정에서 실패했을 가능성을 배제할 수 없을 것이다.

내가 이 책을 통해 증명해 보이겠지만, 실제로 대안적 방법은 꾸준한 검증과정을 거치면서 **성공적인 결과**를 보여주었다. 아이들의 자기 주도적인 학습본성은 예전에 그랬던 것처럼 오늘날에도 훌륭하게 작동할 수 있다. 현대사회에서도 자유와 기회만 주어진다면, 아이들은 놀라울 정도로 훌륭하게 자기교육을 **수행**하고 또한 수행할 수 있을 것이다. 우리 주변에서 보는 학교는 과학과 논리의 산물이 아닌 역사적 산물이다. 역사는 결코 논리적으로 전개되지 않는다. 역사는 계획된 특정 목적을 지향하지 않는다. 그것은 인간환경의 개선이라는 의미에서 필연적인 발전을 약속하지도 않는다. 그러나 학교상황이 왜 현재와 같이 되었는지를 이해하기 위해서 우리는 학교가 탄생하게 된 역사적 배경을 살펴보아야 할 것이다.

인류는 수십만 년 동안 수렵채집인으로서 비교적 안정적인 환경에서 생활했다. 우리의 본성은 그런 생활방식에 적응하게 되었고 그 후 농경문화가 나타났다. 고고학자에 따르면 농작물 재배는 약 10,000년에서 11,000년 전에 서남아시아의 비옥한 초승달 지역에서, 9,000년에서 10,000년 전에는 중국에서, 약 5,000년에서 6,000년 전에는 남아메리카와 멕시코에서 그리고 약 3,000년에서 4,000년 전에는 북미지역에서 시작되었다.[1] 우리는 각 지역에서 농업이 어떻게 발달했는지 정확히 알 수 없지만 그것이 점진적으로 발달한 것은 틀림없을 것이다. 지적 능력이 뛰어난 인류는 식용식물을 얻을 수 있는 공지를 더 넓히기 위해서 잡목림을 베어냈고 건조기에도 작물재배를 할 수 있도록 용수로를 만드는 등, 자연이 제공하는 식량공급의 통제방법을 상당히 많이 알고 있었다. 결국 그런 방식으로 인류는 농업을 지속적으로 발전시켜 풍년을 보장하는 모내기 방법을 개발하고, 가축을 기르는 등 완벽한 농업형태를 갖추게 되었다.

농업이 정착되자, 인간의 생활방식에 유래가 없는 엄청난 변화의 소용돌이가 일어나기 시작했고 그런 변화는 우리의 사고방식과 아동양육방식을 극적으로 바꾸어 놓았다.

다음에서 서양에서 일어난 변화의 양상을 간단하게 살펴 볼 것이다.

농업은 양육의 목적을 어떻게 변화시켰는가

농업은 사람들의 생활을 크게 향상시켰다. 음식물을 지속적으로 공급하여 적어도 초기에는 굶주림의 위협에서 멀리 벗어날 수 있게 해주었다. 농업발달로 인해서 이제 사람들은 음식물을 찾아서 계속 이동할 필요가 없게 되었다. 따라서 사람들은 포식자나 폭풍으로부터 자신을 보호할 수 있는 튼튼한 집을 지어 정착생활을 하게 되었다. 그러나 농업은 수렵과 채집생활로 다시 돌아 갈 수 없는 사람들에게 예상 밖의 비싼 대가를 치르게 했다. 이는 자유, 평등, 공유, 그리고 놀이의 쇠락을 초래하여 인간의 생활환경을 크게 변화시켰다. 말하자면, 이는 농업을 통해 생산한 사과를 한입 베어 무는 순간, 우리는 에덴동산을 떠나 다시는 에덴동산으로 되돌아 갈 수 없는 세상으로 내쫓기는 신세가 되어 결국 먹고 살기 위해서는 어쩔 수 없이 스스로 농사를 지어야 하는 슬픈 운명에 처하게 된 것에 비유할 수 있을 것이다. 이곳에서는 놀이가 아닌 수고가 왕이다.

수렵채집인의 생활방식은 지식과 기술집약적이었지, 노동집약적은 아니었다. 유능한 수렵채집인이 되기 위해서 사람들은 음식물을 구했던 곳의 지형과 자신들의 식량을 공급했던 동식물에 대한 깊은 지식을 획득해야 했다. 그들은 수렵과 채집에 필요한 도구제작과 사용법에 관한 많은 기술을 개발해야 했다. 그들은 먹을 것을 찾고, 사냥감을 추적하고, 포식자의 공격에 창의적으로 대응해야 했다. 하지만 그들은 장시간 동안 일할 필요는 없었다. 사실 그들은 자연이 음식물을 재생산하는데 걸리는 시간보다 자연의 풍성한 음식물을 더 빠르게 공급받을 수 있었기 때문에 장시간의 사냥과 채집은 오히려 비생산적이었다. 더구나 사냥과 채집은 매우 지식·기술집약적이었기 때문에 신나고 재미있는 일이었다. 인류학자들은 수렵채집인은 오늘날 우리들이 놀이와 일을 명확하게 구분하는 것처럼 양자를 구분하지 않았다고 주장한다. 그들은 수렵과 채집생활의 놀이 속에서 성장하여 여전히 놀 생각으로 점차 진짜 일의 세계로 이동했다.

인류학자인 마셜 샐린스(Marshall Sahlins)는 수렵채집 사회를 총칭하여 "최초의 풍요로운 사회(The Original Affluent Society)"라는 유명한 말을 했다.[2] 그들은 많은 것을 소유해서가 아니라 매우 적은 욕망 때문에 풍요로울 수 있었다. 그들은 상대적으로 일을 적게 하면서도 욕구에 만족했다. 그들에게는 충분한 자유시간이 있었다. 그들은 자유시간에 "노래하고, 작곡하고, 연주하고, 구슬 디자인에 복잡한 수를 놓고, 이야기하고, 놀고, 이웃집단을 방문하거나 누워서 뒹굴며 휴식을 취했다."[3] 이런 모습들은 장소에 상관없이 우리가 행복하고 느긋해지기를 바라면서 행하는 활동들과 동일한 것들이다.

농업은 이 모든 상황을 서서히 변화시켰다. 안정적인 음식물 공급으로 인해 사람들은 더 많은 자녀를 얻을 수 있게 되었다. 또한 농업은 유목민 생활보다는 오히려 가능하면 자신들이 재배하는 농작물 가까이에서 영구적인 주거생활을 하도록 사람들에게 강요했다. 그러나 이런 변화는 노동이라는 엄청난 비용을 지불하게 만들었다. 수렵채집인들은 자연이 이미 길러놓은 것들을 능숙하게 수확했지만, 농부들은 밭을 갈고, 농작물을 심고, 재배하고, 가축들을 돌봐야 했다. 농사를 잘 짓기 위해서는 비교적 미숙련 노동과 동시에 반복적인 장기간의 노동이 요구되었고, 그런 일들의 대부분은 아이들 차지가 되었다. 아이들은 대가족 속에서 어린 동생들을 부양하기 위해서 들에 나가 일하거나 집안에서 동생들을 돌봐야 했다. 아이들의 인생은 자기관심을 자유롭게 추구하기보다 나머지 가족들의 부양에 필요한 노동에 점점 더 많은 시간을 보내는 방향으로 꾸준히 변화했다.

또한 농업은 사유재산과 계급 간의 차이를 촉발시켰기 때문에 수렵채집인의 사회에서 일반적이었던 개인 간의 평등을 파괴시키는 환경을 구축했다. 수렵채집인들은 동물사냥과 식물채집이 가능한 경로를 따라 계속 이동해야 했기 때문에 토지소유나 사람들이 운반할 수 있는 범위를 초과하는 재화는 경제적 가치가 없었다. 대조적으로 농업에서는 가족들이 자기 권리를 주장하면서 땅을 지켜야 했다. 쟁기질하고, 심고, 재배하는 수고를 해야 했기 때문에 타인이 그 땅에 들어와서 수확하는 일은 불가능해졌다. 그들은 정주생활을 했기 때문에 음식물을 저장하고 재화를 축적할 수 있었다. 이 모든 것들은 지위의 차이가 발생하는 근거를 제공했다. 농장을 경영하는 가족들이 토지와 재화를 더 많이 소유할수록 그들의 생활은 더욱 유복해졌다. 그들은 더 많은 자녀들을 양육하고 그 자녀들은 더 많은 상속재산과 더 높은 지위를 얻게 되었다. 이는 농장에 대한 자기 소유권을 유지하고 배우자를 얻는 데 유리하게 작용했다.

그리하여 농업은 수렵채집인들 사이에서 부정적이었던 수고, 아동노동, 사유재산, 탐욕, 지위, 그리고 경쟁 등의 가치들을 만들어내기 시작했다.

수렵채집에서 농업으로 변화하면서 놀이가 감소하고 노동이 증

가했다는 가장 명확한 증거는 최근 수렵채집인들의 가까운 친척들
과 공동으로 농사를 짓기 시작한 이웃과의 비교연구를 통해서 알
수 있다. 1960년대에 인류학자인 제임스 우드번(James Woodburn)은
주변이 농토로 둘러싸여 있기 때문에 농사를 지으라는 정부당국의
독촉에도 불구하고, 하즈다(Hazda) 수렵채집인들이 농사일이 너무
힘든 노동을 요구한다는 이유를 내세워 농사짓기를 거부한 사례를
밝혀냈다.[4] 공식적인 비교연구에서 패트리샤 드레퍼(Patricia Drafer)는
최근에 원예와 가축을 기르면서 정주생활을 시작한 주호안시 부족
이 이웃에서 유목생활을 하는 주호안시 부족보다 더 풍족한 물질생
활을 누리고 있지만 자유시간은 오히려 더 적었다는 사실을 알아냈
다.[5] 정주생활 집단의 아이들은 유목생활 집단의 아이들보다 허드렛
일을 더 많이 하고 놀이시간은 더 적었다. 이와 관련하여 소년과 소
녀의 처우에서도 새로운 변화가 나타났다. 소녀들은 아기를 돌보고,
집안의 허드렛 일을 하고, 어머니나 다른 성인들의 지도를 받았다.
반면 소년들은 성인들의 간섭에서 벗어나 가축을 돌보았다. 이는 소
년들이 집에서 멀리 떠나 계속해서 놀고 탐색하는 일을 가능하게
했다. 수렵채집과 농업생활을 혼합하여 생계를 유지하는 보츠와나
사람들의 연구에서 존 복(John Bock)과 사라 존슨(Sarah Johnson)은 가
족들이 수렵채집에 더 많이 종사할수록, 아이들은 놀 시간을 더 많
이 확보한다고 주장했다.[6]

　인류학자들이 원시문화라고 부르는 대부분의 것들은 수렵채집
인 문화가 아닌 원시농경문화이며, 이는 사회구조와 가치의 측면에
서 수렵채집인의 그것에서 크게 벗어난 양태를 보여준다. 가장 많이
알려진 한 사례는 아마존 우림지역의 야노마미(Yanomami)의 경우로
써 나폴레옹 시농(Napoleon Chagnon)의 **사나운 사람들**(The fierce People)

이라는 저서를 통해 유명해졌다. 시농이 이 문화를 우리의 고대 조상들이 진화시킨 문화와 비슷한 것처럼 기술했을지라도, 야노마미는 실제로 진정한 수렵채집인이 아니며 수세기 동안 존속하지도 않았다. 그들이 보여준 것은 흔한 사냥과 채집이었으며 그들의 식량은 대부분 바나나, 질경이 등 주로 농작물에서 구한 것들이었다. 농업은 수렵채집인의 순수한 생활방식에서 유지되는 수치의 2배~3배까지 인구 밀도를 높여 놓았다.[7] 또한 비교적 이동이 거의 없이 영속적으로 유지되는 마을의 개념과 사유재산의 축적사상을 확립시켰다. 시농은 이런 집단에서는 "빅맨"이 권력을 행사하고 남자가 여자를 잔인하게 지배하는 위계적인 권력체제를 유지한다고 보고했다. 또한 그는 이들이 이웃 마을을 급습하여 살인을 하는 등 매우 호전적인 사람들인 것을 밝혀냈다. 그들은 놀이를 중시했을지라도 자녀들에게, 특히 딸들에게는 수렵채집인들보다도 노는 시간을 훨씬 더 적게 주었다. 소녀들은 약 10세가 되면 성인 여자들의 일을 해야 했다.[8]

원시농경문화에서 놀이가 쇠락한 또 다른 사례는 뉴기니의 바이닝(Baining) 문화다. 제인 파얀(Jane Fajans)에 따르면, 그녀는 원주민과 동거하면서 수년 동안 연구했는데, 바이닝 문화의 핵심가치는 노동이었다. 그들은 노동을 놀이의 반대 개념으로 생각했다.[9] 바이닝 사람들의 공통적인 말은 "우리가 일하기 때문에 인간이다"라는 것이었다. 그들의 입장에서 보면, 일하지 않는 사람은 동물이다. 인간으로서 마땅히 해야 할 과업은 노력을 요하는 작업(재배, 순치, 자녀훈육)을 통하여 자연의 산물(식물, 동물, 아기)을 인간의 산물(농작물, 가축, 문명화된 인간)로 변화시키는 것이었다. 성인들은 아동기의 놀이를 중요시하지 않았으며 일부 원주민의 주장에 따르면 노는 아이들에게 체벌을 가하기까지 했다. 이는 일하지 않고 시간을 낭비한 것 때문이 아니라 수치스러운 행동으로 생각했기 때문이다. 즉 놀이는 본능에 의존한 것으로서 인간이 아닌 동물에게나 적합하기 때문에 수치스럽다는 것이다. 그들은 아이들이 알 필요가 있는 것은 놀이가 아닌 노동을 통해서 배운다고 믿는다. 파얀이 원주민들에게 자녀에 대해 말해 줄 것을 요청하자, 그들은 노동의 수용을 위해서 놀려는 아이의 욕구를 극복하려는 노력에 대해 이야기했다. 바이닝족은 고의적으로 수렵채집인의 문화와 반대로 살기를 원하는 것처럼 생각되는 인생철학을 가지고 있었다. 그들은 자연이 주는 본성을 거부했다.

내내 일만 하고 놀지 않던 생활은 잭을 바보로 만들었다. 그렇기 때문에 인류학자들이 우연히 찾게 된 바이닝족이 아마 인류역사상 가장 어리석은 문화를 가지고 있다는 명성을 얻게 된 것은 놀랄 일이 아니다. 유명한 인류학자인 그레고리 베이트슨(Gregory Bateson)은 신참시절인 1920년대 말에 14개월에 걸쳐 역시 바이닝족에 대한 연구를 시도했다. 그러나 그들이 너무 무관심했기 때문에 결국 연구를 포기하고 후에 그들은 "단조롭고 따분한 생활"을 한다고 기술했다.[10] 그 뒤를 이은 일부 관찰자들의 눈에도 그들은 호기심, 상상력 그리고 성인기의 즐거움이 결핍되어 있고 대부분의 다른 문화와 달리 이야기 전통이 없는 것으로 비춰졌다. 그들의 대화는 거의 모두가 일과 일상생활에 필요한 것으로 채워져 있었다.

사나운 야노마미족과 따분한 바이닝족은 곧바로 농업문화의 뒤를 이은 다양한 문화 중에서 극단적인 사례를 보여준다. 모든 원시 농업사회가 이처럼 수렵채집인들의 가치와 극단적으로 다른 것은 아니다. 그럼에도 불구하고 일단 농업이 시작되면, 지역에 관계없이 아이들의 자유가 감소되고 징벌적인 아동양육방법이 장려되는 경향이 있는 것은 틀림없는 것 같다. 1950년대에 수행한 허버트 배리(Herbert Barry), 어빈 차일드(Irvin Child), 그리고 마거릿 베이컨(Margraret Bacon) 등은 인류학 다큐멘터리를 이용한 연구를 통해 아동양육의 철학과 방법에 따라 원시사회의 순위를 정했다.[11] 한쪽 끝에는 순종과 그 목적을 달성하기 위해서 흔하게 사용되는 체벌을 강조하는 문화가 있었고 다른 한 쪽 끝에는 아이의 자기주장을 중요시하고 체벌을 거의 또는 절대 사용하지 않는 문화가 있었다. 순위의 결과는 문화의 생존수단과 강한 상관관계를 나타냈다. 특정 문화가 농업에 더 많이 의존하고 사냥과 채집에 가장 적게 의존할수록 그 문화는 더욱더 순종을 중시하고 자기주장을 억압하고 아동훈육에 가혹한 방법을 사용하는 경향이 있었다. 후속 연구에서도 비슷한 결과가 나타났다.[12]

　수많은 연구에서 지적한 것처럼, 이런 아동양육의 문화적 차이는 우리가 이상적인 농부의 특성을 이상적인 수렵채집인의 그것과 비교해 보면 보다 쉽게 이해할 수 있다.[13] 농업의 성공은 일반적으로 유효성이 증명된 방법(tried-and-true method)을 충실히 지키는 것에 의존한다. 그러므로 창의성은 매우 위험한 것이다. 즉 만약 농사에 실패하면 일 년치 식량공급이 사라질 수 있다. 수렵채집인과 달리 농부는 일상적으로 식량을 공유하지 않는다. 그러므로 농작물을 잃게 된 가족은 굶주림을 겪게 된다. 더구나 농경사회는 보통 위계적으로 구조화되어 있기 때문에 부와 지위, 권력의 서열이 높은 사람들에게 순종하는 것은 사회적·경제적 성공에서 필수적이다. 그러므로 이상적인 농부는 순종적이고 규칙을 준수하며 보수적이다. 농부의 엄격한 자녀교육은 그런 특성을 함양하기 위해 고안된 방안으로 생각된다.

이와 대조적으로 수렵채집인은 급격한 변화와 예측 불가의 불확실한 자연환경에 창조적이며 지속적으로 적응해야 성공할 수 있다. 수렵채집인들은 각각 자신의 최고의 판단력을 사용하여 각각 자기가 선택한 방법으로 수렵채집을 하는 다양한 개인과 팀의 축적된 노력의 결과에 의해서 하루하루의 음식물을 공급받을 수 있다. 집단 내 모든 성원들과 음식물을 공유하는 것과 함께 음식물을 공급하는 다양한 방법은 누구라도 굶주릴 수 있는 가능성에 대한 대비책이 될 수 있다. 더구나 수렵채집인의 사회적 성공은 더 높은 지위에 있는 사람에게 복종하는 것이 아닌 동등한 친구관계에서 자기생각과 욕구를 효과적으로 주장할 수 있는 능력에 의존한다. 그곳에서는 위협과 복종이 아닌 협상과 타협을 통해서 합의를 이뤄낸다. 그러므로 이상적인 수렵채집인은 분명한 자기 목소리를 내고, 계획적이고 창의적이며 기꺼이 위험을 감수할 용기를 지닐 것을 요구한다. 수렵채집인의 허용적인 양육방식은 그런 특성들을 함양하는 밑거름이 된다.

더욱이 최근에 실시된 다양한 종류의 사회유형에 관한 연구들은 사회구조와 그 사회의 아동관리 간의 체계적인 관계를 잘 보여주고 있다. 한 연구에서 캐럴(Carol)과 멜빈 엠버(Mellvin Ember)는 거의 200여개에 육박하는 다양한 사회와 관련된 거대한 양의 자료를 분석했다. 이는 사회의 특성이 아동훈육의 체벌사용과 어떤 관계가 있는지를 조사하기 위한 것이었다.[14] 그 결과는 전반적으로 사회가 더욱 폭력적일수록 부모들은 체벌을 사용할 가능성이 더 높은 것으로 나타났다. 아동체벌은 아내폭력, 범죄자에 대한 가혹한 처벌, 전쟁, 그리고 다른 사회적 폭력지수와도 관계가 있었다. 하지만 이와는 별도로 아동체벌은 사회계층의 분화정도에 따라서 높은 상관관계를 나타냈다. 사회적 계층 간 차이가 클수록 부모가 체벌을 사용하는 빈도가 더 높게 나타났다. 이 연구결과에 대해 연구자들은 부모가 자녀들에게 권력위계를 존중하도록 가르치기 위해서 궁극적으로 체벌을 사용한다고 주장했다. 이는 일부 사람들이 다른 사람들보다 더 강한 권력을 가지고 있기 때문에 무조건 복종해야 하는 것을 의미한다.

끝으로 수렵채집인들과 그 뒤를 이은 농업사회에서 아동양육방식의 차이가 발생하게 된 이유를 추가할 것이다.[15] 농업은 인간에게 식량획득의 새로운 방법 이상의 것들을 가져다주었다. 즉 인간과 자연 간의 관계에 대한 새로운 사고방식을 심어 주었다. 수렵채집인들은 자신들을 자연의 일부로 여겼다. 그들은 자연을 거역하지 않고 자연과 어울려 살았다. 자연의 삼라만상을 피할 수 없는 것으로 수용하고 그들이 할 수 있는 최선을 다해 거기에 적응했다.[16] 한편 농업은 지속적으로 자연을 지배하는 작업이다. 자연세계는 인간의 동등한 동반자가 될 수 없다. 이런 까닭에 인간은 오히려 자연을 자신들에게 복속시키기 위하여 식물과 동물을 길들이고 지배하게 되었다. 나는 인간이 아동을 포함한 자연세계의 전 영역으로 이런 자연지배 사상을 확장시켜 나가기 시작한 것은 농업발생 때문이라고 생각한다.

아동보호와 교육에 대한 우리의 생각은 농업에 빗대어 설명할 수 있다. 우리는 병아리나 토마토를 기른다고 말하는 것처럼 아이를 **기른다**고 말한다. 우리는 말을 훈련시킨다고 말하는 것처럼 아이들을 **훈련시킨다**고 말한다. 우리들이 양육에 대해 생각하고 말하는 태도는 마치 우리가 기른 가축과 재배한 식물을 소유물로 여기는 것

처럼 우리가 아이들을 소유하고, 아이들이 성장하고 행동하는 방식
을 우리가 통제하는 것을 나타낸다. 마치 말을 훈련시켜 우리가 원
하는 일을 하게 하듯이, 우리는 아이들을 훈련시켜 먼 훗날 그들의
성공에 필요할 것으로 우리가 생각하는 그런 일을 강요한다. 한 개
체로서 아이나 말이 그런 훈련이나 그런 훈련을 통해서 얻는 것을
원할지 여부를 전혀 고려하지 않은 채 우리는 일방적으로 아이들을
몰고 간다. 훈련은 트레이너의 의지에 복종할 것을 요구한다. 즉 그
것은 수렵채집인들에게는 매우 생소했던 다른 사람을 훈육하는 개
념을 요구한다.

　물론 수렵채집인의 양육방식은 농업의 비유에 해당하지 않는다.
그들의 세계에서 모든 식물과 동물은 야생이며 자유롭다. 어린 식물
과 동물은 자연 상태에서 내적 충동에 이끌려 자기결정과 자기 힘
으로 성장한다. 각각의 어린 유기체는 물론 주어진 환경에 의존하지
만 환경을 이용하는 방법은 자신의 내부에서 스스로 발생한다. 어린
나무는 흙을 필요로 하고 그것을 사용하지만 흙은 묘목에게 사용법
을 가르치지 않는다. 어린 여우에게는 부모가 있고 부모는 어린 여
우들에게 우유와 고기, 안락함, 모범적인 행동을 제공한다. 그러나
우유와 고기, 안락함, 모범적인 행동을 언제 어떻게 취할지를 결정
하는 것은 부모가 아닌 어린 여우들이다. 묘목과 흙의 관계처럼 어
린 아이와 부모의 관계에서 부모는 어린 아이가 자기목적을 위해서
자기방법을 사용할 수 있는 성향의 일부분을 전해줄 뿐이다. 이것이
수렵채집인들이 아동양육과 교육에 접근하는 일반적인 방법이다.
그들은 아동발달에 강제적인 힘이 아닌 성향의 일부만을 제공한다.

봉건제도와 산업사회의 영향

유럽과 농사가 가능한 아시아 지역에 농업이 전파되면서 토지 소유권은 부와 권력의 상징이 되었다. 토지가 없는 사람들은 토지 소유자들에게 의존할 수밖에 없었고 토지 소유자들은 다른 사람들을 고용하여 자신들의 부를 증식시킬 수 있는 것을 알게 되었다. 토지 소유자에게 노동을 제공하는 수단으로 노예제도, 계약노예제도, 그리고 임금 노동자 등이 출현하면서 드디어 토지를 획득하고 노동자를 통제하기 위한 전쟁이 시작되었다. 이것이 봉건시대의 아이들이 성장하는 환경이었다.

약 9-10세기 무렵의 봉건제도는 유럽의 전 대륙과 아시아의 대부분 지역에서 중요한 사회제도로 정착했다. 봉건제도의 원형(많은 변종이 있었을지라도)에서는 한 명의 왕이 자기왕국의 모든 토지를 소유했으나 그 일부분은 세력가인 귀족에게 위임했고 귀족은 차례로 자기 토지 중 일부를 지위가 더 낮은 귀족에게 위임했다. 이런 방식으로 이루어진 피라미드 구조의 맨 밑에는 대다수의 사람들인 농노로 구성되었다. 농노에게는 자신의 식량을 재배할 수 있는 적은 토지가 제공되었다. 농노는 그 보답으로 귀족인 주인에게 금전과 용역을 제공할 의무를 지고 있었다. 노예제도 아래서 농노는 항상 주인에게 매여 있는 몸이었다. 노예제도에서는 농노가 다른 일자리를 찾아 토지를 떠나는 것이 불가능했으며 자녀들도 이와 비슷한 생활을 했다. 실질적으로 그들은 노예나 다름없었다. 농노의 아이들은 아주 어리더라도 새벽부터 해질 무렵까지 일을 해야 했다. 어떤 농노들은 귀족이나 수도원의 대저택에서 하인으로 일했으며, 운이 좋은 농노들은 수년 동안 장인의 도제로 일하면서 기술을 숙달했다.

이들이 성인이 되었을 때 이는 독립의 기회를 마련하는 상당한 바탕이 되었다.[17]

대부분의 중세시대 사람들에게 가장 소중한 가치는 복종, 즉 가족 내에서는 아버지에게, 영주의 저택에서는 주인에게, 왕국에서는 왕에게, 그리고 하늘에서는 하나님께 드리는 복종이었다. 하나님은 "왕 중의 왕"으로 이해되었다. 중세사회에서 하층민들이 지향하는 인생의 목적은 자신들의 윗사람들에게 봉사하고 복종하는 것이었다. 이렇게 해서 교육은 복종훈련과 비슷한 양상을 갖게 되었다. 자유정신과 고집은 훌륭한 하인으로 만들기 위해서 반드시 제거해야 할 대상이었다. 아이들은 부모뿐 아니라 권력을 휘두르는 누구에게서도 매를 맞았다. 예를 들어 거의 14세기 말 무렵의 날짜가 찍혀있는 어떤 문서에서 한 프랑스 백작은 귀족의 사냥꾼은 "7-8세 어린 아이를 동복으로 선택하고 이 소년이 주인의 명령을 따르지 않을 경우 적절한 두려움을 가질 때까지 매질을 해야 한다."고 충고했다.[18]

프랑스, 스페인, 그리고 영국의 봉건제도는 15세기에 이르러 귀족이 권력을 상실하고 절대군주제로 대치되었다. 절대군주제에서는 모든 사람들이 귀족과 노예계약을 통해 왕에게 간접적으로 봉사하는 것이 아니라 직접적으로 봉사하게 되었다. 그러나 이런 국가들과 멀리 떨어져 있는 동쪽 지역에서는 봉건제도가 더 오랫동안 지속되었다. 예를 들어 러시아는 1917년의 혁명이 발발하기 전까지 봉건제도를 유지했다. 궁극적으로 거의 전 세계에 광범위하게 퍼져있던 봉건제도를 몰아낸 세력은 자본주의와 결합한 산업사회의 도래였다.

중세시대에는 모든 사람들이 토지를 소유하거나 그것을 이용해서 생활한 것은 아니었다. 일부 사람들은 농경생활 방식으로 얻은 물적 재화로 급증하는 수요를 충족하면서 생존을 유지했다. 그들은 농사기구, 가구, 옷을 만들었으며 곡식을 가공하고 다른 농부들에게서 필요한 농산물을 구입했다. 상품과 용역교환을 더욱 용이하게 하는 화폐경제, 임대기관, 그리고 자본주의가 등장했다. 시간이 지나면서 새로운 발명으로 인해 상품과 용역을 이용하는 데 더욱 효과적인 생산수단이 개발되었으나 이런 수단은 오직 상당한 화폐를 축적했거나 빌릴 수 있는 사람들에게만 유용했다. 돈 있는 사람들은 기업을 만들어 돈 없는 사람들을 고용인으로 채용했다. 18세기 중반에 영국에서는 대량생산이 가능한 공장들이 증가하기 시작했다. 그후 자본주의와 제조업이 전 유럽으로 널리 전파되면서 새로운 상인계급이 부상했고 이는 종국적으로 군주제의 몰락을 가져왔다. 귀족의 지위를 누리지는 못했지만 경제력을 갖춘 기업 소유주들은 정부에 자신들의 발언권을 요구했고 결국 이를 얻게 되었다.

　기업 소유주는 토지 소유주와 마찬가지로 노동자들을 필요로 했는데, 가능한 한 많은 일을 시키고, 가능한 한 적은 보수를 제공함으로써 더 많은 이윤을 얻을 수 있었다. 사람들은 그 이후에 일어난 착취를 알게 되었고 아직도 세계 도처에 이런 착취가 계속되고 있다. 어린 아이를 포함하여 대부분의 노동자들은 주당 6-7일 동안, 경우에 따라서는 열악한 환경에서 오직 생존을 위해서 깨어있는 시간의 대부분을 거의 일을 하면서 보냈다. 아동노동은 들판, 햇빛, 신선한 공기 그리고 놀 수 있는 우연한 기회로부터 어둡고, 혼잡하고, 건조한 공장이나 탄광으로 이동했다. 영국에서는 빈민구제기관이 극빈자의 자녀양육을 맡았고 고아들은 공장으로 보내져 거기서 노예취급을 받았다. 매년 질병, 기아, 탈진으로 수천 명이

죽었다. 이런 공장들은 미국에도 도입되어 비슷한 결과를 낳았다. 1832년 무렵 뉴잉글랜드 공장에서 전체 노동자의 2/3가 7－17세의 아동들이었고 보통 주당 6일, 새벽에서 오후 8시 30분까지 노동을 계속했다.[19]

우리는 이런 역사를 마음에 새기고 우리가 현재 알고 있는 학교의 기원을 살펴볼 것이다.

초기 종교학교: 교화와 순종 훈련

통상적으로 종교적 신념은 정치·경제적 현실을 반영하여 권력자들의 목적에 공헌한다. 수렵채집인의 종교는 교리가 없었고 흥겨웠다. 그들의 신은 일반적으로 자연의 힘으로 나타내며, 비교적 서로 대등했고, 인간을 지배하는 권위가 거의 또는 전혀 없었고, 즐거움, 영감, 이해의 근원이었다.[20] 그러나 농업이 발달하고 사회가 위계화되면서 종교가 이를 따르기 시작했다. 신은 매우 두려운 존재이기 때문에 예배와 복종이 요구되었고, 어떤 신은 다른 신보다 더욱 강한 존재로 여기게 되었다. 이런 경향은 유대교, 기독교, 그리고 이슬람교 등 일신교의 발달로 정점에 달했다. 각 종교들은 지속적인 헌신과 예배를 요구하는 전지전능한 신, 그 한 존재에 의해서 통치되는 첨예하게 위계적인 우주질서에 근거를 두었다.

가톨릭교와 학습의 하향식 통제

중세 유럽에 영향을 끼친 기독교의 종파는 물론 로마 가톨릭이다. 교회는 신에서 교황으로 그리고 추기경, 주교, 신부로 내려가 맨 마지막에 있는 교구민에 이르기까지 확실한 위계구조로 구성되었다.

이는 봉건제도의 피라미드를 그대로 반영한 것이다. 세속적인 위계구조가 하층계급으로 생필품을 내려 보내는 것과 같은 방식으로 교회는 지식과 구원을 아래로 내려 보냈다. 맨 꼭대기에 있는 사람이 진리의 결정자였고 더 아래 있는 사람의 임무는 배우고, 반복하고, 따르는 것이었다.

로마 가톨릭 교회는 중세 유럽의 지식을 독점했다. 교회는 성경은 물론 그리스·로마시대 학자들의 고전을 보존하고 해석하는 책무가 있었고 새로운 과학이나 철학의 발달을 금지시켰다. 새로운 사상을 공표하는 사람들에게는 누구나 화형에 처해질 위험이 기다리고 있었다. 17세기 초에 갈릴레오는 지동설이라는 실로 불경스러운 신념을 포기함으로써 간신히 고문과 죽음을 피할 수 있었다. 여생을 가택연금 상태에서 보내야 했던 그는 그나마 운이 좋은 편이었다. 다른 많은 사람들은 그런 운이 따르지 않았다. 지식은 권력이기 때문에 교회는 새로운 지식을 억누르고 교회의 교리는 신중하게 전파했다. 교회는 지식을 지키기 위해서 라틴어만 보급시켰다. 신학자, 변호사, 의사와 같이 학식이 요구되고 재력과 욕망을 충족시킬 수 있는 직업에 종사하기 위해서는 공식 허가장이 필요했기 때문에 이 허가장을 필요로 하는 사람들은 누구나 라틴어를 배우고 교회가 운영하는 대학에서 연구를 해야 했다. 교회는 자유로운 연구가 아닌 교리를 세우고 통제하기 위한 목적으로 대학을 발전시켰다.

교회가 대중들에게 지속적으로 강조하는 교훈 중 하나는 부모에게 말대꾸를 하거나 불복종하는 아이들은 체벌로 다스려야 한다는 가르침이었다. 중세사회와 교회는 그 자체로 무조건적인 복종에 의존하는 위계적인 구조였고, 이를 위해 체형, 고문, 사형, 그리고 지옥의 위협 등 가능한 모든 강제수단을 동원했다. 원죄의 교리는

인간의 고통을 정당화했고 아이의 체벌 또한 확실한 정당성을 갖게
되었다. 지옥에서 영원히 고통을 받는 것보다 회초리와 채찍으로 고
문을 받거나 차라리 죽는 것이 더 나은 상황이었다. 다음에 성경이
양육에 대해서 조언하는 3가지 일반적인 유형을 소개한다.

"아이의 마음에는 미련한 것이 얽혔으나 징계하는 채찍이 이를
멀리 쫓아내리라"(잠언 22:15). "사람에게 완악하고 패역한 아들이 있
어 그의 아버지의 말이나 그 어머니의 말을 순종하지 아니하고 부
모가 징계하여도 순종하지 아니하거든 그의 부모가 그를 끌고 성문
에 이르러 그 성읍 장로들에게 나아가서 ……. 그 성읍의 모든 사람
들이 그를 돌로 쳐 죽일지니 이같이 네가 너희 중에서 악을 제하라
그리하면 온 이스라엘이 듣고 두려워하리라"(신명기 21: 18-21). "하나
님이 이르셨으되 네 부모를 공경하라 하시고 또 아버지나 어머니를
비방하는 자는 반드시 죽임을 당하리라 하셨거늘"(마태복음 15:4).

프로테스탄티즘의 발흥과 의무교육의 기원

경제 환경의 변화와 함께 종교 환경에도 큰 변화가 일어났다.
16세기에 시작된 숙련기술과 기업의 발흥은 자기생계를 봉건적 위
계에 의지할 필요가 없는 자본가들을 배출했다. 그들의 입장에서 보
면 자신들은 하나님이 주신 능력으로 열심히 노력하여 자수성가한
사람이다. 마틴 루터(Martin Luther), 존 칼뱅(John Calbin), 그리고 다
수의 저서를 통해 자극을 받은 이런 견해는 프로테스탄트 종교개혁
을 일으켜 로마 가톨릭의 위계에 도전했다.

막스 베버(Max Weber)가 자신의 유명한 저서인 『프로테스탄트 윤
리와 자본주의 정신』(The Protestant Ethic and Spirit of Capitalism)에서 주장
했던 것처럼, 프로테스탄트 종파의 신봉가치는 자본주의의 가치관과

크게 일치한다.[21] 성공이나 실패에 대한 개인의 책임은 자본주의와
일맥상통하는 핵심가치 중 하나다. 프로테스탄트의 가르침에 따르
면, 스스로 하나님의 말씀을 해석하고, 즉 성경을 읽고 이해하고, 하
나님께 직접 기도드리는 것은 각 개인의 의무다. 이는 하나님과 인
간의 관계에서 모든 사람들을 대등한 지위에 두려는 경향이 있다.
또 다른 가치는 근면이다. 초기 프로테스탄트 지도자들은 하나님의
은혜는 하나님에 대한 성도들의 헌신과 그들의 세속적인 소명인 직
업적 성공으로 나타난다고 가르쳤다. 독실한 초기의 루터주의자, 칼
뱅주의자, 그리고 청교도들에게 빈부와 관계없이 그들의 삶은 소중
한 것이었다. 일의 목적과 세속적인 이익은 즉각적인 기쁨과 행복은
아니지만 하나님의 은혜의 상태에 있다는 것, 지옥이 아닌 영원한
천국에서 지낼 수 있는 선민이 되었다는 증표였다.

　그런 태도는 자본주의 정신과 일맥상통했다. 자본주의자로서 성
공의 조건은 부지런히 일하고, 낭비하지 않고 이윤을 위해 투자하는
것이었다. 프로테스탄티즘이 미국에 청교도주의로 들어오면서 미국
인들은 유럽인들보다 더욱 그 정신에 매료되었다. 프로테스탄트와
자본주의 윤리는 적어도 이론적으로는 주인으로서 인간에 대한 복
종이 현세와 내세 간의 유복한 통로를 보장하는 일련의 엄격한 신
조에 대한 복종으로 바뀌게 되었다. 실제로 체벌은, 특히 아이들에
게는 여전히 자유롭게 시행되고 있었다. 그러나 이론상으로 새롭게
정의된 목적은 다른 사람이 강요한 훈육이 아니라 자기훈육이었다.

　프로테스탄트는 가톨릭보다 보편교육 사상을 훨씬 더 촉진시켰
다. 마틴 루터는 구원은 각 개인이 성경을 읽고 이해하는 능력에 달
려있다고 선포했다. 개인이 성경을 읽을 뿐 아니라 성경의 절대 진
리를 배우게 된 것은 루터가 결코 패배할 수 없는 당연한 결과를 가

져왔다. 루터와 그 밖의 종교개혁 지도자들은 영원한 지옥에서 영혼들을 구제하기 위한 기독교인의 의무로서 보편교육을 장려했다. 그리하여 17세기 말 유럽 전역과 미국 식민지에서 프로테스탄트가 운영하는 학교들이 세워지기 시작했다.

1642년에 매사추세츠는 청교도 목사가 운영하는 학교에 학교교육의 상당한 권한을 위임한 미국 최초의 식민지가 되었다. 공식적 목적은 아이들을 선량한 청교도로 변화시키는 것이었다. 1690년경 매사추세츠와 이웃 식민지에 있는 아이들은 뉴잉글랜드 초급독본, 대화체로 쓴 "뉴잉글랜드의 작은 성경"으로 읽기공부를 했다.[22] 이 책은 일련의 운문으로 구성되어 아이들의 알파벳 학습을 용이하게 해주었다. 예를 들어 "Adam(아담)의 타락에서, We(우리)는 모두 죄를 지었고", "His Lord(그의 주님)을 보기 위해, Zaccheus(삭개오)가 나무에 올라갔네" 등으로 끝난다. 초급독본은 주기도문, 사도신경, 십계명, 그리고 아이들에게 하나님에 대한 경외심과 어른에 대한 강한 의무감을 심어주기 위해 계획한 여러 가지 단원으로 구성되었다. 또한 학교에서 아이들은 도덕훈련에 목적을 둔 무시무시한 구절을 외우고 암송해야 했다. 그런 구절들 중 청교도 목사인 제임스 제임웨이(James Jameway)가 만든 짧막한 노래 가사가 있다.[23]

주님은 말씀으로 기쁘게 하시죠.
진리의 말씀 하지만 매년 2월이 오면
유황불로 타는
호수에서 묘약을 가져와야 하지요.

항상 내 입술을 지켜주셔요,
죽음과 지옥에 떨어지지 않도록.

　　아이들이 말하는 모든 거짓말을 기록한 책을
　　하나님은 간직하고 계시죠.

　　초기 프로테스탄트 학교의 주요 수업방법은 암송이었다. 그 목적은 호기심이 아닌 교화에 있었다. 또한 학교는 프로테스탄트의 직업윤리를 강요하도록 계획했다. 학습은 놀이가 아닌 일로 이해되었다. 일부 학교에서는 아이들의 열기를 발산시키기 위해서 노는 시간이 허용되었으나 놀이를 학습방법으로 생각하지는 않았다. 특히 교실에서 놀이는 학습의 적이었다. 프로테스탄트 학교당국의 놀이에 대한 인색한 태도는 웨슬리언 학교(Wesleyan school)의 존 웨슬리(John Wesley)의 규칙에 잘 나타나 있다. 거기에는 다음과 같이 기록되어 있다. "노는 날이 없기 때문에 노는 시간이 허용되는 날도 없다. 아이일 때 노는 사람은 어른이 되어서도 놀 것이다."[24]

　　주어진 과제를 반복하고 암송하는 것은 아이들에게는 정말 짜증나는 일이었다. 아이들의 본성은 그들이 끊임없이 놀고, 자유롭게 생각하고, 자기질문을 제기하고, 그리고 자기방식으로 세계를 탐색하도록 재촉한다. 아이들은 강요된 학교교육에 잘 적응하지 못했으며 저항하는 경우도 있었다. 이런 당연한 결과는 성인들에게도 놀랄 일이 아니었다. 이런 역사의 한편에서 보면 아이가 스스로 하려는 것에는 어떤 소중한 가치가 있다는 사상은 완전히 잊혀진 시대였다. 아이들에게 주어진 일을 열심히 하도록 독촉하기 위해서 오랫동안 농장과 공장에서 사용되었던 잔인한 폭력이 그 이후에는 아이들이 열심히 공부하도록 독려하기 위해서 교실로 되돌아 왔다. 자격도 부족하며 저임금에 시달리는 학교교사들은 매우 잔인했다. 독일의 한 교사는 51년간의 교직생활에서 벌을 주었던 체벌 횟수를 기록했다.

그 중 일부 목록을 보면 다음과 같다. "몽둥이로 911,527번 때리기, 회초리로 124,010번 때리기, 자로 20,989번 때리기, 136,715번 손바닥 때리기, 10,235번 입 때리기, 7,905번 따귀 때리기, 그리고 1,118,800 번 머리 쥐어박기."[25] 분명히 그는 자신이 행한 모든 것을 교육이라는 이름으로 자랑했을 것이다.

18세기 매사추세츠의 유명한 목사였던 존 버나드(John Bernard)는 자신의 자서전에서 어릴 때 교사로부터 정기적으로 얼마나 매를 맞았는지를 설득력 있게 기술했다.[26] 그는 억제할 수 없는 놀이에 대한 충동 때문에 매를 맞았다. 그는 공부를 못했을 때 매를 맞았다. 자기 친구가 공부를 못했을 때도 매를 맞았다. 그는 똑똑한 소년이었기 때문에 다른 친구들의 공부를 도와주는 책임이 주어졌다. 그러므로 다른 친구들이 수업내용을 제대로 암송하지 못하면 그것 때문에 매를 맞았다. 그의 유일한 불만은 한 친구가 자신이 매를 맞는 것을 보기 위해서 일부러 실수를 하는 것이었다. 그는 수업시간이 끝나고 앞으로 가만 안 두겠다며 위협한 후 결국 그 친구를 "때려눕힘"으로써 그 문제를 해결했다. 이런 모습도 이제는 옛 추억이 되었다.

프로테스탄트의 보편적인 학교교육의 발전에 대해 가장 협력적이었던 대규모 정책은 프러시아에서 실시되었다. 프러시아는 17세기 말에 등장한 독일에서 가장 큰 왕국이었다. 프러시아에서 세력을 떨치는 프로테스탄트 종파는 루터주의를 개혁한 경건파(Pietism)였다. 경건파가 이끄는 학교교육 운동의 지도자는 아우구스트 헤르만 프랑케(August Hermann Francke)였다. 그는 오늘날 우리에게 친숙한 학교교육의 제도를 확립한 사람이다. 그는 표준 교육과정(대부분 교리문답)과 훈련방법을 개발하여 교사들에게 그 교육과정을 가르칠 수 있는 자격증을 주었다. 그는 모든 교실에 모래시계를 걸도록 조치하여 모든 사람들이 시간단위로 정해진 시간표를 따르게 했다. 시간표는 프로테스탄트 직업윤리의 핵심 부분이었던 교과로 짜여졌다. 그는 가능하면 "점잖은" 훈육방식을 주장했다. 몽둥이는 처벌할 때만 사용되었고, 수업내용을 암송하지 못한 경우에는 사용하지 못하게 했다. 그럼에도 불구하고 프랑케는 자신이 운영하는 학교의 최고 목적은 아이들의 의지를 꺾어서 새롭게 하는 것이라고 분명하게 진술했다. 그는 "아이의 인성을 훌륭하게 형성하기 위해서는 의지뿐 아니라 이해에도 관심을 두어야 한다 … 무엇보다도 아이들의 자유의지를 꺾는 것이 중요하다. 교사들이 아이들을 잘 가르치는 방법을 궁리하여 아이의 이해를 향상시키는 것은 칭찬받을 일이지만, 그것만으로는 불충분하다. 그 교사는 자신의 가장 중요한 책무, 즉 의지를 꺾어서 복종시키는 일을 등한시했기 때문이다."라고 기록했다.[27]

　　프랑케는 아이의 의지를 꺾는 가장 효과적인 방법은 학교의 지속적인 감독과 감시라고 믿었다. 그는 "젊은이들은 자신의 생활을 조절하는 방법을 모르기 때문에 혼자 내버려두면 자연스럽게 게을러지고 죄를 짓는 행동을 하게 되는 경향이 있다. 이런 까닭으로 어떤 학생도 감독자의 눈 밖으로 벗어나지 못하게 하는 것이 파이티스트 학교(The Pietist School)의 규칙이다. 감독자의 존재는 죄가 되는 행동을 하려는 학생의 성향을 억제하여 그의 의지를 서서히 약화시킬 것이다."라고 기록했다.[28] 오늘날 사용하는 용어와 크게 다르지 않지만 현대 교육자들은 동일한 사상을 수없이 표현해 왔다. 아이들이 합리적인 결정을 내릴 수 없다는 신념은 밀착 감독하는 교육과 비슷한 우리 의무교육제도의 초석이 되었다.

　　프러시아는 프로테스탄트 왕국이었을지라도, 일부 가톨릭 학교는 파이티스트 학교와 동일한 노선을 걸었다. 프리드리히 왕은 이런 제안을 받아들였다. 주된 이유는 가톨릭 학교가 프로테스탄트 학교보다도 통치자에 대한 충성심을 더욱 강조했기 때문이다. 1768년의 프러시안 가톨릭 학교교사의 지도지침에 따르면, 학생들이 암기해야 할 교리문답 중 하나는 다음과 같았다.[29]

> 질문: 누가 통치자의 권력에 복종해야 하는가?
>
> 정답: 모든 사람들이.......
>
> 질문: 왜 모든 사람들은 권위에 복종해야 하는가?
>
> 정답: 모든 권력은 하나님에게서 나오기 때문이다.
>
> 질문: 통치자가 행사하는 권력은 어디서 나왔는가?
>
> 정답: 그 권력은 하나님에게서 나왔다.
>
> 질문: 하나님은 누구를 성직자로 임명하는가?
>
> 정답: 권위를 가진 모든 사람들이다. 권위를 행사하는 모든 사람들은 하나님으로부터 임명을 받을 수 있기 때문에 신민들은 우리 종교를 믿지 않는 통치자에게도 복종하고, 충성하고, 순종해야 한다. 이것은 이교도인 로마 황제의 통치 아래 살았던 사도 바울이 가르친 것이다.
>
> 질문: 권위에 저항하는 것은 무슨 의미인가?
>
> 정답: 권위에 저항하는 것은 하나님의 질서에 반항하는 것이다.
>
> 질문: 권위에 복종하지 않는 사람들에게 무슨 일이 일어나는가?
>
> 정답: 그들은 지옥에 떨어져 영원한 고통을 받게 될 것이다.

학교는 어떻게 국가에 봉사하게 되었는가?

19세기 초엽 유럽의 모든 교회는 정치권력 밖으로 축출되고 국가가 젊은이들을 교육하는 책무를 떠맡게 되었다.[30] 새로운 국가가 운영하는 학교의 중요한 목적은 비문해자 퇴치가 아니었다. 역사상 이 무렵에는 문자언어가 도처에 사용되고 있었던 까닭에 유럽과 북아메리카 지역의 문해(글을 읽고 이해함) 수준은 높은 편이었다. 부모가 글을 읽을 수 있는 아이들은 집에서 아주 쉽게 읽기를 배울 수 있었다. 19세기 초엽에 노예를 포함한 미국 인구의 거의 3/4이 문해자였고 유럽의 대부분 지역에서도 그 비율은 비슷했다.[31] 대서양의 양편에서 문해자의 비율은 직업에서 요구하는 문해비율보다 훨씬 더 높았다. 국가와 산업계 지도자들의 교육에 대한 최고의 관심은 사람들을 교양인으로 만드는 것이 아니라 사람들이 무엇을 읽는지, 그들이 무엇을 생각하는지, 그리고 그들이 어떻게 행동하는지에 대한 통제권을 확보하는 것이었다. 세속적인 교육 지도자들은 국가가 학교를 통제하게 되면, 그리고 법률에 의해서 그런 학교에 아이들이 의무적으로 출석하게 되면, 국가는 새로운 시민세대를 각각 이상적인 애국자와 노동자로 형성할 수 있다는 사상을 설파했다.

독일 왕국에서 프로테스탄트 학교를 발전시킨 지도자들이 있었던 것과 매우 흡사하게 이들은 국가가 운영하는 학교를 발전시키는 지도자들이 되었다. 18세기에 독일 봉건제도가 붕괴되자 독일의 영주들은 자신의 영지에 매여 있던 농부들의 통제가 불가능하게 되었다. 폭동이 일어나고 혁명의 문구들이 거리를 채우면서 농부들을 통제하는 일이 점점 어려워지게 되었다. 독일 교육자들은 농부들을 대체로 충성스럽고, 말 잘 듣는 독일시민들로 변화시키기 위한 방법으로 국가가 강제하는 학교교육을 서둘러 추진했다. 예를 들어 1757년의 프러시아의 경제저널은 다음과 같이 예측했다. "농부들이 그런 학교교육을 통해서 얻게 될 내적 만족은 이마의 땀방울을 마르게 할 뿐 아니라 그들이 사회의 공동선을 위해서 일할 수 있는 의식을 고양시킬 것이다. 불충성, 태만, 게으름, 그리고 고역은 모두 사라지게 될 것이다."[32]

1974년에 프러시아의 프리드리히 윌리엄 2세는 아동교육은 이제부터 부모나 교회의 역할이 아닌 국가의 역할이라는 사실을 공식적으로 선포했다. 학교라곤 없었던 모든 마을에 학교가 건축되었고 강제 출석법이 매우 효과적으로 선포되어 1830년대 말 무렵에는 프러시아 아동의 약 80%가 국가가 운영하는 초등학교에서 교육을 받을 수 있게 되었다.[33] 독일의 다른 주들도 프러시아의 지침을 따랐다. 독일 교육과정의 주된 주제는 국가주의였다. 역사학자인 제임스 멜튼(James Melton)에 의하면 "아마 독일의 윌리엄 2세 시대의 국가사랑보다도 더욱 열렬하게 신봉한 종교는 없었을 것이다. 아이들에게는 독일어가 모든 언어 중에서 가장 완전한 언어로, 독일문학이 모든 문학 중에서 가장 우수한 것으로 세뇌되었다. … 지리과목에서도 아이들은 독일이 동서남북 사방으로 적들에게 둘러싸여 있다고 배웠다."[34]

다른 국가들도 독일의 선례를 따랐다. 학교교육은 군대와 다르지 않은 국가안보에 필수적인 역할을 하는 것으로 생각하게 되었다. 아이들을 강제로 징집하여 학교로 보낼 수 있는 국가권력은 젊은이들을 징집하여 군대로 보내는 국가권력과 비슷하게 이해되었다. 프랑스에서 나폴레옹은 학교교육을 군사훈련의 첫 단계로 보게 되었다.

영국은 가장 완전하게 산업화된 국가였는데, 가장 마지막으로 보편교육제도를 채택한 국가 중 하나였다. 보편교육에 반대하는 주된 이유는 아동노동의 높은 보급률 때문이었다. 공장주들은 빈곤층 아이들을 공장에서 일하도록 붙잡아 두기를 원했고 부모들은 자녀들이 벌어오는 적은 액수나마 쉽게 포기할 수 없는 생계비를 두고 망설였다. 또한 19세기에 영국은 오히려 교회가 운영하는 광범위하고 성공적인 사립학교 네트워크를 가지고 있었다. 공장에서 일하는 아이들은 일요학교에서 종교교리와 실제적인 문해를 공부했다. 특정 종교와 무관한 사립학교들이 다양한 형태로 급증하여 직업기술을 배우는 수단이었던 도제제도를 보완하거나 대체했다. 영국의 지배계급은 대중교육을 이보다 더 확산시킬 필요성을 느끼지 못했다. 그들이 대중교육을 확산시키려는 마음을 먹었다면 그렇게 할 수도 있었을 것이다. 19세기에 들어설 무렵 이미 보통 사람들도 글을 읽을 수 있게 되어서 그들은 토머스 페인(Thomas Pains)의 "인간의 권리(Rights of man)"와 윌리엄 굿윈(William Goodwin)의 "정치적 정의에 관한 질의(Enquiry Concerning Political Justice)"와 같은 선동적인 글을 읽고 흥분하게 되었다.

마침내 1870년에 영국 의회는 국가가 운영하는 초등학교 제도를 확정하여 5-13세의 모든 아동들의 출석을 강제하는 교육법을 통과시켰다. 이런 입법을 추진한 사람들 중에는 진정으로 아동복지에 관심을 둔 개혁가들도 있었다. 그들은 아이들을 공장에서 빼내어 적어도 하루 중 일부를 학교에서 공부하게 한다면, 빈곤의 대물림을 끊게 만들어 가난한 아이들이 출세의 기회를 잡을 것으로 믿었다. 독일의 통치자들처럼 교육을 대중통제의 수단으로 보았던 지배계급들 또한 그런 개혁가들과 연합했다. 영국의 저명한 신학자 겸 역사학자인 존 브라운(John Brown) 목사는 강제적인 공교육을 지지하는 가장 영향력 있는 주창자였다. 그는 "그러므로 유아들에게 초기 습관을 철저히 각인시켜 훌륭한 시민으로 형성하기 위해서는 현지 사회에서 확립된 원칙에 따라 생각과 행동을 순치시키는 그런 건전한 편견으로 (이렇게 말해도 괜찮다면) 유아들의 정신에 족쇄를 채우는 것이 필요하다."고 기록했다.[35]

항상 미국 내에서 미국교육의 선도자 역할을 한 매사추세츠는 공교육을 의무화한 최초의 주였다. 1852년 미국에서 최초의 주교육위원회 장관이었던 호러스 만(Horace Mann)의 지도 아래, 매사추세츠는 모든 지역사회가 무상 공교육을 제공하고 8−14세의 모든 아이들이 적어도 1년에 12주 이상 학교에 의무적으로 출석할 것을 요구하기 시작했다.[36] 만은 프러시아 학교제도의 도입을 추진한 초기 주창자였다. 그는 의무교육제도가 국가와 기업의 이익에 기여하는 점을 들어 이 제도를 아이들을 계몽시키는 수단으로 보았다.[37] 다른 주들도 하나하나 그 뒤를 따라 가면서 마지막에는 미시시피까지 동참하게 되었다. 미시시피는 결국 1918년에 의무교육법을 통과시켰다.

미국의 의무교육 뒤에 숨어있는 정신은 에드워드 로스(Edward Ross)의 저서에 잘 나타나 있다. 그는 미국 사회학 창설자 중 한 명이며 19세기 말에 일련의 논문들을 발표했는데 후에 이것들을 『사회통제: 질서의 기초에 관한 연구』(Social Control: A Study of the Foundations of Order)라는 책으로 묶어 출판했다. 로스는 의무적인 공교육을 사회질서를 유지하는 수단이라고 주장했다. 그의 말에 따르면 공립학교의 역할은 "인간 밀가루 반죽이라는 말랑말랑한 작은 덩어리를 가정으로부터 모아서 그것들을 사회적 반죽 덩어리로 형성하는 것"이라고 주장했다.[38] 로스는 아이들은 자기 환경, 특히 그들 주변의 사람들로부터 배운다는 사실을 이해하고 그런 환경의 획일화를 원했다. 그는 아이들은 외부의 영향을 쉽게 받기 때문에 성인모델을 모방한다고 믿었다. 그는 "아이들은 모방하기 마련이다. 그러므로 아버지를 모방하는 대신에 교사를 모방하는 것이 더 유익하다. 후자는 선발된 사람이고 전자는 그렇지 않은 사람이기 때문이다."라고 말했다.[39] 그렇다, 교사는 선발된 사람이다. 즉 선발되어 부정확한 오류가 아닌 정확한 사상을 가르치도록 국가가 자격증을 부여한 사람이다. 로스는 프러시아의 프리드리히 2세처럼 종교에서 세속으로 넘어온 강제적인 공교육이 사회질서를 유지하는 책무라고 보았다. 그는 "종교와 믿음의 방식은 수천 년 동안 이해해 왔으나 교육의 방식은 어제 발견했거나, 내일 발견할 것이라고 해야 하나?"라고 기록했다.[40] 그리고 그는 공교육은 "재산과 평화를 안전하게 지킬 수 있는 현명하고 자유로운 감시제도"[41]라는 데니얼 웹스터(Danial Webster)의 사상을 분명하게 인용했다.

점증하는 권력과 학교의 표준화

국가가 운영하는 강제적인 학교제도가 정착되자, 그 내용과 방법이 모두 점점 더 표준화되어 갔다. 효율성을 위해서 아이들은 연령에 따라서 교실로 분리되어 마치 생산라인의 생산품처럼 학년에서 학년으로 차례로 통과해 갔다. 각 교사의 임무는 미리 정해진 시간표에 따라서 공식적으로 검증된 지식을 생산품에 약간 첨가시킨 뒤, 그 다음 단계를 통과하기 전에 그 생산품을 검사하는 것이었다.

일반적으로 교실에서 여교사들은 남교사를 대체했다. 주된 이유는 여교사는 주로 저임금으로 채용이 가능했기 때문이었다. 그러나 그밖에 여교사는 부드러운 이미지를 가지고 있고, 체벌을 덜 사용하고, 마음 약한 학부모들이 학교교육에 더욱 안심할 수 있도록 만들 수 있기 때문이었다.[42] 그럼에도 불구하고 처음에 여교사들은 보조교사로 불렸다. 여교사들은 "교장"의 보조원이었다. 교장은 거의 항상 남자들이었다. 우리는 여전히 교사는 여성이고 교장은 남성이며, 교사는 규정된 교육과정에 따르고 학생들을 교사에게 복종하게 만드는 책임을 교장이 가지고 있는 초등학교 제도를 운영하고 있다. 어떤 면에서 보면, 20세기 초의 학교는 계층적인 가족의 일부다처주의 형태를 갖게 되었다. 남자는 권위 있는 지위에 있고, 여자는 직접 아이들을 가르치며, 아이들은 계층의 맨 아래에 속해있다. 그때나 지금이나 학생들의 임무는 시간을 잘 지키고 순종하며, 주의집중하고, 시간표에 따른 학습과제를 완성할 뿐 아니라 학습내용이나 규정된 교수방법에 대해 이의를 제기하는 일 없이 배운 내용을 그대로 반복해서 교사에게 되돌려 주는 것이다.

19세기 중반에 강제적인 공교육이 도입되었을 때, 연간 요구되는 수업일수는 고작 12주였고 아이들은 오직 8－14세까지만 학교에 다녔다. 시간이 지나면서 매사추세츠와 다른 모든 곳에서 수업일수는 더욱 증가했고 더욱 장기적인 학교교육 기간이 추가되었다. 제1장에서 설명한 것처럼 21세기 전반기는 "아동자유놀이의 황금기"로 생각되었다. 그 까닭은 대부분의 아이들이 더 이상 농장이나 공장에서 장시간 동안 일하지 않게 됨으로써 학교교육은 그 이후에 보여주는 모습처럼 과도한 부담이 되지 않았기 때문이다. 수업일, 학년, 그리고 학교교육의 수학기간이 크게 증가하면서 숙제가 늘어나고, 평가는 더욱 표준화 되어서 학년에서 학년으로 아이들이 진급하는 데 중요한 역할을 하게 되었다. 제1장에서 기술한 것처럼 학교는 점차적으로 아동과 가족생활을 분담하게 되었다.

오늘날 대부분의 사람들은 아동기와 학교교육은 떼려야 뗄 수 없는 관계로 생각한다. 우리는 학년을 따라서 아이들을 구별한다. 우리는 자동적으로 학습을 일로 생각한다. 학생들은 공장을 본떠 만든 특별한 작업장, 즉 학교에서 일하도록 강제된 것이 틀림없다. 이 모든 것들은 우리가 도처에서 목격할 수 있기 때문에 완전히 정상적인 것으로 인식되고 있다. 우리는 이 모든 것들이 인간의 진화라는 큰 맥락에서 볼 때 얼마나 새롭고 부자연스러운 것인지, 그리고 아이의 원죄에 대한 믿음과 아동노동의 특징을 나타내는 우리 역사의 어두운 시기에서 그것이 어떻게 출현했는지에 대해 거의 생각해 보지 않는다. 우리는 아이는 자기 주도적인 놀이와 탐색 등을 통하여 배우도록 본성적으로 계획되었다는 사실을 잊어버렸다. 우리는 아이들에게서 학습의 자유를 점점 더 많이 박탈하고 그 대신에 학교를 운영하는 사람들이 고안해 낸 지루하고 고통스러울 만큼 어리석은 학습방법에 그들을 종속시켰다.

강제적인
교육제도의
7가지 공죄

일반적으로 아이들은 학교를 싫어한다. 마치 이것을 확인할 필요가 있는 것처럼 몇년 전에 한 대규모 연구를 실시한 적이 있다. 이 연구에 의하면 아이들은 매주 학교에서 많은 시간을 보내고 있음에도 불구하고 다른 어떤 곳보다도 학교가 덜 행복하다고 느끼고 있었다.[1] 아이들이 학교를 매우 좋아할 때는 항상 수업시간이 아닌 친구들을 만날 때였다. 다만 미국뿐 아니라 법률에 의해서 아이들이 강제로 학교에 출석해야 하는 국가라면 어느 곳이든지 아이들이 학교를 싫어한다는 사실은 전 국민의 농담거리가 된 지 오래다. 이는 시사만화에서 단골메뉴로 등장한다. 매년 개학일은 아이에게 슬픈 날 중 하나이고 부모에게 기쁜 날(분명 아이들이 주변에 있으면 피곤할 것이다) 중 하나이며, 종업일은 그 반대일 것이다. 그럼에도 불구하고 만약 어른들이 학교에서 아이들처럼 취급받는다면 그곳을 좋아할 사람은 아무도 없을 것이다.

얼마 전 나는 인지학자인 대니얼 윌링햄(Danial T. Willingham)이 쓴 『왜 학생들이 학교를 싫어하는가?』(Why Don't Students Like School?)라는 책을 읽은 적이 있다. 그 책은 학교제도에 관여하는 사람들에게서 극찬을 받았다. 그런데 나는 정작 그 책의 제목이 제기한 질문에 답하는 데에는 실패한 것을 발견했다. 윌링햄의 주장은 교사가 특정 인지원리를 충분히 이해하지 못한 결과, 그들이 할 수 있는 만큼 잘 가르치지 못하기 때문에 학생들이 학교를 좋아하지 않는다는 것이다(또한 거기서 충분히 배우지 못한다). 이 책에서는 교사들이 학생들의 마음을 크게 움직일 수 있는 충분한 근거자료를 제시하지 못한다고 말한다. 아마 만약 윌링햄의 조언에 따라서 인지과학자들이 제공한 정신작용에 관한 최신의 정보와 지식을 교사들이 사용했더라면, 학생들이 학교를 좋아했을 것이라는 주장이다. 우리는 이런 종류의 책을 수십 년 동안 보아왔다. 처음에는 행동주의에서부터 시작하여 피아제, 그리고 가장 최근에는 인지과학자와 신경과학자에 이르기까지, 그들은 자기연구 분야에서 얻은 가장 최신형 결과물들이 학교문제를 해결할 것으로 생각한다.

그런 저서를 낸 다른 사람들과 마찬가지로 윌링햄은 아이들을 방 안으로 밀어 넣으면서 방 한가운데 앉아 있는 거대하고 뚱뚱한 코끼리를 못 본 체하는 우를 범했다. 아이들은 학교가 자신들에게, 감히 말하지만, 감옥이기 때문에 학교를 좋아하지 않는다. 아이들은 모든 인간처럼 자유를 열망하기 때문에 학교를 좋아하지 않는다. 그들은 학교에서 자유롭지 않다.

코끼리를 보지 못하기는 비단 윌링햄 뿐 아니라 우리 사회의 전체문화도 마찬가지다. 학교에 다니는 사람이라면 모두 학교는 감옥이라는 것을 알고 있으나 이미 학교를 마친 사람들이라면 거의 학교를 감옥이라고 말하지 않을 것이다. 학교를 감옥이라고 말하면, 대부분의 사람들은 점잖지 못한 태도라고 비난할 것이다. 왜냐하면 이 사실을 인정하게 되면 우리들은 무지하게 보일 것이고 학교는 사회에 꼭 필요한 기관이라는 신념을 갖고 오직 사명감으로 헌신하는 선의의 사람들에게 마음의 상처를 주는 결과를 초래하기 때문이다. 이 모든 점잖은 사람들이 어떻게 자녀들을 감옥으로 보내거나 아이들을 구금하는 기관에서 공부하도록 할 수 있겠는가? 자유와 자기결정의 원리 위에 세워진 우리의 민주주의 정부가 아이들과 청소년들이 자기인생의 상당 부분을 감옥에서 보내도록 요구하는 법률을 만들 수 있겠는가? 나는 내가 알고 지내는 대부분의 사람들처럼 공립학교의 전 과정을 완전히 경험했다. 내 어머니는 수년 동안 공립학교에서 학생들을 가르쳤고, 내 누이, 두 사촌, 그리고 많은 내 친구들은 현재 공립학교의 교사이거나 과거에 교사를 지냈다. 아이들을 돕는 일에 평생을 바쳐온 이런 훌륭한 분들이 학생들을 투옥하는 제도와 관련이 있다고 어떻게 말할 수 있겠는가?

상식적으로 말하면 감옥은 비자발적인 구금과 자유를 통제하는 장소다. 성인들의 감옥처럼 학교에서 수감자들은 그들이 반드시 해야 할 일을 지시 받고 동조하지 않으면 벌을 받게 된다는 사실을 정확하게 알고 있다. 실제로 학교에서 학생들은 형벌기관에 수용된 성인들보다 더 많은 시간을 보내면서 지시받은 일을 정확하게 실행한다. 다른 점이 있다면 우리는 연령에 따라서 아이들을 학교에 보내지만 성인들은 범죄를 저질렀기 때문에 감옥에 보내는 차이가 있을 뿐이다.

종종 사람들은 규칙을 따라야 하거나 썩 내키지 않는 일을 해야 하는 상황에 비유할 때, 감옥이라는 용어를 사용한다. 그런 의미에서 어떤 사람들은 자기 직장을 감옥으로 부르거나 심지어 어떤 사람들은 자기가 선택한 결혼을 감옥이라고 말하기까지 한다. 그러나 그런 사례에는 비자발적인 통제가 아닌 자발적인 통제를 함의하고 있기 때문에 용어의 문자적 의미를 제대로 활용한 것이라고 할 수 없다. 이런 맥락에서 사람들이 일하기 원하지 않는 곳에서 일하도록 강요하거나 원하지 않는 결혼을 강요하는 것은 모든 민주주의 국가의 법에 어긋나는 일이다. 이와는 매우 대조적으로 아이가 학교에 가기를 원하지 않는 상황에서 학부모인 당신이 아이를 학교에 보내지 않는다면 그것은 오히려 법을 위반하게 되는 것이다. 실제로 일부 학부모들은 대안학교 교육을 수소문하거나 아이와 국가가 모두 찬성할만한 홈스쿨링을 실시할 계획을 가지고 있다. 그러나 이는 현대사회의 규범이 아니다. 직장과 결혼이 감옥처럼 **느껴지는** 안타까운 사례들이 없는 것은 아니지만 일반적으로 우리가 알고 있는 학교야말로 진정한 감옥이다.

앞장에서 기술한 학교의 역사적 기원을 되돌아보면 이것이 사실이라는 것은 놀랄 일이 아니다. 아이는 원천적 죄인이라는 가정 위에서 출발한 학교는 프로테스탄트 개혁자들에게는 교정기관을 의미했다. 지옥으로부터 아이들을 구하기 위해서 아이들은 학교에 가서 그들의 사악한 의지를 무너뜨리고 프로테스탄트 노선에 따라 재형성되어야 했다. 시간이 지나면서 종교적 언어의 흔적은 사라졌으나 그 사상만은 여전히 남아 있다. 아이들은 무능하며 신뢰할 수 없는 존재이기 때문에 사회의 엘리트들이 생각하는 인간상으로 그들을 형성시키기 위해서 강제적이며 교정적인 학교교육이 필요하다는 인식이 그것이다.

또한 나는 강력하게 주장할 가치가 있는 또 다른 용어는 **강제교육**(forced education)이라고 생각한다. 그런데 이것도 역시 감옥처럼 가혹

하게 들리기는 마찬가지다. 그렇다고 의무교육(compulsory education)
이라고 돌려 말한다고 해서 달라지는 것은 없다. 의무교육이 곧 강
제교육을 말하는 것이 아닌가? 만약 의무라는 용어에서 이면의 뜻을
발견할 수 있다면 그것은 사람들이 어떤 선택도 불가능한 상황을
의미할 것이다.

논쟁할 가치가 있는 질문은 바로 이것이다. 강제교육과 그 결과
에 따른 아이들의 구속은 좋은 일인가? 나쁜 일인가? 대부분의 사람
들은 열이면 열 모두 그것은 좋은 일이며 아마도 필연적인 결과일
수밖에 없는 것으로 믿어버릴 듯하다. 본장의 나머지 부분에서 나는
내가 보기에 강제적인 교육제도가 저지른 7가지의 공죄라고 생각되
는 것들을 살펴볼 것이다. 나는 만약 우리가 아이들에게 강요하는
일없이 스스로 할 수 있는 자유와 기회를 허락한다면, 아이들은 자
발적인 동기와 자기방법을 가지고 멋지게 배울 수 있는 충분한 근
거를 제공할 것으로 믿는다.

공죄 1: 정당한 이유와 적법한 절차가 없는 자유의 부정. 이는 강
요된 공교육의 가장 명백한 죄이기 때문에 다른 죄의 근거가 된다.
우리 민주주의 가치체제의 기본적인 전제는 정당한 이유와 적법한
절차를 거치지 않고 다른 사람의 자유를 부정하는 것을 불법이라고
말한다. 법정에서 성인들을 감금하기 위해서는 그 사람이 죄를 저질
렀거나 자신이나 다른 사람들에게 심각한 위협이 된다는 사실을 입
증해야 한다. 그럼에도 불구하고 우리는 나이 때문에 아이들을 감금
한다. 우리 민주주의의 가치체계에 따르면 아이들, 즉 특정 나이의
범주에 해당하는 모든 아이들을 감금하지 않는다면, 자신이나 다른
사람들에 위험이 될 수 있다는 증거도 없이 오직 나이 때문에 아이

들을 감금하는 것은 비도덕적인 일이 된다. 그런 증거는 어디에도 없다. 내가 증명하겠지만 그와 반대되는 증거는 수없이 많다.

공죄 2: 개인의 책임과 자기주도성 발달의 방해. 남북전쟁의 영웅인 데이비드 글래스코 패러컷(David Glascow Farragut)은 9살이었을 때 미국 해군의 장교 후보생으로 임명되었다. 그는 1812년 전쟁 당시에 12살이었는데, 영국에서 탈취한 군함의 선장으로 임명되어 자기보다 나이가 2~4배까지 많은 성인들로 구성된 해군 팀을 한시적으로 지도했다.[2] 위대한 발명가 토마스 에디슨(Thomas Edison)은 8살에 학교에 입학하여 3개월이 지난 뒤에 "혼란스러운 머리" 때문에 학교에 부적합하다는 교사의 판정을 받고 학교에서 쫓겨났다(아마 오늘날의 과잉행동장애로 진단받았을 것이다). 그리고서 그는 자신을 스스로 체계적으로 교육하기 시작했다. 12살이 되었을 무렵, 그는 그가 시작한 몇 가지 사업에서 어른에 버금가는 수입을 올리고, 2년 뒤에는 혼자서 신문을 발행하여 성공을 거두었다.[3]

패러것과 에디슨은 예외적인 인물들이다. 그러나 아이들이 성인과 같은 책임을 다하는 모습은 19세기 초에서 중반까지는 예외적인 일이 아니었다. 당시는 국가가 강요하는 의무교육을 실시하기 전이었다. 오늘날 교외에 거주하는 12살의 일반 중산층 아이는 아기를 돌보거나 어른들을 동반하지 않으면 혼자서 하교할 수 있을 것이라는 믿음을 얻지 못하고 있다. 우리는 단순히 연령 때문에 아이들은 무책임하며 무능력하다고 가정하는 사회를 만들었다.

아이들은 물론 십대들조차 합리적인 의사결정과 자기 주도권을 행사할 수 없을 것이라는 믿음은 일종의 자아성취예언과도 같은 효과를 나타낸다. 학교와 성인들이 지도하는 학교와 비슷한 환경에 아이들을 붙잡아 둠으로써, 그리고 바쁘기만 하고 별 쓸모가 없는 강요된 소일거리에 시간을 보내게 함으로써 우리는 그들에게서 자기주도성과 책임감을 실행할 수 있는 시간과 기회를 빼앗았다. 그래서 아이 자신은 물론 그들의 부모와 교사들까지도 그들을 무능력한 존재로 보게 되었다. 시간이 지나면서 강요된 학교교육이 계속 확장됨으로써 나이가 더 많은 학생들까지 이 대열에 합류하게 되어 아이들의 무능력에 대한 믿음이 더욱 단단해지게 되었다.

우리의 강요된 학교교육 제도가 주는 암묵적이고 때로는 명시적인 메시지는 바로 이것이다. "만약 학교가 당신에게 무엇을 하라고 지시한다면, 이런 모든 것들은 당신에게 매우 유익한 약이 될 것이다." 이런 메시지를 믿는 아이들은 자기교육의 책임을 다하는 것을 중단하게 될 것이다. 그들은 자기가 해야 할 일과 성인으로서 성공하기 위해서 알아야 할 필요성이 있는 것을 다른 누군가가 더욱 잘 알고 있을 것이라고 잘못 생각하게 될 것이다. 만약 그런 것들이 그들의 인생에 유리하게 작용하지 않는다면, 그들은 희생자로 전락하게 될 것이다. "내 학교(또는 부모나 사회)는 나를 실망시켰고 내 인생을 엉망으로 만들었다." 이렇게 스스로를 희생양으로 만들어버리는 태도가 만약 아동이기에 형성된다면 그것은 평생 동안 지속될 것이다. 제1장에서 논의한 것처럼, 우리 사회에서 학교교육이 젊은 이들의 인생을 지나치게 지배하게 되면서부터 개인의 무력감은 지속적으로 증가해 왔다. 마크 트웨인(Mark Twain)은 "나는 결코 학교가 내 교육을 방해하지 못하게 할 것이다."라는 말을 좋아했다. 오늘날 불행하게도 트웨인의 시대 이후 강요된 학교교육의 엄청난 확대로 인해서 모든 사람들이 최고의 삶을 살아가기가 점점 더 어려워지고 있다.

공죄 3: 학습의 내적동기 약화(학습을 일로 바꾸어 놓았다). 아이
들은 학습을 갈망하는 세계로 들어왔다. 그들은 천성적으로 호기심
이 많고, 놀기 좋아하기 때문에 적응해야 할 사회와 실제생활을 스
스로 가르치기 위해서 탐색하고 논다. 아이들은 학습하는 기계가 아
니다. 4세를 전후해서 그들은 결코 누가 가르쳐주는 일이 없어도 이
해가 불가할 정도로 엄청난 양의 정보와 기술을 배우게 된다. 그들
은 걷기, 달리기, 뛰기, 오르기를 학습한다. 그들은 자기가 태어난
문화에서 사용하는 언어를 이해하고 말을 배우며 그것을 바탕으로
자기의지를 주장하고 논쟁하고 질문하는 법은 물론 재미와 고통, 친
구 사귀는 법을 배운다. 그들은 주변세계에 대해 믿기 어려울 정도
로 엄청난 양의 지식을 학습한다. 이 모든 것들은 그들의 천성적인
본성과 욕구에 이끌린 것들이다. 자연은 이런 엄청난 학습욕구와 능
력을 아이들이 5−6세가 될 때까지 그 불꽃을 끄는 일이 없다. 우리
의 학교교육 제도가 거기에 찬물을 끼얹는다. 아이들이 생각할 것으
로 믿는 것과는 달리 학교가 주는 가장 중요하고 가장 지속적인 교
훈은 학습은 재미있는 놀이가 아닌 가능한 기회만 오면 피하고 싶
은 일이라는 것이다.

　학교교육의 강요된 특성은 학습을 일로 바꾸어 놓았다. 교사조
차 그것을 일이라고 부른다. "네가 놀고 싶으면 반드시 그 전에 네
일을 끝내야 한다." 그러나 교사가 학습을 무엇이라 칭하든지 간에,
학교에서 이루어지는 학습은 결국 일이 될 것이다. 누군가가 정한
시간표에 의해서, 누군가가 지시하는 절차를 이용하여 어떤 사람에
게 억지로 하도록 강요하는 것은 무엇이든지 간에 일이다.

　엘버트 아인슈타인(Albert Einstein)은 수학과 노는 것을 매우 좋
아했으나 학교공부 그 자체는 매우 혐오했다. 그는 강요된 수업의

해로운 효과를 주장한 수많은 위대한 사상가 중 한 사람이었다. 그는 자서전에서 다음과 같이 말했다.

> 현대의 수업방법이 아직까지 성스러운 탐구의 호기심을 완전히 질식시키지 못한 것은 기적이나 다름없다. 이 섬세하고 연약한 식물에게는 자극 외에 자유가 필요하다. 이 자유가 없다면 호기심은 틀림없이 쇠약하여 시들어 갈 것이다. 관찰하고 탐색하는 기쁨이 강제와 의무감에 의해 확장될 수 있을 것으로 생각하는 것은 매우 치명적인 실수가 아닐 수 없다.[4]

자신의 학교교육과 관련하여 다른 곳에서 아인슈타인은 다음과 같이 말했다. "사람들은 싫든지 좋든지, 이 모든 내용을 한꺼번에 머릿속에 꾸역꾸역 채워 넣어야 했다. 이렇게 강제로 공부한 결과 기말시험을 통과하고 나서는 일년 내내 과학과 관련된 문제는 쳐다보기도 싫었다." 아인슈타인의 천재성은 아이디어를 가지고 놀고 탐구하는 자기능력을 영원히 잃지 않으면서 어떻게 해서라도 학교교육에서 생존하려 했던 점에서 찾을 수 있다.

학생들이 자기학습을 외부로부터 평가받아 다른 학생들과 비교하게 되면 학습은 노동일 뿐 아니라 불안의 근원이 된다. 읽기를 배우는 과정에서 나머지 다른 학생들보다 조금 지체되는 학생들은 사람 앞에서 책 읽는 것에 불안감을 느낀다. 시험과 실패의 두려움은 학교를 중요하게 생각하는 거의 모든 사람들에게 불안감을 유발한다. 나는 대학에서 통계를 가르치면서 명문인 우리 대학의 수많은 학생들이 수학 불안증으로 고통을 받는 사실을 발견했다. 그 이유는 분명히 학교 수학시간에 그들이 경험한 굴욕감 때문일 것이다. 불안이 학습방해를 초래한다는 것이 심리학의 기본 원리다(제7장 참고). 학습은 즐거운 마음상태에서 최고조에 달하며 불안은 즐거움을 방해한다.

공죄 4: 수치심, 자만심, 냉소주의, 그리고 부정행위를 조장하는 평가. 사람들이 원하지 않는 일을 억지로 하도록 강요하기란 쉽지 않다. 초창기의 학교에서 회초리는 가장 흔한 강제 도구였다. 초창기 학교의 또 다른 방법은 공개적인 수치심 주기였다. 교사들은 나쁜 행동을 하거나 학습과제를 잘 하지 못하는 아이들을 언어로 그리고 가끔은 아이에게 특별히 제작한 바보모자를 씌우고 수업시간 내내 바보의자에 앉아 있도록 하여 친구들에게서 조롱과 망신을 당하게 했다.

20세기 미국에서 바보모자는 사라졌고 체벌은 여전히 합법이었을지라도 오늘날 우리는 거의 체벌을 사용하지 않는다. 그러나 수치심은 그렇지 않다. 우리는 학생들이 학교공부를 잘하도록 동기를 부여하기 위해서 잦은 시험, 점수, 그리고 주로 아이들의 순위를 매기는 제도에 의존했다. 아이들은 자기 친구들보다 더 못했으면 수치심(열등감)을 느끼고, 만약 더 잘했으면 자부심(우월감)을 느낀다. 심리학적으로 수치심은 사람들을 교육적 노력이나 열등감으로부터 벗어나려는 지속적인 분투를 포기하게 만든다. A학점을 얻거나 우등상을 받는 것과 같은 대단치 않은 성취에서 지나치게 자부심을 느끼는 사람은 거만하고 그처럼 좋은 시험점수를 얻지 못한 많은 사람들을 업신여기게 되어 민주적인 가치나 절차를 무시하게 만든다.

학생들에게 동기를 부여하기 위한 등급 및 석차제도는 냉소주의와 부정행위를 장려하기 위해 거의 완벽하게 설계된 듯 보인다. 학생들은 높은 점수의 가치에 대해서 귀에 못이 박힐 정도로 들어왔다. 제도를 통해서 향상할 것인지, 또는 그것으로부터 벗어날 것인지 여부는 궁극적으로 학생들의 손에 달려있다. 학생들은 학교공부에서 높은 점수를 받는 것이 자신들에게 가장 중요한 문제라는 것을 확신하게 되지만 11-12세쯤 될 무렵이면 대부분의 학생들은 기본적으로 학교는 배우는 곳이라는 신념에 냉소적인 태도를 취하게 된다. 그들은 자신들에게 행하도록 요구하는 것의 대부분은 무의미한 것이며 시험이 끝나는 즉시 시험내용을 거의 대부분 잊어버린다는 사실을 깨닫게 된다.

또한 학생들은 학교가 부정행위와 부정행위가 아닌 것을 규정해놓은 규칙은 제멋대로이며 공부를 잘 하는 것과는 거의 또는 전혀 관계가 없다는 사실도 알게 된다. 만약 당신이 컨닝 쪽지를 만들어서 시험을 치르는 동안 몰래 꺼내보았다면 당신은 부정행위를 한 것이다. 하지만 만약 당신이 그런 쪽지를 만들어 시험을 보기 직전까지만 기억하다가 사라지는 단기기억의 형태로 만들었다면 부정행위를 하지 않은 것이다. 만약 당신이 다른 사람들의 저작에서 많은 양을 그대로 복사한 내용을 모아 기말과제를 작성했다면 그것은 부정행위일 것이다. 그러나 만약 당신이 본질적으로 그와 똑같은 작업을 하고 충분히 다른 말로 바꾸어 표현하면 그것은 부정행위가 아닌 것이다.

학생들은 학교에서 부정행위와 부정행위가 아닌 것을 구분하는 규칙은 게임규칙과 같은 것으로 이해한다. 그러나 이는 아이들이 놀기 위해서 선택한 게임이 아니다. 그들은 학습 내용, 평가방법, 또는 부정행위의 여부에 관한 규정에 대해 거의 또는 전혀 발언을 할 수 없다. 이런 상황 속에서 규칙을 존중하기란 쉽지 않다. 그러므로 학교에서 부정행위가 만연하는 것은 놀랄 일이 아니다. 익명으로 실시한 한 설문조사에서 학생들의 약 95%가 상당한 정도의 부정행위를 인정했고, 약 70%가 다른 학생들로부터 시험지 전체를 그대로 복사하거나 내용을 베끼는 것과 같은 매우 뻔뻔스런 형태의 부정행위를 반복한 사실을 인정했다.[5]

또한 이 조사에서는 최근 몇 년간 부정행위의 정도가 크게 증가했으며 부정행위를 많이 한 사람에게서 변화가 있는 것을 밝혀냈다. 과거에는 부정행위를 가장 빈번하게 하는 사람들은 자포자기에 빠진 "공부 못하는 학생들"이었다. 그러나 최근 보고된 자료에 의하면 부정행위의 가장 높은 발생률은 명문대학과 명문대학원의 진학을 목표로 하는 "가장 뛰어난 학생들", 우수한 성적에 매우 심한 압박을 받는 학생들이었다.[6] 한 고등학교 졸업생이 '이야기 합시다 – 전화주세요'라는 한 라디오 토론 프로그램에서 다음과 같이 말했다. "저는 좋은 대학의 진학을 원했기 때문에 고등학교에서 우수반에 들어갈 정도로 열심히 공부했습니다. 우수반에 들어간 우리들은 대부분 부정행위를 했습니다. 우리는 좋은 대학에 들어가기 위해서 높은 점수가 필요했습니다."[7] 나는 학교의 시험부정행위에 대해 글을 쓴 적이 있었는데 내가 쓴 글을 읽은 젊은이가 나에게 이와 비슷한 편지를 보내왔다.

자랑할 일은 아니지만, 저는 고등학교와 대학교에서 부정행위를 한 많은 학생들 중 한 명입니다. 저는 한 번도 걸리지 않았습니다. 저는 부정행위에 의지하지 않았더라면 평균 정도의 학생이 되었을 테지만 부정행위를 한 덕에 평균 이상의 점수를 얻었습니다. 평균점수는 우리 집에서 용납되지 않았습니다. 저는 항상 더 똑똑해져야 한다는 압력을 느꼈고 안타깝게도 어쨌든 "똑똑하게 되는 것"이 "정직하게 되는 것"보다 더 좋았습니다. 성적에 대한 압박의 결과는 학생들을 부정직하게 만드는 값을 치렀고 이런 현실은 정말 매우 슬픈 일입니다.

종종 교사들은 당신이 학교에서 부정행위를 하면 당신은 오직 당신 자신을 속이는 것이라고 말한다. 이는 당신이 당신 자신의 실력을 속이기 때문이다. 그러나 그런 주장은 당신이 부정행위를 하지 않고 공부한 것이 부정행위를 하여 시간을 절약함으로써 공부한 다른 것의 가치를 능가할 경우에만 논리에 맞는다. 만약 당신이 X과목에서 부정행위를 하여, 당신이 관심이 있는 Y과목, 학교교과이거나 교과가 아닐 수도 있는 Y과목을 더 많이 공부할 수 있는 시간을 벌었다면, 당신이 진정으로 당신의 실력을 속였다고 할 수는 없다. 학생들은 이런 주장을 잘 이해한다. 학생들과 이야기를 나눈 내 경험을 말하자면, 그들을 매우 심하게 압박하는 부정행위를 반대하는 주장은 부정행위를 함으로써 부정행위를 하지 않는 다른 학생들에게 피해를 준다는 것이다. 대부분의 학생들은 다른 학생들에게 피해를 주길 원하지 않는다. 그들은 학교제도를 적으로 보기 때문에 부정행위를 억제하려는 것에는 약간 떨떠름한 모습을 보이지만, 일반적으로 다른 학생들을 적으로 보지는 않는다. 그러므로 만약 그들이 다른 학생들에게 피해를 주었다고 생각하게 되면 몹시 괴로워한다. 실제로 부정행위자가 꼬리를 잡히는 주요한 이유 중 하나는 그들이 다른 학생들과 부정행위를 공유하여 학교 관계자에게 새어나가게 되기 때문이다. 강제적인 학교교육이 조장하는 학생 대 제도라는 대결구도에서 비롯되는 문제는 매우 심각하며 끝이 없을 정도이다. 부정행위를 고발한 가장 정직한 학생은 밀고자로 낙인찍힌다.

다른 관점에서 보면, 높은 점수를 얻기 위한 부정행위는 많은 학생들에게 서로 상생하는 것으로 비춰진다. 학생들은 항상 높은 점수를 바라고, 부모들도 그들이 높은 점수를 얻기를 바란다. 심지어 이는 그들을 가르치는 교사들에게도 마찬가지다. 일반적으로 교사들은 부정행위를 샅샅이 조사하지 않고 때로는 그것을 발견했을 때조차 이를 무시하기도 한다. 왜냐하면 특히 성취도평가에서처럼 더 높은 점수는 그들을 더 훌륭한 교사로 보이게 만들기 때문이다. 사실 이런 고부담평가(High-stakes testing, 수능처럼 평가결과가 수험자의 이익이나 불이익과 밀접하게 관련되어 있는 시험)처럼 교직원들에게 책임을 묻게 되는 경우에는 일부 교장과 교사들이 자기직업을 보호하기 위한 방편으로 학생들의 성적을 인위적으로 조작하는 사례를 우리는 수없이 보아왔다. 또한 자녀들의 부정행위를 결코 개탄하지 않은 많은 학부모들은 감히 부정행위에 대해 고발하려는 학교 관계자가 있다면 누구라도 상대해서 법정에 가서 싸울 만반의 태세를 갖출 것이다.

우리 학교제도의 비극 중 하나는 학생들에게 인생은 어떻게 해서라도 견뎌야 하는 시련의 연속이며 성공은 진정 자기만족에 따른 성취가 아닌 다른 사람의 평가에 의한 것이라는 가르침이다. 많은 학생들은 그런 노선에서 간신히 벗어나거나 극히 일부분에서만 벗어날 뿐이다. 일단 학교를 졸업하면 더욱 자유로운 경험을 하게 되지만 역시 많은 사람들은 그 노선에서 벗어나지 못하고 평생을 살아간다. 그들은 학생시절에 그랬듯이 진정한 성취가 아닌, 죽을 때까지 계속 다른 사람들의 호평에만 관심을 쏟으며 살아간다. 이런 사람들은 과학, 기업, 법, 정치, 또는 그들이 추구하는 어떤 직업이 든지 불문하고 지속적인 부정행위를 저지른다. 학교에서 몸에 밴 부정행위의 습관은 그들에게 평생 동안 남는다.

공죄 5: 협동심의 발달방해와 집단괴롭힘의 조장. 우리는 천성적으로 협동하도록 설계된 매우 특별한 사회적 동물이다. 학교에서도 아이들은 서로 도울 방법을 찾는다. 그러나 다른 사람들을 돕는 가치를 조장하는 학교의 가르침과는 별도로 학교는 그런 행동에 역행한다. 즉 의도적으로 이기심을 가르친다. 강요된 경쟁, 등급 매기기, 그리고 한 줄로 세우기 등을 통해 학생이 해야 할 일은 자기실속을 챙기고 다른 학생들보다도 더 잘해야 한다고 암묵적으로 부추긴다. 정말 한 학생이 다른 학생을 지나치게 도와주게 되면 그것이 부정행위로 여겨질 정도이다. 상대평가로 인해 다른 사람을 도와주는 일이 오히려 도와주는 사람 자신에게 손해를 입히는 결과가 되었다. 상대평가의 경우, 도움 받은 사람의 점수가 올라가게 되면 오히려 도와준 사람의 성적이 낮아지기 때문이다. 이런 학교구조에 잘 적응한 학생들은 이런 사실을 너무 잘 알고 있다. 그들은 다른 사람을 돕기보다 오히려 다른 사람을 패배시키는 데에 더 많은 관심을 갖는 무자비한 성취자들이 된다.

연령별 분리와 자유롭게 놀 기회의 감소로 협동심의 발달, 열정 발산, 학교의 보호 등을 오히려 방해하는 학교의 영향력이 증가하고 있다. 일상적인 놀이상황에서 아이들은 협동심을 발달시키고, 자기 주도적인 집단놀이를 자유롭게 하면서 서로 도와주며 생활한다. 그들은 그곳에서 자신들과 다른 점을 이해하여 해결하고 게임을 계속 유지하기 위해서 다른 사람들의 욕구를 살피는 방법을 배운다(제8장 참고). 이런 점에서 특히 복합연령은 가치가 있다. 연구자들은 큰 아이들이 어린 아이들과 함께 놀 때, 더 어린 아이의 존재로 인해서 돌봄과 지도력을 배우고 어른스러워지고 도움을 주려는 자아개념을 발달시키면서 어린 아이를 돌본다고 주장한다. 그러나 학교에서는 이런 일이 거의 일어나지 않는다. 왜냐하면 학교에서 아이들은 오직 연령이 비슷한 또래들과만 사귀도록 강요받고 있으며 감독자가 없는 자유로운 놀이는 거의 또는 전혀 찾아 볼 수 없을 정도이기 때문이다. 과거 수십 년 동안 심리학자들은 학교교육이 유래 없이 아동 생활의 대부분을 차지하고 복합연령 놀이가 감소하면서 어린 아이들 사이에서 나르시시즘이 지속적으로 널리 퍼지는 사실을 보고한 것은 놀랄 일이 아니다.[8]

학교운영에 대한 학생들의 실제적인 주장이 거의 없는 현실과 함께 연령분리와 경쟁적인 학교환경은 경쟁심이 강한 연합집단이나 패거리 세대에게 이상적인 환경을 제공했다. 이것이 집단 괴롭힘의 기초를 제공했다. 지배적인 패거리들 중에서 어느 편에서도 받아들여지지 않는 아이들은 무자비한 괴롭힘을 당한다. 그들에게는 탈출할 방법이 별로 없다.

학교에서 매일 수많은 아이들이 이처럼 괴롭힘을 당하는 것을 상상해보아라. 당신은 11세, 13세, 또는 15세이고, 스스로 통제할 수 없는 여러 가지 이유로 당신이 친구들에 의해서 협박과 경멸의 대상으로 찍혔다고 하자. 학교에서의 하루하루는 당신에게 또 다른 지옥의 날들이 될 것이다. 당신은 "매춘부", "동성애자", "암캐", "겁쟁이", "인간쓰레기" 또는 이보다 더 심한 욕설을 듣는 놀림의 대상이 된다. 사람들은 복도에서 일부러 당신을 밀치듯 부딪쳐 당신이 손에 든 책을 떨어뜨리게 한다. 점심시간에 당신 옆에 아무도 앉으려 하지 않으며 만약 앉는다고 해도 그들은 그만두고 싶을 때까지 당신을 괴롭힌다. 이들은 친구가 없는 아이들의 점심값을 강탈하는 연재만화 속의 야수 같은 집단괴롭힘의 가해자들이 아니다. 이런 집단괴롭힘의 가해자는 학교에서 유명한 아이들, 운동선수, 치어리더, 비싼 사립학교 학생들 가운데 있다. 이들은 다른 아이들뿐 아니라 교장, 교사, 그리고 꽤 큰 지역사회의 성인들 사이에서도 상당히 유명한 아이들이다.

당신이 학교에서 어떤 처우를 받든지 법은 당신이 학교에 출석할 것을 명령한다. 당신은 자녀를 사립 대안학교로 보낼 의향이나 재력을 가지고 있거나 학교위원회를 설득해서 집에서 자녀를 교육시킬 수 있는 극소수 계층에 속하는 부모를 두고 있지도 않다. 당신은 선택할 여지가 없다. 당신을 무엇을 할 것인가? 만약 당신이 매일 이와 같은 괴롭힘을 당하는 수백만 명의 아이들에 속한다면, 당신은 어떻게 해서라도 그 모든 것을 감수해야 한다. 자신을 강하게 만들어 거기서 살아남아야 할 것이다. 당신은 당신이 겪은 전반적인 고통의 상황을 속속들이 알 수 있는 유일한 사람일 수 있다. 당신은 자살에 대해 생각하게 될 것이다. 심지어 당신은 폭력을 동원하여 학교 전체에 복수할 공상까지 하게 될 것이다. 그러나 만약 당신이 대부분의 평범한 아이들과 같다면, 그런 생각은 환상에 지나지 않을 것이다. 그럼에도 불구하고, 특별히 취약한 사람에게 절망이나 분노, 또는 양자는 모두 자신이나 학교 전체에 저항하는 폭력으로 분출되며 그때서야 학교의 집단괴롭힘은 사회문제로 대두될 것이다.

여기 헬렌 스미스(Helen Smith)가 자신의 저서 『상처받은 마음』(The Scarred Heart)에서 유사한 이야기를 들려준다. 워싱턴 리치랜드에서 살았던 13살 난 에이프릴 미셸 하임스(April Michell Himes)의 자살사건 이야기다.

> 학교에서 아이들은 그녀를 돼지라고 부르고 그녀에게 물건을 던지고 그녀를 못살게 굴었다. 그들은 그녀가 브래지어 속에 휴지를 집어넣었다는 소문을 내고 비웃었다. 그녀는 자살을 시도했고, 부모들은 그녀를 정신병원 입원 프로그램에 참여시키고 상담을 받았으나 별 도움이 되지 않았다. 180일의 학교 수업일수에서 53일을 결석한 후에 그녀는 학교에 돌아오지 않으면 무단결석 위원회에 나와야 한다는 통보를 받았다. 당시 그 위원회는 그녀를 소년원에 보낼 수도 있었다. 그녀가 결정한 더 나은 대안은 침실로 가서 벨트로 목을 매는 것이었다. … 과거에는 학교를 그만 둘 수 있었으나, 이제 그녀와 같은 아이들은 의무교육의 덫에 걸려 있다.[9]

이런 사건이 일어나게 되면 학교제도는 적어도 한동안은 집단괴롭힘을 심각하게 취급한다. 그들의 통상적인 접근은 집단괴롭힘을 반대하는 몇 가지 코스나 프로그램을 개발하고 모든 학생들이 그것들을 이수할 것을 요구한다. 새롭게 요구하는 코스는 아이들에게서 발생하는 모든 문제에 우리 사회가 자동적으로 대응하는 방식이다. 그런 많은 코스와 프로그램은 미국뿐 아니라 다른 나라에서도 지난 20~30년 동안 실시되어 왔으며 그 효과를 알아보기 위한 많은 연구가 실시되었다. 하지만 지금까지 이런 프로그램들이 장기적인 효과가 있다는 사실을 규명하지 못했다.[10] 어떤 프로그램도 문제의 근원에 도달하지 못했으며, 이 문제는 학교의 기본구조를 급진적으로 변화시키지 않는 이상 불가능하다는 것이 많은 연구들의 공통된 결론이다. 집단괴롭힘은 정치적 권력이 없어서 하향식 지배를 받는 사람들이 법이나 경제적 요인 때문에 어쩔 수 없이 그런 환경에 남아있어야 하는 모든 제도에서 발생하는 현상이다. 예를 들어, 이런 현상은 성인은 물론 청소년 감옥에서도 정기적으로 일어난다. 집단괴롭힘을 당하는 사람들은 도망갈 수도 없고 집단괴롭힘에 맞설 입법적 권한도 사법적 권한도 없다. 첸 귀디와 우 춘타우(Chen Guidi and Wu Chuntau)는 『배는 물에 가라앉을까?』(Will the Boat Sink the Water?)라는 극찬을 받은 저서에서 중국의 시골지역에서 만연된 집단괴롭힘을 기술했다. 농부들은 토지를 떠나는 것이 허락되지 않았으며 그들은 하급관리들에 의한 하향식 지배를 받았다. 농부들은 정치적 권력도 적법한 법의 절차도 없었기 때문에 가장 무섭게 사람들을 협박할 수 있는 패거리들이 최고의 자리에 올랐다. 학교에 다니는 우리 아이들 중 일부가 성인 죄수들과 중국의 농부들과 똑같은 방식으로 강제적인 구금과 독재정부에 대응하는 사실을 알게 된다면 그것이 우리에게 놀라운 광경이겠는가?

연령별로 아이들을 분리함으로써, 그들을 우리에 가두어 두고 괴롭히는 사람으로부터 피할 수 없게 함으로써, 경쟁과 승리가 최고의 가치가 되어야 한다고, 다른 무엇보다 최고가 되어야 한다고 세뇌함으로써, 그리고 학교운영에 대한 유의미한 아이들의 어떤 주장도 부정함으로써, 우리는 집단괴롭힘이 번식할 멍석을 깔아주었다.

공죄 6: 비판적인 사고의 금지. 아마 교육의 가장 보편적이며 위대한 목적 중 하나는 비판적 사고의 함양일 것이다. 그러나 교육자들이 아무리 이 목적을 위해 열변을 토하더라도 그것은 말뿐이며 학생들은 대부분 학교공부에 대해서 비판적인 생각을 피하도록 교육받는다. 학교에서 학생들은 자기가 해야 할 일은 평가에서 좋은 점수를 얻는 것이고 비판적인 사고는 이를 방해할 뿐이라고 배운다. 좋은 점수를 얻으려면 당신은 교사가 당신에게서 듣고 싶은 말이 무엇인지 재빨리 알아차려서 대답해야 한다. 나는 교실 밖에서 열리는 토론에서 고등학생뿐 아니라 대학생들도 무한정 자기의견을 토로하는 광경을 보았다. 나는 대학수준에서 비판적인 사고를 촉진시키기 위한 많은 노력을 기울였다.[11] 그러나 사실을 말하자면, 우리 교육제도에서 최고의 동기유발 요인인 점수제는 정직한 토론과 교실에서의 비판적 사고를 저해하는 강력한 요인으로 작용한다. 교사인 우리들이 점수를 주는 제도에 대해 비판하려 하거나 교사인 우리가 가르치는 개념에 대해 감히 질문하려는 학생들은 거의 없다. 만약 우리가 부가점수를 주면서까지 비판을 유도하려고 한다면, 우리는 학생들이 거짓된 비판을 양산해내는 교실을 보게 될 것이다. 비판적으로 생각하려면, 사람들은 의욕을 가지고 자기사상을 자유롭게 주장하고 자기질문을 제기해야 한다. 그러나 학교에서 학생들은 자기사상과 질문은 중요하지 않다는 것을 배운다. 중요한 것은 그들이 요구하지도 관심도 없는 질문에 "정확한" 답을 제공하는 능력이다. "정확한"이란 교사나 시험출제자가 찾는 정답을 의미한다. 물론 그것이 학생들이 정말로 이해했거나 관심을 갖거나, 또는 정말로 정확하다고 믿거나 또는 일상생활에서 증명된 정답이 아니라는 것은 너무도 분명하다.

내가 수학숙제를 도와주는 한 고등학교 학생은 나에게 그것을 한마디로 명쾌하게 정리해 주었다. 왜 특정 방정식을 푸는 특정 방법이 효과가 있고 다른 것은 그렇지 않은지에 대한 내 설명을 수분 동안 잠자코 듣는 척하고 있던 그녀가 외쳤다. "나는 당신이 설명하는 것을 이해한다. 하지만 왜 그 방법이 효과가 있는지 알기를 원하거나 알 필요는 없다. 내가 알아야 하는 것은 교사가 원하는 단계에 따라 교사가 원하는 답을 얻는 방법이다." 이것은 "훌륭한" 학생이 될 수 있을 것으로 널리 인정받는 누군가의 말이다. 그녀는 그런 수많은 학생들을 대변할 뿐이다.

설령 학생들이 원하더라도, 학생들은 학교교과에 천착하기는 불가능한 것을 인정한다. 무엇보다도 시간이 이를 허락하지 않는다. 학생들은 학교가 정해준 시간표에 따라야 한다. 더구나 많은 학생들은 명문대학이 찾고 있는 "다재다능한" 학생이 자신이라는 것을 증명하기 위해서 공식적으로 지정된 많은 특별활동에 참여해야 한다는 생각이 확고하다. 자기가 좋아하는 일부 과목에만 집중해서 밀고 나가는 학생들은 다른 모든 것에서 실패할 위험을 안게 된다. 학생들은 좋은 시험점수를 얻는 데 필요한 얄팍한 이해와 한정된 정보를 획득해야 성공할 수 있다.

학교에서 비판적 사고를 방해하는 또 다른 중요한 요인은 불안이다. 학교에서 실시하는 지속적인 학생평가는 비판적 사고를 크게 약화시킨다. 왜냐하면 이는 교사가 원하는 답을 찾도록 학생들을 유도할 뿐 아니라 나아가 평가 그 자체가 불안을 유발하기 때문이다. 비판적 사고는 창의성의 기초를 형성하며 창의성은 항상 상당한 즐거움을 필요로 한다(제7장 참고). 비판적 사고자들은 자기생각을 시험해 보고, 어떤 일이 일어날 것인지를 알아보기 위해서 생각을 위아래로 세심하게 살펴보고, 그 결과를 탐구하는 등 생각을 가지고 논다. 불안은 그런 놀이를 방해하고 평범한 길을 따라가는 사고를 강요한다. 불안은 사람들이 암기에 의해서 알게 된 것을 반복하는 능력을 재촉한다. 그러나 그것은 새로운 아이디어나 통찰력을 방해할 뿐이다.

공죄 7: 지식과 기술의 다양성 감소. 우리는 동일한 표준 교육과정을 모든 학생들에게 강요하여 대안적 방법을 추구하는 학생들의 기회를 감소시켰다. 학교 교육과정은 우리 사회의 중요한 지식과 기술 중 극히 부분적인 것만 대표할 뿐이다. 학생들은 요즘 같은 시대에 알아야 할 모든 지식과 기술 가운데 극히 부분적인 것만 교육과정을 통해서 배울 수 있다. 왜 학생들에게 획일적이며 부분적인 것만 배울 것을 강요하는가? 다음 장에서 나는 아이들이 자유롭게 자기관심을 추가할 때, 예상하지 않았던 다양한 길을 가게 되는 증거를 제시할 것이다. 그들은 열정적인 자기관심을 진전시키고, 그들을 매혹시키는 분야의 전문가가 되기 위해서 열심히 노력하여 결국 자기지식, 기술, 열정을 펼칠 수 있는 길을 생업으로 선택한다. 학생들은 표준교과과정을 통하여 자기관심을 추구하는 시간을 더 감소시키고 자기관심을 중요시 하지 않는 내용을 더 증가시킬 것을 강요받는다. 일부 학생들은 이를 넘어서 학교 밖의 교육과정에서 다른 길을 찾지만 역시 그렇게 하지 못하는 학생들이 더 많다.

학교 밖의 현실 세계에서는 다양한 인성은 물론 다양한 지식도 매우 중요하다. 발달과업 중 일부는 자신의 인성에 가장 적합한 역할을 찾는 것이다. 그러나 학교교실에는 오직 하나의 적합한 역할 밖에 없기 때문에 그 역할이 자기인성에 맞지 않는 학생은 실패 혹은 "정신장애"로 고통을 받는다. 다양한 인성에 맞추기는커녕 학교는 약물을 사용해서라도 학교에 적합한 인성을 형성하려고 한다. 이런 가장 명백한 사례는 현재 아이들에게서 높은 비율을 차지하는 ADHD(주의력 결핍 과잉 행동 장애)의 진단에 대한 우려에서 발견할 수 있다.

일부 학생들은 천성적으로 더 활발하여 다른 아이들보다 더 충동적인 특성을 나타낸다. 이런 아이들이 학교에서 말썽을 피우게 만드는 것은 바로 이런 특성 때문이다. 이런 아이들은 보통 아이들이 매일 수 시간 동안 자리에 앉아서 흥미도 없는 수업을 들으면서 지루함을 견디는 것보다 훨씬 더 큰 고통을 느낀다. 학교교육을 의무적으로 수행하도록 강하게 압박하는 오늘날 그런 아이들은 정신장애나 ADHD라는 질병으로 낙인찍힌다. 이 책이 출판된 당시 가장 권위 있는 자료에 의하면, 미국에서 학령기 남자의 약 12%와 여자의 약 4%가 ADHD 판정을 받았다.[12] 진단을 받은 아이들 중 대다수는 학교교사에 대한 불평 때문에 시작되었다. 이 문제에 대해 한번 생각해보자! 학령기 아이의 8명 중 1명, 12%가 지루한 학교수업에 오랜 시간 참여할 수 없거나 자발적으로 참여하기를 원하지 않는다는 이유로 정신장애라는 꼬리표를 달고 있다. 이는 범죄 행위와 다름없다. 오늘날 우리는 ADHD 진단을 받은 미취학 아이들의 3/4 정도가 자리에 앉아 있지 않으려 하거나 계속해서 한자리에 있지 못한다는 이유로 약을 먹는 이야기를 점점 더 빈번히 듣고 있다!

수십 년 전 내가 초등학교 교사로 재직할 때, 성인들은 아이들이 장시간 앉아서 공부하는 것은 자연스러운 행동이 아니라는 점을 인정하는 분위기였다. 우리에게는 오전 휴식시간 30분, 점심때 바깥놀이 1시간, 그리고 또 다른 오후 휴식시간 30분이 주어졌으며 숙제는 결코 내준 적이 없었다. 하루 6시간의 수업일정은 바깥놀이 2시간과 교실수업 4시간으로 짜여 있었다. 나는 당시 학교가 좋았다고 말하는 게 아니다. 다만 지금처럼 상황이 나쁘지 않았다는 것이다. 오늘날 초등학교는 더 이상 그런 휴식시간을 제공하지 않는다. 대신에 학교의 지루함에 적응할 수 없는 아이들은 ADHD 진단을 받고 효력이 강한 향정신성 약물을 복용한다. 이는 아이들의 자발성을 진정시키는 즉각적인 효과가 있어서 교사의 말에 집중하여 바쁘고 무의미한 수업을 끝마칠 수 있게 한다. 이런 약물의 장기적인 효과가 인간의 두뇌에 어떤 영향을 미칠 것인지에 대해서는 아무도 아는 사람이 없다. 그러나 동물실험의 연구를 통해서 얻어낸 한 가지 시사점은 아이들이 나이가 들어 성숙해짐에 따라 일반적으로 덜 충동적이고 통제를 잘하게 되도록 유도하는 두뇌연결의 정상적인 발달을 방해할 수 있다는 것이다.[13] 이는 아마 우리가 오늘날 점점 성인들에게까지 확대되고 있는 ADHD 사례를 더욱 많이 관찰하게 되는 이유를 설명하는 데 도움이 될 것으로 보인다. 많은 향정신성 약물을 사용하면서 ADHD의 치료에 사용되는 약에 대한 장기 의존성을 유발할 가능성이 커지고 있다.

　　나는 얼마 전에 ADHD 진단을 받은 후 공립학교에서 아이를 자퇴시키고 홈스쿨링을 시작한 어떤 학부모에게 자료를 부탁했었다. 이 자료에 따르면 대다수의 사례에서 아이는 약물을 끊은 후 홈스쿨링 환경의 학습에 특별한 문제가 없었다.[14] 그들은 다른 사람들이 자기를 위해 결정해놓은 길보다 자기관심을 추구할 수 있을 때, 그리고 마음에 흡족할 정도로 놀 수 있을 때, 대부분의 아이들은 학습과정에서 어려움을 겪지 않았기 때문에 향정신성 약물을 복용할 필요가 없었다.

　　내가 여기서 주장하는 공죄의 목록은 새로운 것이 아니다. 내가 함께 이야기를 나눈 많은 교사들은 이런 유해한 강제교육의 효과를 잘 알고 있었고 많은 교사들은 그에 대응하기 위해서 힘든 노력을 하고 있었다. 일부 교사들은 제도가 허용하는 것 못지않게 자유와 놀이를 가르치기 위해서 노력했다. 많은 교사들은 실패의 수치심을 완화하고 불안을 감소시키기 위해서 그들이 할 수 있는 일을 찾아서 적극적으로 실천했다. 이에 대한 반대의 목소리에도 불구하고, 대부분의 교사들은 학생들 간의 협력과 동정심을 증진시키기 위해 노력했다. 많은 교사들은 비판적 사고를 허용하고 증진시키기 위해 그들이 할 수 있는 모든 노력을 다했다. 그러나 우리들이 그 당연한 결과를 추구하기 위해서 점점 더 힘써 노력하는 오늘날, 오히려 제도는 이에 대해서 더 강하게 반발하고 있다. 우리 학교제도에서 학생들이 원하는 대로 배우는 자유보다 자신들이 원하는 대로 가르칠 자유가 없다는 교사들의 주장은 상당한 타당성이 있다. 본장의 서두에 대한 반응으로 한 교사가 글을 보냈다. "나는 가르칠 것을 내가 선택하지 않았다. 국가가 선택했다. 교사들은 아이들이 배우는 과정에서 일어나는 어이없는 일들을 알고 있지만 우리는 그것에 대해 대응할 수 있는 어떤 것도 허용되지 않는다. … 내 직업을 유지시키는 내 능력은 얼마나 많은 학생들을 국가가 요구하는 시험에 합격시키느냐에 달려있다." 그러나 교사는 학생들과 달리 그만 둘 자유가 있다.

또한 나는 인간, 특히 어린 아이들은 놀라울 정도로 적응력이 뛰어나고 비상하다는 말을 덧붙여야겠다. 많은 학생들은 강요된 학교교육이 유발하는 부정적인 감정을 극복하여 긍정적인 감정에 집중하는 방법을 알고 있다. 그들은 협동하고, 놀고, 서로 협력하여 수치스런 감정을 극복하고, 자기역할에 비해 약간 높은 자부심을 가지며, 집단괴롭힘과 맞서고, 비판적으로 생각하고, 그리고 자기에게 불리하게 작용하는 학교의 영향력에도 불구하고 자신들의 진정한 관심에 상당한 시간을 보낼 수 있는 방안을 찾기 위해서 노력한다. 그러나 강제교육의 요구를 만족시키는 동시에 이 모든 일을 다 해내기 위해서는 벅찬 노력이 요구되는 상황이기 때문에 성공하는 학생들이 그리 많은 편이 아니다. 학생들이 바쁘기만 하고 무의미한 수업과 학교의 지시를 이행하기 위해서 보내는 시간은 자기교육에 사용할 수 있는 시간을 크게 빼앗을 뿐이다.

나는 본장에서 강요된 교육의 7가지 공죄에 대해서 기술했으나 그것을 7가지로 한정하려는 유혹을 떨쳐 버릴 것이다. 사람들은 또 다른 공죄를 추가하길 바랄 것이다. 한 독자는 **가정생활의 방해**를 8번째 공죄로 추가할 것을 주장했다. 학교교육은 자기활동을 위해서 가족들이 함께 보내는 시간을 잠식했다. 학교교육은 부모가 숙제의 감독자가 됨으로서 학교교육이 아동의 기분과 집안행동에 미친 부정적 효과를 극복해야 하는 점에서, 그리고 어떤 경우에는 아이들을 학교에 보내기 위해 매일 아이들과 씨름해야 하는 점에서 가정의 화목을 방해했다.

아이들이 학교에서 보내야 하는 시간과 숙제를 수십 년 전의 기준과 비슷한 수준으로 감소시키고, 휴식시간을 늘리는 것도 도움이 될 수 있으나 이는 근원적인 문제해결책이 되지 않는다. 본장에서 기술한 공죄들 중에서 우리 자신들이 지은 공죄를 제거하려면, 아이들은 원천적으로 개선이 필요한 죄인들이고 교육의 최고 목적은 신과 주인에 대한 복종이라고 생각했던 어두운 역사가 만들어 낸 우리의 의식구조와 행동을 버려야 한다. 우리는 어른들이 무엇을 해야 한다고 미리 결정해 놓고 아이들이 그것을 배우도록 강요할 것이 아니라, 오히려 전체체제를 폐기하여 아이들이 자기 주도적으로 배우는 방식을 새롭게 생각해야 한다. 이는 역사에 걸쳐 거대하고 경이로운 도약이 될 수 있다. 수렵채집인들은 그것을 제대로 이해했다. 아이들에게 자기교육의 자유가 필요하다는 그들의 신념은 수렵 채집인들 못지않게 오늘날 우리 세계의 모든 아이들에게도 역시 유효하다.

CHAPTER 5

서드베리 벨리의 교훈: 현대사회는 대자연의 품 안에 있다

1960년대 초, 대니얼 그린버그(Danial Greenberg)는 컬럼비아 대학에서 물리학과 역사학을 연구하여 과학사 분야를 새롭게 개척한 젊은 스타교수로 떠올랐다. 그를 아는 사람들은 모두 그가 오랫동안 학계의 별로 남을 것으로 예상했다. 한편 그린버그는 유명한 교수였기 때문에 자신이 연구해 왔던 아리스토텔레스를 새롭게 해석하는 일보다 학생들을 가르치는 일을 더욱 소중하게 생각했다. 대학원생들은 그가 가르치는 교과는 좋아했으나 수업에는 소극적이었다. 그는 이런 학생들을 유심히 지켜보면서 여러 가지 생각을 떠올렸다. 아이비리그 대학원에서 물리학과 역사학을 연구하는 이런 학생들은 가능하면 교과는 최소량만 배우면서 높은 점수를 얻는 데만 급급한 것으로 그의 눈에 비춰졌다. 왜 그들은 전력을 다하여 배우지 않으면서 이런 교과과정을 선택하는 것일까? 그는 의아하게 생각하면서 스스로에게 물었다. 학생들이 관심을 갖고 스스로 자신을 교육하여 그런 관심을 열정적으로 추구할 수 없게 방해하는 요인이 우리 교육제도에 있다면 도대체 그것은 무엇인가?

내 경험상 매우 탁월한 젊은 교수들은 종종 교육제도가 안고 있는 이런 허점을 경험한다. 그러다가 어느 시점에 이르면 그런 불안을 털어버린다. 그들은 자기가 할 일은 동기가 부족한 학생들을 자극하고 채근하여 학습의 내적 충동을 경험하게 하는 것이며 결국 이것이 시험에서 좋은 점수를 얻게 만드는 최선의 방법이라고 생각한다. 그리고 그들은 매년 그 방식대로 변함없이 가르친다. 그러나 그린버그는 그런 일을 그처럼 쉽게 털어버릴 사람이 아니었다. 그는 대학이 더 이상 그가 인내할 수 없는 교육제도와 깊이 관련된 것으로 보기 시작했다. 그는 자신이 개탄하는 초중등학교 교육정책을 추진하는 교육부와 대학이 실제로 긴밀한 관계를 유지하는 사실을 알게 되었다. 그리고 주변의 모든 사람에게 충격을 던지는 파격적인 길을 선택했다. 그는 교육의 본질을 숙고하고 그것에 대한 글을 쓰기 위해서, 교수직을 사임하고 부인 한나(Hanna)와 함께 "황무지"나 다름없었던 매사추세츠 동부지역의 서드베리강 유역으로 거처를 옮겼다.

『신철학 개요』(Outline of a New Philosophy)는 그린버그가 그 시기에 쓴 초기 저서 중 하나다. 그는 이 저서에서 지식은 어떤 고정된 진리로 구성되었다는 주장에 맞서 지식은 유동적인 것이라고 주장했다.[1] 오늘의 진리는 신화이거나 내일의 반쪽 진리에 불과한 것이다. 논리적으로 각각 모순되는 두 개의 관념을 상이한 관점에서 보게 되면 양자는 각각 상이한 목적에 정합하는 진리가 될 수 있다. 우리가 진리라고 부르는 것은 오히려 모델이나 설명의 개념으로 부르는 편이 더 나을 것이다. 그것은 사람들이 자신의 주변세계를 이해하는 데 도움을 주기 때문이다. 이런 관점에서 보면 지식은 진실과 거짓이 아닌 그것의 유용성에 의해서 판단되어야 한다. 그러므로 사람들이 자신들의 사회적 또는 심리적 세계의 특정 관점을 이해하여 그들의 세계를 항해하는 데 도움이 되는 것이라면 그것은 좋은 지식이라고 할 수 있다.

이런 지식관은 고정된 교육과정의 가치를 부인한다. 가장 바람직한 교육과정은 사람들이 자기모델을 개발할 수 있는 자유를 허용하는 것이다. 자기모델이란 다른 사람들의 가르침과 저서 이외에 자신이 유용하다고 생각하는 자원이라면 어떤 것을 막론하고 그것을 이용하여 자신에게 필요한 것을 설명하거나 설명하기를 원하는 자기개념을 말한다. 사람들이 자기세계를 이해하려는 것은 자연스러운 일이다. 그린버그에게 그것은 인간이 지닌 호기심의 본질이다. 사람들이 진정으로 관심을 갖는 의문에 대답하려고 노력할 경우, 그들은 자동적으로 동기가 발동되어 그런 의문에 대한 대답에 도움이 되는 모든 자원을 스스로 끌어들여 사용할 것이다. 그러나 어떤 사람이 관심을 갖는 질문이라고 해서 다른 사람들이 모두 관심을 갖는 것은 아니며, 어떤 사람에게 도움이 되는 자원이라고 해서 반드시 다른 사람에게도 도움이 되는 것은 아니다.

또한 그린버그는 미국 민주주의의 원리와 교육의 적합성에 대해 깊은 생각을 했다. 『미국교육의 위기』(The Crisis in American Education)라는 책에서 그는 물론 개혁가 집단의 일부, 그리고 그가 새로운 학교설립을 위해서 지속적으로 협력했던 사람들과 함께 "오늘날 미국의 교육제도는 미국의 제도 중 가장 비미국적인 제도다."라고 비판했다.[2] 그들은 미국의 민주주의는 3가지 근본 사상에 기반한다고 주장했다. (1) 인간의 기본권을 보장한다. (2) 특정 결정의 영향을 받는 사람들은 의사결정에 대한 발언권을 갖는다. (3) 만인은 인생에서 성공할 수 있는 동등한 기회를 누린다. 이런 사상은 학교에서 빈번하게 이용될 뿐 거의 실천되지 않은 빈말에 불과하다. 자유언론, 자유집회, 자기행복의 길을 선택할 자유, 그리고 범죄자로 기소될 경우 공정한 재판을 받을 권리는 학생들에게 존재하지 않는다. 일반적으로 학생들은 학교규칙을 결정할 권한이 없으며 일상적인 자기시간의 사용을 스스로 결정할 권한도 거의 없다. 기회의 평등은 학생들을 향상시키기 위해서 학교가 미리 정해놓은 길을 따라가는 과정에서 합격과 불합격을 결정하는 제도에 의해서 무너졌기 때문에 다른 방향으로 나아갈 사람들을 외면하게 되었다. 그린버그는 민주주의 사회에서 교육의 주된 목적은 민주시민으로서 권리를 행사할 기회와 책임을 다하도록 사람들을 준비시키는 것이어야 한다고 주장한다. 학생들의 성장과정에서 그런 기회와 책임을 박탈한다면 우리는 결코 그 목적을 성공적으로 달성할 수 없을 것이다.

같은 책에서 그린버그와 그의 동료들은 민주주의 학교는 "사상의 자유 광장, 능력의 자유기업제도가 되어야 한다고 주장했다.[3] 학생들은 관심을 갖는 어떤 사상이든지 자유롭게 탐구해야 하며 어떤 질문이라도 거의 무한한 접근이 용납되는 환경에서 자기결론에 이르도록 허용되어야 한다. 민주주의에서 학교는 교화가 아닌 탐색과 발견의 장소가 되어야 한다.

진정한 민주주의 학교

1968년에 그린버그와 그의 부인 한나는 학령기 아이를 둔 학부모들과 함께 그런 학교를 세웠다. 그들은 그것을 서드베리 벨리 학교(Sudbury Valley School)로 불렀다. 이 학교는 설립이후 계속 운영되고 있으며 지금 이 글을 쓰고 있는 시점에서 그린버그 부부는 여전히 그곳에서 교직원으로 일하고 있다. 그들은 학교회의에서 44년 동안 매년 교직원으로 선출되었다.

서드베리 벨리는 아마 40여년 이상 미국교육에서 가장 비밀스럽게 존재해온 학교일 것이다. 대부분의 교육학도들은 이 학교의 이름을 들어본 적이 없을 것이다. 교육학 교수들은 의도적이라기보다 자기 교육사상의 틀 속에 그것을 수용할 수 없었던 까닭에 서드베리 벨리를 부정했다. 그러나 서드베리 벨리 학교의 졸업생들과 이 학교를 직접 경험한 사람들에 의해서 그 이름이 널리 알려지게 되면서부터 그 비밀이 조금씩 새어 나오기 시작했다. 오늘날 세계적으로 약 36개의 학교가 공공연하게 서드베리 벨리 학교의 모델을 따르고 있다. 이런 점에서 나는 당장은 아니더라도 지금부터 50년 후, 서드베리 벨리 학교의 모델이 모든 교육학의 표준 교과서에서 특별히 취급되어 공립학교는 아니더라도 많은 학교에서 다양한 방식으로 실현될 것으로 예상한다. 또한 나는 많은 교육자들이 50년 안에 오늘날 학교교육의 접근방식을 과거의 야만적인 유산으로 취급할 것이라고 감히 예측한다.

우리가 서드베리 벨리 학교를 상상하려고 한다면, 이 학교가 일종의 진보주의를 표방하는 전통적인 학교 중 하나일 것이라는 우리의 낡은 사고방식을 모두 깨끗이 버려야 한다. 서드베리 벨리 학교는 몬테소리 학교나 듀이 학교, 또는 피아제의 구성주의 학교가 아니다. 일반적으로 이런 종류의 학교는 전통적인 학교보다 아이들의 자연적인 학습방법이나 이와 비슷한 학습방법을 더 많이 사용한다. 그러나 여전히 교사들이 아이들을 지배한다. 그런 학교의 교사들은 미리 정해진 교육과정을 미리 정해진 시간표에 따라서 학생들에게 가르치기 위해서 노력하며 여전히 학생들을 그런 방식으로 평가한다. 서드베리 벨리는 그것과 전혀 다른 학교이다. 이 학교를 이해하기 위해서는 먼저 다음과 같은 생각을 해야 한다. **어른은 아동교육을 통제하지 않는다. 아이들은 스스로 교육한다.**

서드베리 벨리는 매사추세츠 프라밍햄의 준시골 지역에 위치한 전일제 사립학교다. 이 학교는 4세에서 고등학교 학령까지의 학생들을 시험성적이나 어떤 다른 능력의 지표와 관계없이 선발한다. 유일한 입학기준이 있다면 그것은 면접과 학교방문이다. 학교방문은 학생이 입학하기 전에 학생과 학부모가 학교에 대한 정보를 보다 정확하게 알 수 있도록 학교가 계획한 것이다. 최근 총 학생수를 살펴보면 130 – 180명 정도이며 9 – 11명의 교직원이 재직하고 있다. 이 학교는 수업료가 매우 저렴한 편이다. 이는 다른 사립학교에 비하면 턱없이 낮은 수준이며 학생 1인당 수업료가 주변 공립학교의 절반 수준에 불과한 적은 예산으로 학교를 운영한다. 이 학교는 결코 엘리트 학교가 아니다. 만약 모든 미국의 공립학교가 서드베리 벨리 모델을 따른다면 매년 납세자의 세금에서 수천억 달러를 절약할 수 있을 것이다.

다른 무엇보다도 이 학교는 민주적인 공동체라는 점이 매력적이다. 최고의 행정기구로는 학교회의가 있다. 모든 학생들과 교직원들은 여기에 참여하며 나이와 관계없이 1인 1표를 행사한다. 이 기구는 일주일에 한번 소집되는데, 모든 행동규칙의 제정, 직원채용 및 해고, 예산지출과 관련된 의사결정 등 학교운영에 관한 전반적인 책임을 맡고 있다. 대부분의 민주주의 체제처럼 행정업무에는 관여하지 않는다. 대다수 교직원들과 많은 학생들이 거의 모든 회의에 참석하는 반면, 나머지 사람들, 특히 매우 어린 학생들은 자기들과 직접적인 관련이 있는 안건에 한해서만 참석한다. 예를 들어 소란스럽기 때문에 놀이방을 폐쇄하려는 안건이 상정되면 거의 참석하지 않았을 4-7세 아이들이 대거 회의장에 들어오게 될 것이다. 그러나 직원선거에는 절대다수가 참여한다. 이는 매년 봄에 열리며 다음 학기에 필요한 교직원을 채용할 기초자료를 마련하게 된다.

학교규칙은 징계위원회에서 집행하며 정기적으로 위원들을 교체한다. 그러나 임원 1명, 회의를 주재할 선출직 학생 서기 2명, 학교의 전 연령대를 고루 대표하기 위해 선출한 학생대표 5명 등은 항존직이다. 학생이나 직원이 다른 학생에 의해서 규칙위반으로 고발당하면, 원고와 피고는 징계위원회에 출석해야 한다. 징계위원회는 각자의 진술을 듣고 필요하면 다른 증거를 수집하고 유무죄의 여부를 판단한다. 후자의 경우 각각 상응하는 적절한 선고를 한다. 주된 사건은 지정된 "조용한 방"에서 시끄럽게 떠드는 것과 같은 경미한 것(잠시 동안 그 방에서 추방하는 벌)에서부터 드문 경우이기는 하지만 절도, 반항, 또는 불법약물 사용(정학 또는 매우 드물지만 정학을 수차례 되풀이할 경우 퇴학에 해당) 등과 같이 중대하고 다양한 것들이 있다. 매우 중요한 사건과 경합사건의 징계처리 과정에서 불만이 제기되면 모두 전체 학교회의에 재소하여 재심하는 기회가 열려 있다.

교직원들은 모두 1년 계약직이며 매년 학교회의에서 재선이 가능하다. 학교설립 회원들 중 일부는 현재까지 교직원으로 일하고 있지만 이들도 반드시 선거를 거쳐서 매년 새로 선출되는 과정을 거쳐야 한다. 교직원과 학생의 비율은 학생 15명당 교직원 1명꼴이어서 교직원수보다 학생수가 더 많다. 그러므로 매년 선출되는 교직원들은 학생들이 존경하는 사람들이라고 할 수 있다. 그들은 친절하고 도덕적이며 유능할 뿐 아니라 학교환경에 중요하게 공헌하는 사람들이다. 그들은 학생들이 어떤 방식으로든지 닮고 싶어 하는 아이들의 성인모델들이다.

간단하게 말하면, 교직원의 역할은 학교 공동체의 성인회원이 되는 것이다. 그들은 학생들의 안전을 보장하기 위해서 거기서 일한다. 위로가 필요한 아이들을 위로해 주고 합법적이며 효율적인 학교 경영에 필요한 여러 가지 잡다한 일을 할 뿐 아니라 외부 침입으로부터 학교를 보호하고 학생들이 필요로 하는 지식, 기술, 사상 등의 공급원으로 봉사한다. 예를 들어, 내가 잘 아는 한 교직원은 컴퓨터를 지속적으로 업데이트하여 원활한 작동을 유지시키는 일을 주로 하고 있으나 또한 그는 자기가 좋아하는 역할놀이 게임, 정치, 신학, 문학, 현대사와 고대사, 그리고 심리학 등에 관심을 갖는 학생들과 긴밀한 관계를 형성하고 있다. 일반 교직원들처럼 그는 학교회의에서 결정하는 많은 것들을 실행하는 일을 맡고 있다. 교직원들은 학생들이 성인회원들로부터 배우는 것보다 자기놀이, 탐색, 상호작용을 통해서 더 많이 배우는 것을 스스로 인정하기 때문에 자신을 "선생님"으로 호칭하지 않는다. 교직원들은 학생들과 동일한 규칙을 준수해야 하며 규칙위반으로 고발당하면 학생들과 동일한 방식으로 재판을 받아야 한다. 법 위에 군림할 수 있는 사람은 아무도 없다.

학생들은 하루 종일 학교건물(빅토리아 시대의 농장과 리모델링한 헛간)과 10에이커의 캠퍼스를 자유롭게 실컷 돌아다니면서 좋아하는 사람들과 교제를 나눈다. 그들은 학년이나 특정 공간에 배정되지 않는다. 즉, "1학년", "중학생", "고등학생"이 없다. 교실 벽면에는 수많은 책들이 줄지어 이어져 있고, 모든 사람들이 컴퓨터를 이용할 수 있게 되어 있다. 또한 교직원의 전문지식과 각종 장비들이 다양한 교과와 기능분야의 교육을 광범위하게 지원하는 시스템을 갖추고 있다. 학생들은 항상 자기가 선택한 자료들을 자유롭게 사용하거나 사용하지 않을 수도 있다. 8세 이상의 학생들은 하루 중 언제라도 캠퍼스를 자유롭게 이동하며 탐험할 수 있다. 그럴지라도 13세 이하라면 외출 시 반드시 다른 학생들과 동행해야 하며 학교 내의 사람들이 그들의 행선지와 예상되는 귀교시간을 알 수 있도록 사전에 보고하여 허락을 얻어야 한다. 자주 가는 행선지는 주로 학교 캠퍼스와 인접해 있는 울창한 숲속의 공원이다. 특정과목의 수업은 학생들의 요구가 있으면 언제든지 제공된다. 그러나 특정 수업을 요구하는 학생들이 소수이거나 수업 주제가 큰 관심의 대상이 되지 못할 경우 대부분의 학생들은 참여하지 않는다. 수업은 공식적인 상황이 아니며 오직 학생들의 흥미가 유지되는 동안만 한시적으로 지속된다.

　이 학교가 표방하는 교육철학의 기본 전제는 각 개인은 각각 자기교육의 책임자라는 것이다. 학교에는 교육과정도 없고 시험도 없으며, 석차를 내거나 어떤 방식으로든지 학생을 평가하지도 않는다. 그러나 이런 비평가 정책에는 두 가지 예외가 있다. (1) 고가의 위험 가능성이 있는 장비, 컴퓨터, 부엌 가전제품, 목공도구 등을 사용하려는 학생은 반드시 먼저 그것들을 적절하게 사용할 수 있는 사실을 증명하는 장비사용 "자격증"을 얻어야 한다. (2) 졸업장이 필요한 학생들은 자신들이 졸업을 준비해야 하는 이유와 학교 밖에서 책임을 다하는 성인으로서 필요한 자기준비 계획과 실천방안을 설명하는 논문을 작성해야 한다. 이런 것들은 학교철학에 정통한 외부 평가자의 평가를 거치게 된다. 교직원들은 이런 평가에서 의도적으로 배제시키는데 그 이유는 교직원들에게 평가를 맡기게 되면 비심판적이고, 비적대적이며 지원적인 특성을 갖는 학생과 교직원 간의 관계가 위태롭게 될 수 있기 때문이다.

대체로 이 학교는 전통적인 학교교육과는 정반대 방식으로 운영된다. 단지 서드베리 밸리가 학교라는 사실만 알고 수업시간 중에 불쑥 찾아온 방문객들이라면 마치 그들이 쉬는 시간에 학교를 방문한 것으로 착각할 것이다. 그들은 왁자지껄 떠들며 놀고, 이야기하고, 서성거리고, 그리고 다양하고 광범위한 자기 주도 활동을 즐기는 학생들을 관찰하게 될 것이다. 학교 밖으로 나가보면 잔디 위에서 점심을 먹고, 나무에 오르고, 연못에서 낚시하고, 사각형 게임이나 농구를 하고, 칼끝에 보호대가 달린 검으로 펜싱을 하고, 외발자전거와 두발 자전거를 타고, 수영하고, 운동장 시설 위에서 슬라이딩을 하는 집단을 볼 수 있을 것이다. 학교 안으로 들어오면, 학생들이 요리, 카드놀이, 비디오 게임을 하고, 컴퓨터 프로그램을 만들고, 기타를 치면서 작곡하고, 난장판을 벌리며 놀고(규칙의 한계 안에서), 영화나 최근의 뱀파이어 소설에 관해 토론하고, 잡담하고, 정치적 논쟁을 하고, 뮤직비디오를 보고, 레고로 건물을 짓고, 혼자서 책을 읽거나 어린 아이들에게 큰 소리로 책을 읽어주고, 미술실에서 그림을 그리거나 학교활동에 필요한 돈을 벌기 위해서 쿠키를 만들어 파는 것을 볼 수 있을 것이다. 방문자들은 학교공부처럼 보이는 것들은 거의 찾아 볼 수 없을 것이다. 아마 소수의 학생들과 교직원들이 역사수업에 참여하고 두세 명의 십대들이 수학문제를 풀고, 어린 아이들은 스스로 즐기면서, 알파벳을 쓰다가 막히면 가까이에 있는 큰 아이에게 도움을 청해 가면서 칠판 위에 소심하게 알파벳을 쓰고 있을 것이다.

실제로 이 학교는 대니얼 그린버그와 그 외 학교 설립자들의 초창기 저서에서부터 출발한 모든 비전으로 가득 차있다. 이는 완전한 민주 공동체이다. 그곳에서 학생들은 지속적인 자유를 즐기면서 민주 시민권에 동반하는 책임을 실천한다. 그곳은 학생들이 자기교육에 대한 책임을 완전하게 실천하는 장소다. 그곳에서는 모든 사람들의 관심을 끄는 사상은 모두 자유롭게 공표되며, 다른 사람들에게 해를 끼치거나 학교에 방해가 되지 않는 한, 모든 노력은 평등하게 중요시된다. 그러나 이것은 효과가 있는가? 과연 우리 문화에서 성공하기 위해서 알 필요가 있는 것을 학생들은 그곳에서 배우고 있는가?

교육기관으로서 서드베리 벨리 학교

서론에서 밝힌 것처럼 서드베리 벨리에 대한 내 관심은 오래전 내 아들이 그곳에 입학했을 때부터 시작되었다. 당시 내 아들은 10살이었다. 나는 이 학교가 내 아들을 행복하게 만들고, 나를 만족시킬 것을 곧 알 수 있었다. 내 아들의 이야기를 들어보면, 서드베리 벨리는 학교로서 구비해야 할 모든 것들을 제대로 갖춘 완벽한 학교였다. 그러나 나는 몇 가지 걱정이 앞섰다. 이 학교는 일반적인 것과 너무 크게 달라서 다른 사람들과 상당한 규범을 공유하면서 생활하는 우리들에게는 정상적인 것이 아닌 것, 즉 비정상적인 것들은 매우 충격적이었다. 내 아들이 이 학교에 다닌다면, 내 아들의 미래선택은 너무 제한되는 것이 아닐까? 가능성 있는 직업의 진로를 놓치게 되는 것은 아닐까? 불안한 마음을 떨칠 수 없었지만 나는 교직원들과 이전 학부모들로부터 학교를 떠난 후 다양한 직업분야에서 성공적인 인생을 살고 있는 졸업생들의 일화를 듣고 다시금 이 학교에 대한 믿음을 확인했다. 그러나 과학자로서 또한 양심적인 학부모로서 나는 충분히 만족할 정도는 아니었다. 동시에 나는 이 학교에 대해 더 알고 싶은 학문적인 궁금증이 생겨나기 시작했다. 나는 이 학교의 운영방식에 대한 모든 것을 알고 싶은 마음이 생겼다. 그때까지 내 모든 연구는 쥐나 생쥐를 대상으로 주로 대학실험실 안에서 실시되었으며 연구목적은 포유류의 기본욕구와 감정의 기초를 형성하는 호르몬 및 뇌 메커니즘과 관련된 것을 밝히는 것이었다. 그러나 지금 나는 아이들, 아이들의 놀이, 탐색, 본성적 학습방법에 관심을 집중시키고 있다.

나는 부모의 한 사람으로서, 그리고 내 학문적 호기심을 충족시키려는 첫 걸음으로서, 그리고 내 걱정을 해결하기 위해서 이 학교 졸업생에 대한 체계적인 연구를 실시하기로 마음먹었다. 나는 전기 작가이며 당시 서드베리 벨리에서 계약직 교직원으로 일했던 데이빗 채노프(David Chanoff)가 이런 조사연구에 관심이 있는 것을 알게 되었다. 그래서 우리들은 협력을 약속하고 내가 재직하는 대학의 후원을 받아 공동연구를 실시했다.

우리가 실시하는 연구목적은 서드베리 벨리 학교를 졸업한 지 1년이 지난 모든 학생들을 조사하는 것이었다. 우리가 말하는 "졸업생"에는 고등학교 졸업장을 가지고 학교를 떠난 학생과 16세나 그 이상의 나이에 졸업장이 없이 그리고 앞으로 학교를 더 다닐 계획이 없이 학교를 떠난 학생들이 포함되었다. 우리가 연구를 수행할 당시, 이 학교는 현재의 규모보다 훨씬 더 작았고 설립한 지 겨우 15년이 지났을 무렵이었다. 우리는 학적부를 통해 우리의 조사 기준에 일치하는 졸업생들이 82명이라는 것을 알아냈다(그들 중 4명이 졸업장 없이 학교를 떠났다). 우리는 이 82명 중 76명을 찾아냈고, 그들 중 69명이 연구에 동의하여 참여했다. 응답률은 연락이 가능한 졸업생의 91%, 전체 졸업생의 84%였다. 대부분의 졸업생에게는 우편으로 설문조사를 실시했으며 일부 졸업생들에게는 전화 인터뷰를 통해서 답변을 얻었다. 몇 사람은 개인적으로 면담했다. 우리는 졸업생들에게 그들이 학교에 다녔을 때 기억에 남는 활동을 기술해 줄 것을 요청했다. 우리는 서드베리 벨리를 떠난 후 추가교육 및 취업에 대해 상세히 질문했다. 그리고 그런 특별한 학교에 다닌 것이 서드베리 벨리를 떠난 후 인생의 여러 가지 면에서 불리했거나 유리했던 점을 말해줄 것을 요청했다. 또한 우리는 그들의 가정배경과 서드베리 벨리에 입학하게 된 최초의 이유를 물었다.

우리는 연구결과를 **미국교육학회지**(American Journal of Education)에 발표했다.[4] 나는 연구결과를 통해서 서드베리 벨리 학교가 교육기관으로서 제 역할을 충실히 하는 사실을 확신할 수 있었다. 대학진학을 추구했던 졸업생들은(전체의 약 75%) 지원한 대학에 들어가는 데 특별히 어려운 점은 전혀 없었으며 일단 대학에 입학한 후에도 잘 해낼 수 있었다고 응답했다. 예전에 결코 공식적 학교과정을 이수한 적이 없는 소수의 학생들이 포함된 졸업생들 중 일부는 최고의 명문대학에 들어가 발군의 능력을 보여주었다. 그들이 대학에 가려고 노력했는지 여부와 관계없이 한 집단의 졸업생으로서 그들은 자신들이 관심을 갖는 직업에서 놀라운 성공을 거두어 풍족한 생활을 하고 있었다. 그들은 사업, 예술, 과학, 의학, 기타 서비스 분야의 전문직, 숙련을 요하는 직업을 포함한 매우 광범위한 직업군에 진출하여 큰 성공을 거두었다.

이런 특별한 학교에 다녔던 경력이 그들에게 불리하게 작용했는지를 묻는 질문에 대해서 응답자의 대다수(71%)가 전혀 불이익을 경험하지 못했다고 응답했다. 불이익에 응답한 졸업생들은 그것을 쉽게 극복했다고 응답했다. 예를 들어 대학에 진학한 한 학생은 처음에는 다른 학생들이 공부했던 학교 표준 교과목의 일부에서 무시당하는 느낌을 받았으나 그런 현저한 차이를 큰 어려움 없이 따라잡을 수 있었다고 말했다. 그 당시 나를 놀라게 한 것은 형식적인 대학의 구조나 직업에 적응하는 과정에서 겪기 마련인 진통에 대해 졸업생 중 누구도 불평하는 사람이 없었다는 연구결과였다. 인터뷰를 통해서 이 점을 더 깊이 조사했을 때, 그들은 일반적으로 자신들이 대학에 진학하거나 특별한 직업에 종사하려는 결정은 자기선택이라고 생각하고 있으며 현재 하고 있는 일에 만족하고 있었다. 또한 그들은 자기선택을 실천하기 위해서는 반드시 따라야 할 어떤 연대의식이 필요한 것을 충분히 인정하면서 그것을 완전히 수용하고 있었다. 서드베리 벨리에 오기 전, 교과에 대한 선택권이 없어서 학교가 정한 필수교과에 저항했던 학생들은 대학이나 직업에서 요구하는 필수교과는 자기선택이기 때문에 저항하지 않았다. 또한 그들은 이전에 자신들이 다녔던 일반학교에서 느꼈던 것보다 대학생활이나 직장생활의 경험에서 매일 매분마다 더 많은 자유를 느낀다고 말했다.

응답자의 거의 대다수(82%)는 서드베리 벨리의 경험이 자신들의 추가교육과 구직에 매우 유익했다고 말했다. 그들이 말한 대부분의 이점은 4가지 범주로 나눌 수 있다. 첫째는 **자기 책임감과 자기 주도성**이다. 졸업생들은 서드베리 벨리에서 그들이 항상 어떻게 시간을 보낼 것인지 스스로 결정했고, 그들이 저지른 실수에 대해 자기 이외에는 아무도 비난하는 사람이 없었으며 그들이 학교에 원하는 변화는 모두 학교의 민주적인 절차를 통하여 해결되었던 사례로 들어서 설명했다. 그들은 결과에 대한 자기 책임감이 몸에 배어있는 까닭에 대학과 직장에서도 모두 성공적으로 잘 하고 있다고 말했다.

둘째는 그들이 선택한 직업과 관련된 추가학습과 일에 대한 **높**
은 동기수준으로써 첫 번째 범주와 그 내용면에서 맥을 같이 한다.
그들은 항상 즐거웠던 학습 환경을 경험한 탓에 추가학습을 당연시
했다. 그들은 자신들에게 흥미 있는 사상이나 활동일수록 더 많이
배우려는 호기심과 더 강한 욕구를 갖게 되었다고 말했다. 더구나
대부분의 졸업생들은 자신들이 즐기고 선택한 과제를 꾸준히 지속
했던 경험을 계속 유지하고 있었는데 이로 미뤄볼 때, 자기학습 동
기가 매우 높았다고 말했다. 9세 이후에 서드베리 벨리에 들어와 현
재 대학에 진학하여 장학생으로 공부하고 있는 한 졸업생은 다음과
같이 전했다.

> 그곳[대학]의 많은 학생들은 학교생활에 필요한 실제적 경험
> 을 많이 가지고 있었다. 그러나 나는 학습태도 등의 차이는
> 곧 극복할 수 있을 것이라는 자신감이 들었다. 실제적인 학
> 교생활과 같은 것들은 비교적 … 쉽게 따라잡을 수 있었다.
> … 나는 대학생활을 즐기기 위해서 대학에 진학했기 때문에
> 대학이 제공하는 것이면 이것저것 가리지 않고 이용하여 제
> 대로 즐길 생각이다. 많은 학생들의 태도는 일종의 틀 안에
> 갇힌 상태에서 대학생활을 하는 것 같았다. 자기가 할 수 있
> 는 다른 어떤 것이 있을 것이란 생각은 결코 그들에게서 찾
> 아 볼 수 없었다.

셋째는 그들이 획득한 특별한 **지식과 기술**과 관련된 것이었다.
서드베리 벨리에서 많은 졸업생들은 놀이와 자기-동기유발의 탐색을

통해 자신들에게 가장 흥미로웠던 분야의 지식과 기술을 충분히 갈고
닦아서 그와 비슷한 분야의 대학이나 직업세계로 진출했다. 이에 대해
서는 더 이상 긴 설명이 필요할 것 같지 않아서 그만 그치겠다.

넷째는 가끔 언급했던 것인데 **권위자에 대한 두려움의 불식**이었
다. 졸업생들은 서드베리 벨리에서 성인들과 상호 존중하는 가운데
좋은 관계를 유지했던 결과에서 그 원인을 찾았다. 그들은 재학시절
학교회의와 징계위원회의 회의에서 자기의견을 명확히 밝혔던 경험
을 바탕으로 성인들과 상호 존중하는 좋은 관계를 유지할 수 있었
다. 졸업생들은 교수나 직장 상사들과 좋은 관계를 유지하는 가운데
원활히 소통하고 있으며 조언이나 지원을 구하는 데 큰 어려움 없
이 잘 지낸다고 말했다. 예를 들어, 명문 사립대학에서 경제학을 전
공한 한 졸업생은 "나는 서드베리 벨리의 교정에서 보냈던 시절과
마찬가지로 경제학부의 교수들과 담소하면서 시간을 보냈다. 나는
항상 다른 사람들처럼 내가 거기에 존재할 충분한 권리가 있다고
생각했다. 대부분의 학생들은 교수와 자신들 사이에 엄청난 괴리
감을 느끼고 있었다. 그들은 '적'과 그런 식으로 엮이려 하지 않았
다. 나는 그런 종류의 감정을 느끼지 않았다."고 말했다. 이 졸업
생은 당시 학생들과 교직원들이 함께 어울리도록 돕기 위해서 조
직한 한 클럽을 소개했다.

조사연구의 마지막 질문에 대한 응답에서, 만약 서드베리 벨리
가 아닌 일반학교에 다녔더라면, 그들의 인생이 더 나아졌을 것으로
생각하느냐는 질문에 대해 '그렇다'고 응답한 졸업생은 아무도 없었
다. 이 질문의 응답을 생략한 두 명을 제외하고, 그들은 모두 자신
들이 일반학교보다 서드베리 벨리에 다녔던 것에 대해 "아주 만
족"(56명), 또는 "만족"(11명)을 나타냈다. 대다수는 그 이유를 이미

앞에서 언급했던 이점들로서 졸업 후 그들의 인생준비와 관련되었기 때문이었다고 말했다. 또한 많은 졸업생들은 서드베리 벨리가 자신의 아동기를 한 개인으로서 자유롭고, 자존감을 느끼고, 소중하게 여기면서 즐겁게 보내도록 허용했기 때문에 특히 이 학교에 만족한다고 말했다. 일부 학생들은 학교의 민주적인 분위기와 절차의 중요성이 자신들에게 주었던 의미에 대해 특별한 글을 보내기도 했다. 예를 들어, 한 졸업생은 "민주적인 철학의 명료화, 특히 개인의 책임에 대한 토론은 나에게 깊은 인상을 심어주었다. 나는 내 책임이 무엇인지를 알고 그것을 실행하기 위해서 고군분투했다. 그리고 이는 물론 내 인생의 전 분야에 걸쳐 튼튼한 토대가 되었다."

우리가 처음 연구를 시작한 이후, 학교는 자체적으로 두 차례에 걸쳐 졸업생에 대한 체계적인 연구를 수행했고 그 결과를 책으로 발간했다.[5] 이런 후속연구를 실시할 즈음, 학교에는 채노프와 내가 함께 연구를 수행했을 때보다 졸업생들이 더 많이 늘어났고 일반적으로 졸업생들은 서드베리 벨리 졸업 이후 더 오랜 인생의 경험을 쌓게 되었다. 그럼에도 불구하고 전체적인 결론은 우리의 연구결과와 크게 다르지 않았다. 졸업생들은 대학과 직장에서 변함없이 아주 성공적으로 잘 해내고 있었다. 그들 중 대다수는 자기성공의 원인을 서드베리 벨리 학교에 다니는 동안 그들이 체득했던 기술, 사고방식, 가치 등이라고 말했다.

졸업생들의 성공을 어떻게 설명할 수 있겠는가?

서드베리 벨리는 우리 문화의 교육 사상적 가치와 크게 충돌한다. 대부분의 사람들은 인생에서 성공하기 위해서 아이들은 수업시간 내내 앉아서 주어진 학교공부를 열심히 해야 할 것으로 믿는다. 사실 이와 다르게 주장하는 것은 신성모독에 해당할 정도다. 대부분의 사람들은 일부 아이들이 불평하거나 저항하더라도, 심지어 일부 아이들에게 효과가 강한 약을 먹여서라도 그들이 주어진 학교공부에 집중하도록 해야 할 것이며 또한 그럴 필요가 있다고 믿는다.

서드베리 벨리 졸업생들의 성공을 전해들은 많은 사람들은 자신들의 기존신념을 유지한 채 그들의 성공을 설명할 방법을 매우 자연스럽게 찾아냈다. 한 가지 접근방식은 어딘가에서 성인들이 이들에게 은밀하게 공부를 가르치고 있다는 주장이다. 아마 이런 아이들은 가정에서 부모가 가르쳤거나, 아이들이 배워야 할 것을 아이들이 좋아하도록 교묘하게 조정하는 능력이 아주 출중한 교육자들이 학교에서 가르쳤을 것이다.

나는 이런 것 중에서 어떤 것도 사실이 아니라고 당신을 확신시킬 수 있다. 소수이기는 하지만 부모들이 자녀를 가정에서 가르칠 생각을 가지고 서드베리 벨리에 입학시키는 경우도 있다. 그러나 그들은 곧 그런 생각을 포기하게 된다. 가정에서 교육과정을 강요하려는 시도는 서드베리 벨리의 철학과 너무 달라서 큰 갈등을 빚게 되기 때문에 학부모들은 홈스쿨링을 포기하든지, 서드베리 벨리에서 자녀를 데려와야 한다. 교직원들은 능력이 매우 뛰어나기 때문에 그들이 보여주는 모범을 통해서, 그리고 학생들과의 대화를 통해서 학생들의 학습에 영향을 미치는 사실은 의심의 여지가 없다. 그러나 그들은 학생들이 특별한 수업을 듣도록 조정하는 데는 전혀 관심을 두지 않는다. 그들은 아이들은 자기 주도권을 가지고 자기선택을 통하여, 그리고 자기 주도적인 방법을 허용할 때 가장 잘 배울 수 있다고 믿는다. 또한 그들은 아이들이 도움이나 조언을 구하는 경우를 제외하고는 혼자 내버려 두는 것이 아이들의 학습을 도와주는 가장 좋은 방법이라고 믿는다. 그때조차도 그들은 도움이나 조언은 학생들이 요구된 부분에 한정되어야 하며 그 이상을 넘어서면 안 된다고 믿는다.

서드베리 벨리의 성공을 억지 합리화하려는 또 다른 접근방식은 이 학교의 재학생들이 처음부터 특별한 재능을 소유한 영재집단이어서 그들이 어떤 교육을 받더라도 잘할 수밖에 없다는 주장이다. 서드베리 벨리에는 어떤 입학 조건도 없으며 오직 스스로 결정한 소수 학생만이 입학을 선택한다(또는 그들의 부모들이 입학을 허락한다). 그러면 입학하는 아이들의 면면을 살펴보자. 그들의 "특별한" 특성은 무엇인가? 일부는 그런 범주에 들 수 있을지 모르지만, 전체 집단에서 보면 그들은 전통적인 교육자들이 눈부신 성공을 예측하는 그런 탁월한 학생들이 아닌 것은 분명할 것이다. 졸업생에 대한 우리의 연구에서, 응답자의 절반 이상을 약간 상회하는 졸업생들은 서드베리 벨리에 입학하기 전에 자신들이 다녔던 공립학교에서 견디기 힘든 상황을 경험했다고 말했다. 이런 사례에는 지속적인 저항, 반복된 수업 실패, 그리고 어떤 경우에는 학습 불능자의 판별 등이 있었다. 또한 단순히 학교에 대한 부모들의 신뢰 때문에 서드베리 벨리에 입학했거나 또는 그들이 공립학교에서 잘하고 있었거나 적어도 썩 나쁘지 않았는데도 불구하고 이 학교가 매력적이라는 이유로 나중에 학교에 들어오게 된 학생들도 있었다.

나는 이 학교를 관찰하면서 잘 해내지 못하는 특별한 인성유형은 없었다고 확신했다. 매우 모험적인 학생이 있었던 반면 매우 신중한 학생들도 있었다. 매우 독립적인 아이들이 있었던 반면 매우 집단지향적인 아이들도 있었다. 공부 지향적인 아이들도 있었고 공부와 거리가 먼 아이들도 있었다. 일부는 매우 구조화된 환경을 좋아해서 그런 아이들은 그곳에서 혼자만의 학교를 만들기도 했다. 학생들은 자기선택이 가능한 환경에서 자신의 독특한 욕구와 희망을 충족시키는 방향으로 자기시간을 설계했다. 누구도 강요해서 주형을 만들려 하지 않았다. 오히려 학생들은 자신에게 맞는 자기 환경을 스스로 가꾸며 성장·변화하는 가운데 그 주형을 스스로 변화시켰다.

　서드베리 벨리가 오직 특별한 학생들에게만 특효가 있다는 생각은 나에게 전혀 의미가 없다. 내가 관찰한 사실과 교직원의 보고에 따르면 학교에 적응하지 못하는 유일한 학생들은 자기 파괴적인 행동이 너무 심하거나 매우 지속적이어서 징계위원회와 학교회의가 관여하는 적법절차를 통하여 추방되거나 또는 사회적 상호작용과 놀이학습을 불가능하게 만드는 심각한 정신장애를 앓는 극소수 학생들뿐이었다. ADHD 진단을 받은 아이들은 학교생활을 잘 해내고 있었다. 그러나 자폐증이 심한 아이들은 친구들과 함께 놀고 교제를 나누려는 정상적인 욕구가 부족하거나 아예 결핍된 결과, 일반적으로 그곳에서 잘 해내지 못하는 경향이 있었다. 이는 이 학교는 모든 일반적인 아이들이 잘 해낼 수 있는 매우 효과적인 곳이라는 사실을 나에게 분명하게 알려 주었다. 왜냐하면 이 학교는 자기인생을 책임지고, 주변사람들과 사회적 연대를 구축할 뿐 아니라 그들이 발전시키는 문화가 요구하는 역할을 잘 수행하기 위해서 알아야 할 필요가 있는 것을 스스로 학습하려는 아이들의 자연적인 본성을 최적화시키는 조건을 제공하기 때문이다. 시공을 초월해서 살펴보면 이 학교는 수렵채집인 집단과 비슷한 역할을 수행하기 때문에 효과적으로 운영되는 것으로 볼 수 있다.

서드베리 벨리는 수렵채집인 집단과 비슷한가?[6]

서드베리 벨리 학교의 설립자들은 수렵채집인을 모델로 출발하지 않았다. 그들의 목적은 미국 민주주의 원리와 일치하는 학교를 세우는 데 있었다. 그럼에도 불구하고 내 눈에는 이 학교가 아이들의 자기교육의 본성을 작동시키는 데 절대적으로 필요한 수렵채집인의 특징들을 잘 반영하여 정확하게 담아내는 것으로 보였다. 아마이는 우연의 일치가 아닐 것이다. 많은 인류학자들이 지적한 것처럼, 수렵채집 사회는 최초의 민주주의 사회였다.[7] 나는 자기를 효과적으로 교육할 수 있는 아이들의 능력을 최적화하는 환경이 될 수있을 것으로 생각되는 것, 즉 수렵채집인 집단과 서드베리 벨리 학교에 공통적으로 존재하는 환경의 목록을 다음에 열거할 것이다.

놀고 탐색하는 시간과 공간

놀이와 탐색을 통한 자기교육은 예정표에 들어 있지 않은 엄청난 양의 시간을 요구한다. 이는 압박, 비판, 또는 권위자의 개입 없이 아이들이 원하는 것이면 무엇이든지 마음대로 할 수 있는 시간을 말한다. 친구를 사귀고, 생각과 물건을 가지고 놀고, 지루함을 경험하며 이겨내고, 자기실수를 통해서 배우고, 그리고 열정을 고조시키는 데에는 많은 시간이 필요하다. 수렵채집인 집단의 성인들은 아이들과 청소년들에게 거의 또는 전혀 무거운 짐을 지우지 않았다. 이는 부분적으로는 젊은이들이 유능한 성인이 되기 위해 자기 스스로 놀고 탐색할 필요가 있다는 것을 인정하기 때문이다. 서드베리 벨리에서도 그것은 마찬가지다.

또한 자기교육은 배회하고, 달아나고, 탐색할 공간을 필요로 한다. 이상적으로 말하면 그 공간은 아직 개발 중인 지역으로 둘러싸인 곳으로써 도시에서 멀리 떨어진 들판, 숲, 농장 등이 있으며 문화적으로 적절한 곳이어야 한다. 수렵채집인의 어른들은 아이들이 보호자로부터 벗어나 위험지역까지 얼마나 멀리까지 모험해야 할지를 결정할 때, 아이들이 현명한 판단을 할 것으로 믿었다. 서드베리 밸리의 아이들은 소송을 좋아하는 현대사회가 신중하게 정해놓은 한계 안에서만 그와 같은 신뢰를 받을 수 있다. 그들은 주변을 둘러싼 숲, 들판, 그리고 근처의 개울을 탐색할 수 있고, 지역의 가게나 박물관에 갈 수 있다. 또한 그들이 가려고 하는 곳이 어른들이 적절한 예비조치를 취할 수 있는 곳이라는 사실을 알 수 있는 한, 학생들은 자기관심을 추구할 수 있는 곳이면 어디든지 갈 수 있다.

아이들과 성인들이 혼합된 자유복합연령

제3장에서 언급한 것처럼 수렵채집인의 아이들은 연령별로 놀 수 있는 특정 연령대의 아이들이 매우 적었기 때문에 반드시 복합연령 집단과 어울려 논다. 서드베리 밸리에는 비슷한 연령대의 아이들이 충분히 많기 때문에 학생들은 비슷한 연배끼리 배타적으로 놀 수 있으나 그들은 그렇게 하지 않는다. 연구에 의하면 학교에서 학생들은 큰 차이가 나는 연령의 범위를 교차하여 자발적으로 노는 것을 알 수 있다.[8] 제9장에서 설명하겠지만, 복합연령 놀이는 어린 아이들이 큰 아이들로부터 정교한 사고와 기술을 배우도록 안내한다. 또한 그것은 큰 아이들은 동생들을 양육, 지도, 그리고 일반적인 인간관계에서 성숙한 사람이 되는 방법을 배우는 데 도움을 준다.

많은 것을 알고 보살펴주는 성인들에게 접근하기

수렵채집인 집단의 성인세계는 아동세계와 분리되어 있지 않다. 아이들은 어른들이 하는 행동을 보고 그것을 자신들의 놀이로 연결시킨다. 또한 그들은 성인들의 이야기, 토의, 논쟁을 들으면서 배운다. 그들은 성인들의 도움이 필요하거나 다른 아이들에게서 답을 얻을 수 없는 질문이 있을 때면 언제든지 성인들을 찾아갈 수 있다. 모든 성인들이 그들을 보살펴 준다. 실제로 많은 성인들은 그들의 삼촌들이고 숙모들이다.

서드베리 벨리는 수렵채집인의 집단에 비해 성인과 아이들의 비율이 훨씬 더 적지만 이곳에서도 성인과 아이들은 자유롭게 어울린다. 학생들이 학교의 어느 곳을 방문하든지 교직원들은 모두 반갑게 맞이한다. 학생들은 어른들 간의 모든 토론을 청취할 수 있고 어른들이 하는 모든 일을 관찰할 수 있기 때문에 그들이 원하기만 하면 누구나 참여가 가능하다. 특별한 도움이 필요한 학생들에게 모든 교직원의 방은 개방되어 있다. 무릎에 앉거나, 어깨를 기댄 채 울거나, 사적인 조언이나, 혼자 힘으로는 알기 어려운 기술적인 질문이나, 장기적인 개별지도 형태의 지원이 필요한 아이들은 학교의 성인들이 모두 자신들의 요구를 충분히 만족시켜 줄 것이라는 사실을 잘 알고 있다. 성인들은 삼촌이나 숙모처럼 학생들을 대한다. 그들은 모든 학생들을 알고 있기 때문에 시간이 지나면서 몰라보게 성장하는 그들의 모습을 지켜보면서 뿌듯한 자부심을 느낀다. 교직원들은 매년 학교의 모든 학생들이 참여하는 선거에 의해서 다시 선출되어야 하기 때문에 그들은 반드시 아이들을 좋아하고, 아이들로부터 사랑을 받고, 아이들의 요구에 효과적으로 봉사하는 사람이어야 한다.

도구를 가지고 놀 수 있는 자유

문화도구의 사용법을 배우기 위해서는 그 도구에 접근이 가능해야 한다. 수렵채집인의 아이들은 칼, 뒤지개, 활과 화살, 올가미, 악기, 통나무 배 등을 가지고 놀았다. 서드베리 벨리에서도 아이들은 컴퓨터, 주방기구, 목공장비, 미술재료, 악기, 다양한 형태의 스포츠 도구, 그리고 책으로 둘러싸여 있는 벽면 등 매우 광범위하고 다양한 도구에 접근할 수 있다. 그들은 학교의 열린-캠퍼스 방침에 따라서 그 밖의 다른 도구에도 접근할 수 있다.

자유로운 의견 교환

지적인 발달은 검열이나 추방의 두려움 없이 사람들이 자유롭게 의견을 공유하는 환경에서 최고의 단계로 나아간다. 인류학자들의 보고에 따르면, 수렵채집인들은 종교적인 믿음에서조차 자기신념이 독단적이지 않았다.[9] 사람들은 자기생각을 자유롭게 말할 수 있었고, 집단에 중요한 결과를 초래할 수 있는 의견은 무제한적으로 토론했다. 서드베리 벨리에서도 마찬가지이다. 학교는 특별히 정치적이거나 종교적인 이데올로기에 동조하는 것을 의도적으로 삼간다. 모든 사상은 자유롭게 퍼져 있다. 이런 환경에서 특정 사상을 암기하며 시험지에 그대로 옮겨 쓰는 것이 아니라 숙고하고 토론한다. 정치, 종교, 또는 철학사상을 가정에서 충분히 듣지 못한 아이들은 이런 것들을 학교에서 접할 수 있기 때문에 모든 문제에 대한 다양한 관점의 이야기들을 들을 수 있다.

집단괴롭힘으로부터의 자유

사람은 집단괴롭힘이나 따돌림이 없는 안전한 환경에서 놀고 탐색할 때 자유를 만끽한다. 그런 환경이 서드베리 벨리를 지배하는 것처럼 놀랍게도 그것은 수렵채집인 집단을 지배한다. 인류학자들에 의하면, 수렵채집인 문화의 친밀한 인간관계, 복합연령 집단, 그리고 비경쟁적이며 평등주의적인 분위기는 집단괴롭힘을 매우 효과적으로 예방한다.[10] 수렵채집인 집단에서는 한 아이가 다른 아이들에게서 괴롭힘을 당하는 것을 목격하면 큰 아이들이 재빨리 다가가서 이를 그만두게 한다. 동일한 광경은 서드베리 벨리에서도 관찰할 수 있다. 서드베리 벨리 학교에 대한 연구에 의하면 단순히 어린 아이가 시야에 들어오기만 해도 큰 아이들은 즉각적인 보호본능을 일으킨다(제8장 참고). 더구나 민주적으로 제정된 서드베리 벨리의 규칙과 징계위원회 제도는 극심한 집단괴롭힘을 예방하게 한다. 어찌되었든지 집단괴롭힘을 당하는 학생들은 가해자를 "고발"하여 모든 학교구성원들로 구성된 징계위원회에 그를 출석시킬 수 있다. 학생들은 스스로 규칙을 만들고 그것을 실행하는 책임이 있기 때문에 일반학교의 학생들보다 훨씬 더 규칙을 존중한다.

민주 공동체에 빠지기

한마디로 수렵채집인의 집단과 서드베리 벨리 학교는 모두 민주적이다. 앞에서 언급한 것처럼 수렵채집인 집단에는 필요한 결정을 내리는 우두머리가 없다. 대신에 집단의 결정은 이해관계가 있는 모든 사람들이 동의할 때까지 장시간의 토론을 통해서 이루어진다. 서드베리 벨리의 학교회의에서 이루어지는 토론과 투표 등은 반드시 공식적인 민주적 과정을 거쳐야 한다. 민주적 과정에 집중하는 것은 교육에 동기를 부여하는 책임감을 각 개인에게 맡기는 것을 의미한다. 내 주장이 대중에게 인정을 받으려면, 즉 집단이 해야 할 일과 그 운영방법에 대해 내가 실제적인 발언을 하려고 하면, 나는 일을 더욱 신중하게 생각하여 현명하게 말하려고 할 것이다. 자기교육은 나를 위한 것은 물론 내 공동체를 위한 것이기도 하다.

학생들의 학교활동과 직업 간의 연계성

나는 이후 4개의 장에 걸쳐 서드버리 벨리에서 아이들이 자기교육을 실시하는 방식과 자유롭게 놀고 탐색하는 환경에 대해 충분히 논의할 것이다. 그러나 먼저 학교 졸업생들을 대상으로 실시한 인터뷰에서 나타난 일반적인 사항들, 즉 학교활동과 그 이후 취업 간의 연계성을 설명할 것이다. 놀이와 탐색을 통해 학생들은 자신에게 흥미 있는 활동을 발견하고, 그런 활동을 열심히 숙달하여 익숙하게 만든다. 그리고 그것을 여전히 놀이하는 기분으로 즐기는 가운데 그런 활동이나 그와 비슷한 활동을 직업으로 연결시켜 생계를 유지한다. 다음은 학교활동과 직업을 곧바로 연결시킨 졸업생들의 몇 가지 사례다. 이와 관련된 별도의 공지는 생략한다. 이어지는 모든 인용 사례는 『아동의 왕국』(Kingdom of Children)이라는 책에서 발췌한 것들이다. 31명의 서드베리 벨리 졸업생들은 이 책에서 자신들의 학교경험을 자필로 서술했다.[11]

○ 칼(Carl)은 내가 채노프와 공동으로 졸업생에 대한 연구를 처음 실시했을 당시 22세였다. 그는 이미 컴퓨터 소프트웨어 개발회사를 설립했으며 최고 경영자로서 1년에 백만 달

러 이상의 수익을 올리는 성공한 사업가였다. 그는 공립학교에서 시원치 않은 성적을 가지고 7학년 이후에 서드베리 벨리로 옮겨와서 그곳에서 컴퓨터에 대한 열정을 가지고 컴퓨터 프로그램을 개발했다. 당시는 가정-컴퓨터 산업이 시작될 무렵이었다. 학교에 컴퓨터를 들여 놓으려는 그의 관심은 그를 학교컴퓨터 공급회사의 최고 책임자로 만들었다. 그 일로 인해서 그는 사업에 대해서 많은 것을 배우게 되었다. 졸업을 할 즈음 그는 소프트웨어 개발전문가였을 뿐 아니라 기업운영과 기업계 사람들 간의 상호 거래방법을 철저하게 이해할 수 있게 되었다. 우리와 인터뷰에서 그는 매우 역설적이지만, 자신의 고객 중 한 명이 수년 전 그에게 낙제점수를 주었던 동일한 교육구 출신이었다고 말했다. 다른 사람이 강요한 수업을 받으면서 노동(또는 저항)하는 젊은이와 자신의 진정한 관심을 추구하는 동일한 젊은이 간의 차이는 극과 극이었다.

○ 캐롤(Carol)은 서드베리 벨리에 다니는 동안 보트를 사랑하는 꿈을 키워 크루즈선의 선장으로 일한다. 그녀는 틈만 생기면 학교 캠퍼스의 연못에서 작은 배를 가지고 놀았다. 십대 시절 그녀는 학교의 열린-캠퍼스 방침을 이용하여 가까이에 있는 해안지역에서 많은 시간을 보냈다. 그녀는 그곳에서 항해와 방위를 공부했다.

○ 프레드(Fred)는 초중등학교를 모두 서드베리 벨리에서 마치고 지금은 일류대학의 수학과 교수가 되어 학생들을 가르

치고 있다. 그가 서드베리 벨리를 졸업한 지 얼마 되지 않아
서 실시한 인터뷰에서 어린 시절에 자신은 공상과학 소설에
심취해 있었다고 말했다. 그가 서드베리 벨리를 떠난 이후에
도 그것은 주로 혼자서 공부했던 수학과 물리학과 같은 과
목과 그대로 연결되어 이전과 같은 열정을 쏟을 수 있었다
고 말했다. 과학소설과 수학 간의 연결성을 말하면서 그는
"과학소설은 실제적인 가능성의 경계에 있는 것들을 취급하
는 경향이 있다. 좋은 과학소설은 두 가지 중 하나를 시도하
려고 한다. 그것은 알려지지 않은 사실을 부정하거나 어떤
가정을 변경하여 그것과 조화시키려고 한다. 이는 여러 가지
수학개념과 유사한 점이다."라고 말했다.[12]

○ 프랜(Fran)은 일류 도안가이자 고급 패션 의류산업계의 지
도자가 되었다. 그녀는 어린 시절에 옷감과 바느질에 빠져있
었다. 처음에 그녀는 인형 옷을 만들고 그 후 십대에 들어서
는 자신과 친구들의 옷을 만들었다. 인터뷰에서 그녀는 "알
렉시스와 나는 여자소매와 남자소매를 달리 만드는 방식을
알게 되었다. 바로 그 순간 나는 처음으로 도안 제작법에 눈
을 뜨게 되었다. 나는 남자친구의 셔츠를 만들고, 주변 사람
들의 가죽조끼를 만드는 등 많은 사람들을 위한 바느질을
했다. 돈을 벌기 위한 자수품도 만들었다. 나는 청바지만 입
고 지냈기 때문에 청바지에 아름다운 자수를 놓았다. 그리고
내가 직장을 얻게 되면 입게 될 작업복을 준비하기 시작했
다."고 말했다. 그녀가 보스턴에서 한 의류 디자이너의 도제
로 들어간 이후 그녀가 직장에서 성공하는데 서드베리 벨리

학교는 큰 도움이 되었다.

○ 한 아이가 장의사가 되려는 꿈을 실현하게 될 줄 누가 기대나 했겠는가? 그러나 분명히 그런 일이 헨리(Henry)에게서 일어났다. 그것은 그의 가족의 죽음을 위로해 주었던 한 장의사로부터 시작되었다. 서드베리 벨리의 여러 가지 일 중에서 그는 동물사체의 해부에 큰 관심을 나타냈다. 인터뷰에서 그는 십대 초반에 서드베리 벨리에 들어간 직후 경험했던 일을 이렇게 말했다. "나는 과학이나 생물학과 같은 분야에서 나와 비슷한 관심을 가지고 있는 사람들과 만날 때마다, 그들과 함께 해부할 동물의 사체를 찾아 이리저리로 돌아다녔다. 가장 즐거웠던 기억 중 하나는 멜라니(Melanie)와 함께 차를 타고 가는 도중에 도로 위에 팽개쳐 있는 동물사체를 발견한 사건이었다. 우리들이 그것을 쓰레기봉투에 담는 모습을 본 사람들은 우리들을 제정신이 아니라고 생각했을 것이다. …우리는 살점을 떼어내어 두개골을 볼 수 있게 열어놓고 … 비교했다. 나는 해골해체를 허용하는 학교가 우리 학교 외에 그 어디에 더 있을지 궁금하게 생각한다. … "실제" 학교는 결코 부엌식탁에서 너구리를 해부하도록 허락하지 않을 것이다." 이제 헨리는 성공한 장의사와 유산상속 설계사가 되었다.

○ 헬렌(Helen)은 의사가 되었다. 그녀는 십대 시절에 부모의 반대를 뿌리치고 서드베리 벨리에 들어왔다. 그 후 그녀는 아침 일찍부터 레스토랑에서 일하면서 대부분의 학비를 마

련했다. 인터뷰에서 그녀는 "학교와 나 그리고 의과대학에 가려는 계획이 모두 순조롭게 잘 될 것으로 믿었다. 나는 항상 무엇이 문제인지, 그것을 어떻게 바로 잡을 수 있는지 그리고 그것이 어떻게 옳을 수 있는지를 좇았다. 13세 때 나는 **실단**(Siddhata, 부처가 설법하여 중생을 교화하는 방법)을 읽었다. 나는 동방종교에 특별한 관심이 있어서 당시에 요가와 명상을 하기도 했다. 나는 잘못된 것을 찾아서 그것을 해결하려고 노력했다. 그런 방식을 고수했기 때문에 내가 시도했던 모든 일에서 성공할 수 있었다. … 나는 항상 책을 많이 읽었다. 학창시절에 칼라(Carla)가 나에게 선물한 책 **영적 조산술**(Spiritual Midwifery)이 기억에 남는다. … 사람들이 나에게 선물했던 책들은 거의 대부분이 건강과 관련된 것들이었다. 나는 일찍이 그것에 관심이 있었다. … 아동양육에 관해 배우는 것은 역시 나에게 중요했다. 내가 생각했던 것과는 완전히 달랐던 것, 즉 사람들이 오랫동안 아기에게 수유를 하거나 아기가 좀 더 자랄 때까지 엄마 침대에서 아기와 함께 잔다는 것 등을 배웠다. 그런 것들은 내가 결코 생각해본 적이 없었던 것이었지만 그런 것들을 보거나 들었을 때 내 마음은 항상 기대감으로 부풀어 있었다. 내가 알고 있었던 것보다 더 큰 관점에서 세계를 조망하거나 세계관을 형성하는 과정에서 교직원들은 정말로 소중한 존재들이었다."라고 말했다.

○ 톰(Tom)은 첨단 기계 기술자이며 발명가가 되었다. 나는 톰의 말을 살려가면서 그의 이야기를 다른 졸업생들보다 조

금 긴 지면을 할애하여 본장의 마지막 부분에 실었다. 이 이
야기는 『아동의 왕국』(Kingdom of Children)에 실린 장문의 인
터뷰에서 발췌한 내용이다. 다음은 톰이 학교에서 겪었던 많
은 일들을 요약한 것이다.

"내가 공립학교에서 고통을 겪는 동안 부모님은 나를 적극
적으로 후원하고 응원해 주었다. 6학년 때였다. 나는 학교제
도에 저항하는 일이라면 어떤 것도 마다하지 않았다. 이는
배우는 학생으로서 좋은 방법은 아니었다. … 서드베리 벨리
에 도착하자마자 나는 이제 더 이상 저항할 일을 발견할 수
없었다. 음주, 흡연 등 반항기를 보이려는 어떤 일도 할 까
닭이 없었다. 만약 당신이 저항하고 싶을 때 저항할 대상이
아무도 없다면, 더 이상 저항할 목표는 사라지게 될 것이다.
그래서 나는 그냥 놀기만 했다 …

공작용 점토는 아마 그때 내가 가장 열심히 사용한 것 중
하나였을 것이다. [친구와 내가] 만났다 하면 우리는 미술실
로 들어가서 점심시간까지 열심히 작업을 하고, 책상 위에서
점심을 먹고, 밤이 되어 그곳을 떠날 때까지 그 작업을 계속
하기가 다반사였다. 우리는 결코 그 교실을 떠난 적이 없었
다. … 우리는 금광 촌을 건설할 계획이었다. 마을은 곧 호텔
과 카페가 있는 대도시로 변했다. 거기에는 항상 수많은 건
물, 수많은 자동차, 수많은 사람들이 들끓었고 이 모든 것은
우리가 만든 것들이었다. 그리고 우리는 거기에 어울리는 다
양한 장면을 연출했다. … 그러나 건설은 끝나지 않았다. 우
리는 하나가 끝나면 곧바로 탱크와 비행기를 만들었다. 나는

내가 실제생활에서 현재 그것을 생업으로 삼고 있다는 것만
다를 뿐, 당시에도 현재 내가 하고 있는 것을 그대로 하고
있었다. 옛날이나 지금이나 날이면 날마다 똑같은 일을 매우
열심히 하고 있다. 당신은 어린 시절에 수행했던 것들과 똑
같은 일들을 성인이 되고나서는 거의 한 적이 없을 것이다.

나는 점토로 수많은 공장 등 뭐든지 만들었다. 통조림 공
장이 가장 기억에 남는다. 나는 영화나 책을 통해서 본 공장
의 이미지에 상상력을 덧붙여 여러 가지 공장을 만들었으며
그 공장들의 그림을 지금도 가지고 있다. 나는 그 모든 것들
을 현실로 만들어야 했다. … 우리는 매우 적은 양의 찰흙밖
에 없어서 만드는 것 자체에서 더욱 재미를 느꼈다. 찰흙이
다 떨어졌을 때 만들기를 계속할 수 있는 유일한 방법은 만
든 것을 부수고 다시 시작하는 것이었다. 우리의 작업은 만
들고 부수는 것의 연속이었다. …

그리고 우리[내 친구와 나는 새로운 사업을 시작했다. 우
리는 낡은 바퀴와 잡다한 물건으로 보행기를 만들었다. 우리
는 지하실로 내려가서 사람들이 기부했던 낡은 물건, 자전거
등을 수리했다. … 우리는 교직원들이나 학생들에게 부탁해
서 서드베리 마을 쓰레기 처리장을 자동차로 오고 갈 수 있
었다. 거기에는 항상 우리가 찾고 있었던 특별한 물건들이
많이 있었다. 주로 자전거나 세발자전거와 같은 것 등이었
다. 우리는 이 부품들을 가지고 새로운 것을 만들기 시작했
다. 한마디로 그것은 작은 사업이었다. 우리는 그것을 수리
하고 가끔은 페인트를 칠해서 50-60센트짜리 가격표를 붙
여 팔기도 했다.

학교에는 내가 알고 싶은 것을 충분히 설명해 줄 사람이
아무도 없었다. 그러나 나에게 정보를 얻는 방법을 가르쳐
줄 사람들은 매우 많았다. 내가 찾는 것이 있으면, 그들은
도서관의 목록을 이용하거나 그것에 대해 알고 있는 사람들
[학교 밖]을 찾아갈 방법을 일러 주었다. 학교는 내가 그냥
집에 있었다면 … 했을 것들보다 더 잘 배울 수 있는 방법을
나에게 가르쳐 주었다.

나는 학교에서 술을 보유할 수 있었는데, 이는 내가 증류
기를 만들었기 때문이다. … 위스키를 몰래 도시락에 숨겨
들어온 아이와 3-4개월 동안 증류기를 만들고 곡식을 빻아
서 위스키를 만드는 아이 간에는 현격한 차이가 존재한다.
이는 나는 결코 내가 만든 위스키를 마시지 않았다는 의미
다. 증류기를 만드는 방법이 나를 매료시켰다. 그래서 나는
학교에서 위스키를 만들기로 했다. 나는 학교에서 당당하게
위스키를 보유할 수 있었는데 그것은 그 위스키를 학교에서
만들었기 때문이다. 나는 이런 모든 과정을 경험했기 때문에
위스키의 보유가 용납될 수 있었다. 만약 내가 학교에서 위
스키를 마시고 싶다고 말했다면, 사람들은 '행여 꿈도 꾸지
마라, 그건 불법이야. 학교에서는 절대로 위스키를 마실 수
없어.'라고 말했을 것이다. …

마지막으로 세척기 이야기를 빼놓을 수 없다. 4월 만우절
날이었다. 학교식당에는 호출을 표시하는 낡은 제어판 장치
가 있었다. … 거기에는 몇 가닥의 전선이 있었고, 그 중 일
부는 지하실까지 내려가 있었다. 나는 세척펌프를 아래층에
있는 배터리와 연결시켜 그것을 작은 세척기 노즐의 갈고리

에 걸어 두었다. 나는 두 난로 사이에서 끼인 상태에서 특정 지점을 겨냥하면서 누군가가 그것을 건드릴 때까지 기다리고 있었다. 드디어 작은 단추 중 하나를 눌렀다. 세척기는 찍하고 나오는 세척제를 분수처럼 세차게 내뿜었다. …

그 당시 나와 현재의 나는 동일한 사람이다. … 학교는 어떻게 현재 내가 이런 사람이 되도록 만들었을까? 그것은 가끔 내가 놀랍게 생각하는 점이다. 학교가 나를 이렇게 만들었는지 여부는 잘 모르겠지만, 학교가 그렇게 했다고 하더라도 나는 결코 놀라지 않을 것이다. 확실히 학교는 나를 도와주었기 때문이다. 서드베리 벨리는 나의 복통[나는 공립학교에서 경험했었다]을 날려버렸고 어리석은 저항을 하면서 시간을 낭비했던 시절을 더 이상 반복하지 않게 했다."

CHAPTER 6

인간의
학습본성

1999년 1월 29일, 수가타 미트라(Sugata Mitra)는 인도의 한 교육
공학 관련기업에서 과학 기술자로 일하고 있었다. 그는 아이들의 자
기교육력에 대해 재미있는 실험을 구상했다. 그는 자기가 일하고 있
는 건물의 외벽에 컴퓨터를 설치해 두었다. 미트라가 일하는 회사는
뉴델리에서 가장 가난한 지역 중 하나와 마주하고 있었다. 그곳의
아이들은 대부분 학교에 다니지도 않았으며, 글도 깨우치지 못했을
뿐 아니라 그때까지 컴퓨터를 본 적도 없었다. 미트라는 컴퓨터를
켜놓고 주변에 몰려든 아이들에게 컴퓨터를 가지고 놀아도 괜찮다
고 말했다. 그리고 컴퓨터 주변에 몰려든 아이들의 행동을 살펴보기
위해서 비디오카메라를 설치했다.

주로 7-13세가 대부분인 아이들은 자기들 눈에 TV처럼 생긴
이 이상한 기기를 금세 탐색하기 시작했다. 그들은 기기의 여기저기
를 만지다가 손가락이 터치 패드를 옆으로 움직이면 화면 위의 포

인터가 움직이는 것을 우연히 발견했다. 이는 더욱 재미있는 발견으로 이어졌다. 포인터가 화면의 특정 부분을 가리킬 때는 손모양으로 변했던 것이다. 그들은 포인터가 손모양일 때 터치패드를 클릭하면 화면이 완전히 바뀐다는 것을 알 수 있었다. 그들은 친구들을 불러서 이 환상적인 기계에 대해 열심히 설명했다. 한 아이나 한 집단이 각각 새로운 것을 발견하면 그것은 곧 다른 아이들과 금방 공유되었다. 며칠이 지나자, 성인들이 아무것도 가르쳐주지 않아도 많은 아이들은 컴퓨터를 가지고 음악연주, 게임, 그림판 프로그램을 이용한 그림 그리기 등 컴퓨터가 보편화 된 선진국의 아이들 못지 않게 컴퓨터에 접속하여 많은 것들을 실행했다.

그 이후 미트라와 그의 동료들은 인도의 다른 지역, 시골뿐 아니라 도시에서 동일한 실험을 계속한 결과 매번 동일한 결과를 얻어 냈다. 누구라도 사용이 가능하도록 컴퓨터를 설치해 둔 곳이면 어디에서나 아이들이 금방 모여들어 기기를 탐색하는 등 그것을 가지고 놀기 시작했다. 미트라는 서로 공유한 정보 이외에 어떤 다른 도움을 주지 않아도 아이들은 스스로 컴퓨터를 사용한다는 흥미로운 사실을 발견했다.[1] 아이들은 컴퓨터, 기타 소모품, 화면에 나타나는 다양한 아이콘, 그리고 아이콘을 실행하는 행동에 대해 각각 이름을 붙였다. 예를 들어 한 집단은 화면에 나타난 포인터를 "바늘"로 그리고 폴더를 "찬장"(힌디어)으로 불렀다.

인터넷 연결이 가능한 지역의 아이들은 웹을 찾아 들어가는 방법을 배웠다. 컴퓨터는 그들이 전 세계의 지식에 접속할 수 있게 해주었다. 글을 읽을 수 없는 아이들은 컴퓨터와 상호작용을 통해서 글을 배우기 시작했고, 글을 아는 아이들은 종종 자신들에게 흥미 있는 기사를 검색하여 자신들이 배운 언어(일반적으로 힌디, 또는 마라

티)로 다운로드 했다. 초급단계의 영어를 배우는 아이들은 컴퓨터와 상호작용을 통해서 단어를 배우고 그것을 친구들과 공유했다. 인도의 한 외딴 마을에 사는 아이는 이전에는 미생물에 대한 지식이 전혀 없었지만 컴퓨터와 상호작용을 통해서 박테리아와 바이러스를 배우고 나서 일상대화에서 이 새로운 지식을 적절하게 사용했다.[2]

미트라는 이와 같은 방식으로 외부에 컴퓨터를 설치해 둔다면 컴퓨터 1대당 300명의 아이들이 3개월 이내에 컴퓨터를 사용할 줄 아는 컴퓨터 문해자가 될 것으로 추산했다. 이는 3개월 동안에 컴퓨터 100대당 30,000명의 컴퓨터 문해아동들을 배출할 수 있다는 계산이 나온다. 미트라는 다음에 제시된 과제의 거의 대부분, 또는 전부를 실행할 수 있는 능력을 컴퓨터 문해자로 정의했다. 즉 "모든 윈도우 운영체제 사용하기(클릭, 드래그, 열기, 닫기, 크기 조정, 축소, 메뉴, 폴더 탐색 등), 컴퓨터로 그림 그리고 색칠하기, 파일 다운로드 및 저장하기, 게임하기, 교육 및 기타 프로그램 작동하기, 온라인 연결이 가능한 경우 인터넷 서핑하기, 메일 계정 만들기, 이메일 주고받기, 채팅하기, 고장이 난 스피커 등을 간단하게 해결하기, 스트리밍으로 미디어를 다운로드하여 보기, 게임 다운로드하기 등."[3] 미트라는 그와 그의 동료들의 실험이 외과수술에서 차용한 기술용어인 **최소개입교육**이라고 말했다. 아이들의 생활에 대한 간섭을 최소화 하는 교육이라는 의미다.

미트라의 실험은 인간 본성의 3가지 핵심요소인 호기심, 놀이성, 사회성이 어떻게 멋지게 연합하여 교육목적에 기여할 수 있는지를 잘 보여준다. **호기심**은 아이들을 컴퓨터로 끌어들여 탐색하도록 동기를 부여했다. **놀이성**은 그들에게 동기를 자극하여 많은 컴퓨터 기술을 실행하게 했다. **사회성**은 개별 아동의 학습을 수많은 아이들에게 요원의 불길처럼 전파되게 했다. 나는 앞장의 인간본성에서 실마리를 얻어 인간의 "학습본성"에 대해 말했다. 그리고 그것이 수렵채집인의 문화처럼 우리의 현재 문화에서 교육의 기초를 제공하는 증거를 제시했다. 여기서 우리는 인간의 강력한 자기교육의 충동을 더욱 상세히 조사할 것이다.

교육 가능한 동물

진화론적인 관점에서 보면, 무엇보다도 인간은 **교육 가능한 동물**이다. 우리는 다른 어떤 종도 따라올 수 없을 정도의 높은 수준까지 교육이 가능한 존재다. 제2장에서 정의한 것처럼, 교육은 한마디로 문화전수라고 할 수 있다. 이는 신세대가 선세대의 가치, 신념, 의식, 지식, 기술을 전수받아 이를 더욱 발전시켜 가는 일련의 과정이다. 그러므로 교육을 특정한 학습범주와 관련된 것으로 정의한다. 모든 동물은 스스로 학습을 하지만 인간만은 유일하게 그들의 선세대로부터 많은 것을 학습하여 한 세대에서 다음 세대로 전해가면서 문화를 전수·창조·형성하는 종이다.

약 2백만 년 전 인간의 유전자 체계는 진화과정을 거쳐 오면서 우리를 점점 더 문화전수에 의존하는 존재로 만들었다. 시간이 지나면서 우리는 사냥, 채집, 식량가공, 포식자로부터의 생명보호, 출산, 육아, 그리고 세세한 지식과 숙련된 기술에 의존하여 질병을 퇴치하는 방법 등을 발전시켰다. 그런 지식과 기술은 한 개인이나 집단공동체가 혼자서 발견하기는 불가능한 것들이었다. 우리는 선세대가 축적한 성취자산에 의존하여 생존해 왔으며, 선세대의 성취도 마찬가지로 조상들의 성취에 기초하여 각각 더욱 발전적으로 형성한 것들이다. 한편 우리는 집단 안팎에서 우리 종에 속하는 다른 사람들과 협력·공유하는 능력에 더욱 의지하면서 생활하게 되었다. 이를 위해서는 사회규범, 규칙, 의식, 이야기, 그리고 공통적인 문화적 신념과 가치의 전수는 필수적이었다. 간단히 말하면, 우리는 교육에 의존하게 되었다.

오늘날 사람들이 교육을 생각한다면 대부분 학교교육을 떠올리게 될 것이다. 바꾸어 말하면, 그들은 **성인**에 **의해서 아이들**에게 무언가 행하는 것이 교육이라고 생각할 것이다. 그러나 교육은 학교교육보다 훨씬 먼저 발생했으며, 특히 현재는 대개 학교 밖에서 더 많은 교육이 이뤄지고 있다. 인간이 교육 가능한 동물이라는 말은 자기가 태어난 문화를 획득·창조하려는 본성적 욕구가 애초에 인간 내부에서 생성·형성된 것을 의미한다. 오늘날 교육의 책임은 거의 모든 사람들의 마음속에서 항상 어른들의 몫이다. 어른들은 아이들의 의사와 관계없이 문화의 특정 관점을 획득시킬 책임을 가지고 있다. 그러나 인간의 역사를 통해 보면, 교육의 진정한 책임은 항상 아이 자신들에게 있었으며, 이는 현재 우리 사회에서도 여전히 변함이 없다. 아이들이 생존에 필수적인 먹고 마시는 것과 같은 본성적인 욕구를 가지고 세상 밖으로 나오는 것과 마찬가지로 그들은 자기를 교육하려는 욕구, 즉 그들을 둘러싼 문화의 유능한 성원이 되는데 필수적인 것을 학습하여 생존하려는 욕구를 가지고 세상에 발을 내딛는다. 그런 본성적인 욕구를 넓은 차원에서 바라보면, 그것은 **호기심**(curiosity), **놀이성**(playfulness), **사회성**(sociability)이다.

자연선택은 주로 이미 존재하는 구조와 본성을 형성하고 변경하므로 이뤄진다. 모든 포유류는 어느 정도까지는 모두 호기심이 많고, 놀이성을 발동하고, 사회적이다. 그러나 우리 종에서 이런 특성

은 엄청난 발전을 거듭하여 우리의 독특한 교육욕구에 부합하는 방
식으로 형성되어 왔다.

호기심: 탐색하고 이해하려는 욕구

컴퓨터가 매우 생소한 물건이었던 지역에서 미트라와 그의 동
료들이 길거리 모퉁이에 컴퓨터를 설치할 때마다 아이들은 호기심
이 발동하여 그 주변에 구름처럼 몰려들었다. 그들은 이 신기한 물
건이 무엇인지 그리고 어떻게 작동하는지 알고 싶어 했다. 특히 그
물건을 가지고 무엇을 할 수 있을지 그들은 몹시 궁금해 했다.

기원전 4세기경 아리스토텔레스는 과학적 사고의 기원에 대한
그의 위대한 논문의 첫 장을 "인간은 천성적으로 사물을 신기하게
생각한다."라는 말로 시작했다.[4] 더 말할 나위가 있겠는가? 이보다
더 자명한 사실은 없을 것이다. 아기들은 태어난 지 몇 시간도 지나
지 않아 새로운 대상이 생기면 이미 보았던 대상보다도 그것을 더
오랫동안 응시한다. 때로는 임종 시에 사람들은 극심한 고통 속에서
도 조금이라도 더 생명을 유지하기 위해서 마지막까지 안간힘을 쓴
다. 이는 만약 죽지 않고 살아있다면 앞으로 무슨 일이 일어날지,
그것을 알고 싶은 마음이 간절하기 때문이다. 출생에서 죽음에 이르
기까지 우리가 살아서 움직이는 평생 동안 우리의 감정은 주변세계
에서 일어나는 변화에 매우 예민하게 반응한다. 우리의 호기심은 잠
시도 쉬지 않고 발동한다. 만약 모든 욕구를 충족시켜 주면서 사람
들을 절대 불변의 환경에 붙잡아둔다면(가능한 정도에서), 그곳이 탐
색해야 할 새로운 것이 전혀 없고, 배워야 할 새로운 것도 전혀 없
는 그런 환경이라면, 그곳이 어떤 곳이라 할지라도 사람들은 그것을

잔혹한 형벌로 생각할 것이다. 건강한 인간이라면 지식을 향한 갈망은 결코 채워지지 않을 것이다.

　　물론 이는 인간에게만 해당하는 것이 아니다. 모든 유기체는 탐색동기를 갖는 유일한 종이며, 주변 환경을 탐색하여 자기생존에 필요한 것들을 구한다. 일부 동물들의 탐색방법에는 무작위적이거나 준무작위적인 동작이 있다. 아메바는 무작위로 움직이다가 먹잇감을 발견하면 계속 같은 방향으로 이동해 가면서 먹잇감이 가까이 있다는 것을 알려주는 화학분자와 접촉하게 되면, 그것을 완전히 포위한다. 먹이를 찾는 개미는 집단거주지로부터 무작위 방향으로 이동하면서 희미한 흔적을 남긴다.[5] 만약 한 개미가 먹이가 있는 곳을 발견했다면 그 개미는 집단거주지의 다른 개미가 그곳을 찾을 수 있도록 집으로 돌아가는 길에 더 강한 흔적을 남긴다. 포유류는 원생동물이나 곤충보다 더욱 직접적인 방법을 사용하여 탐색하는데, 이는 주변 환경에 대한 다양한 정보를 얻는 데 매우 적합하게 설계되었기 때문이다. 그들은 탐색을 통해서 자기가 사는 지역 곳곳에 산재해 있는 일반 구조물의 정보, 먹이가 있는 장소, 포식자, 탈출 가능한 통로, 적절한 은신처, 잠을 자거나 새끼를 기르는 데 안전한 장소, 그리고 동종 성원들의 존재와 부재, 적, 친구, 번식에 적절한 짝 등에 대한 정보를 획득한다.[6]

　　탐색과 관련된 가장 체계적인 연구는 쥐를 이용하는 실험실의 연구다. 뚜껑이 열려 있는 큰 상자나 잡다한 물건, 통로, 방해물 등의 미로가 있는 낯선 환경에 쥐를 넣어두면, 일반적으로 쥐가 가장 강하게 느끼는 처음 충동은 두려움이다. 쥐들은 모퉁이에서 웅크린 채 꼼짝달싹하지 않고 가만히 있다. 그러나 시간이 지나면서 점점 두려움이 가시게 되면, 쥐는 마치 이를 확인하려는 듯 탐색 욕구가 발동되어 간단한 행동을 시작한다. 각 행동을 자세히 살펴보면, 뒷다리로 몇 번 일어서 본 다음 킁킁거리며 주변을 둘러보다가 종종걸음을 쳐서 모퉁이로 돌아간다. 시간이 지나면서 쥐는 더욱 대담해지는데, 이때 쥐는 사방을 돌아다니며 킁킁거리고 수염과 앞발로 물건의 감촉을 느끼는 등 더 넓은 지역을 탐색하기 시작한다. 심지어 쥐는 실험 장치까지 꼼꼼히 탐색한 뒤에도 정기적으로 순찰을 계속하면서 변한 것이 있는지 살피고 조사한다. 만약 새로운 물건이 나타나 친숙한 환경에 변화가 생긴 것을 알아차리게 되면, 쥐는 처음에 매우 신중하게 접근하여 친숙하게 될 때까지 탐색을 계속한다. 많은 실험을 통해서 쥐는 그런 탐색을 통해서 매우 유용한 정보를 얻는다는 사실이 증명되었다.[7] 예를 들어, 일련의 연구에 의하면, 최근 한 실험에서 일부러 쥐를 놀라게 했을 때, 하나 이상의 은신처가 있는 복잡한 장소를 탐색할 기회가 있었던 쥐는 그런 장소를 탐색할 기회가 없었던 쥐보다 더욱 빨리 은신처로 달려갔다.[8]

인간의 호기심에 대한 연구와 실험은 대부분 영아, 유아, 유치원생을 대상으로 실시해 왔다. 한 연구는 아기를 대상으로 100번의 실험을 실시했는데 이 실험에서 아기들은 예전에 결코 보지 못했던 새로운 장면을 이전에 보았던 장면보다 더 오랫동안 응시하는 것을 발견했다. 이처럼 아기들이 새로운 것을 더 좋아하는 것은 매우 신뢰할 수 있는 특성이기 때문에 연구자들은 아기들의 인지와 기억능력을 알아보기 위해서 이런 실험을 많이 이용한다. 아기들이 예전에 보았던 것보다 새로운 유형이나 사물을 더 오랫동안 진지하게 응시하는 것은 두 사물 간의 차이를 인지한 것으로 볼 수 있다.[9] 어떤 면에서는 이는 더 오래 전에 보았던 것을 확실하게 기억하는 것으로 해석할 수 있다. 또한 아기들은 자기들이 따랐던 기존의 물리학 법칙보다 오히려 그것을 부정하는 법칙과 같은 신기한 사건을 훨씬 더 오랫동안 응시하는 경향이 있다.[10] 예를 들어, 선반의 한쪽 끝에서 물체를 밀어내 물체가 아래로 떨어지거나 위로 올라가는 장면을 지켜보게 한 후에 아기들이 어느 쪽을 선택하는지 살펴보면, 3개월쯤 되는 아기들은 전자보다 후자를 더 많이 응시하는 것을 발견할 수 있다. 이를 통해서 우리는 주변세계를 이해하려고 시도하는 과정에서 아기들은 자신들의 기대에 어긋나는 사건에 더욱 매력을 느끼는 것을 알 수 있다.

6개월쯤 되면, 아기는 눈만이 아니라 손으로도 탐색을 시작한다. 그들은 일반적으로 손에 닿을 수 있는 거리에 있는 물건이면 어떤 새로운 것이든지 붙잡아 눈앞에서 쥐고, 이쪽저쪽으로 돌려보고, 손에서 손으로 옮겨보고, 긁어보고, 눌러보고, 당겨보고, 떨어뜨려보고, 다시 주워보면서 마치 물건의 특성을 의도적으로 시험하는 과학자들처럼 행동한다.[11] 그런 행동은 아기가 가지고 노는 물건에 친숙하게 되면 급격히 사라지지만 새롭고, 특이한 물건이 이전의 것을 대체하게 되면, 아기의 행동은 다시 왕성하게 살아난다. 이런 과정을 통해서 아기들은 주변에 있는 물건의 특성과 그런 특성을 이용하는 방법을 빠른 속도로 배워간다. 그들은 물건의 특성에 따라서 찍찍 소리를 내게 하고, 흩어놓고, 새로운 모양으로 비틀고, 튕겨보거나 산산이 부서뜨리는 방법을 배운다. 탐색에 몰두하는 아기의 얼굴을 살펴보면 그의 표정에서 독서에 빠진 학자나 시험관 튜브를 가지고 연구에 열중하는 과학자처럼 심각하고 강렬함을 느낄 수 있다. 각 발견의 순간마다 아기가 보내는 유레카의 신호를 아기의 모습에서 읽을 수 있다. 만약 당신이 발견이 내뿜는 원시적인 감정과 과학자의 얼굴에 드러나는 호기심을 그대로 보고 싶다면 새로운 물건을 탐색하는 9개월 된 어떤 아기라도 지켜보아라.

아기들이 더욱 자라게 되면, 그들의 호기심은 약화되기는커녕 더욱 정교화된 탐색의 형태를 자극한다. 심리학자인 로라 슐츠(Laura Schulz)와 그 동료들은 아이들이 자신을 둘러싼 세계의 신비함을 풀어가는 방식을 보여주기 위해서 아이를 대상으로 많은 실험을 실시했다. 한 실험에서 연구자들은 4세 된 아이에게 2개의 레버가 있는 상자를 보여주었다.[12] 실험상자는 한 레버를 누르면 상자 위의 구멍을 통해서 장난감 오리가 튀어나오고 다른 레버를 누르면 빨대인형이 튀어나오게 되어 있었다. 실험자는 시범을 통해서 각각 다른 집단의 아이들에게 각각 다른 방식으로 상자의 작동방법을 보여주었다. 한 집단에서는 실험자가 각 레버를 따로따로 누른 모습을 보여주었기 때문에 아이들은 각 레버를 눌렀을 때의 결과를 볼 수 있었다. 다른 집단에서는 실험자가 항상 2개의 레버를 동시에 누르는 모습을 보여주었기 때문에 아이들은 어떤 레버가 어떤 물건을 튀어나오게 하는지 알 수 없었다. 실험자의 시범이 끝난 후 아이들이 각각 2개의 레버 상자와 다른 인형들을 가지고 놀게 했다. 실험결과는 2개의 레버가 동시에 작동하는 것만 보았던 아이들은 새로운 것보다 시범으로 보여준 상자를 가지고 노는 것을 더 좋아하는 것으로 나타났다. 그러나 각 레버를 따로 누르는 것을 보았던 아이들은 반대의 결과를 보여주었다.

실험결과를 논리적으로 해석하면 다음과 같다. 즉 각각 별도로 작동하는 레버를 본 아이들은 실험 상자에 더 이상 흥미를 느끼지 못했다. 이는 아이들이 실험 상자에서 더 배울 것이 별로 없었기 때문인 것으로 볼 수 있다. 이와 대조적으로 2개의 레버를 동시에 누르는 것을 본 아이들은 각 레버를 따로따로 눌러본 후 어떻게 하면 오리, 빨대인형 그리고 두 가지를 모두 나오게 작동하는지를 알아내고 싶어서 상자를 가지고 탐색하기를 더 좋아했다. 즉 아이들은 상자가 작동하는 방법을 알아보려는 호기심 때문에 동기가 발동되었다. 그들은 이미 알려진 결과를 재현해내는 데에는 별로 흥미를 느끼지 못했다. 또한 이 실험은 4세의 아이들이 오히려 인과관계를 정교하게 추론할 수 있다는 사실을 보여주었다. 그들은 상자가 완전하게 작동하는 방식을 알기 위해서 2개의 레버가 동시에 작동했을 때 일어났던 결과가 아니라, 각 레버가 따로따로 작동했을 때 일어났던 결과를 보아야만 했다.

다른 종류의 실험에서 슐츠와 그의 동료들은 가르치는 것은 탐색을 방해할 수 있는 사실을 보여주었다.[13] 이번 실험에서는 각각 방법을 달리하여 작동시키면 4가지 다른 효과를 나타내는 장난감을 4-5세 아이들이 탐색하게 했다. 이 장난감은 튜브 하나가 안쪽의 다른 튜브를 당기면 찍익 소리가 나게 되어 있었다. 튜브 끝에 숨겨져 있는 작은 단추를 누르면 불이 켜지고 작은 노란색 패드를 누르면 음표가 만들어졌다. 또한 아이가 튜브 중 하나를 들여다보면 아이의 얼굴상이 반대로 비춰지는 장치가 되어 있었다. 실험은 각각 가르치는 상황, 놀이하는 상황, 통제하는 상황으로 나누어 실시했다. 먼저 **가르치는** 상황에서 실험자들은 효과 중 하나인 찍익 소리가 나는 방법을 아이들에게 의도적으로 보여주면서 실험자가 아이들에게 설명해주었다. **놀이하는** 상황에서 실험자는 아이들 앞에서 장난감이 찍익 소리를 내게 했으나 가르치는 방식이 아닌 자기가 재미있어서 하는 것처럼 가장했다. **통제하는** 상황에서 실험자는 아이들에게 장난감을 주기 전에 아무것도 하지 않았다. 실험결과를 통해서 통제하는 상황과 놀이하는 상황의 아이들은 실험자가 가르치는 상황의 아이들보다 장난감을 더 많이 탐색하여 장난감이 효과를 내게 하는 방법을 더 많이 발견하는 데에 오랜 시간을 보내는 사실을 발견할 수 있었다. 실험자가 가르치는 상황에 있던 아이들은 장난감의 유일한 효과는 오직 찌익 소리였다고 단정하는 것이 분명해 보였다. 이는 실험자가 그들에게 보여준 전부였기 때문이다. 가르치지 않는 상황의 아이들은 장난감에 대해 알아야 할 모든 것들을 실험자가 그들에게 보여줄 것이라고 믿을만한 어떤 이유도 없었다. 그래서 아이들은 장난감의 가능성을 발견하기 위해 그것을 더욱 완전하게 탐색했다.

호기심을 가르치려고 시도할 때 나타나는 이런 종류의 방해효과가 그 동안 학교에서 내내 일어나는 사실을 증명해주는 증거들이 있다. 예를 들어, 한 교사가 학생들에게 수학문제를 풀 수 있는 한 가지 방법을 제시해 주면 학생들은 그것이 유일한 방법이 확실하다는 결론을 내린다. 그들은 문제를 풀 수 있는 대안을 탐구하지 않는다(그들에게 대안을 허락할 때조차도 마찬가지다). 그러므로 그들은 문제가 가지고 있는 다양한 측면이나 완전한 수조작 능력을 배우지 못하게 된다. 궁극적으로 그들은 수리영역에서 발견의 희열을 박탈당하게 되어 가르치는 것 이상을 뛰어넘는 학습이 불가능하게 된다.

놀이성: 창조하고 실행하려는 욕구

놀이성(놀려는 욕구)은 교육목적과 호기심의 욕구가 상호보완적으로 작용하도록 촉진시킨다. 호기심이 아이들에게 새로운 지식과 이해를 찾도록 동기를 자극하는 반면, 놀이성은 그들이 새로운 기술을 실행하여 그 기술을 창조적으로 사용하도록 동기를 자극한다. 미트라의 실험에서 호기심은 아이들이 컴퓨터에 접근하여 그것을 조작하고 그 특성을 발견하도록 유도했다. 예를 들어 컴퓨터에서 그림 그리기 프로그램을 검색한 후에 아이들은 그 프로그램을 컴퓨터의 원래의 특성이 아닌 자신들의 창작품을 그리는데 사용하면서 다양한 방식으로 가지고 놀았다. 마찬가지로 문서편집 프로그램을 탐색한 후에 많은 아이들은 단순한 재미를 위해서 자신들의 글을 쓰는 데 사용했다. 그 과정에서 아이들은 컴퓨터 그림과 컴퓨터 글쓰기에 능숙하게 되었다.

고전적인 연구에서, 영국의 발달심리학자 미란다 휴즈(Miranda Hughes)와 코린 허트(Corrine Hutt)는 2세 아이들에게서 놀이와 탐색 간에 일어나는 행동의 차이를 밝혀냈다.[14] 맨 처음에 복잡하고 새로운 장난감을 보여주었을 때, 보통 아이들은 심각한 표정을 지으며 장난감에 눈을 고정시킨 채 집중적으로 그것을 탐색했다. 아이들이 장난감을 조작하여 특성을 알아내려고 할 때 고도의 집중이 지속되었고, 순간적인 놀라운 표정이 간간이 끼어들었으며, 새로운 발견을 할 때마다 종종 기쁨으로 뒤범벅되었다. 장난감을 탐색한 후에 아이들은 알게 된 결과를 검증하기 위해서 장난감을 가지고 반복적인 행동을 하거나 재미있는 게임을 더해가면서 한동안 놀기 시작했다. 탐색에서 놀이로 전환할 때, 심각하게 고정된 표정에서 점점 더 긴장이 완화되고 미소 짓는 표정으로 바뀌는 특성을 나타냈다. 또한 심장박동 수에서도 변화를 나타냈다. 탐색하는 동안의 심장박동 수는 느렸고 안정적이어서 강한 집중력을 나타냈다. 놀이하는 동안에는 심장박동이 활발해져서 긴장이 더욱 완화되었음을 보여주었다.

탐색하는 동안에 아이들은 연구자를 비롯하여 집중을 방해하는 것들을 모두 차단했다. 놀이를 하는 동안에 아이들은 이전보다 연구자와 더욱 자발적인 상호작용을 했으며 다른 사건과 대상들을 놀이에 투입했다.

놀이는 탐색처럼 동물들 사이에 널리 퍼져있지는 않지만 모든 포유류의 종과 일부 조류의 종에서 발견되는 것으로 보인다. 생물학적·진화론적인 관점에서 보면, 놀이는 인간의 어린 시절은 물론이고, 어린 포유류도 자신의 환경에서 생존·번식하기 위해서 반드시 발달시켜야 하는 기술을 완벽하게 연습하여 숙달시키는 자연의 방법이다. 이와 같은 놀이의 연습이론은 독일 철학자이며 자연주의자인 카를 그로스(Karl Groos)가 100여 년 전에 최초로 주장한 이후 발전을 거듭해 왔다. 그로스는 『동물의 놀이』(The Play of Animals, 1898)와 『인간의 놀이』(The Play of Man, 1901)라는 두 권의 저서를 통해서 이런 주장의 근거를 제시했다.

그로스는 시대를 앞선 사람이다. 진화와 놀이에 대한 자신의 사상에서 그로스는 찰스 다윈(Charles Darwin)의 저서를 이해하여 본능의 의미를 세련화시켜 현대적인 시각으로 받아들였다. 그는 동물, 특히 포유류는 다양한 분야에서 자신의 본능을 이용하는 방법을 배워야 하는 사실을 인정했다. 어린 포유류는 생물학적인 욕구와 특정 방식으로 행동하려는 경향성(본능)을 가지고 세상 밖으로 나온다. 그러나 그런 행동을 효과적으로 수행하기 위해서는 연습을 통해서 그것을 더욱 세련되게 만들어야 한다. 그로스에 의하면 동물에게 놀이는 본능을 연습하기 위한 필수적인 것이다. 그는 "동물이 놀이를 즐기는 이유를 단지 어리기 때문에 또는 즐겁게 노는 것을 좋아하기 때문이라고 말할 수 없다. 그보다 오히려 놀기 위해서 어린 시절이 필요한 것이다. 왜냐하면 앞으로 다가올 인생의 발달과업이라는 관점에서 보면, 오직 그렇게 해야만 불완전한 유전적 재능을 개인의 경험으로 보충할 수 있기 때문이다.”라고 말했다.[15] 그로스는 자신의 이론에 따라서 놀이가 촉진시키는 기술유형, 즉 이동놀이(달리기, 뛰기, 오르기, 나무에서 흔들기 등), 사냥놀이, 싸움놀이, 그리고 육아놀이(아기를 재미있게 돌봄) 등으로 동물놀이를 분류했다.

　놀이의 생물학적 목적에 대한 그로스의 설명을 통하여 우리는 동물세계에서 보았던 놀이의 유형을 이해할 수 있게 되었다. 먼저 그는 성숙한 동물보다 어린 동물이 더 많이 노는 이유를 설명한다. 그들은 배울 것이 너무 많기 때문에 더 많이 논다는 논리다. 또한 그는 포유류가 다른 종류의 동들보다 더 많이 노는 이유를 설명한다. 곤충, 파충류, 양서류, 그리고 물고기는 오히려 고정된 본능을 가지고 세상 밖으로 나온다. 그들의 생활방식은 정해져 있기 때문에 그들은 생존하기 위해서 그 이상으로 배울 필요가 없다. 그리고 그들에게 놀이에 대한 증거가 설령 있다고 해도 거의 없는 수준이라고 본다. 한편 포유류는 더욱 유연한 본성을 가지고 있어서 그것은 놀이가 제공하는 학습을 통하여 보충되고 형성되어야 한다.

　또한 그로스의 이론은 상이한 동물의 목과 종에서 발견되는 놀이성의 차이를 설명한다. 놀이하는 동물의 생활방식은 고정된 본능이 아닌 유연한 본성에 의존하기 때문에 생활에 필요한 기술들을 대부분 가장 재미있는 놀이를 통해서 배울 수 있다. 포유류 가운데서 영장류(원숭이, 유인원)는 모든 동물 중에서 배워야 할 것이 너무 많은 까닭에 가장 재미있게 노는 동물들의 순위에서 최상위를 차지한다. 영장류 가운데서도 특히 인간, 침팬지, 그리고 보노보(인간과 침팬지와 관련 있는 유인원)는 배워야 할 것이 가장 많기 때문에 재미있게 노는 종들을 대표한다. 또한 포유류 중에서 육식동물(개과나 고양이과 같은 종)은 일반적으로 초식동물보다도 더욱 재미있는 행동을 하면서 노는데 그 이유는 초식동물이 풀을 뜯어먹는 기술보다 사냥에서 성공하는 기술이 더 많은 학습을 요구하기 때문이다. 포유류 외에 일반적으로 놀이가 관찰된 유일한 다른 동물은 새다. 까마귀과 (까마귀, 까치, 큰 가마귀), 맹금류(매, 독수리 등), 앵무새는 가장 재미있게 노는 새들에 들어간다. 이런 새들은 다른 새들보다 신체, 몸무게 대비 뇌의 비율이 비교적 크며 모두 장수하는 새들이다. 이런 새들은 집단생활과 음식을 얻는 방법 등에서 풍부한 유연성, 영리함을 나타낸다.[16]

또한 놀이목적이 기술학습의 촉진에 있다는 가정은 동물의 종에 따른 상이한 놀이방법을 이해하는 데 도움을 준다. 만약 당신이 특정동물의 생존·번식을 위해서 어떤 기술을 발달시킬 필요가 있는지에 대해 연구한다면, 그들이 할 수 있을 것으로 예상되는 놀이를 상당한 수준까지 추측할 수 있을 것이다. 사자새끼와 다른 포식자의 새끼들은 으스대며 걷고 몰래 추적하는 놀이를 한다. 사냥감으로 잡아먹히는 얼룩말 망아지, 어린 가젤, 그리고 다른 동물들은 피하고 도망가는 놀이를 한다. 어린 원숭이는 이 나무에서 저 나무로 이동하는 놀이를 한다. 수컷이 암컷에게 접근하기 위해서 서로 싸우는 종의 어린 수컷은 어린 암컷보다 싸움놀이를 더 많이 한다. 그리고 적어도 일부 영장류 중에서는 어린 암컷이 어린 수컷보다 새끼를 즐겁게 돌보는 놀이를 더 많이 한다.

그로스는 『인간의 놀이』라는 책에서 동물의 놀이에서 인간의 놀이로 그 시야를 더욱 확장시켰다.[17] 그는 다른 동물들보다 배워야 할 것이 훨씬 더 많은 인간은 다른 동물보다 더 많은 놀이를 한다는 사실을 지적했다. 정말 자신의 의지대로 하도록 내버려두게 되면, 모든 지역의 어린 아이들은 유능한 성인이 되기 위해서 자신들이 발달시켜야 할 일종의 기술을 접목시키면서 놀게 될 것이다. 인간은 어떤 종의 어린 새끼들보다도 자신이 속한 문화의 독특한 행동양식에 따라 각각 상이한 기술을 훨씬 더 많이 배우지 않으면 안 되는 존재다. 그러므로 자연선택은 아이들의 강한 욕구가 어른들의 행동을 관찰하도록 유도하게 하여 그런 행동을 아이들의 놀이와 연결시킨다고 그는 주장했다. 세계의 모든 아이들은 자신의 문화가 요구하는 일반적인 활동을 하면서 논다. 또한 그들은 자신들 본래의 문화에 고유하고 특별한 활동을 포함하여 그것을 변형시켜 가면서 논다.

그로스 이론을 확장시킨 것으로서, 보편적인 아이의 놀이 및 각 놀이의 유형과 인간의 기본적인 생존기술과의 관계를 정리하여 만든 목록을 제시하면 다음과 같다.

○ **신체놀이**(Physical play). 모든 포유류처럼, 우리는 신체를 강하게 단련하여 두 가지 이상의 근육계를 사용하여 이동하는 방법을 배워야 하기 때문에 우리의 신체놀이는 달리고, 뛰고, 쫓고, 난투게임을 벌이는 등 다른 포유류의 놀이와 크게 다르지 않다. 아이들은 건강을 유지하기 위하여 스스로 역기를 들거나 뛰지 않는다. 그것보다 더 지루하고 지겨운 것은 없을 것이다. 대신에 그들은 하루에도 수없이 기회가 닿는 대로 기진맥진할 때까지 기꺼이 서로 번갈아 가며 추적하고, 레슬링하고, 칼싸움을 한다. 서로 번갈아 가며 추적

하기와 같은 신체놀이는 모든 문화에 공통적으로 존재하지만 재미있는 칼싸움이나 자전거 타기와 같은 놀이는 원형이나 적절한 문화유물이 있는 문화에서만 특별하게 존재한다.

○ **언어놀이**(Language play). 우리는 언어적 동물이기 때문에 말을 배우기 위해서 언어놀이를 한다. 아무도 어린 아이들에게 말을 가르치지 않지만 그들은 놀이를 통해서 스스로 말을 배운다. 2개월쯤 되면 아기들은 초기 옹알이 소리, 우-우, 구-구와 같은 모음을 반복하기 시작한다. 약 4-5개월쯤 아기들이 바-바-바-가-다-다바다다와 같이 자음과 모음을 함께 말하기 시작한다. 이 때 옹알이가 점점 종알거리는 소리로 변한다. 소리를 만드는 것 같은 그런 언어는 아기가 행복할 때만 나타난다. 거기에는 구조가 있다. 즉 그것은 스스로 동기가 부여된 것으로서 어떤 것을 얻기 위한 것이 아니라 그 자체를 위해서 순수하게 만들어 내는 소리다. 이 모든 것들은 그것을 놀이로 만든다. 시간이 지나면서 종알거리는 소리는 점점 아이의 모국어 소리를 닮아간다. 그리고 약 한 살쯤 아기의 최초의 단어가 나타나게 되면 아기는 그것을 익살스런 태도로 거듭거듭 반복한다. 그 이후 아이의 언어놀이는 더 복잡하게 되는 가운데 아이들의 특정한 언어문화에 의해서 더욱 구체화 된 틀을 갖추게 된다. 아이들은 어구, 말장난, 리듬, 두운법 그리고 대안적 문법구조를 가지고 논다. 이 모든 것들은 모국어의 모든 측면에 대한 이해를 더욱 견고하게 한다. 아이 혼자서든지 또는 사람들과의 유사대화에서든지, 언어를 가지고 노는 아이가 있으면 그들의 언어에

귀를 기울여 보아라. 그러면 당신은 아이들이 재미있는 도전
거리인 언어구조를 가지고 놀면서 그것을 연습하는 사례를
수없이 발견할 수 있을 것이다. 언어놀이가 원숙기에 접어
들어갈 때 우리는 그것을 시라고 부른다.

○ **탐색놀이**(exploratory play). 우리는 세계를 이해하는 현명한
동물, **호모사피엔스**다. 그러므로 우리의 이해를 증진하기 위
해서는 탐색과 놀이를 결합한 탐색놀이가 반드시 필요하다.
나는 앞에서 탐색과 놀이를 구별했으나 이제 우리 종에게는
이 두 가지 요소가 혼합되어 있는 사실을 서둘러 추가할 것이
다. 거의 모두는 아니더라도 아동놀이는 탐색과 놀이가 대
부분을 차지한다. 아이들은 놀이기술을 향상시켜 나가면서
놀이를 하는 동안에 일어날 수 있는 새로운 발견에 대해 항
상 개방적 태도를 취한다. 미트라의 실험에서 혼자서 또는
다른 아이들과 함께 컴퓨터 프로그램을 가지고 놀 수 있는
수준에 도달한 아이들은 프로그램의 성능에 대한 새로운 것
들을 계속 발견하고 있었다. 내가 제7장에서 기술하겠지만
아이들이나 성인들이 새로운 것을 발견하려는 노력을 하면
서 상상력과 창의력을 더해갈 때마다 그들은 탐색과 놀이를
결합하고 있을 것이다. 성인들의 경우 우리는 그것을 과학이
라고 부른다.

○ **구성놀이**(Constructive play). 우리는 피난처, 도구, 소통을
돕는 기기, 그리고 이곳에서 저곳으로 이동하는데 필요한 지
원장치를 만듦으로써 생존하는 동물이다. 따라서 우리에게

만들기를 가르쳐 주는 놀이를 구성놀이라고 한다. 구성놀이에서 아이들은 자기가 마음속에 그리고 있는 어떤 대상을 만들려고 노력한다. 모래성을 만들거나 블록으로 우주선을 만들거나 기린을 그리는 아이는 모두 구성놀이를 하고 있는 것이다. 많은 경우 구성놀이에서 만드는 대상은 성인들이 문화적으로 사용하는 것 그 자체를 축소한 모형이거나 "진짜" 모형의 모방형태가 대부분이다. 수렵채집인의 아이들은 작은 오두막, 활과 화살, 입으로 부는 바람총, 그물, 칼, 새총, 악기, 뒤지개, 뗏목, 로프 사다리, 절구공이, 그리고 양동이 등을 만들었다. 아이들은 그런 놀이를 통해서 만들기를 숙달시켜 나가는데 어른이 될 즈음 실제생활에서 유용한 물건들을 정교하게 만들 수 있게 될 것이다. 구성놀이는 물건은 물론 말과 소리를 가지고 즐길 수 있으며, 모든 지역 사람들은 아이들과 성인들을 막론하고 모두 똑같이 놀이를 통해서 이야기, 시, 멜로디를 지어낸다. 오늘날 우리 문화에서 즐거움을 주는 수많은 종류의 구성물 중에는 컴퓨터 프로그램, 글로 쓴 이야기, 상징체계로 만들어진 비밀코드 등이 있다. 구성놀이에는 신체는 물론 지리적인 것도 포함한다.

○ **상상놀이**(Fantasy play). 우리는 존재하지 않고 보이지 않는 것을 생각할 수 있는 상상이 가능한 동물이다. 그래서 우리는 상상놀이나 가상놀이를 할 수 있으며 이는 우리의 상상력을 촉진하여 논리적 사고를 발달시키는 기반을 제공한다. 이런 유형의 놀이에서 아이들은 가상세계의 특성에 대한 특정 전제를 설정한 후 그런 전제에 맞춰 결론에 도달하려는

논리놀이를 한다. 이렇게 하는 가운데 아이들은 현실에서 나타나지 않은 것을 생각하게 만드는 상상력을 연습하여 발달시키게 된다. 이는 우리 모두가 미래를 계획할 때 행하는 일이며 과학자들이 실제세계를 예측하고 설명하기 위한 이론을 개발할 때도 행하는 일이다. 제 7 장에서 관련 내용을 상세히 다룰 것이다.

○ **사회놀이**(Social play). 우리는 다른 사람들과 협력하지 않으면 생존할 수 없는 매우 특별한 사회적 동물이다. 이런 까닭에 우리 사회에는 수많은 형태의 사회놀이가 있으며, 이런 놀이는 사회가 용인하는 방식대로 개인의 욕구를 스스로 조절하여 협력하게 하는 태도를 우리들에게 가르쳐 준다. 따라서 아이들이 모여서 상상놀이를 할 때, 그들은 자신들의 상상력을 연습하는 것보다 훨씬 더 많은 연습을 해야 한다. 그들은 역할을 정하고 그 역할을 수행하는 과정에서 적합한 것과 적합하지 않은 것에 대해 공유하고 있는 개념과 일치하는 행동을 하기 위해서 자신들의 역할을 연습한다. 또한 그들은 협상기술을 연습한다. 누가 어떤 역할을 수행하고, 누가 어떤 소품을 사용하고, 그리고 누가 어떤 장면에 출연하여 어떻게 행동할 것인지를 결정할 때, 놀이꾼들은 합의에 도달해야 한다. 다른 사람들과 좋은 관계 속에서 합의를 이루는 것이 인간의 가장 소중한 생존기술이라는 사실은 너무 명백하기 때문에 아이들은 사회놀이를 통해서 이를 지속적으로 연습한다. 사회놀이에 대해서는 제8 장에서 더욱 상세히 언급할 것이다.

앞서 목록에서 고딕체로 쓴 놀이의 유형은 상호 배타적인 유형이 아니며 다만 기능적 유형에 따른 구분에 불과할 뿐이다. 말하자면, 놀이가 기여할 수 있는 서로 다른 기능이라는 의미다. 특정 놀이 상황은 한 가지 이상의 기능을 한다. 활기 넘치는 바깥집단 놀이는 동시에 신체놀이, 언어놀이, 탐색놀이, 구성놀이, 상상놀이, 그리고 사회놀이를 할 수 있다. 놀이의 다양한 측면을 모두 고려해보면, 놀이는 결국 우리들을 완전하게 기능하는 유능한 인간으로 만드는 작용을 한다.

모든 지역의 아이들에게 자유를 허용하고 다른 지역의 아이들과 상호 접촉할 수 있는 기회를 제공하면, 그들은 모든 놀이를 앞서와 같은 보편적인 놀이방식으로 즐기게 될 것이다. 그러나 아주 상세한 부분에서는 문화 간의 차이가 있을 수 있다. 그로스의 이론에 따르면, 특히 아이들은 자기문화에서 가장 소중하게 여기는 종류의 놀이를 한다. 수렵채집인 문화의 아이들은 사냥과 채집놀이를 한다. 농촌문화의 아이들은 동물 돌보기와 식물재배 놀이를 한다. 현대 서양문화의 아이들은 주로 읽기와 셈하기 등 게임놀이를 한다. 그들은 또한 컴퓨터와 그 밖의 현대기술의 종류를 기반으로 하는 놀이를 한다.

그로스를 넘어서, 나는 주변의 성인들에게서 매우 일반적이며 중요시 되는 기술뿐 아니라, 문화의 첨단에 있는 새로운 기술에 더욱 집중하여 놀도록 아이들에게 자연적으로 부여되는 동기를 추가할 것이다. 일반적으로 아이들이 부모들보다 신기술의 사용법을 더 빨리 배울 수 있는 것은 바로 이런 이유 때문이다. 진화론적인 관점에서 보면, 그것은 우연이 아니다. 아이들은 자기가 배워야 할 가장 중요한 기술은 미래에 더욱더 중요하게 될 그런 기술, 즉 자기세대의 기술이라는 사실을 본능적으로 인식한다. 이는 부모세대의 기술과는 크게 다른 것이다. 기술과 능력이 매우 급속하게 변하는 그런 기술에 통달할 것을 요구하는 현대사회에서 새로움에 대한 이런 매력의 가치는 한층 더 명백하게 나타난다.

인간의 사회성, 그리고 정보와 아이디어의 공유 본성

인도의 미트라가 보여 주었듯이 호기심은 아이들이 컴퓨터에 접근하여 그것을 조작하도록 유인했고, 놀이성은 그들이 컴퓨터를 능숙하게 사용하도록 했으며, 사회성은 새로운 지식과 기술이 이 아이에게서 저 아이에게로 요원의 불길처럼 전파되게 했다.[18] 이런 본성적인 사회성과 언어능력으로 인해서 아이들의 정신은 모든 자기 친구들의 정신과 네트워크를 형성하게 되었다. 미트라의 연구에서, 한 아이가 컴퓨터에서 문서를 다운로드하는 기술을 발견하게 되면, 그 기술은 같은 집단의 친구들에게 신속하게 전달되었다. 그리고 이런 신지식의 불꽃은 몇몇 아이들에 의해서 다른 집단의 친구들에게도 전파되었다. 이리하여 바깥에 설치된 컴퓨터를 각각 다른 시간대에 사용한 약 300명의 아이들은 그곳에서 또 다시 작은 새로운 불길을 일으켰다. 한 아이의 발견은 네트워크를 통해서 모든 아이들의 발견이 되었다. 내가 이 책을 쓰고 있는 이 순간, 자선 사업가들은 전 세계에 풍부한 지식을 보급하고 문해교육을 촉진시킬 방법으로 아이 한 명당 한 대의 노트북 사업을 벌이고 있다. 그러나 미트라에 의하면, 아이들은 서로 컴퓨터를 공유하여 배울 때 더 많이 배우기 때문에 아이 한 명당 한 대의 노트북을 제공할 필요가 없을 것이다.

또 다른 연구는 아이들이 혼자가 아닌 여럿이 배울 때 더 많이 배운다는 미트라의 연구를 재차 확인해 주었다. 나는 본장의 처음부분에서 4세 아이의 탐색에 대해 로라 슐츠가 실시한 두 가지 실험을 소개한 적이 있다. 여기 또 다른 실험을 하나 소개한다.[19] 슐츠와 그 동료들은 4세 아이에게 밝게 빛나는 색이 칠해진 두 개의 기어로 구성된 장난감을 탐색해 보도록 했다. 그것은 장난감 안에 숨겨진 모터를 작동시키기 위해서 스위치를 켜면 두 개의 기어가 움직이게 되어 있었다. 아이의 탐색에 동기를 촉진시키는 책임을 맡은 실험자에게 주어진 질문은 다음과 같았다. 각 기어를 추진하는 동력의 원인은 무엇인가? 더 상세히 말하면, 그 모터는 기어 A를 먼저 돌게 한 다음 기어 B를 돌게 하는가? 아니면 그 반대인가? 아니면 모터가 각각 독립적으로 두 기어를 돌게 하는가? 스위치가 켜졌을 때 다른 기어에 어떤 일이 일어나는지 알아보기 위해서 아이들이 따로따로 한 개씩 기어의 작동을 중지시킨다면, 이 퍼즐을 푸는 것이 가능했다. 그러나 아이들은 이 전략을 스스로 발견해야 했다. 슐츠와 그 동료들은 짝을 지어 탐색하는 아이들은 혼자서 탐색하는 아이들보다 훨씬 더 퍼즐을 잘 해결하는 사실을 알아냈다. 그들은 짝을 지어 탐색하면서 지식을 공유했기 때문에 짝과 함께 탐색했던 각 아이들의 통찰력은 두 사람의 몫만큼 증가되었다.

우리 인간은 주변사람으로부터 본성적으로 심지어 자동적으로 배우도록 우리를 이끄는 엄청난 생물학적인 적응력을 가지고 있다. 그 중에는 **반사적인 시선 따라가기**(reflexive gaze following)가 있다. 우리가 다른 사람에게 주의를 집중할 때, 우리 눈은 다른 사람이 응시하는 것과 같은 동일한 지점을 응시하기 위해서 반사적으로 그리고 자동적으로 움직인다. 이런 반사작용은 우리가 다른 사람의 생각이나 말을 이해하는 데 도움을 준다. 어떤 사람이 "오, 그것 참 아름답습니다."라고 말하면, 우리의 자동적인 시선 따라가기는 **그것이**

무엇을 말하려는 것인지 즉시 알도록 도와준다.

시선 따라가기는 아기와 유아들에게서 가장 많이 연구된 분야이다. 약 6개월에 들어가는 아기는 자기 곁에 있는 아기 도우미가 보고 있는 것이면 무엇이든지 보려는 경향이 있다.[20] 일반적으로 이런 반사행동은 아기가 자기 도우미가 관심을 두는 것과 동일한 물건과 사건을 보면서 주의를 집중하는 사실을 확인해준다. 이는 그들의 문화에서 배워야 할 가장 중요한 행동일 수 있다. 또한 시선 따라가기는 아기들이 말을 배우도록 도와준다. 아마 엄마가 버섯과 같은 새로운 단어를 발음하는 것을 아기가 들으면서 동시에 엄마와 똑같은 대상을 보고 있다면, 아기는 그 말이 의미하는 것을 배울 기회를 더 많이 갖게 될 것이다.[21]

인간의 수준만큼 시선 따라가기를 할 수 있는 동물은 없다. 사실 우리 눈의 독특한 색깔은 우리가 각각 다른 사람의 시선을 따라감으로써 상호 간의 이해를 증진시키는 자연선택의 결과에서 나온 특별한 적응일 수 있다. 군청색이나 갈색인 인간의 홍채는 상대적으로 안구가 볼 수 있는 부분과 그 나머지 밝은 흰색부분이 뚜렷이 분리되어 있다(공막). 이는 우리가 보고 있는 곳을 다른 사람들이 더욱 쉽게 볼 수 있게 한다. 침팬지와 보노보 등 다른 영장류는 어두운 공막을 가지고 있다. 이는 우리의 홍채와 대조적이다. 침팬지와 보노보도 어느 정도까지는 시선 따라가기를 할 수 있으며 그런 방법으로 학습도 가능하다. 그러나 그들의 시선 따라가기는 인간의 그것보다 훨씬 덜 자동적이며 정확성이 크게 떨어진다. 그 까닭은 눈동자를 움직이는 것이 아니라 머리를 전체적으로 움직여야만 볼 수 있는 신체 구조상의 문제가 있기 때문이다.[22]

물론 인간이 사회학습에 탁월하게 적응할 수 있게 된 것은 언어 때문이다. 우리는 유아기와 아동기에 언어놀이를 통해서 말을 배우며, 그 이후 대부분의 사회학습은 언어의 지원을 받아 이루어진다. 언어는 우리들이 현시점뿐 아니라 과거, 미래, 아주 먼 가정적인 사실에 대한 상호 소통을 가능하게 한다. 이는 다른 어떤 동물들도 할 수 없는 것이다. 철학자인 대니얼 데닛(Daniel Dennett)의 말처럼, "사실상 우리 뇌는 단일 인지체제와 상호 효과적으로 결합하여 다른 모든 것들을 지배하기 때문에 우리의 뇌를 새의 뇌나 돌고래의 뇌와 비교하는 것은 거의 본질에서 벗어난 것이다. 언어, 오직 그것만이 우리 뇌에 들어오는 새로운 것을 연결하는 기능을 한다."[23]

당신이 다른 행성에서 온 존재를 연구할 때와 같이 열린 태도를 가지고 고정된 마음의 틀에서 벗어나 연령에 관계없이 모든 사람들의 일상적인 대화를 들어보아라. 그러면 당신은 매 분마다 교환되는 언어의 힘과 엄청난 양의 정보에 깜짝 놀라게 될 것이다. 아이들이 점점 성장해 가면서 그들이 사용하는 언어는 더없이 정교하게 다듬어진다. 이와 함께 그들이 대화를 통해서 교환하고 발전시키는 그들의 생각도 역시 세련되어 진다. 교육학 석사 논문에서 론다 지오벨(Rhonda Geobel)은 서드베리 벨리 학교를 모델로 삼은 일리노이즈 소재의 한 학교 학생들을 대상으로 자연스럽고 일상적인 대화를 녹취해 분석했다.[24] 다음은 그 대화에서 중 일부를 발췌한 것이다. 이는 미간행물이며 거의 편집하지 않은 대화의 내용들이다. 대화에 따르는 몸동작을 볼 수 없기 때문에 따라가는 데 약간 어려움이 있을 수 있으나 당신은 충분히 이해할 수 있을 것으로 생각한다. 이 내용을 읽어 가면서, 이 어린 학생들이 비교적 적은 단어로 표현하는 복잡한 개념과 그들이 교사나 그들을 안내해 줄 교과서, 그리고 그들을 평가할 시험이 없는 상황에서도 얼마나 훌륭하게 잘 배우고 있는지 상상해 보아라. 라트리스(16세), 피트(12세), 디나(14세), 그리고 베다니(14세)가 모피산업을 포기하려는 라트리스의 생각에 대해 이야기하고 있다(모든 이름은 익명이다).

피트: 이렇게 말해보자. 한 농부가 돼지를 키우는 축산농장을 가지고 있는데 그것이 그의 생계수단이야. … 나는 이게 농부의 사정과 똑같다고 생각해. 그건 생계수단이고 사업이야.

라트리스: 우리는 육류산업에 대해 이야기하는 게 아니야. 모피산업에 대해 이야기하고 있잖아. 그 두 가지는 다른 얘기야.

디나: 넌 네가 원하면 살기 위해서 고기를 먹을 수 있어.

라트리스: 그렇지만 넌 그걸 코트로 만들어 입을 거잖아, "넌 좀 별나지 않니?"

피트: 나는 그렇게 하지 않을 거야.

베다니: 너희들이 무슨 논쟁을 하고 있는지 난 도무지 모르겠구나.

라트리스: 피트는 사람들이 모피를 입기 때문에 사람들이 모피농장을 경영하며 그것은 그들의 사업이고, 만약 그들이 원한 것이라면 그들의 선택으로 존중될 수 있다는 말을 놓고 논쟁하고 있는 거야. 그건 완전히 말도 안 되지. 다른 동물의 생명을 빼앗은 것은 그들의 선택이 아니잖아.

피트: 꼭 그렇게 해서는 안 된다고 생각하지 마. 그럴 수도 있어.

베다니: 그것은 다만 그들의 선택일 뿐이야.

라트리스: 법으로 따지면 그건 맞는 말이야. 그러나 법으로 따져도 현재 일리노이즈에서 동물학대는 중죄야. 네가 모피농장을 경영하면서 동물을 독가스로 죽이고 목을 부러뜨리고 전기로 처형하는 것은 말도 안 되는 짓 아니야? 동물학대는 고려하지도 않고 있잖아? 다른 사람들을 노예나 재산으로 소유하려는 것은 누군가의 개인 사업으로 생각했고, 투표는 오직 남의 일로 생각했었지 … 법은 현재에 대해 말하고 있을 뿐이야. 그것은 옳고 그른 것을 결정하지 않아. … 넌 그것에 대해 분명히 확고한 의견을 가지고 있고 나는 그것을 보완할 것을 기대하고 있어.

그 후 대화는 법의 목적, 법과 도덕의 차이, 민주주의에서 허용할 자유와 금지시킬 자유에 대한 질문으로 넘어갔다. 이는 평범한 아이들이 서로 대화를 나누는 것이지만 그들은 추상적인 지적·도덕적 개념과 씨름하면서 더욱 명료하게 생각하고 자기를 더욱 적극적으로 표현하기 위해서 서로에게 도전하고 있다. 아이들은 "그냥 이야기할 뿐이다." 그런 일은 언제든지 일어나는 강력한 교육매체다. 특히 손으로 장난감을 탐색하려는 4세 아이들처럼 언어를 통해서 서로의 마음을 탐색하는 데 동기가 꽂혀 있는 약 11−12세를 지나는 아이들에게는 더욱 그렇다.

어떻게 학교는 아이들의 학습 본성을 방해하는가

왜 학교수업에서는 미트라가 관찰했던 것과 동일한 열정과 통찰력이 전파되지 않는가? 미트라는 공용 컴퓨터를 가지고 노는 인도의 가난한 아이들에게서 요원의 불길처럼 한순간에 뜨겁게 전파되는 통찰력을 관찰했다. 가능한 답을 찾는 것은 그리 어렵지 않다. 학교에서는 아이들은 자기관심을 추구하거나 이런 관심을 자기선택의 방식으로 해결하는 것이 자유롭지 않기 때문이다. 학교에서 아이들은 대개 지속적인 평가를 받기 때문에 교사와 시험을 만족시키려는 관심(또는 어떤 학생에게는 교사를 만족시키는 것에 반대하여 반항)은 종종 진짜 관심을 추구할 가능성을 무시하거나 도치시키는 결과를 초래한다. 학교는 아이들에게 가끔 문제를 해결하는 하나의 방법만 제시하거나 오로지 한 가지 방법만 주입시키는데 이는 기쁨이 고조되는 아이들의 발견 가능성을 억압하는 한편 다른 것은 부정확한 것으로 믿게 만든다. 또한 미트라가 지적한 것처럼 학교에서 연령에 따른 아이들의 분리로 인해서 자기 주도적 학습의 핵심으로 생각되는 것, 즉 이전에 존재했던 서로 상이한 지식과 기술의 다양성이 방해받는 결과를 초래한다.[25]

호기심, 놀이성, 그리고 유의미한 대화에는 자유가 필수적 조건이기 때문에 이 모든 것들은 학교에서 좌절될 수밖에 없다. 심리학자 수전 엥겔(Susan Engel)과 그녀의 동료들은 유치원과 미국의 5학년 교실에서 참여관찰 연구를 실시하여 전 학년의 아이들이 자신들이 공부할 내용에 합당할 정도의 충분한 호기심을 나타내지 않는다는 사실을 밝혀냈다.[26] 아이들에게 질문할 것을 요구하자, 그들은 교과내용 자체가 아닌 과제를 마치는 데 주어지는 시간과 같은 그런 규칙과 요구조건에 대한 질문을 주로 했다. 교과에 대한 질문의 권한은 거의 전적으로 교사에게 있었으며, 학생들의 과제는 교사가 찾는 대답을 추측해내는 것이었다. 학생들이 맹렬한 관심을 나타냈을 때, 교사는 아이들의 관심을 자주 차단하여 학습 진도를 맞추기에 급급했다.

예를 들어, 연습문제지에서 문자 찾기를 하는 동안, 두 명의 유치원생들은 공부를 멈추고 책상 위에 놓여 있는 아이스크림 사탕 막대기에 시선을 집중시켰다. 사탕 막대기에는 수수께끼가 적혀 있었다. 소녀들은 수수께끼를 읽고 이해하려고 애쓰기 시작했다. 그것은 그들에게 정말 흥미진진한 것이었다, 교사는 막대기를 내밀며, "지금 당장 이것 치워, 그래야 넌 문자를 찾을 수 있어."라고 말했다. 또 다른 사례에서는 5학년 교실에서 이집트인들이 초기에 무거운 물체를 들어올리기 위해서 사용했던 바퀴에 관한 수업을 진행하고 있었다. 교사는 아이들을 소집단으로 나눠 나무 조각, 조각을 운반하기 위한 몇 개의 블록, 줄, 몇 개의 작은 나무바퀴, 자, 그리고 이런 물건을 가지고 무엇을 할 것인지를 그들에게 안내해주는 학습지를 나누어 주었다. 한 집단이 학습지에 상세히 지시된 방법이 아닌 다른 방법으로 실험을 시작하자, 교사는 아무렇지도 않게 "얘들아, 쉬는 시간에 실험할 시간을 따로 줄 거야. 지금은 과학시간이야."라고 단호하게 말했다.

이런 사례는 너무나 많아서 일일이 열거할 필요가 없다. 호기심과 열정을 억압하고, 학생들은 시간에 맞게 과제를 완성하는 식의 수업이 현재 학교에서 일상적으로 일어나는 일이다. 아이들이 학교에 오래 남아 있을수록, 가르치는 교과에 대한 흥미가 더욱 떨어진다는 것은 놀랄 일이 아니다. 학교에서 학습에 대한 관심이 감소하게 된 것은 많은 대규모 연구, 특히 과학에 관한 연구에서 두드러지지만 다른 교과나 전반적인 학교공부에서도 역시 결과는 마찬가지다.[27] 한 연구는 아이들의 그런 흥미감소는 피할 수 없는 현상이라고 주장한다.[28] 이 연구는 이스라엘의 다양한 공립학교에서 공부하는 5-8학년 학생들을 대상으로 과학에 대한 학생들의 흥미도를 조사했다. 전통적인 공립학교의 학생들은 일반적으로 학습에 대한 관심이 감소하는 현상을 나타냈으나 소위 민주적인 학교로 불리는 곳에서는 그렇지 않았다. 실제로 민주적인 학교에서 학생들의 과학에 대한 관심은 해마다 증가하는 것으로 나타났다. 8학년 학생들의 과학에 대한 관심은 일반학교보다 민주적인 학교에서 실제로 현저하게 높았다. 이스라엘의 "민주적인" 학교는 서드베리 벨리 학교처럼 자기 주도적 학습에 대해 관대하거나 민주적이지도 않지만 이 학교는 교육과정에서 전통적인 학교보다 더 많은 자유를 허용하고 있다. 이스라엘의 민주적인 학교에서 교사들은 과학시간이 되면 단순히 학습지에 제시된 목록을 순서대로 따르게 하는 것이 아니라, 학생들이 스스로 실험할 수 있도록 지원하고 있다.

놀이하는
마음의 상태

약 30년 전 제임스 미첼(James Michaels)을 중심으로 일단의 심리학자들이 버지니아 주립대학과 폴리테크닉 대학에서 연구팀을 구성하여 실제 환경에서 간단한 실험을 실시했다. 연구팀은 학생센터의 당구장을 서성거리며 포켓볼 친선경기를 관찰했다. 먼저 그들은 눈에 띠지 않게 조심스럽게 관찰하면서 당구치는 사람이 포켓에 공을 집어넣는 비율을 계산하여 신참자와 전문가로 분류했다. 그리고 당구치는 사람들에게 자신들의 경기가 평가 받고 있는 사실을 분명하게 해둘 생각으로 더 가까이 다가가서 관찰하기 시작했다. 당구치는 많은 사람들이 여러 게임을 하는 동안 실험자들은 이런 관찰을 중단하지 않았다. 그 결과 그들은 다음과 같은 사실을 발견했다. 밀착관찰을 했을 때, 전문가들은 밀착관찰을 하지 않았을 때보다 성공률이 더 높았다. 그러나 신참자들은 반대의 효과를 나타냈다. 대개 전문가의 평균 성공률은 71%-80%까지 상승한 반면, 신참자들은 36%

ㅡ25%로 하락했다.[1]

더 광범위한 과제를 이용한 다른 실험에서도 결과는 비슷하게 나타났다. 연구 대상자들이 자기수행이 관찰·평가되는 것으로 믿을 때, 이미 익숙한 사람들은 더 잘 했으며 아직 미숙한 사람들은 더 못하는 결과를 나타냈다. 자기수행이 관찰·평가되는 것을 의식할 때 나타나는 퇴보현상은 당구와 같은 신체적 과제보다도 어려운 수학문제를 풀거나 고전 철학자의 비판을 논박하는 것과 같은 정신적 과제에서 훨씬 더 많이 발견되었다.[2] 또한 창의적 사고나 까다로운 기술학습이 과제에 포함될 때, 관찰자나 평가자의 출현은 거의 모든 학습자들을 방해했다.[3] 평가자의 지위가 더 높을수록, 평가가 더 중요할수록, 학습방해의 정도는 더 심한 것으로 나타났다.

이런 원리, 즉 평가는 숙련된 학습자의 수행을 촉진시키고 미숙한 학습자들의 수행을 방해한다는 원리를 학생들에게 적용할 수 있는 여러 가지 이유가 있다. 학교의 목적은 전문가들의 실력을 자랑하는 것이 아니라 학생들의 학습과 실천을 증진시키는 데 있다. 그러나 전문가들의 지속적인 학생들의 감독과 평가는 이미 잘하는 학생들을 더욱 향상시키는 반면, 오히려 뒤쳐지는 학생들을 방해하기 위한 의도를 가지고 학교의 목적을 치밀하게 계획한 것으로 볼 수 있다. 어떻게 해서라도 어쩌면 집에서라도 이미 선행학습을 한 경험이 있는 아이들은 일반적으로 이런 학교환경에서 잘 수행할 수 있으나 그렇지 못한 아이들은 갈피를 잡지 못한 채 허둥댈 가능성이 높다. 이는 평가방식을 이미 알고 있는 아이들과 그렇지 못한 아이들 사이에 쐐기를 박아놓고 전자는 향상시키고 후자는 퇴보시키는 결과를 초래한다. 평가가 이런 폐해를 초래하는 이유는 학교가 학생들에게 놀이하는 태도와 반대되는 마음가짐을 형성시키기 때문이다. 새로운 기술학습, 새로운 문제풀기, 그리고 창조적인 모든 활동의 수행에 필요한 이상적 상태는 놀이하는 태도다.

본장에서 나는 심리학적 연구에서 얻은 4가지 일반적인 추론에 대해 논의하는 것이다. 나는 그것들이 모두 놀이의 교육적 힘을 잘 설명하고 있는 것으로 생각한다. 그 이후 놀이를 정의하고 각각의 명백한 개념들의 특성들이 놀이의 힘에 기여한 방식을 설명할 것이다.

놀이의 힘: 4가지 결론

여기서 논의하는 4가지 결론은 각각 수많은 실험에 의해서 지지를 얻은 것들이다. 이 결론들은 학습과 수행을 연구한 심리학자들과는 달리 교육학자들에게는 그다지 잘 알려지지 않은 것들이다. 전반적으로 아이들의 학습, 문제해결, 그리고 창의성은 놀이성을 방해하는 간섭에 의해 퇴보하고, 놀이성을 촉진하는 개입에 의해서 향상되는 것을 보여준다.[4]

잘 수행하려는 압력은 오히려 새로운 학습을 방해한다

이 결론은 본장의 서두에서 소개한 제임스 미첼 등이 수행한 연구의 지지를 받는다. 학습과 관련된 연구를 조사해보면 잘 수행하도록 압력을 가하는 가장 손쉬운 방법은 수행자가 분명히 알 수 있는 방법으로 그 수행을 관찰·평가하는 것이다. 수많은 실험에 의하면 이런 압력은 특정 과제를 아직 완전하게 숙달시키지 못했거나 해당 과제를 이제 갓 배우기 시작한 학생들의 수행을 퇴보시켰다. 수영장이나 수학풀이에서, 또는 재치 있는 반박을 떠올려야 하는 논쟁에서 "그냥 놀고 있는"사람들은 이미 과제를 완전하게 숙달시키지 못한 채 평가자를 감동시키려고 노력하는 사람들보다 더욱 잘 해냈다.

창의적이 되려는 압력은 오히려 창의성을 방해한다

심리학자 테레사 아마빌레(Theresa Amabile)는 브랜다이스 대학에서 창의성 연구에 전념하면서 거의 대부분의 시간을 보낸 독특한 경력의 소유자다. 전형적인 실험에서 그녀는 종종 몇 명의 아이들, 때로는 몇 명의 성인 등 다양한 사람들로 구성된 집단에게 정해진 시간 안에 그림 그리기, 콜라주 만들기, 시 쓰기 등을 요구했다. 각 실험에는 참여자의 흥미를 높일 목적으로 몇 가지 조작을 숨겨놓았다. 그녀는 아이들이 만든 작품을 평가하여 창의성의 순위를 매길 것이라거나, 또는 경연대회에 나갈 수 있다거나, 또는 창의적인 작품에 상을 줄 것이라는 사실을 일부에게만 말하고 나머지 아이들에게는 말하지 않았다.

프로젝트가 끝나자 그녀는 실험이 조작된 사실을 알지 못하는 평가단에게 창의성을 평가하도록 의뢰했다. 창의성의 정의는 쉽지 않지만 평가단은 자신들의 평가에서 중요한 몇 가지 일관성을 보여주었다. 그들은 독창적이고, 놀랍고, 게다가 어떻게 해서라도 평가단을 만족시키려 애쓰고, 유의미하고, 일관성을 유지했던 프로젝트에 가장 높은 점수를 주었다.

이 실험의 가장 중요한 결과는 다음과 같았다. 창의적인 작품에 대한 인센티브를 투입한 개입은 도리어 창의성을 감소시키는 효과를 나타냈다.[5] 후속 실험에서 대부분의 창의적인 결과물은 비인센티브 환경의 아이들, 즉 자기작품이 평가되지도, 경연대회에 나가지도, 어떤 상이 주어지지도 않는 분위기에서 일했던 아이들에게서 나왔다. 그들은 자신들이 그냥 재미삼아서 작품을 만든다고 생각했다.

본장의 전문용어로 그들은 놀고 있었다.

만약 당신이 사람들에게 밧줄을 힘껏 당기게 하거나, 약간 지루함을 견디게 하거나, 콩 껍질을 까게 하거나, 문장을 똑같이 베끼게 하는 것과 같은 반복적인 일을 시키길 원한다면, 인센티브를 제공하여 더 잘 하도록 할 경우, 소기의 목적을 달성할 수 있을 것이다. 만약 경연대회에 참석하거나, 눈에 띄게 관찰하거나, 성과에 대한 보수를 준다면, 그들의 수행은 향상될 것이다. 그러나 창의성은 그런 식으로 발동이 걸리지 않는다. 높은 인센티브는 과정을 개선하기보다 오히려 일을 망칠 수 있다. 당신은 정말 단순하게 노력하는 것으로, 정말 열심히 하는 것만으로는 창의적으로 될 수 없다. 창의성은 정신상태가 최적의 순간일 때 튀는 불꽃과 같기 때문에 높은 인센티브는 그런 상태를 엉망으로 만들 수 있다.

아마빌레 자신이 말한 것처럼, 그녀의 주장은 창의적으로 살아가는 사람들에게는 전혀 놀랄 일이 아니다. 위대한 업적을 남긴 수많은 소설가, 극작가, 예술가, 음악가, 그리고 시인들은 글이나 인터뷰에서 자신들은 창의적으로 생각하고 창의적인 작품을 만들기 위해서는 청중을 만족시키거나 비판하거나 또는 수상이나 인세 등은 아예 잊어야 했다고 말했다. 그런 모든 생각들은 창의성을 억압할 뿐이었다. 대신에 마치 작품 그 자체만을 위해서 창작하는 것처럼 그들은 자신들이 만들려고 애쓰는 작품에만 집중했다. 예를 들어 유명한 소설가 존 어빙(John Irving)은 글을 쓰면서 책이 팔릴 것을 걱정하느냐는 질문을 받자, 그는 "아닙니다. 아닙니다. 그런 말을 하면 안 됩니다. 당신은 그런 질문을 해서는 절대로 안 됩니다. … 글을 쓸 때는 오직 책에만 집중해야 합니다."라고 대답했다.[6]

놀이하는 분위기 조성은 창의성과 예리한 문제해결 능력을 향상 시킨다

폴 하워드 존스(Paul Howard-Jones)와 그의 동료들은 아마빌레의 고전적인 연구 이후에 실시된 한 실험에서 예술적인 창의성을 향상 시키는 방법을 증명해 보였다. 그들의 실험에서 어린 아이들은 콜라 주를 만들라는 요구를 받았고, 당시 평가단은 작품의 창의성을 평가 했다. 콜라주를 만들기 전에 일부 아이들은 소금반죽을 가지고 25분 동안 자유놀이를 하게 했다. 나머지 아이들은 25분 동안 교과서를 베끼는 등의 흥미 없는 과제를 하면서 시간을 보냈다. 실험결과는 놀이상황의 아이들은 비놀이상황의 아이들보다 더욱 창의적인 콜라 주를 만들었다는 평가를 받았다.[7]

다른 연구들, 즉 가장 저명한 심리학자이며 현재 코넬 대학의 교수인 앨리스 아이센(Alice Isen)은 통찰을 요구하는 문제해결 능력 에 관한 연구에서 분위기가 미치는 영향을 조사했다. 통찰을 요구하 는 문제는 사람들이 문제를 이전과는 다르게 보도록 유도하는 일종 의 창의적인 도약을 요구한다. 종종 그런 문제는 통찰의 순간에 도 달하기 직전까지 불가능한 것처럼 보이다가 나중에 해결방법이 분 명하게 드러나게 된다. 그런 문제의 고전적 사례에는 유명한 던컨 (Duncan)의 양초실험이 있다. 던컨의 실험은 그것이 실시된 1940년 이후에도 많은 심리학적 연구에서 수없이 인용되었다.

이 연구과제는 연구 참여자들에게 작은 양초, 종이성냥, 압정 한 통을 주고 양초에 불을 켜서 적당히 타게 한 후, 양초를 게시판 에 부착하게 하는 것이었다. 피실험자들에게는 자기가 받은 이외의 물건은 일절 사용할 수 없도록 금지시켰다. 문제를 해결하는 요령은 압정상자에서 압정을 쏟아낸 후 그 상자를 압정으로 게시판에 고정시켜 양초를 올려놓는 선반으로 이용하는 것이었다. 일반적인 실험 상황에서 명문대학의 엘리트 학생을 포함한 사람들은 대부분 정해진 시간 안에 문제를 해결하지 못했다. 아이센의 실험에서 양초문제를 제시하기 전에 첫 번째 대학생 참여자들에게는 엽기 코미디 프로그램을 편집한 5분짜리 동영상을 보여주었다. 두 번째 집단에게는 기계와 관련된 5분짜리 심각한 동영상을 보여 주었다. 세 번째 집단에게는 전혀 동영상을 보여주지 않았다. 결과는 매우 극적으로 나타났다. 다른 두 집단 학생들이 각각 20%와 13%의 성공률을 나타낸 것과는 대조적으로 코미디 동영상을 본 학생집단은 75%가 성공적으로 문제를 해결했다.[8] 양초문제와는 전혀 관련이 없는 단 5분의 유머는 대다수 참여자들이 문제를 해결할 수 있게 유도했다.

아이센과 그 동료들은 다른 실험을 통해서 분위기 조성은 생사가 달려있는 것과 같은 중요한 문제 상황은 물론 다른 수많은 상황에서도 통찰력을 향상시킬 수 있는 사실을 증명해 보였다. 연구자들은 그런 사례 중 하나로 실제로 진단이 까다로운 간질환 병력의 환자를 진찰하도록 요청받은 의사들의 실험사례를 소개했다. 이 실험에는 몇 가지 거짓정보를 의도적으로 투입했다. 이 거짓정보는 의사들이 적절한 정보를 판단하여 정확한 해결에 도달하는 것을 방해하게 하려는 데 목적이 있었다. 분위기 조성은 문제를 제시하기 전에 일부 의사들에게 작은 사탕봉지를 주는 것으로 끝이었다. 사탕봉지를 받은 의사들은 그렇지 않은 의사들보다 더 빨리 정확한 진단에 도달함으로써 아이센의 예측과 일치함을 보여주었다. 그들은 모든 정보를 보다 쉽게 참작하여 더 탄력적으로 추론함으로서 사탕봉지를 받지 않았던 의사들보다 거짓 유도에 덜 말려들었다.[9]

아이센과 그녀의 연구를 평가했던 다수의 연구자들은 "긍정적인 분위기"는 창의적이기 때문에 통찰력을 향상시키는 사실을 이런 실험이 증명한다고 주장했다. 나는 이를 더욱 구체화하여 가장 효과적이며 특별히 긍정적인 분위기의 유형은 **놀이하는 분위기**라고 주장할 것이다. 나는 코미디 동영상이 대학생들이 "야, 이 실험 참 재미있겠다. 이건 시험이 아니잖아."라고 느끼도록 유도한 것처럼 작은 사탕봉지가 의사들에게 비슷한 효과를 유발시킨 것으로 추측한다. 물론 정말로 심각한 진단 중인데도 의사들이 그런 분위기를 유지하는 것은 말도 안 될 테지만 말이다.

놀이하는 태도는 어린 아이들이 논리 문제를 해결하게 한다

디아(M. G. Dia)와 해리스(P. L. Harris)는 영국에서 실시한 한 실험에서 어린 아이들이 심각한 상황에서 해결할 수 없을 것으로 생각했던 논리문제를 놀이상황에서 해결할 수 있는 사실을 밝혀냈다.[10] 주어진 문제는 삼단논법으로서, 아리스토텔레스가 최초로 말한 고전적인 논리문제의 유형이었다. 삼단논법은 사람들이 특별한 결론이 사실인지, 거짓인지, 또는 모호한지(전제로부터 결정될 수 없는 경우) 여부를 결정하기 위하여 두 가지 전제에 들어있는 정보의 결합을 요구한다. 삼단논법은 전제가 구체적인 현실과 일치하게 되면 일반적으로 이해가 쉽지만, 전제가 사실에 반하게(현실과 모순) 되면 이해가 매우 어렵다. 영국의 연구자들은 이런 실험을 실시했던 당시의 일반적인 신념은 사실에 반하는 삼단논법을 해결할 수 있는 능력은 어린 아이들에게는 전혀 존재하지 않는 추론의 형태에 의해서만이 가능하다는 것이었다.

연구자들이 사용했던 반사실적 삼단논법(counterfactual syllogism)

의 사례를 소개하면 다음과 같다.

모든 고양이는 짖는다(대전제). 머핀은 고양이다(소전제). 머핀은 짖는가?

유명한 스위스의 발달 심리학자인 장 피아제(Jean Piage)를 포함한 이전의 연구자들은 약 10-11세 이하의 아이들은 일반적으로 삼단논법을 정확하게 이해하지 못한다고 주장했다. 이는 논리학자들이 정확한 답으로 간주하는 대답을 못한다는 의미다. 영국의 연구자들이 어린 아이들에게 이런 삼단논법을 심각한 분위기의 목소리로 말했을 때, 아이들은 피아제와 다른 연구자들이 기대했던 것과 동일하게 대답했다. 그들은 다음과 같이 말했다. "아니에요. 고양이는 야옹, 야옹해요, 고양이는 짖지 않아요." 아이들은 자신들의 구체적인 현실세계의 경험에 맞지 않은 전제에 대해서는 생각할 수 없는 것처럼 대답했다. 그러나 연구자들이 동일한 문제를 재미있는 목소리로 말했을 때, 그들은 가짜 세계에 대해 말하는 사실을 분명히 인식했으며 대체로 4세 정도의 아이들은 그 문제를 잘 해결했다. 그들은 "예, 머핀은 짖어요."라고 말했다.

이 문제에 대해 좀 더 생각해보자. 놀이를 하는 4세 아이는 약 10-11세가 될 때까지는 해결할 수 없을 것으로 생각되었던 논리문제를 쉽게 해결했다. 실제로 후속 연구는 더 낮은 연령 수준으로 내려가서, 심지어 2세 아이도 분명히 재미있는 방법으로 제시하면, 그런 문제를 해결할 수 있는 것을 보여주었다.[11] 나는 추후 이 사실이 이전에 많은 사람들이 생각했던 것처럼 놀라운 결과가 아닌 이유를 설명할 것이다. 그러나 아마 당신은 그들이 놀랄 수밖에 없었던 이유를 이미 알 수 있을 것이다.

이 모든 결론은 우리들에게 놀이의 힘을 말해준다. 학습, 창의성, 문제해결력은 놀이하는 태도의 조성에 의해서 촉진될 수 있으나, 평가, 보상기대, 또는 놀이하는 태도를 파괴하는 그 밖의 모든 것에 의해서는 저지된다는 것이다. 그러나 이는 새롭고 중대한 질문을 던진다. 놀이란 정확히 무엇인가? 놀이가 학습, 창의성, 문제해결력에서 그처럼 강력한 영향을 미치게 만드는 원인은 무엇인가?

놀이란 무엇인가?[12]

놀이의 개념을 깊게 생각하면 생각할수록 우리의 생각을 더욱더 모순으로 가득 차게 만든다. 놀이는 진지한 것 같으면서도 진지하지 않다. 사소한 것 같으면서도 심오하다. 상상적이며 자발적인 것 같지만 현실에 기초하며 규칙에 종속된다. 이는 유치한 것처럼 보이지만 성인들이 이루는 수많은 성취의 바탕이 된다. 진화론적인 관점에서 보면 놀이는 아이들과 어린 포유류 동물들의 생존을 위해서 배울 필요가 있는 것들을 확실하게 배우도록 보장하는 자연의 방법이다. 또 다른 관점에서 보면 놀이는 지구에 생존하는 생명을 가치 있게 만드는 신의 선물이다.

놀이를 정의하기란 쉽지 않다. 그러나 다소 시간을 내서 놀이를 정의하는 것은 가치 있는 일이다. 놀이의 특성에 대한 정의는 놀이의 교육력(educative power)을 설명하는 중요한 단서가 된다. 놀이에 대한 3가지 관점을 소개하면 다음과 같다. 이는 모두 일반적인 것들로서 기억할만한 가치가 있는 것들이다.

첫째, 놀이의 특성은 모두 행동 자체의 명백한 형태가 아닌 동기 및 정신적 태도와 깊은 관계가 있다. 공을 던지거나 못을 박거나, 또는 컴퓨터에서 타이핑을 하고 있는 두 사람이 있다고 하자, 이때 한 사람은 놀고 있는데 다른 사람은 그렇지 않을 수도 있다. 이 경우 놀고 있는 사람과 놀고 있지 않은 사람을 구분하여 말하기 위해서는 그들의 표정과 현재 그들이 그런 행동을 하고 있는 상세한 이유와 그 행동에 대한 태도로부터 추측한 결과를 고려해야 한다.

둘째, 놀이는 필연적으로 모 아니면 도가 아니다. 놀이는 0%에서부터 100%의 어느 범위에서든지 동기와 태도를 혼합하여 균형을 이룰 수 있다. 이런 이유로 **놀이하는**이라는 형용사는 조금씩 변할 수 있는 것으로 이해되며, 명사적 의미의 놀이보다 유용할 때가 많다. 명사적 의미의 놀이는 모 아니면 도로 해석되는 경향이 있다. 사람들은 자신들이 행하는 행동의 일부분을 상당한 정도까지는, "놀이하는 태도" 또는 "놀이하는 마음"으로 만들 수 있다. 보통 순수놀이(100% 재미있는 활동)는 성인보다 아이들에게 더 보편적이다. 이는 성인들의 놀이성은 대부분 책임과 관련된 태도와 동기가 혼합되어 있기 때문이다. 우리는 이 혼합지표를 정확하게 알지 못한다. 그러나 나는 이 책을 쓰는 내 행동은 80%가 놀이라고 추측한다. 그런 비율은 종종 내가 일을 진척시켜 나가는 정도에 따라서 달라질 수 있다. 그 비율은 마감시간이 정해져 있는 일이나 평가방법에 대해 고민되는 비평을 해야 할 때는 낮아지고, 내가 오직 현재의 연구나 저서에만 집중할 때는 높아진다.

셋째, 놀이가 어떤 단일 특성을 갖는 것으로 정의하는 것은 거의 불가능하며 오히려 몇 가지 특성을 종합하여 접근할 때 그 정의가 더욱 가능해진다. 나보다 앞선 수많은 놀이연구자들이 여러 가지 놀이의 특성을 주장해 왔지만 그것들을 요약하면 결국 5가지로 압축할 수 있다. (1) 놀이는 자기선택이며 자기 주도적이다. (2) 놀이는 목적보다 수단이 중시되는 활동이다. (3) 놀이는 실제적 필요성에 의한 강요가 아닌 놀이꾼의 마음에서 스스로 우러나오는 규칙과 구조를 갖는다. (4) 놀이는 있는 그대로의 사실이나 현실에 충실하지 않은 원시적이며 상상적인 것으로써 "현실"이나 "심각한" 생활로부터 벗어난 정신적으로 자유로운 것이다. (5) 놀이는 활동적이고 예민한 것을 포함하지만 스트레스가 없는 마음의 구조다.[13]

이 모든 특성들이 어떤 활동에 충분히 포함되어 있다면 대부분의 사람들이 그 활동을 놀이로 규정하는 빈도는 더욱 높아질 것이다. 내가 말하는 "대부분의 사람들"이란 단순히 연구자들만을 지칭하는 것이 아니다. 어떤 활동이 이런 5가지 특성을 충분히 포함하고 있다면 대부분의 어린 아이들도 그것에 당연히 놀이라는 꼬리표를 붙일 것이다. 이런 특성은 놀이의 개념을 우리의 직관을 통해서 포착한 것으로 볼 수 있다. 이 모든 특성들은 사람들의 행동 중에서 특히 동기나 태도와 부분적으로 관련된 사실에 주의할 필요가 있다. 다음에서는 이런 특성을 하나하나를 정교하게 만들어 놀이의 교육적 가치가 함의하는 것들을 기술함으로서 각각의 특성을 더욱 확장시킬 것이다.

놀이는 자기선택이며 자기 주도적이다

무엇보다도 놀이는 자유의 표현이다. 그것은 의무적인 것과 정반대의 것으로서 사람들이 스스로 행하기를 원하는 것이다. 아마 이는 놀이를 이해하는 거의 모든 사람들의 상식 중에서 가장 기본적인 특성일 것이다. 한 연구를 예를 들어보면, 유치원 교사들은 자신들이 휴식시간에 행했던 활동 중 자발적인 활동만 "놀이"로 분류했다. 반면 학교 교육과정의 일부를 차지하는 활동, 즉 손가락 그림

그리기, 계주경기, 이야기 듣기처럼 주로 흥미 중심으로 계획한 모든 활동은 "일"로 분류했다.[14]

놀이의 재미는 자유가 정점에 도달했을 때 느끼는 감정이다. 놀이라고해서 항상 미소와 웃음이 따르는 것은 아니며 미소와 웃음이 따른다고 해서 그것이 항상 놀이의 신호가 될 수는 없다. 그러나 놀이에는 항상 "예, 이것은 제가 지금 당장 하고 싶은 것인데요."라는 감정을 동반한다. 놀이꾼들은 누군가가 주도하는 게임의 졸병이 아니라 자율적인 행위자들이다. 놀이꾼들은 놀이를 할 것인지 말 것인지를 선택할 수 있으나 또한 그들은 놀이를 즐기는 동안 자기행동을 스스로 감독해야 한다. 내가 곧 주장하겠지만, 놀이에는 항상 일종의 규칙이 있다. 그러나 놀이는 모든 활동 중에서 가장 민주적인 것이기 때문에, 모든 놀이꾼들은 자유롭게 규칙을 수용해야 하며 만일 규칙을 변경하려면 모든 놀이꾼들의 동의가 있어야 한다. 사회놀이(한 사람 이상이 참여하는 놀이)에서 한동안 지도자로 부상하는 놀이꾼도 있지만 이는 어디까지나 다른 놀이꾼들이 동의해 주었을 때뿐이다. 리더가 주장하는 규칙은 적어도 암묵적일지라도 다른 모든 놀이꾼들의 동의를 얻어야 한다. 놀이에서 궁극적인 자유는 그만두는 자유다. 놀이를 계속하기를 원하는 놀이꾼들도 있고, 그만두기를 원하는 놀이꾼들도 있어서 모두가 행복하지 않다면 결국 놀이는 끝날 것이라는 사실을 놀이꾼들이 알고 있다. 그러므로 놀이는 자기를 만족시킴과 동시에 다른 사람을 만족시키는 방법을 배우는 가장 강력한 매개체가 될 수 있다. 나는 이와 같은 주장을 앞장에서 언급한 적이 있다. 제8장에서 그것을 더욱 상세히 언급할 것이다.

이처럼 놀이는 자기선택이며 자기주도적인 특성을 나타낸다. 그러나 이런 놀이의 특성은 아동놀이를 통제하려는(놀이를 파괴하려는)

어른들에 의해서 무시되는 바람에 좀처럼 드러나지 않았다. 어른들은 아이들과 어울려 놀 수 있고, 경우에 따라서 아동놀이의 지도자가 될 수 있다. 그러나 그러기 위해서는 적어도 아이들이 모든 놀이꾼들의 욕구와 욕망에 자신을 드러내서 보여주는 것에 버금가는 어른들의 민감성이 요구된다. 어른들은 모두 권위자로 비춰지는 공통적인 특성을 갖기 때문에 아이들이 아닌 어른이 주도하게 되면, 아이들은 규칙에 반대하거나 놀이를 그만 두기가 쉽지 않은 것으로 판단한다. 그 결과 가끔 어른들이 놀이를 주도하게 되면 많은 아이들은 그것을 전혀 놀이가 아닌 것으로 생각한다. 아이들 중 일부가 강요받는 것으로 느끼게 되면, 놀이정신은 없어지고 그 정신의 모든 이점은 그것과 함께 사라지고 만다. 학교에서 실시하는 수학게임과 어른들이 규칙을 정하고 지도하는 스포츠는 의무적으로 참여해야 하는 것으로 느끼는 아이들에게는 이미 놀이가 될 수 없다. 비록 어른들이 지도하는 게임이라도 그것을 자유롭게 선택한 아이들에게는 굉장한 기쁨이 될 수 있지만 그런 선택을 하지 않은 아이들에게는 끔찍한 벌로 느껴질 수 있다.

아동놀이에서 진실은 역시 성인놀이에서도 진실이다. 많은 연구에 의하면, 일할 시간과 방법을 자율적으로 정하는 성인들은 실제로, 특히 일이 어려웠을 때조차, 일을 놀이처럼 즐겼던 경험을 반복하는 공통적인 경향이 있었다. 대조적으로 자기 일에 대해 거의 창의력을 투입하지 못하고 다른 사람의 지시에 따르는 사람들은 거의 놀이로서 일을 경험하지 못한 결과를 나타냈다.[15] 더구나 많은 조사연구는 일을 하도록 강요하는 느낌을 받을 때보다 스스로 선택했을 때 사람들은 더욱 완벽하고 효과적으로 일하는 사실을 보여주었다.[16] 어떤 일을 하도록 강요받을 경우 사람들은 요구조건에 맞추기에 급급해서 최소한으로 필요한 일만 하는 경향이 있었다. 나는 이런 결과가 사람들을 전혀 놀라게 하지 않을 것으로 확신한다. 사회과학자들은 이런 자명한 사실을 증명하기 위해서 상당히 먼 길을 돌아와야 했다. 그럼에도 불구하고 사람들이 유독 아이들에게서 이런 자명한 사실을 잊고 지내는 것은 흥미로운 일이 아닐 수 없다. 나이와 관계없이 모든 사람들이 다른 사람으로부터 엄격한 통제를 받기보다 자유와 자기 주도성을 더욱 선호하는 것은 말할 나위가 없을 것이다. 비슷한 상황에 처한 어른들이 그러는 것처럼 아이들도 학교에서 "공부하라"고 강요할 때, 그들은 벌을 피해 무난히 해낼 수 있는 정도에서 가능한 최소한의 학습만 하려는 경향이 있다.

놀이는 목적보다 수단에 의해서 동기화 된다

우리가 무엇을 하도록 다른 사람에 의해서 유도되지 않고 있다고 느낀다면 우리의 행동은 대부분 "자유"일 것이다. 그러나 다른 의미에서 보면 자유가 아니거나 적어도 자유를 경험하지 못한 것으로 볼 수 있다. 이런 행동들에는 우리가 필요로 하거나 욕망하는 어떤 목적을 성취하기 위해서 반드시 하지 않으면 안 된다고 느끼는 것들이 있다. 우리는 가려움을 멎게 하기 위해서 가려운 곳을 긁고, 호랑이의 먹잇감이 되는 것을 피하기 위해서 도망치고, 좋은 시험점수를 얻기 위해서 재미없는 공부를 하고, 돈벌이를 위해서 지루한 작업을 한다. 만약 가려운 곳, 호랑이, 시험, 돈의 필요성이 없다면, 우리는 긁거나, 도망가거나, 공부하거나 또는 지루한 일을 하지 않을 것이다. 이런 것들은 우리가 놀지 않고 일하는 것을 말해주는 사례들이다.

우리가 활동 그 자체에서 벗어나 어떤 목적이나 목표를 달성하기 위한 특정 활동을 한다면 그것은 놀이가 될 수 없다. 만약 우리가 놀지 않고 있다면 우리 행동이 지향하는 가장 소중한 목적은 그 행동으로 인해서 나타난 결과일 것이다. 물론 그런 행동은 목적달성을 위한 단순한 수단일 수 있다. 우리가 놀지 않고 있다면 우리는 일반적으로 우리의 목적을 달성하기 위해서 가장 짧은 기간 동안 가장 적은 노력을 요하는 수단을 선택할 것이다. 예를 들어, 비유희적인 학생은 그가 원하는 "A"학점에 필요한 최소한의 공부만 할 것이다. 즉 그는 좋은 시험성적을 얻을 수 있는 목적에 적합한 공부만 할 것이다. 그러므로 그런 목적과 관계가 없는 학습이라면 어떤 것도 그에게는 낭비적인 노력에 불과하게 될 것이다.

그러나 이 모든 것들은 놀이에서 완전히 뒤집힌다. 놀이는 주로 놀이 자체의 순수한 목적을 위해서 이루어지는 활동이다. 유희적인 학생들은 교과공부를 즐기기 때문에 거의 시험걱정을 하지 않는다. 놀이의 관심은 목적이 아닌 수단에 초점이 맞춰져 있기 때문에 놀이꾼들은 목적달성을 위해서 반드시 가장 쉬운 길을 찾지 않는다. 생쥐를 **먹잇감**으로 삼는 고양이와 이와 대조적으로 생쥐를 먹잇감이 아닌 놀이대상으로 삼아서 **놀고 있는** 고양이를 비교해 보자. 전자는 생쥐를 죽이기 위해서 가장 빠른 길을 선택할 것이다. 후자는 매번 생쥐를 놓아주고 다시 잡기를 반복하면서 모두가 효과적인 방법은 아닐지라도, 생쥐를 잡을 수 있는 여러 가지 방법을 시도해 볼 것이다. 먹잇감을 구하는 고양이는 목적을 즐긴다. 놀기 좋아하는 고양이는 수단을 즐긴다(물론 생쥐는 이 중 어느 것도 즐기지 않겠지만). 이 모든 것들은 놀이는 외적 동기화(행동 자체로부터 분리된 어떤 보상에 의해서 동기화 되는 것)가 아닌 내적 동기화(행동 자체에 의해서 동기화 되는 것)에 의해서 행해지는 놀이의 새로운 특성을 시사한다.

종종 놀이에도 목적이 있는 경우가 있다, 그러나 그 목적은 단순히 놀이를 즐기는 것이 아니라 놀이의 내적인 측면을 경험하는 데 있다. 놀이의 목적은 놀이의 성취수단에 종속된다. 예를 들어, 구성 놀이(어떤 것을 재미있게 만드는 행동)는 항상 놀이꾼들의 마음 속에 있는 대상을 **창조**하려는 목적을 갖는다. 그러나 그런 놀이의 주요 목적은 대상소유가 아닌 대상창조라는 점에 주의할 필요가 있다. 모래성을 쌓는 아이들에게 만약 어른들이 몰려와서 "지금 너희들이 하고 있는 모든 것들을 당장 그만둬라, 내가 너희들을 위해서 더 멋진 성을 만들어 줄 테니까."라고 말한다면, 아이들은 행복해하지 않을 것이다. 오히려 이런 말은 아이들의 재미와 흥미를 망쳐놓기 십상일 것이다. 유사 경쟁 게임을 하는 아이들이나 성인들에게는 점수를 올려서 승리해야 하는 목적이 있다. 그러나 만약 그들이 진짜 놀이를 하고 있다면, 그들에게 동기를 불러일으키는 것은 점수 그 자체나 승리자의 지위가 아니라 점수를 얻고 승리하려고 노력하는 과정일 것이다. 만약 누군가가 규칙을 따르는 것이 좋겠지만 속임수를 써서라도 승리하는 편이 더 나을 것으로 판단한다면, 그는 결코 놀이를 하고 있지 않을 것이다.

만약 성인들이 자기가 하는 일이 어느 정도나 놀이라고 할 수 있을 것인지 시험해보고 싶다면 다음과 같은 질문을 던질 수 있다. "내가 현재 이 일을 하고 있기 때문에 받는 동일한 보수와 보상, 미래의 보수에 대한 동일한 전망, 사람으로부터 받을 동일한 양의 칭찬, 그리고 세상을 위해서 좋은 일을 하고 있다는 동일한 감정을 만약 내가 이 일을 하지 않을 경우에도 얻을 수 있다면, 나는 이 일을 그만둘 수 있을까?"의 경우 만약 사람들이 망설임 없이 그만둔다면, 그 일은 놀이가 아닐 것이다. 만약 사람들이 망설이면서 그만 두거나 그만 두지 않는다면 그 일은 놀이일 것이다. 이는 사람들이 일을 통해서 받는 외적 보상과 별개로 그 일을 즐기는 의미이기 때문이다.

스키너(B. F. Skinner)는 20세기 중반의 심리학계를 자신의 이론으로 지배했던 유명한 행동주의 심리학자이다. 그는 인간은 욕구하는 목적이나 보상, 혹은 "강화"라고 부르는 것을 얻기 위해서 행동한다는 개념을 바탕으로 완벽한 심리학 이론을 구축·발전시켰다. 심리학은 다행히 스키너의 협소한 관점에서 벗어났으나 그 변형은 아직도 경제학자들을 지배하고 있다. 경제학자들은 사람을 합리적인 회계사로 보는 경향이 있다. 그들의 합리성은 최소량의 노력으로 최대량의 재화나 화폐를 획득할 것을 촉구한다. 현대 경제학이론은 시대에 뒤떨어진 스키너 심리학처럼, 사람들이 원하지 않는 것을 사람들이(그리고 쥐가) 실행하도록 유도하는 방법을 설명하는 데는 매우 효과적으로 작동하지만, 우리 눈을 놀이로 돌리는 순간 이 이론은 금세 붕괴된다. 그러나 우리 인간이 실행하는 활동 속에는 대부분 어느 정도 놀이가 스며있기 때문에, 인간행동을 이해하는 데 스키너 심리학과 현대 경제학이론은 제한적이나마 유용성을 갖는다고 할 수 있다.

활동은 놀이가 아닌 일이라는 생각을 심어줌으로써 연구자들은 때로는 보상이 사람들이 활동에 참여할 가능성을 실제로 **감소시키**는 것을 보여주었다. 물론 마크 트웨인은 내가 아는 어떤 행동주의 과학자보다도 인간의 행동을 더욱 잘 이해하고 있었다. 그는 역시 오래 전에 우리들에게 이 원리를 일깨워 주었다. 톰 소여는 그의 친구 벤에게 수고비를 지불하기는커녕 마치 벤이 누릴 특권에 대해 그에게 비용을 지불해야 할 것처럼 행동함으로써, 벤이 즐거운 마음으로 울타리에 흰색 페인트를 칠하게 만들었다. 1970년대에 실시된 미시간 대학의 한 고전적인 실험에서 일단의 연구자들은 톰 소여와는 정반대로 일을 하게 만들었다. 그들은 유치원 아이들의 활동에 보상을 제공함으로써 이전에는 재미있던 활동을 일로 변화시켰다.[17] 처음 실험에서 연구자들은 관찰을 통해 모든 아이들이 사인펜으로 즐겁게 그림을 그리는 광경을 살펴보았다. 아이들은 그림을 그리면서 꽤 오랫동안 자유 시간을 보내고 있었다. 다음 실험에서 연구자들은 아이들을 세 집단으로 나누었다. 기대-보상 집단에게는 사인펜으로 그림을 그린 "우수한 화가"라는 매력적인 자격증을 받을 것이라고 미리 말해 주었다. 비기대-보상 집단에게는 먼저 그림을 그리게 하고 나중에 깜짝쇼로 자격증을 주었다. 비기대-비보상 집단에게는 그림을 그리게 하고 아무 것도 주지 않았다. 이 실험은 각 집단의 아이들이 다른 집단에서 일어나고 있는 일을 알지 못하도록 통제하는 방식으로 실시되었다.

　이 실험을 통해서 얻은 두 가지 중요한 결과는 다음과 같다. 첫째, 평가자들을 어느 집단의 그림인지 알 수 없게 통제한 후 실시한 평가에서 기대-보상 집단은 다른 두 집단보다 훨씬 더 낮은 수준의 평가를 받았다. 둘째, 기대-보상 집단은 이후의 자유놀이 시간에 사인펜 그림을 그리며 보내는 시간이 다른 두 집단에 비해 약 절반 수준에 머물렀다. 비기대-보상 집단과 비기대-비보상 집단 간에는 아무런 차이도 없었다. 연구자들은 연구결과를 해석하면서 기대-보상 집단이 그림 그리는 행동을 자신들의 관점에서 재구조화하게 만든 증거가 바로 보상이라고 주장했다. 즉 아이들은 그림 자체를 위해서 그리는 어떤 순수한 기쁨이라기보다 오히려 보상을 위해서 그리는 것으로 인식했다는 것이다. 그러므로 아이들이 그림을 그릴 때는 노력을 덜 투입하고(오직 보상을 받을 정도만), 이용할만한 보상이 없을 때는 그림 그리기를 회피하려는 경향이 있었다. 비기대-보상 집단에서는 이런 효과가 없었는데 이는 보상이 동인으로 기여할 수 없었기 때문이다. 비기대—비보상 집단의 아이들은 자격증을 얻을 수 있는지를 알지 못했기 때문에 그들은 스스로 "나는 자격증을 얻기 위해서 이 그림을 그리고 있어."라는 인식을 할 수 없었다. 많은 후속 실험에서 더욱 다양한 활동과 보상을 이용하여 성인은 물론 아이들에게서도 비슷한 결과를 얻었다.[18]

　이런 결과가 함의하는 것은 매우 자명하다. 보상과 결과에 지나치게 집중하게 되면 놀이를 망친다는 것이다. 경쟁게임에서는 승리라는 목적이 단순히 게임을 즐기려는 목적을 앞지르는 경우가 비일비재하다. 주로 다른 사람이 아닌 내가 더 잘할 수 있는 것을 보여주거나 승리의 "필요성"을 느끼는 팀을 지원하는 수단이 될 때, 게임은 놀이가 아닌 그 이상의 다른 것이 된다. 활동에 참여하는 주된 이유가 보상이 될 때, 모든 종류의 놀이는 망가질 수밖에 없다. 만약 학교가 보상과 처벌을 통해서 아이들을 격려함으로써 그들이 즐길 수 있는 활동을 일로 변화시키는 시도를 하지 않는다면, 나는 우리 대다수가 역사, 수학, 과학, 그리고 외국어 등을 충분히 즐길 수 있게 될 것으로 생각한다.

놀이는 정신적 규칙을 따른다

　놀이는 자유로운 선택활동이지만 그렇다고 틀이 없는 형태의 활동은 아니다. 놀이에는 항상 구조가 있으며 이는 놀이꾼들의 정신적 규칙에서 유래한다. 이 점은 실제로 놀이의 수단에 대한 관심을 증폭시킨다. 놀이의 규칙은 수단이다. 놀이를 한다는 것은 자기선택의 규칙에 따라서 행동하는 것이다. 이 규칙은 자동적으로 따르게 되는 물리학 법칙과 다르고 생물학적 본성과도 다르다. 오히려 놀이의 규칙은 때로는 명심하여 준수하려는 의식적인 노력이 요구되는 정신적 개념이다.

예를 들어, 구성놀이의 기본 규칙은 특정 대상물의 제작이나 디자인을 목표로 정한 후 거기에 알맞은 매체를 선택하여 작업을 하는 것이다. 당신은 아무렇게나 블록을 쌓지 않는다. 당신은 정신적 이미지에 따라서 만들려는 대상을 의도적으로 조정한다. 외부에서 보면 거칠게 보이는 난투놀이(재미로 하는 싸움과 추적)조차도 규칙의 제재를 받는다. 예를 들어, 싸움놀이에 항상 존재하는 규칙은 당신이 진짜 싸우는 행동을 일부 흉내내지만 다른 사람들을 진짜로 가격해서는 안 된다는 것이다. 당신은 전력을 다해 공격하지도 않는다 (적어도 두 사람 중에서 당신이 더 강하다고 해도). 당신은 차거나, 물거나, 할퀴지 않을 것이다. 싸움놀이는 실제 싸움보다 더 많은 제재를 받는다. 그것은 항상 제약을 동반하는 연습일 뿐이다.

가장 복합적인 놀이의 형태, 즉 규칙중심놀이 중에는 놀이 연구자들이 사회극 놀이라고 부르는 것이 있다. 사회극 놀이는 아이들이 "소꿉놀이"를 하거나 결혼행위를 흉내내거나 슈퍼 영웅으로 가장할 때처럼 역할이나 장면을 재미있게 연출하는 놀이다. 여기서 기본규칙은 당신이 수행하는 역할을 알고 다른 놀이꾼들과 이해를 공유하여 이를 준수해야 하는 것이다. 만약 당신이 "소꿉놀이" 게임에서 애완용 개라면, 당신은 말하기보다는 짖고, 네발로 걸어야 한다. 만약 당신이 원더우먼이라면, 그리고 당신의 놀이친구가 원더우먼은 결코 울지 않는다고 믿는다면, 당신은 넘어져서 상처를 입었을 때조차 절대로 우는 것을 삼가야 한다.

러시아 심리학자인 레브 비고츠키는 5세와 7세인 실제 두 자매의 이야기를 빌려서 사회극 놀이에서 나타나는 규칙중심의 특성을 설명했다. 이 자매들은 종종 자신들이 사이좋은 자매인 것처럼 가장한 **역할을 연기했다.**[19] 실제 자매로서 그들은 자신들이 자매지간이라고 생각한 적이 거의 없었으며 서로 간에 공통된 행동방식도 찾아볼 수 없었다. 그들은 어쩌다 가끔 즐거운 시간을 보냈을 뿐 서로 싸우고 무시하면서 지내기 일쑤였다. 그러나 자매연기를 할 때만은 달랐다. 그들은 자매가 행동하는 방식을 공유하여 항상 정형화된 방식대로 행동했다. 그들은 같은 드레스를 입고, 같은 말을 하고, 서로 팔짱을 끼고 걸었으며, 그들이 서로 비슷한 점, 다른 사람들과는 다른 점 등에 대해 이야기를 나눴다. 자기통제, 정신적 노력, 규칙을 따르는 모습은 실제 자매일 때보다 놀이를 하는 도중에 훨씬 더 자주 나타났다.

공식게임은 가장 명시적인 규칙놀이 중 하나에 속한다. 서양장기와 야구와 같은 게임이 대표적인 공식게임이다. 이런 게임에는 축어적으로 상세화된 규칙이 있는데 이는 해석의 모호성을 최소화하기 위해 마련된 장치다. 이런 게임의 규칙은 일반적으로 한 세대의 놀이꾼들에서 다음 세대의 놀이꾼들에게 전수되는 것이 공통적이다. 우리 사회의 공식게임은 대부분이 경쟁적이기 때문에 공식적 규칙의 목적은 모든 경쟁자들에게 동일한 제약이 평등하게 적용되는 점을 확실히 보장하는 데 있다. 공식게임의 놀이꾼들은, 만약 진짜 놀이꾼들이라면, 그들은 게임을 하는 동안 이런 규칙들을 자신의 것으로 만들어야 한다. 물론 그런 게임의 "공식적"형태를 제외하고 일반적으로 놀이꾼들은 자기욕구와 필요에 맞게 규칙을 변경할 수 있지만, 변경된 내용은 각각 모든 놀이꾼들의 동의가 있어야 한다.

여기서 주안점은 모든 놀이형태에는 상당한 자기통제가 포함되어 있다는 것이다. 놀이가 아니라면 아이들은(성인) 자신들의 즉각적인 생물학적 욕구, 감정, 기분에 따라 제멋대로 행동할 것이다. 그러나 놀이라면 아이들은 자신과 자신의 놀이친구들이 게임을 적절하게 즐길 수 있는 방식에 따라서 행동해야 한다. 놀이는 놀이꾼 자신들이 만들고 수용한 규칙에 의해서 구조화되기 때문에 반드시 놀이꾼들을 끌어들여 황홀하게 만든다.

규칙중심놀이의 특성을 매우 강조했던 놀이 연구자는 바로 위에서 언급한 비고츠키다. 1993년에 첫 출간된 발달과정에서 놀이의 역할이라는 논문에서 비고츠키는 놀이가 자발적이며 자유롭다는 개념과 놀이는 반드시 규칙에 따라야 한다는 개념 간에 존재하는 역설에 대해 말했다.

놀이는 기쁨과 관계가 있기 때문에 놀이에서 [아이들]이 자기가 하고 싶은 것을 하기 위해서 가장 저항이 적은 입장을 취하는 것과 동시에 규칙에 따르고 충동적인 행동을 단념하는 것이 놀이의 기쁨을 극대화 시키는 방법이기 때문에 자신을 규칙에 종속시켜 자기가 원하는 것을 포기함으로서 가장 저항이 심한 입장을 취하는 것을 배우는 것은 … 역설이 아닐 수 없다. 놀이는 아이들에게 즉각적인 충동과 반대되는 방향으로 행동할 것을 요구하는 상황을 끊임없이 만들어낸다. 한 걸음씩 내딛을 때마다 아이는 게임의 규칙과 갑자기 충동적으로 저지른 행동의 결과 간에 발생할 갈등에 직면한다. … 그러므로 놀이의 본질적 특성은 욕망이 된 규칙이다. … 그 규칙은 최강의 충동이기 때문에 승리한다. 그런 규칙들은 내적인 규칙, 자기통제의 규칙, 자기결정의 규칙이다. … 이처럼 아이의 위대한 성취는 놀이를 통해서 이루어진다.

그 성취는 장래 자신의 진짜 행동과 가장 기초적인 도덕성이 될 것이다.[20]

비고츠키의 주장은 아이들이 가지고 있는 놀이의 욕구는 매우 강하기 때문에 자기통제를 배우는 강력한 동기가 될 수 있다는 것으로 요약될 수 있다. 아이들은 놀이를 통해서 더 많은 잔여기쁨을 찾기 때문에 규칙에 반하는 충동과 유혹에 저항한다. 나는 아이들은 규칙이 부담스럽게 느껴지면 그만 둘 자유가 있기 때문에 놀이규칙을 욕망하고 수용하는 사실을 비고츠키의 분석에 덧붙일 것이다. 이를 기억한다면 역설은 피상적일 수 있다. 아이들은 언제라도 놀이를 그만두는 선택이 가능하기 때문에 아이들의 실제생활의 자유는 놀이규칙에 따른 제약에서 벗어난다. 이는 놀이의 정의에서 그만 둘 자유가 이처럼 중요한 측면을 차지하는 또 다른 이유가 된다. 그런 자유가 없다면, 놀이규칙은 지탱할 수 없게 될 것이다. 현실세계에서 원더우먼처럼 행동할 것을 요구하는 것은 끔찍한 일이지만 당신이 항상 자유롭게 떠날 수 있는 놀이영역에서는 그런 행동이 굉장히 즐거운 일일 수 있다.

놀이는 상상적이다

놀이의 또 다른 명백한 역설은 심각하지 않으면서도 심각하고, 현실적이지 않으면서도 현실적이라는 것이다. 놀이를 통해서 사람들은 물리적으로 실제세계에 거주하면서 종종 실제세계에 관한 소품을 실제세계에서 이용함으로써 놀이꾼들이 실제라고 말할지라도 어떤 면에서는 정신적으로 제거된 실제 세계로 들어온다.

사회극 놀이에서 상상력 또는 판타지는 너무 당연한 것이며 놀이꾼들은 거기서 인물과 줄거리를 구상한다. 그러나 이는 다른 놀이의 형태에도 어느 정도 존재한다. 난투놀이에서 싸움은 진짜가 아닌 장난이다. 구성놀이에서 놀이꾼들은 성을 쌓는다고 말하지만, 그것이 진짜가 아닌 가짜 성이라는 것을 안다. 명시적인 규칙에 따르는 공식적 게임에서 놀이꾼들은 규칙을 바탕으로 이미 확정된 허구상황을 받아들인다. 예를 들어, 현실세계에서 비숍(Bishop)은 자기가 선택한 방향으로도 이동하지만 체스라는 환타지 세계에서는 오직 대각선 방향으로만 이동한다.

놀이의 판타지 측면은 규칙을 중심으로 하는 놀이의 특성과 긴밀한 관계가 있다. 놀이는 판타지 세계에서 일어나기 때문에 자연법칙이 아닌 오히려 놀이꾼들의 마음에 있는 정신규칙의 지배를 받는다. 실제로 사람들은 진짜 말이 나타나지 않으면 말을 탈 수 없으나, 놀이꾼들은 게임규칙에 그것을 규정해 놓았거나 허용할 경우에는 언제든지 말을 탈 수 있다. 실제로 빗자루는 그냥 빗자루에 불과하지만 놀이에서라면 그것은 말이 될 수 있다. 실제로 체스의 말은 조각된 나무일뿐이지만, 체스에서 그것은 명확하게 확립된 능력이나 이동이 제한된 비숍이나 기사가 된다. 이런 것들은 체스의 조각된 나무 그 자체에서는 어떤 시사도 받을 수 없는 것들이다. 허구상황이 게임규칙을 압도한다. 즉 게임을 하는 실제적인 자연세계는 이차적일 뿐이다. 놀이를 통해서 아이들은 세계를 관장하는 것을 배우며 단순히 그것에 수동적으로 반응하지 않는다. 놀이에서 아이들의 정신개념이 압도적 우위를 차지하기 때문에 아이들은 자연세계의 이용 가능한 요소들로 그런 개념을 충족시킨다.

비록 일부 놀이의 형태에서 더욱 분명하게 나타나는 경향이 있지만 모든 종류의 놀이에는 "경기 시작"과 "경기 끝"이 있다. 경기 시작은 허구의 시간이다. 경기 끝은 일시적으로 현실로 돌아가는 것이다. 아마 그 때 신발 끈을 매거나 화장실에 가거나, 규칙을 따르지 않은 놀이친구의 실수를 지적할 것이다. 사람들은 셰익스피어의 햄릿이 무대 위에서 그를 단순히 자기 계부를 살해하는 척하고 있을 뿐이라고 말하지 않는 것처럼, 경기가 일단 시작되면, "나는 지금 놀고 있어."라고 말하지 않는다.

종종 성인들은 아이들이 놀이를 하는 동안 아이들이 보여주는 놀이의 심각성 때문에, 그리고 아이들이 스스로 놀고 있다고 말하기를 거부하기 때문에 혼란스러움을 겪게 된다. 어른들은 아이들이 판타지와 현실을 구별하지 못한다는 불필요한 걱정을 한다. 내 아들이 4살이었을 때, 그는 가끔 슈퍼맨 놀이를 여러 날 계속하던 시기가 있었다. 그 시기에 그는 오직 슈퍼맨이 되는 척하는 사실을 강하게 부정했고, 이는 유치원 선생님을 걱정하게 만들었다. 그는 실제로 높은 빌딩에서 뛰어내리거나 철도에서 진짜 기차를 멈추게 하려는 시도를 결코 하지 않을 것이며, 마침내 그가 스스로 망토를 벗어 던지고 타임아웃을 선언하면, 그가 놀고 있었다는 사실을 인정할 것이라고 내가 말했을 때, 그 선생님은 다만 겉으로만 진정될 뿐이었다. 놀이는 놀이라고 인정하는 것은 마력을 제거하는 것과 같다. 이는 경기 시작을 자동적으로 경기 끝으로 전환시킨다.

인간본성의 놀라운 사실은 심지어 2살 난 아기도 현실과 가상의 차이를 인지한다는 것이다.[21] 2살 난 아기가 상상의 물로 가득 찬 컵을 인형 위에 쏟고서, "오, 오, 인형이 다 젖었어."라고 말할 때, 아기는 실제로 인형이 물에 젖지 않은 사실을 알고 있다. 그런 어린 아기에게 무엇을 하는 척하는 미묘한 개념을 가르치는 것은 불가능할 것이다. 그러나 그들은 이해한다. 분명히 실제적인 방식과 구분되는 허구적인 사고방식과 그 방식을 유지하려는 능력은 타고난 인간의 정신이다. 그런 선천적인 능력은 타고난 놀이능력의 일부분이다.

성인놀이에서 놀이의 환상적인 요소는 아동놀이에서만큼 분명하거나 완전히 꽃피지 않는다. 일반적으로 성인들의 놀이가 100% 다양하지 않은 이유 중 하나는 이것 때문이다. 그러나 나는 성인들이 수행하는 역할의 대부분은 아닐지라도 판타지는 충분히 큰 역할을 차지하고 있으며 성인의 활동 중에서 놀이가 차지하는 정도를 파악하는 것이 우리의 직관적 감각에서 중요한 요소라고 주장한다. 집을 설계하는 건축가는 진짜 집을 설계하고 있을 것이다. 그러나 건축가는 상당한 상상력을 동원하여 사람들이 그 집을 사용하는 방식을 상상하고, 그것을 그가 마음에 두고 있는 상당한 심미적 개념과 일치시키면서 집을 시각화 할 것이다. 진짜 집이 되기 전에 건축가가 종이 위에 그의 마음속에 있는 가상적인 집을 짓는다고 말하는 것은 매우 당연한 것이다. 과학자는 상상력을 이용하여 주지의 사실을 설명하기 위한 가설을 세우면서 사실 자체를 능가하려고 한다. 아인슈타인은 수학과 이론물리학에서 이룩한 자신의 창조적인 성취를 "조합놀이"로 불렀다. 그는 자신이 빛줄기를 추적하여 그것을 붙잡는 상상을 하고 또한 그 결과를 상상함으로써 상대성을 이해하게 되었다고 주장했다.[22] 종종 천재는 상상력이 풍부한 어린 아이들의 능력을 어떻게 해서라도 어른 세계에서 보유하여 그런 사람이 된 것처럼 보인다. 우리 모두의 추상적인 능력, 가설적인 사고는 우리가 실제로 경험하지 않은 상황을 상상하고 그런 상상에 기초하여 논리를 추론하는 우리의 능력에 달려있다. 이는 평범한 모든 아이들이 놀이를 통해서 일상적으로 연습하는 능력이다.

내가 본장에서 기술한 내용의 약 80%를 내가 놀이로 생각했다면, 나는 그것을 시도하려는 내 자유로운 감정, 그 과정에서 얻는 내 기쁨, 그리고 나 자신의 것으로 받아들인 규칙(글쓰기에 대한)에 따를 뿐 아니라, 거기에 상당한 정도의 상상력이 포함되어 있다는 것을 계산하고 있을 것이다. 나는 사실의 날조가 아닌 그것을 함께 묶는 방법을 구상하고 있을 것이다. 더구나 나는 내가 만들려고 하는 것, 아직까지 구체적인 현실로 존재하지 않는 전체 구조에 그것을 어떻게 알맞게 맞출 것인지 계속 상상할 것이다. 그래서 마치 그것이 아이들이 모래성을 쌓게 하거나 슈퍼맨이 되는 척하게 만드는 것처럼, 판타지는 내가 이 일을 하도록 재촉할 것이다.

그러므로 놀이는 상상을 촉진하는 마음의 상태다. 놀이하는 분위기에서 아이센의 실험에 참여했던 대학생들은 양초에 올려놓을 수 있는 선반으로 압정상자를 이용하는 상상을 할 수 있었다. 놀이하는 분위기에서 디아즈와 해리스에 실험에 참여했던 4살 된 아이들은 모든 고양이가 짖는 세계에 대해 생각하고 상상할 수 있었다. 놀이하는 분위기에서 아마빌레의 실험에 참여했던 아이들은 외적인 인센티브가 없어도 창의적인 방법을 상상하여 그림을 그리고 콜라주를 만들고 시, 이야기 등을 쓸 수 있었다. 놀이하는 분위기에서 아인슈타인은 운동과 시간의 상대성을 상상할 수 있었다. 우리가 학교에서 아이들에게서 놀이를 박탈해놓고 그들이 가설적으로 생각하고 창의적으로 되기를 기대하는 것은 얼마나 큰 범죄인가?

놀이는 신중하면서도 활발하지만 스트레스가 없는 마음의 상태다

놀이의 마지막 특성은 다른 특성으로부터 자연스럽게 얻어지는 것이다. 놀이는 과정과 규칙에 유의하는 동시에 자기행동을 의식적으로 통제하기 때문에 신중하면서도 활동적인 태도를 요구한다. 운동경기의 선수들은 환경으로부터 단순히 정보를 수동적으로 흡수하거나 자극에 반사적으로 반응하거나 습관에 따라서 자동적으로 행동하지 않는다. 그들은 자신들이 수행하고 있는 행동을 능동적으로 생각해야 한다. 그러나 놀이는 외부의 요구나 생물학적 욕구에 즉각 반응하지 않기 때문에 놀이꾼들은 스트레스로 작용하는 강한 충동과 감정으로부터 상대적으로 자유롭다. 또한 놀이꾼의 관심이 결과보다 과정에 집중되기 때문에, 그리고 놀이의 영역이 결과가 중요시되는 심각한 세계로부터 제외되어 있기 때문에, 놀이꾼의 심리상태는 실패의 두려움 때문에 흔들리지 않는다. 놀이하는 마음은 신중하면서도 스트레스가 없는 상태다.

놀이의 심리상태는 연구자들이 "몰입"이라고 부른 것과 동일한 의미다.[23] 오직 활동에만 주의를 집중하게 되면 자아와 시간의식이 감소한다. 정신은 생각, 규칙, 게임행동에 몰입되기 때문에 상대적으로 외부의 방해로부터 영향을 받지 않는다. 자신들이 놀이를 연구하는 것으로 생각하지 않는 많은 연구자들은 이런 심리상태를 학습과 창의성에서 요구하는 이상적 상태로 기술했다. 내 생각에 그들은 놀이연구를 하고 있다.

본장의 첫 절에서 내가 기술한 것과 비슷한 연구에 기초하여 심리학자인 바바라 프레드릭슨(Barbara Fredrickson)은 몇 년 전 "긍정적 감정의 형성과 확장론"이라는 개념을 발전시켰다.[24] 그녀의 이론에 따르면, 긍정적인 감정은 지각과 사고의 범위를 확장시켜 이전에 보지 못했던 것을 보게 해주고, 새로운 방식으로 아이디어를 결합하게 하고, 새로운 행동방식을 경험하게 한다. 또한 이런 식으로 지식, 생각, 능력의 레퍼토리를 풍성하게 만든다. 대조적으로 부정적인 감정은 지각과 생각의 범위를 좁혀 무서운 호랑이, 증오하는 적, 평가자

또는 실패의 부정적인 결과 등 가장 확실한 고통거리에만 초점을 맞춰 생각하게 한다. 그런 고통거리는 우리의 자율적 각성체제를 활성화시켜 신체적 에너지 폭발과 편협적인 목적을 요구하는 과제수행을 용이하게 하지만 창의성, 학습, 반성 등을 방해한다. 진화론적인 관점에서 보면, 편협한 감정, 특히 두려움과 분노는 비상상황을 해결하기 위해서 일어난다. 그런데 비상상황은 새로운 사고나 행동방식을 시도하기에 적절한 기회가 아니다. 비상상황이라면 새로운 방법을 실험하기보다 이미 습관화된 방법을 그대로 사용하길 원할 것이다.

프레드릭슨의 이론은 내가 본장에서 기술 한 것 중에서 매우 많은 부분을 정확하게 포착한 것으로 보인다. 그러나 나는 그것을 "놀이성의 형성과 확장론"으로 부를 것이다. 더욱 완전하게 말하면, 아마 "놀이성과 **호기심**의 형성과 확장론"이 될 것이다. 프레드릭슨의 사례 중 거의 대부분은 아니겠지만 형성하고 확장시키는 긍정적인 심리상태가 곧 놀이와 탐색을 일으키는 상태다.

놀이의 힘은 그것의 시시함에 있다

가끔 사람들은 놀이를 시시하거나 하찮은 것쯤으로 생각한다. 그들의 생각이 맞을 것이다. 내가 설명한 것처럼 놀이는 음식물, 돈, 칭찬, 호랑에게서 도망하기, 또는 이력서에 한 줄 추가하기 등과 같은 그런 현실세계에서 중요한 성취보다 오히려 놀이 자체를 위한 활동이다. 이는 적어도 부분적으로는 판타지 세계에서 일어나는 활동이다. 그러므로 이는 정말 시시한 것이다! 그러나 여기에 놀이의 가장 미묘한 역설이 있다. 즉 놀이의 엄청난 교육력은 그것의 시시함에 있다.

놀이는 교육의 중요한 목적에 공헌하지만 놀이꾼은 자신을 의도적으로 교육하지 않는다. 놀이꾼은 그저 재미로 노는 것이다. 교육은 부산물에 불과하다. 만약 놀이꾼들이 어떤 중요한 목적을 위해서 놀고 있다면 이는 놀이가 아니기 때문에 교육력은 모두 소멸될 것이다.

놀이꾼들은 자기미래에 대해 걱정하지 않을 뿐 아니라 실패한다고 해도 그것으로 인해 현실세계에서 어떤 대가도 치르지 않기 때문에 실패를 두려워하지 않는다. 놀이꾼들은 실제 세계에서는 너무 위험스럽거나 시도 자체가 불가능한 것들을 가상세계에서 마음 놓고 해볼 수 있다. 놀이꾼들은 성인 평가자들의 동의를 구할 필요가 없기 때문에 평가로 인해 발생하는 불안감의 방해를 받지 않는다. 평가에 대한 걱정과 두려움은 몸과 마음을 경직된 틀로 꽁꽁 얼어붙게 만들어 이미 학습된 활동을 수행하는 데는 적합하지만 어떤 것을 새롭게 학습하거나 생각하는 데는 부적합한 구조를 제공한다. 평가와 실패에 대한 걱정이 없는 상황에서 놀고 있는 아이들은 그들의 모든 관심을 온통 자신들의 놀이기술에 쏟는다. 놀이의 내적 목적은 잘 수행하는 것이기 때문에 그들은 잘 수행하기 위해서 열심히 노력한다. 하지만 만약 실패하더라도 현실세계에서 실제로 어떤 심각한 대가를 치를 필요가 없다는 것을 그들은 잘 알고 있다.

놀이는 시시하지만 결코 쉽지 않다. 놀이의 기쁨은 대부분 도전을 통해서 얻을 수 있다. 재미있는 활동을 너무 쉽게 하게 되면 그것은 곧 매력을 잃게 되어 곧 놀이가 끝나게 될 것이다. 그러므로 놀이꾼은 활동을 변경하여 더 어렵게 하거나 다른 것으로 옮겨간다. 두 다리로 걷는 기술을 숙달시킨 걸음마 아기는 달리기, 뛰기, 오르기 등 더 발전된 이동놀이의 유형으로 옮겨간다. 마찬가지로 어린 동물들도 자라가면서 점점 더 어려운 기술을 사용하는 놀이를 하면서 스스로 더 어려운 놀이에 도전한다. 한 연구는 이미 평지를 잘 달릴 수 있는 야생염소가 경사가 너무 심해서 도저히 달리기가 불가능하게 보이는 비탈진 절벽에서 달리기 놀이에 열중하는 광경을 관찰했다. 그곳은 달리기에는 매우 힘든 지형이었다.[25] 마찬가지로 이 나뭇가지에서 저 나뭇가지로 재미있게 이동하는 어린 원숭이들은 자기기술로 닿기에는 너무 멀리 떨어진 나뭇가지를 선택한다. 만약 그들이 떨어진다고 해도 지면으로부터 낮은 곳에 위치해 있어서 치명적인 상처를 입을 가능성은 적을 것이다.[26] 비디오 게임을 하는 십대들은 어려운 게임의 단계에서 더욱더 어려운 단계로 이동한다. 항상 똑같은 단계의 게임만 한다면 스릴이 없을 것이다. 아인슈타인의 조합놀이는 지속적으로 자신의 정신능력에 도전하여 그것을 새로운 높이까지 밀어 올렸다. 아이들이 자유롭게 놀게 될 때, 놀이가 아이들의 정신이나 신체적 능력을 최고점까지 끌어올리는 것은 매우 자연스러운 일이다.

　교육의 기능에 매우 적합한 놀이의 또 다른 측면은 반복성이다. 대부분 놀이의 형식은 반복적으로 행해진다. 쥐를 따라다니며 놀고 있는 고양이는 잡았다 놓아주기를 계속 반복하면서 쥐를 괴롭힌다. 재잘거리며 놀고 있는 아기들은 마치 의도적으로 발음연습을 하는 것처럼, 똑같은 음절이나 때로는 일련의 똑같은 음절의 순서를 약간씩 변경하면서 계속 반복한다. 걸음마 놀이를 하는 아기는 똑같은 길을 앞뒤로 반복해서 걷는다. 책을 읽으면서 놀고 있는 어린 아이는 똑같은 책을 지겨울 정도로 계속 반복해서 "읽을 것"이다(암기할 때까지). 꼬리잡기, 야구, 스무고개처럼 구조화된 모든 게임의 종류는 똑같은 행동이나 과정을 계속해서 반복한다. 놀이의 특성 중 하나는 목적이 아닌 수단을 강조하는 것이기 때문에 반복성은 그 특성상 당연한 귀결이다. 놀이꾼은 제대로 해내기 위해서 똑같은 행동을 반복적으로 만들어 간다.

반복과 암기는 분명히 구분되는 개념이다. 반복은 놀이꾼의 자기의지에서 나온 것으로서 각각의 반복적 행동은 창조적 행동이다. 각 행동이 이전의 것과 똑같이 보인다면 그것은 놀이꾼이 정확한 반복을 위해서 의도적으로 노력했기 때문일 것이다. 그러나 "반복된" 각 행동은 체계적인 면에서 대부분 이전의 것과는 다른 것이다. 놀이꾼은 의도적으로 똑같은 것을 새롭게 수행하는 방법을 개발하여 실험이나 게임에 따라 적절하게 사용함으로서 다양한 행동을 보여줄 수 있다. 그런 반복의 부수적인 효과는 새롭게 개발한 기술의 완벽함과 굳히기로 나타난다. 종종 부모와 다른 관찰자들은 아동놀이의 반복동작을 보고 새롭게 학습되는 것이 전혀 없는 것으로 생각한다. 하지만 만약 그런 생각이 사실로 판명되기에 이르면 아이들은 그것을 멈추고 다시 새로운 것을 시도하게 될 것이다.

결론: 당신은 전능한 능력의 소유자다. 어린 아이들과 어린 포유류 동물들이 주어진 환경에서 생존하고 번식하는 데는 특정 기술을 발달시킬 필요가 있다. 당신이 이런 기술을 연습시킬 방법을 반드시 찾아야 할 상황에 직면해 있다고 상상해보자. 당신은 이 문제를 어떻게 해결하겠는가? 아마 그들이 그 기술을 연습하지 않고서는 못 견디게 만드는 칩을 그들의 머릿속에 심는 것, 그리고 연습할 때마다 즐거운 경험을 보상으로 주는 것보다 더 효과적인 해결책을 상상하기는 쉽지 않을 것이다. 이는 정말로 자연선택이 이루어지는 메커니즘이기 때문에 우리는 놀이를 행동의도(resultant behavior)라고

말한다. 아마 놀이를 "생존기술의 자기 동기적 연습"이라고 부른다면 놀이는 더욱 중시 될 수밖에 없을 것이다. 그러나 놀이에서 유쾌한 정신을 제거한다면 그 효과는 감소될 것이다. 여기서 우리는 역설에 갇히게 된다. 놀이의 심오함을 실현하기 위해서라도 우리는 놀이의 시시함을 받아들여야 한다.

거의 300여 년 전 영국의 시인 토머스 그레이(Thomas Gray)는 "무지가 지복인 곳에서 현명한 것은 어리석다(식자우환)"고 썼다. 나는 이 말을 뒤집어, "지식과 기술이 지복인 곳에서 어리석은 것은 현명하다"고 말할 것이다.

CHAPTER 8

사회성 및
정서발달과
놀이의 역할

　　다른 아이들과 노는 것, 아이들이 성인에게서 벗어나 노는 것은 자기결정을 배우고, 자기감정과 충동을 제재하고, 다른 관점에서 사물을 바라보고, 다른 사람들과 의견 차이를 조정하고, 친구를 사귀는 방법이다. 간단히 말하면, 놀이를 통해서 아이들은 자기생활을 통제하는 방법을 배운다.

비공식 스포츠의 교훈

　　공터에서 놀았던 옛날 야구경기를 상상해보자. 다양한 연령으로 구성된 일단의 아이들이 자기와 함께 놀 아이들이 있을 것이라는 기대를 안고 공터에 등장한다. 걷거나 자전거를 타고 오는 아이들, 혼자서 또는 친구들과 함께 오는 아이들, 방망이, 공(정식 야구공이 아닐 수 있다), 야구 글러브를 가지고 오는 아이들이 각양각색의 모습으로 꾸역꾸역 공터로 몰려든다. 시합을 할 수 있는 충분한 인원이 채워지면, 아이들은 경기를 시작하기로 결정한다. 평판이 좋은 두 명의 최고 선수가 주장으로 뽑히고, 자기편을 선택한다. 아이들은 모자, 플라스틱 원반, 또는 적당한 크기의 물건으로 베이스를 정한다. 포지션을 모두 채울 충분한 선수가 없으면 임시변통을 한다. 아이들에게 어떻게 하라고 말해주거나 분쟁을 해결해 줄 어른들은 아무도 없다. 그들은 스스로 모든 것을 해낸다. 이런 식으로 하는 야구는 진짜 **놀**이다. 이는 선택된 활동이며 놀이꾼 자신들이 주도하고 어떤 외적 보상이 아닌 놀이 자체를 위하여 진행된다.

이제 리틀리그 경기를 상상해보자. 이 경기는 프로 야구게임을 하는 작은 야구장처럼 깔끔하게 잘 손질된 야구장에서 벌어진다. 야구장이 집에서 너무 멀리 떨어져 있어서 또는 부모들이 아이들의 활동을 지원하기 위해서 대부분의 아이들은 자동차를 타고 그곳에 도착한다. 많은 부모들이 참석하여 어린 자녀들에게 응원의 함성을 보낸다. 팀은 현재 진행 중인 리그에 미리 배정된다. 각 팀에는 성인 코치가 있고, 성인 심판자가 볼, 스트라이크, 아웃을 선언한다. 공식기록이 작성되고, 우승팀을 결정하기 위해서 시즌 내내 승자와 패자가 서로 쫓고 쫓기는 추격전이 계속된다. 선수 중 일부는 정말로 거기에 남아있기를 원하지만 나머지 아이들은 부모가 구슬리거나 강제로 떠밀려서 거기에 남아있을 뿐이다.

비공식적이고 자기 주도적인 경기들은 공식적이고 성인 주도적인 경기가 갖지 못한 소중한 교훈을 가지고 있다.

교훈 1: 당신은 경기를 계속하기 위해서 모든 사람들을 만족시켜야 한다. 모든 진짜 경기의 기본은 그만두는 자유다. 비공식적인 경기에서는 남아있도록 강요하는 사람은 아무도 없으며, 설령 당신이 그만두어도 코치나 부모, 또는 누구도 실망하지 않는다. 오직 충분한 수의 멤버들이 경기를 계속할 의지가 있는 한 경기는 계속된다. 그러므로 상대팀 선수를 포함한 모든 사람들은 선수들이 계속해서 행복감을 유지할 수 있도록 자기 몫을 다해야 한다.

이런 행동의 의미는 당신이 비공식 시합에서 규정한 규칙을 어기지 않는 자제력을 보여준다는 것이다. 이는 당신이 각 선수들의 욕구를 이해하는 데서 연유한다. 만약 2루 베이스의 수비선수가 당신보다 몸집이 작아서 다칠 가능성이 있을 것 같으면, 비록 그것이 리틀리그에서는 훌륭한 전략일지라도, 당신은 2루 베이스를 향해 전력질주하지 않는다(실제로 코치는 전력으로 질주하지 않은 당신을 꾸짖을 것이다). 이런 태도는 성인들이 감독하는 스포츠가 더 안전하다는 부모들의 믿음에도 불구하고, 공식적 스포츠보다 비공식적 경기에서 부상을 입는 아이들의 비율이 오히려 더 낮은 이유를 설명한다.[1] 만약 당신이 투수라면 어린 조니는 당신의 빠른 공을 칠 수 없기 때문에, 어린 조니에게는 공을 슬슬 던질 것이다. 또한 당신이 매우 어린 아이에게 그렇게 빠른 공을 던진다면, 팀 동료들조차 당신을 비열하다고 비난할 것을 당신은 알 것이다. 그러나 덩치가 크고 백전노장인 제롬이 나선다면 당신은 그를 아웃시킬 뿐 아니라 그에게 덜 모욕이 될 것이기 때문에 당신의 가장 좋은 공으로 그를 상대할 것이다. 사회놀이의 황금규칙은 "남에게 대접받고자 하는 대로 너희도 남을 대접하라"가 아니다. 그보다는 오히려 "남이 당신에게 대접받고자 하는 대로 너희도 남을 대접하라"다. 놀이의 평등성은 동일한 것으로부터의 평등이 아닌 모든 선수들의 독특한 욕구와 욕망에 동일한 타당성을 부여하는 것으로부터의 평등이다.

당신이 비공식적인 스포츠에서 훌륭한 선수가 되려고 한다면 맹목적으로 규칙을 따라서는 안 된다. 오히려 당신은 다른 사람의 관점을 헤아리고 다른 사람들이 원하는 것을 이해하여 최소한 그들이 필요로 하는 것을 제공해야 한다. 만약 이에 실패한다면 당신은 혼자 남겨지게 될 것이다. 비공식적인 경기에서 놀이꾼들의 만족을 유지시키는 일은 승리보다 더욱 값진 것이며 인생에서도 마찬가지다. 어떤 아이들에게 이것은 배우기 힘든 교훈일 수 있다. 그러나 만약 놀 수 있는 충분한 기회, 즉 실패하고 그것으로 인해 고통 받고, 재도전하는 기회가 주어진다면, 다른 사람들과 함께 놀려는 아이들의 욕구가 너무 강하기 때문에 필경 모든 아이들은 이 교훈을 익히게 될 것이다.

교훈 2: 규칙은 변경이 가능하고 놀이꾼이 만든 것이다. 비공식 경기에는 어떤 표준이 없기 때문에 다양한 조건에 맞추어 선수를 구성하고 규칙을 변경할 수 있어야 한다. 만약 공터가 좁고 사용 가능한 공이 너무 쉽게 멀리 날아가는 고무공뿐이라면 선수들은 공터의 경계선을 넘어가는 공은 모두 자동아웃이 되는 것으로 정할 것이다. 이는 선수들이 공을 세게 후려치기보다는 맞추기에 집중하게 할 것이다. 가장 강한 선수는 한 손으로, 또는 약한 손으로 방망이를 잡게 하거나 진짜 방망이가 아닌 빗자루 자루로 공을 치게 할 것이다. 경기가 계속되는 동안 상황에 변화가 생기면 규칙은 거기에 맞게 더욱 진화한다. 대조적으로 공식적 규칙은 어길 수 없으며 성인의 권위에 의해서 판정되는 리틀야구에서는 결코 이런 일이 일어나지 않는다. 공식게임의 상황은 오직 규칙에 적합해야 한다.

유명한 발달 심리학자인 진 피아제는 오래 전에 아이들의 구슬

치기 놀이에 대한 연구에서 아이들은 성인들이 아닌 자기가 주도하는 놀이를 할 때, 규칙을 더욱 잘 이해한다고 주장했다.[2] 성인이 놀이를 주도하게 되면 아이들은 규칙은 외부 권위자가 결정한다고 가정하기 때문에 규칙에 대해서 더 이상 재고할 여지가 없게 된다. 그러나 아이들이 놀이를 주도하게 되면 규칙은 게임을 더욱 재미있고 공정하게 만들기 위해서 정해 놓은 단순한 관례라는 것을 알기 때문에 변하는 조건에 맞게 규칙을 변경할 수 있게 된다. 민주주의 생활에서 이보다 더욱 소중한 교훈은 없다.

교훈 3: 갈등은 논쟁, 협상, 타협을 통해서 해소된다. 비공식 경기에서 선수들은 규칙을 만들고 변경할 뿐 아니라 심판의 역할도 수행한다. 그들은 타격이 페어인지, 파울인지, 또는 주자가 세이프인지, 아웃인지, 투수가 어린 조니에게 공을 심하게 던졌는지, 아닌지, 그리고 줄리오가 글러브가 없는 상대팀 선수와 자신의 신상품 글러브를 함께 사용해야 하는지 여부 등을 결정한다. 좀 유명한 선수 중 몇몇은 이런 결정과정에서 다른 선수들보다도 더 큰 영향력을 행사할 수 있으나 모든 아이들도 역시 발언권을 갖는다. 발언하려는 아이들은 모두 자기가 동원할 수 있는 논리를 내세워 공방을 거듭하는 가운데 궁극적으로 합의에 이르게 된다.

합의는 모든 사람들의 완전한 동의의 의미가 아니라 만족을 의미할 뿐이다. 아이들은 경기를 계속 진행시키기 위해서 자발적으로 합의에 동의한다. 그러므로 경기가 계속되기를 원한다면 반드시 합의에 도달해야 한다. 비공식 경기에서 합의의 필요성은 허세를 부리는 도덕철학이 아닌 실제적인 현실에서 비롯한다. 만약 어떤 결정이 특정 사람들을 만족시키지 못하면 그들 중 일부는 시합을 그만둘 것이며, 너무 많은 사람들이 그만두게 되면 경기는 끝나게 될 것이다(교훈 1에서 언급한 것처럼). 아이들은 비공식 경기에서 경기를 계속하고 싶다면 타협의 불가피성을 배우게 될 것이다. 이는 만약 당신에게 필요한 일을 결정해줄 왕이 없다면 당신 자신을 지배하는 법을 배워야 하는 원리와 같은 것이다.

나는 옛날에 비공식 농구시합을 하는 아이들을 지켜본 적이 있었다. 그들은 규칙을 정해서 경기하는 것보다 특별히 놀이가 공정했는지 여부를 놓고 논쟁하면서 더 많은 시간을 보냈다. 나는 가까이 있는 한 어른이 "너희들에게 이런 일을 결정할 심판이 없다는 것은 정말 안됐구나, 심판이 있었더라면 이처럼 쓸데없는 논쟁을 하면서 많은 시간을 허비하지 않았을 텐데."라고 말하는 소리를 우연히 들었다. 그들의 논쟁은 정말 무익했을까? 인생의 과정에서 슛을 날리기보다 효과적으로 논쟁하거나 타협하는 법을 배우는 것이 더욱 중요한 기술이 아닐까? 비공식적으로 스포츠를 즐기는 아이들은 한 번에 많은 것들을 연습하고 배울 것이다. 그 중에서 가장 덜 중요한 것은 스포츠 자체일 것이다.

교훈 4: 우리 팀과 상대 팀 간에 진정한 차이란 없다. 아이들은 비공식 경기에서 선수들을 두 팀으로 나누는 것은 자의적이며 오직 경기목적을 달성하는 데 도움이 될 뿐이라는 것을 처음부터 알고 있다. 매번 새로운 팀이 탄생한다. 빌리는 어제"적"팀이었으나 오늘은 우리 팀이다. 실제로 팀은 경기를 진행해 가면서 팀원들의 구성을 변경할 수 있다. 빌리는 상대팀에서 선발로 출전했으나, 우리 팀 동료 중 두 명이 저녁을 먹으러 집으로 돌아가게 되면, 균형을 맞추기 위해서, 당신 팀으로 옮길 수 있다. 빌리가 동시에 양 팀의 캐처를 보는 것도 가능하다. 비공식 경기에서 "적"이나 "반대"의 개념은 실제가 아닌 놀이의 영역에서도 분명히 존재한다. 이는 일시적인 것으로 경기 자체를 제한한다. 이런 점에서 비공식 경기는 빌리가 당신을 잡아먹으려고 일부러 거대한 악마인 체하는 순수한 판타지 게임을 닮은 것으로 볼 수 있다.

대조적으로 공식 리그 스포츠에서 팀은 일련의 경기가 진행되는 동안 상대적으로 고정되어 있고 성적도 어느 정도까지는 어른들로부터 듣는 칭찬이나 트로피 등 실제-세계의 성과물과 비슷한 방법으로 평가된다. 경기결과는 오랫동안 지속되는 팀 정체성의 감정, 그리고 그와 함께 경기와 아무런 관계가 없는 것에서조차 더 훌륭하다는, 즉 "우리 팀이 다른 팀보다 더 뛰어나다"는 감정으로 발전시켜 그것을 경기의 외부상황으로까지 가져간다. 내집단과 외집단 간의 갈등은 사회심리학과 정치학의 오랜 연구주제 중 하나다. 도당, 갱, 민족우월주의, 전쟁 등 이런 것들은 모두 우리 집단에 속하는 것으로 생각되는 사람들을 소중하게 여기고 다른 집단에 속하는 것으로 생각되는 사람들을 저평가하는 점에서 논쟁거리가 될 수 있다. 비공식적인 스포츠와 달리 공식적인 팀 스포츠는 우리의 충동에 영향을 미쳐 내외집단을 구분하게 만든다.[3] 물론 공식 스포츠에서 깨어있는 코치들은 스포츠 정신과 다른 팀의 소중함과 존중에 대해 주의를 주겠지만 우리는 그 문제에 대처하는 훌륭한 훈계가 아이들이나 성인들에게 별다른 영향을 미치지 못하는 사실을 잘 알고 있다.

교훈 5: 최상의 플레이를 하면서 즐기는 것은 승리보다 더 중요하다. 리틀리그 코치들은 "최상의 플레이를 하면서 즐기는 것은 승리보다 더 중요하다."라는 말을 승리가 아닌 패배 후에 자주 사용하곤 한다. 그러나 경기를 지켜보는 수많은 관중들, 줄지어 놓여있는 트로피, 그리고 온통 점수판을 향한 시선들을 바라보면서 우리는 얼마나 많은 선수들이 진정으로 이 말을 믿을지, 그리고 얼마나 많은 사람들이 빈즈 롬바르디(Vince Lombardi)가 그것을 정확하게 표현했다고 마음 속으로 생각할지에 대해 의구심을 품지 않을 수 없다. "승리는 유일한 것이다"라는 입장은 학생들이 고등학교에 올라가면서, 특히 미국학교들이 가장 큰 관심을 갖는 스포츠인 농구와 미식축구 등 대학 스포츠 팀에 들어가면서 점점 더 확실히 고착된다. 아이들이 리틀리그에서 고등학교로, 대학으로, 그리고 프로선수로 가는 사다리를 올라가면서, 점점 더 적은 수의 멤버들로 팀이 구성된다. 나머지 선수들은 비공식적인 놀이를 배우지도 못한 채, 스탠드와 소파 위에서 체중만 늘리면서 여생을 구경꾼으로 살아간다.

비공식 스포츠에서 최상의 경기를 하면서 재미있게 즐기는 것은 승리에 비할 수 없을 정도로 값진 것이다. 사람들은 다음과 같은 사실을 모두 알고 있다. 즉 당신은 어떤 사람이든지 훈계로 설득시키려 하지 말라. 당신은 당신의 기술 수준과 관계없이 경기를 즐길 수 있다. 비공식 게임의 요점은 즐기는 것이며 종종 공식경기에서 허용되지 않거나 비웃음거리가 될 수 있는 새롭고 창의적인 방법으로 당신의 기술을 확장시켜 나가는 것이다. 예를 들어, 당신은 시력을 향상시키기 위해서 가느다란 막대기로 타격을 시도해 볼 수 있다. 외야에서 쉽게 잡을 수 있는 공을 일부러 어깨 너머로 까다롭게 잡을 수도 있다. 만약 당신이 뛰어난 선수라면 이런 것들은 모든 사람들을 위해서 게임을 더욱 흥미진진하게 만드는 자기 핸디캡이 될 수 있다. 이는 승리가 중요한 공식게임에서는 결코 시도할 수 없는 것들이다. 당신은 팀을 배신했다는 비난을 받게 될지 모른다. 물론 비공식 게임이라고 해도 당신의 경기에서 이런 창의적인 변화를 일으키려면 때와 장소를 가릴 줄 알아야 한다. 당신은 그것을 사람들을 화나게 하거나 교만해 보이지 않게 실행하는 방법을 알아야 한다. 비공식 게임에서 당신은 항상 당신 자신의 내적인 사회적 지침에 자문을 구해야 한다.

선수와 관찰자로서 내 모든 경험에 비추어 보면, 비공식 스포츠에서 선수들은 승리보다 아름다운 경기를 더 많이 하려고 한다. 그 아름다움은 당신의 행동을 다른 사람의 행동과 조화시키고 계속 조정하는 가운데 당신 자신을 표현함으로써 새롭고, 창의적인 동작으로 당신의 신체능력을 발달시켜 나가게 하는 데 있다. 비공식 게임의 참모습은 독창적인 군무에서 찾을 수 있다. 군무를 출 때 선수들은 다른 사람들의 감정을 해치지 않으려 주의하면서, 합의된 규칙의 경계 안에서 자신들의 동작을 창조하려고 노력한다. 나는 역시 공식 경기의 경험을 가지고 있다. 거기에는 대표 팀의 선수권이 걸려 있기 때문에 그런 것들은 창조적인 춤이 될 수 없다. 만약 그런 시합에서 감정을 해치는 것이 당신의 승리에 도움이 된다면, 당신은 그들의 감정을 해치고도 남았을 것이다.

실제생활에서 더 효과적인 훈련은 공식 경기인가? 또는 비공식 경기인가? 나에게 정답은 너무 분명해 보인다. 실제생활은 비공식 경기다. 규칙은 끝없이 변경이 가능하기 때문에 당신은 당신의 역할을 수행하기 위해서 규칙을 만들어야 한다. 결국 승자도 패자도 없다. 우리 모두는 동일한 입장에 놓이게 된다. 다른 사람들과 잘 지내는 것이 그들을 패배시키는 것보다 훨씬 더 중요한 일이다. 인생에서 중요한 것들은 당신이 경기를 어떻게 하는지, 경기 도중에 얼마나 많은 즐거움을 누리는지, 그리고 당신이 사람들에게 얼마나 많은 기쁨을 제공할 수 있는지 등이다. 이런 것들은 비공식 사회놀이가 주는 교훈들이며 그것은 코치에게서 커브볼을 던지거나 2루로 슬라이딩하는 방법을 배우는 것보다 훨씬 더 중요하다. 나는 정말로 공식 스포츠를 원하는 아이들을 반대하지 않는다. 그러나 우리 모두가 만족스런 인생을 살아가기 위해서 배워야 하는 교훈을 가르치는 점에서 그런 스포츠는 비공식 놀이를 대체하지 못할 것으로 생각한다.

미첼 그린버그(Micheal Greenberg)는 서드베리 벨리 학교 출신이다. 그는 재학시절에 즐겼던 비공식 스포츠에 대한 에세이에서 나와 동일한 생각을 나보다 더욱 더 시적으로 멋지게 표현했다. 다음은 그가 쓴 에세이의 일부분이다.

수년 동안 미식축구, 축구, 야구 등과 같은 신체운동을 하면서[서드베리 벨리에서] 멍이나 찰과상 외에는 어떤 큰 부상도 입은 적이 없었다. 우리는 모두 항상 일반적으로 요구되는 기본적인 보호 장비도 갖추지 않은 채 평상복 차림으로 이런 스포츠를 즐겼다. 그렇다면 안전한 보호 장비를 철저하게 갖춘 사람들이 놀랄 정도로 빈번하게 서로 부상을 입힌다면 이를 어떻게 설명하겠는가? 우리는 스포츠(또는 인생)를 오직 성과 - 지향적인 방식에만 초점을 맞추어 바라보기 때문에 누구에게도 해를 입혀서는 안 된다는 교훈을 실천하기보다 승리를 더욱 중요한 것으로 보게 되었다. 그러므로 당신이 "스포츠 정신"에 대해 이러쿵저러쿵 말하거나 당신이 안전한 보호 장비를 철저하게 갖추더라도, 그것은 별로 중요하지 않게 여기게 되어 많은 사람들이 부상을 입게 될 것이다. 당신이 스포츠(또는 인생)를 순수한 기쁨과 그것이 표현하는 아름다움을 추구하기 위한 것으로서 그저 즐겁고, 재미있는 과정으로 접근하게 되면, 다른 사람들에게 부상을 입히지 않는 것, 즉 동일한 과정을 즐기기 위한 그들의 능력을 손상시키지 않는 것이 가장 중요하게 될 것이다. … 팀워크, 개인의 수월성 추구, 책임감, 그리고 자제력을 통하여 대등하지 않은 신체적 충돌을 대등한 영혼들의 보편적인 연합으로 변화시키는 것, 즉 유의미한 경험을 추구하는 활동에 동참할 수 있었던 것은 내 인생의 가장 심오한 경험 중 하나였다. 나는 그것이 다른 영역에 대해서도 동일한 효과를 가져왔다고 확신한다.[4]

사회극 놀이의 교훈

아이들은 비공식 스포츠뿐 아니라, 다른 모든 종류의 자유로운 사회놀이를 통해서 소중한 사회적 교훈을 배운다. 다음은 연구자들이 사회극 놀이로 부르는 상상놀이의 실례를 소개한다. 아이들은 상상놀이에서 역할을 취득하고 이야기 줄거리에 따라서 연기를 한다. 이는 전 세계의 모든 지역에 있는 3−6세 아이들에게 보편화되어 있는 놀이다.

한스 퍼스(Hans Furth)와 케인(S. R. Kane)은 연구를 위해서 방과 후 아동보호센터의 변장실에서 에니(생후 5년 11개월)와 베스(생후 5년 2개월)의 상상놀이를 동영상으로 찍었다.[5] 애니는 "내일 저녁에 무도회가 열린다고 생각하고 필요한 물건들을 준비해 볼까?"라고 상냥하게 말하면서 상상놀이를 시작했다. 베스는 옷 한 점을 골라 들고 반색하며 "이것은 내 옷이야"라고 말했다. 그리고 놀이의 의도를 암묵적으로 수용한 후 그녀가 가장 좋아하는 소품을 준비하기 시작했다. 다음 20분 동안 두 아이는 자신들의 옷과 액세서리를 고르고 무도회에서 일어날 일을 의논했다. 누가 어떤 역할을 맡고 누가 어떤 소품을 사용할 것인지를 놓고 입씨름을 하면서 상당한 시간을 보냈다. 그들은 옷, 전화기, 테이블, 쌍안경과 같은 펜시용품과 무도회 전날 밤의 잠자리를 놓고 승강이를 벌였다. 약간의 논쟁이 있은 후, 각 소녀들은 왜 그녀가 그 역할과 소품을 "필요"로 하는지 또는 왜 그것을 "반드시 가져야" 하는지 그 이유를 말했다. 그러나 재치있게 말을 해서 상대방을 화나게 하지는 않았다.

애니와 베스가 이런 문제에 대해 매우 만족할 정도의 합의에 도달했을 때 또 다른 어린 아이인 실리아(생후 4년 9개월)가 변장실에 들어와 함께 놀아도 되느냐고 물었다. 그들은 실리아를 받아들였다. 그 후 새로운 라운드에 진입한 3명의 아이들은 역할과 소품에 대한 협상을 시작했다. 각 소녀들은 그녀가 무슨 옷을 입어야 할지, 무도회에서 정확하게 무슨 일이 일어나게 될지, 그리고 놀이에서 누가 더 나이가 많고 더 높은 지위를 차지할지 등과 같은 문제에 강한 집착을 드러냈다. 놀이를 계속하기 위해서 그들은 주요한 모든 문제에 대한 합의가 필요했다.

예를 들어, 애니와 베스 둘은 셋 중에서 가장 어리고 작은 실리아가 "막내 동생"이 되어야 한다고 생각했으나 실리아는 그 역할을 매우 강하게 거부했다. 그녀를 달래기 위해서 애니와 베스는 실리아가 "큰 언니"가 되는 데 합의했다. 그리고서 그들의 상대적 지위를 유지하기 위해서 애니와 베스는 자신들을 엄마의 지위로 격상시켰

다. 실리아가 두 엄마가 있을 수 있는지에 대해 의문을 제기하자 이
에 대한 상당한 토론이 있었다. 이는 "현실적으로 한 사람에게는 오
직 한 엄마만" 있을 수 있는 것으로 생각하기 때문이다. 그들은 한
엄마를 새엄마로 결정함으로써 문제를 해결했다. 3명의 소녀들은 모
두 글로리아라는 이름을 갖기를 원했고, 모두 흔쾌히 동의했다. 3명
의 소녀들은 왕자와 결혼하기를 원했기 때문에 모두 왕비가 되었다.
애니와 베스는 실제세계에서 왕자는 오직 그들 중 한 명만 선택하
여 결혼할 수 있는 점을 인정했으나, "그냥 가장하는 것이기 때문
에" 왕자가 그들 두 명과 결혼해도 괜찮을 것으로 정했다. 그러나
실리아까지 왕자와 결혼하는 문제는 왕자에게 여자 수가 너무 많아
서 수용할 수 없었다. 심지어 놀이인데도 불구하고 그들은 왕자가
자신과도 결혼해야 한다는 실리아의 요청을 거절했다. 그러나 그녀
를 달래기 위해서 그들은 실리아를 "큰 언니 공주"의 지위로 더욱
격상시켜 주었다.

　　이 3명의 소녀들은 이미 사회놀이의 익숙한 참여자들이며 분명
히 그들은 위의 놀이장면에서 설명하는 일종의 연습을 통하여 더욱
익숙하게 되었을 것이다. 그런 놀이가 주는 가장 큰 교훈에는 자기
주장, 협상, 타협 등이 있다. 각 소녀는 자신의 입장을 능숙하게 표
현하여 상대방을 화나게 하는 일없이 그녀가 원하는 것에 가장 근
접한 것을 얻을 수 있었다. 그들이 말하는 방식은 소녀들이 합의를
얻을 필요성을 이해하는 사실을 보여주었다. 예를 들어, 놀이방법에
대한 그들의 발언은 요구가 아닌 제안의 형식을 갖추었다. 대부분의
제안은 "괜찮겠니?", "좋아?" 또는 "그렇지?"와 같은 부가 의문문으
로 종결되었다.

소녀들은 협상과정에서 전통적으로 이 어린이집의 아이들 사이에서 일반적인 놀이규칙이 되어버린 특정 규칙에 대해서 자주 말했다. 하나는 발견자의 법칙이었다. 누구든지 소품을 먼저 발견하거나 주장하면 대체로 그 사람이 그것을 사용할 수 있었다. 그러나 그것보다 더 높은 것, 발견자의 규칙을 능가하는 규칙은 공정한 규칙이었다. 그러므로 한 아이가 원하는 소품을 거의 모두 또는 대부분을 독차지하는 것은 공정치 않은 것이다. 소품들은 적어도 모두에게 합리적이며 공정하다고 생각되는 방식으로 나누어야 했다. 공정성의 이상적인 상태와 그것에 도달하는 방법에 대해서는 의견이 갈렸을지라도, 모든 놀이에서 놀이꾼들이 보여주는 공정성에 대한 그들의 고집은 단호했다.

자주 언급되는 또 다른 규칙은 일관성이었다. 놀이에는 내적인 일관성이 있어야 한다. 예를 들어, 무도회가 열리기를 열망했던 애니는 당장 무도회를 시작하자고 충동적으로 말했다. 그러자 베스는 그것은 다음날까지 시작하지 않기로 그들이 이미 결정했다는 사실을 그녀에게 상기시켜 주었다. 그들은 무도회를 열기 전날 밤에 잠자는 시늉을 해야만 했다. 애니는 즉각 이해하고 그 점을 받아들였다. 또한 놀이는 적어도 실제세계에서 일을 처리하는 방법에 대해 소녀들이 알고 있는 사실과 어느 정도까지는 일관성을 유지해야 했다. 애니와 베스는 왕자와 결혼하기로 결정했던 경우처럼 그들은 가끔 그 규칙을 위반했다. 그러나 그런 위반은 토의와 동의를 요구하기 때문에 이는 실제로 일을 처리하는 일반적인 방법이 아니라는 사실을 인정했다. 놀이를 할 때 소녀들은 역시 실제세계의 특정 관습과 규칙에 대한 자신들의 이해를 확인하고 이를 견고하게 이행했다. 퍼스와 케인의 분석에 따르면 사회극 놀이는 어린 아이들이 자신들이 살고 있는 세상에서 일어날 수 있는 사건이나 상황을 묘사하는 마음의 표상, 즉 심성모델(mental model)을 연습하여 발달시키는 수단이다. 연구자들의 말을 빌리면 아이들은 자신들의 놀이를 통하여 "사회를 구성한다."

3명의 어린 소녀들은 자신들이 원하는 활동을 하면서 놀았다. 그러나 그들이 원하는 것은 다른 소녀들과 정교하게 꾸며낸 거짓게임을 하는 것이었기 때문에 자신들이 진정으로 원하는 것을 그대로 실행하기는 불가능했다. 그들은 다른 사람들과 타협하여 동의를 얻어내야 했고, 합의한 역할과 이야기 줄거리에 충실하기 위해서 충동을 억제해야 했다. 이는 아이들이 즐기는 사회놀이의 마력이다. 아이들은 다른 아이들과 함께 노는 것, 즉 자기가 하기를 원하는 것을 하기 위해서는 그들이 하고 싶은 대로 하는 것이 아니라 타협해야 하는 것을 배웠다. 실리아는 여왕이 되고 싶었으나 "큰 언니 공주"가 되는 것에 만족해야 했다. 소녀들은 모두 아름다운 옷을 입고 싶었으나 그들은 각자에게 가장 잘 어울리는 옷을 입는 쪽으로 공평하게 나누어야 했다. 한번은 왕자가 그녀에게 프러포즈를 해주기를 열렬하게 원했던 애니가 무도회를 당장 열자고 했으나 그녀는 그런 충동을 억제하고 소녀들이 이미 결정했던 이야기를 존중하고 따라야 했다. 이 모든 자제력과 타협은 성인들의 어떤 개입도 없이 일어났다. 실제로 성인들의 개입은 그것을 파멸시킬 수 있다. 아이들은 성인들이 개입하는 일이 전혀 없이 다른 사람들과 서로 타협하면서 자신들의 권력과 지적능력, 그리고 자제력을 향유하는 것이 분명했다.

나는 이 놀이를 동영상으로 찍어 두어서 이용이 가능했을 뿐 아니라 이에 대한 독특한 예시자료가 없었기 때문에 이 사례를 인용했다. 함께 놀고 있는 일단의 어린 아이들, 즉 그런 놀이를 통해서 자기경험을 확장시키는 아이들 집단이라면 어떤 집단이라도 지켜보아라. 그러면 당신은 제대로 작동하고 있는 놀라운 사회적인 마음(social mind)을 보게 될 것이다. 당신이 일단의 아이들을 지켜본다면, 그들이 애니, 베스, 실비아의 협상처럼 능숙하지 않지만 그들도 역시 일반적으로 놀이를 위해서 상대방의 욕구를 만족시키는 방법을 이해하고 있는 것을 발견할 것이다.

　이런 놀이를 할 수 있는 기회가 더 많이 주어진 아이들이 그렇지 않은 아이들보다 사회적 기술을 더 많이 발달시킬 수 있을 것인지 여부를 알아보기 위한 장기적인 실험을 실행하는 것은 불가능할 것이다. 그러나 단기실험과 그 상관관계의 연구는 물론 우리의 상식은 이 가설을 충분히 지지한다. 사회극 놀이에 더 많이 참여한 아이들은 그런 활동에 덜 참여한 아이들보다 더욱 공감적이어서 상대방이 생각하고, 알고 또는 욕구하는 것에 대한 이해능력이 더욱 풍부하다는 사실은 다양한 방법을 통해서 증명되었다.[6] 또한 유아학교에서 실시한 몇 가지 단기실험도 이런 사실을 뒷받침해 주었다. 이 실험에서는 소수의 아이들에게 사회극 놀이에 참여할 특별한 기회를 제공하고 다른 아이들에게는 그렇게 하지 않았다. 그 후 사회적 조망능력(social perspective-taking)과 다른 사람과 잘 어울려 지낼 수 있는 능력을 다양하게 측정한 결과 특별 놀이를 제공받은 집단은 통제집단의 아이들보다 훨씬 더 높은 수행결과를 나타냈다.[7]

홀로코스트의 아동놀이

　이제 우리는 3명의 어린 소녀들이 놀이방의 변장실에서 놀고

있었던 달콤한 장면에서 강제수용소에 있는 아이들의 끔찍한 장면
으로 시선을 옮긴다. 만약 놀이가 사치라면, 강제수용소에 있는 아
이들은 놀지 말아야 마땅할 것이다. 그러나 놀이는 호사스럽지 않
다. 놀이는 어떤 환경에서도 자신이 처한 상황을 이해하고 최대한
거기에 적응하려는 수단이다. 『홀로코스트의 아이와 놀이』(Children
and Play in the Holocaust)라는 주목할 만한 책에서 역사학자 조지 아
이젠(George Eisen)은 생존자의 일기장과 인터뷰 자료를 이용하여 나
치 치하의 유대 집단 거주지역과 나치 강제수용소 안의 아이들 놀
이를 기술했다.[8]

　강제수용소는 유대인 집단 거주 지역에서 수용자들이 노역장이
나 죽음의 수용소로 보내지기 전의 첫 단계다. 강제수용소의 부모들
은 자녀들의 관심을 그들 주변에 도사린 공포로부터 다른 곳으로
돌리기 위해서 아이들이 옛날에 알고 있던 순수한 놀이와 그 비슷
한 놀이상황을 유지시키기 위해서 필사적인 노력을 기울였다. 그들
은 임시변통으로 운동장을 만들어 아이들이 전통적인 게임을 하도
록 유도했다. 성인들의 경우 어찌되었지 놀이를 하면 그들의 암울한
상황으로부터 심리적으로나마 벗어날 수 있을 것이라는 생각에서
놀이를 했다. 예를 들어, 한 사람은 체스놀이를 하면 배고픔을 잊을
수 있기 때문에 빵 껍질로 체스판을 만들었다. 그러나 아이들은 결
코 그런 식의 놀이를 하지 않았다. 그들은 공포를 피하지 않고 대결
하려는 생각을 가지고 게임을 했다. 그들은 "도살장"의 "벙커를 폭
파"시키고, "죽은 사람의 옷을 압수"하는 전쟁놀이 등 저항하는 게
임을 했다. 리투아니아 공화국의 옛 수도인 빌나(Vilna)에서 유대인
아이들은 "유대인과 게슈타포" 놀이를 했다. 아이들은 그 놀이에서
유대인들을 괴롭히는 사람들을 제압하여 자신들의 총(막대기)으로 두

들겨 패기도 했다.

심지어 강제수용소에서도 아직 돌아다닐 만큼 건강한 아이들은 놀이를 그치지 않았다. 한 수용소에서 그들은 "시체 간질이기"라고 부르는 게임을 했다. 아우슈비츠-비르케나우 수용소에서 그들은 겁도 없이 서로 전기 울타리를 만지는 놀이를 했다. "가스실"게임도 했는데 그 게임에서 아이들은 구덩이에 돌을 던져 죽어가는 사람의 비명소리를 질렀다. 아이들이 스스로 고안한 게임 중 하나는 강제수용소의 일일 출석점호를 본 딴 것으로써, 일상적인 용어로 훔친다는 의미의 **클렙시-클렙시**(klepsi-klepsi)라고 부르는 놀이였다. 이 놀이에서는 한 놀이꾼에게 눈가리개를 하게 한 후 그들 중 한 명이 다가가서 그의 얼굴을 세차게 때리고, 눈가리개를 벗긴 후 맞은 사람이 친구들의 표정이나 다른 증거를 들어 때린 사람을 추측하여 찾아내게 한다. 수용자들은 아우슈비츠에서 생존하기 위해서, 이를테면 빵을 훔치거나 탈출한 사람을 알아내거나 저항계획 등에 대해 허세를 부리는 데 능통한 전문가가 되어야 한다. **클렙시-클렙시**는 그런 모든 기술을 연습하기 위한 놀이였다.

우리가 가장 멋지게 상상하는 목가적인 놀이든지 또는 아이젠이 기술한 놀이든지, 아이들은 놀이를 통해서, 자기가 살고 있는 세계의 현실을 허구적인 맥락으로 가져온다. 그 맥락은 현실과 대결하고, 그것을 경험하고 대처하는 방법을 연습하기에 안전한 장소다. 몇몇 사람들은 폭력적인 놀이가 폭력적인 성인을 만들어 내지 않을까 두려워한다. 그러나 실제는 그 반대의 결과로 나타난다. 성인세계의 폭력은 아이들을 아주 적절하게 폭력놀이로 유도한다. 아이들이 정서적, 지적, 신체적으로 그 밖의 어떤 다른 방법으로 자신들을 현실세계에 준비시킬 수 있겠는가? 어떻게 해서든지 아동놀이를 통제하고 학습을 통제함으로써 미래의 세계를 개혁할 것으로 믿는 것은 잘못된 생각이다. 우리가 세계의 개혁을 원한다면 우리는 세계를 개혁해야 할 것이다. 아이들은 거기에 맞춰 따라갈 것이다. 아이들은 생존하기 위해서 적응해야 하는 실제세계에 맞게 자신을 준비시켜야 하고 준비할 것이다.

또한 정신적 외상(trauma)에 적응하기 위해서 아이들이 놀이를 이용하는 사실이 가정과 매우 비슷한 상황에서 포착되었다. 예를 들어, 불행하게도 유아학교 창문을 통해서 20피트 위에서 땅바닥으로 떨어져 심각한 중상을 입은 사람을 보았던 일단의 아이들은 이 경험으로 인해서 엄청난 고통을 겪었다. 이후 수개월 동안 그들은 추락, 상처, 병원, 그리고 죽음과 같은 그런 주제를 스스로 선택해서 놀았다.[9] 마찬가지로 그들 자신이나 부모들이 테러를 경험한 아이들은 위로를 재현하는 주제를 가지고 노는 것이 관찰되었다.[10] 그들의 놀이를 통해서 관찰한 위로에는 피해개선과 회복, 뒤에 남겨진 사람들에 대한 돌봄과 배려, 또는 악에 대한 선의 필연적인 승리 등이 있었다.

모든 사람들이 경험하는 사소한 사건들을 제외하고는 결코 어떤 특별한 정신적 외상을 입은 적이 없는 아이들조차 종종 감정을 자극하는 정신적 외상의 장면을 가지고 놀았다. 그렇게 함으로써 그들은 예측 불가능할 뿐 아니라, 피할 수 없는 불행과 고통스런 모든 종류의 사건에 대비하는 마음의 준비를 단단히 할 수 있을 것이다. 연구자인 기젤라 웽거 스페린(Gisela Wegener-Spohring)은 적응력이 매우 뛰어난 독일의 평범한 유치원생들 사이에서 그런 놀이 사례를 관찰하여 기술했다.

그녀는 "채찍질 놀이"를 한 사례로 들어 기술했다. 그 놀이에서 인기 있는 한 소년이 놀이꾼이 상당히 강하게 휘두르는 가죽채찍을 맞으면서 의자에 묶인 채 앉아있다.[11] 그가 채찍을 맞는 동안 그를 위로하기 위해서 두 명의 소녀들이 그에게 바나나를 먹으라며 벽돌을 건네주었다. 채찍질하는 소년은 이따금씩 그에게 가짜로 물을 마시게 하는 것을 중지시켰다. 이는 고통과 고통을 위로하는 중요한 삶의 주제로써 모든 놀이꾼들이 매우 신나게 즐기는 놀이처럼 보였다. 웽거 스페린에 의하면, 이 놀이와 관련된 유일한 현실적 폭력은 유치원 교사가 들어와서 그것이 공격적인 놀이라 생각하여 중지시켰을 때 일어났다. 웽거 스페린은 그렇게 할 만한 타당한 이유가 없을 때 재미있는 놀이를 중단시키는 것은 항상 폭력행위이며 폭력적인 반응을 일으킬 수 있다고 주장했다. 채찍질 게임이 강제로 종료되었을 때 아이들의 기분은 매우 나빠졌다. 그들은 의자를 뒤엎고 저항임이 분명한 다른 행동으로 행패를 부리기 시작했다.

"위험한"놀이의 가치

동물의 놀이의 연구자들은 놀이가 진화하는 주된 목적은 어린 새끼가 긴급사태에 대응하는 방법을 배우도록 돕기 위한 것이라고 주장했다.[12] 모든 종의 어린 포유류들은 놀이에서 의도적이며 반복적으로 자신을 좀 미숙하고, 약간 위험하고, 싸우는 것 같기도 하는 상황에 처하게 만든다. 그들은 신나게 질주하고, 뛰고, 서로 쫓고 쫓기면서 자기 신체동작의 통제를 잃기도 하고 회복하기도 하면서 이것을 계속해서 번갈아 반복한다. 예를 들어 염소새끼는 점프 시 착지를 어렵게 하기 위해서 일부러 돌고 비트는 행동을 한다. 나무를 신나게 왕복하는 어린 원숭이와 유인원은 상당한 공포를 유발시키기에 충분할 정도로 땅 위에서 멀리 떨어진 높은 나뭇가지를 선택한다. 하지만 땅에 떨어져도 심각한 중상을 입을 정도로 높은 것은 아니다. 어린 침팬지는 특히 높은 가지에서 자유롭게 낙하하여 땅에 떨어지기 직전 마지막 순간에 더 낮은 나뭇가지를 붙잡는 놀이를 좋아한다.

거의 모든 종의 어린 포유류는 추적놀이를 한다. 그들은 상대방의 뒤를 따라 달리며 번갈아 가면서 쫓고 쫓는 행동을 반복한다. 추적놀이를 하는 대부분의 종들은 추적당하는 쪽을 더 좋아한다.[13] 예를 들어 한 쌍의 어린 원숭이, 어린 양, 또는 다람쥐들의 게임은 보통 한 어린 녀석이 다른 친구를 장난스럽게 공격하는 것으로부터 시작되어 도발을 당했던 놀이꾼이 쫓아오는지 확인하기 위해서 계속 뒤돌아보면서 도망치는 식으로 진행된다. 원숭이의 놀이를 관찰한 사람들은 쫓기는 동물은 쫓는 동물보다 대체로 게임을 즐기는 과정에서 다양한 놀이표정(원숭이의 미소)과 같은 기쁨의 증거를 더욱 풍성하게 보여준다고 말한다.[14] 추적자에게 주어지는 보상은 추적당하는 역할을 교대로 할 수 있는 기회다. 추적자가 상대방을 붙잡아 "태그"할 때(일반적으로 장난스럽게 이로 무는 것), 지금까지의 추적자가 교체되어 즐거운 마음으로 추적당하는 입장이 된다. 가장 좋아하는 위치가 가장 취약적인 지위라는 점에 주목하라. 도망가는 위치는 뒤를 쫓는 위치보다 일어날 일에 대한 통제를 덜 받으며, 쉬거나 멈출 기회가 더 적고, 추락과 상처에 더욱 취약할 수 있다. 취약성 그 자체는 스릴감의 핵심부분이다.

어린 포유류, 특히 어린 수컷은 추적놀이 뿐 아니라 장난스런 싸움놀이도 수없이 많이 한다. 종에 따라서 그들은 서로 뿔로 머리를 들이박고, 땅 위로 팽개치고, 꼼짝 못하게 하고, 그리고 특별한 표적이 있는 곳을 이빨로 장난스럽게 문다. 진짜싸움과 달리 장난싸움에서는 몸집이 더 크고 기술이 더 능숙한 동물들이 놀이꾼을 압도하지 않기 위해서 의도적으로 자기를 불리한 위치에 있게 한다. 싸움놀이를 하는 생쥐에 대한 세밀한 연구에 따르면 적어도 생쥐들은 각각 신체적·정서적으로 가장 위험한 도전을 할 수 있는 하급자의 위치에 머물기를 더 좋아했다.[15] 어떤 생쥐는 놀이꾼이 가장 높은 위치에서 공격하도록 허용하여 자신을 불리하게 만든 후 이를 회복하기 위해서 분투했다. 시간이 지나면서 놀이꾼은 교대되고 각각 취약한 위치로부터 회복하는 연습을 할 것이다.

심지어 우연한 관찰에서도 놀이꾼 아이들은 어린 포유류처럼 의도적으로 자신을 공포를 유발시키는 불리한 상황으로 몰아가는 것을 보여주었다. 그들은 높은 나무를 오르고, 높은 탑이나 절벽 위에서 뛰어내리고, 바위와 바위 사이의 넓은 공간을 뛰어넘고, 운동장의 놀이기구에서 신기한 재주를 부리거나 스케이트보드를 타고 난간을 내려오는 등 위험한 놀이를 자초한다. 장난놀이에서 어린 아이들은 다른 어린 포유류처럼 취약한 위치 사이를 교대로 들고난다.[16] 더 강한 상대방은 더 약한 상대방이 꼼짝할 수 없는 상태에서도 도망칠 수 있도록 자기를 불리한 위치에 서게 만든다. 그리하여 양자는 취약한 위치에 놓이게 되고 거기서 도망치는 스릴을 경험한다. 모든 종들 중에서 어린 인간은 다른 어린 포유류와 매우 흡사하기 때문에 그들도 분명히 그에 못지않은 중요한 교훈을 배우게 될 것이다.

추적놀이가 주는 일반적인 기쁨을 생각해보자. 3살 난 소녀는 아버지나 큰 오빠가 무서운 괴물로 분장하여 그녀를 잡아서 아침밥으로 먹겠다고 위협할 때 황급히 도망치면서 참기 힘든 기쁨을 주체하지 못하고 으앙 소리를 지른다. 나는 인간의 모든 추적놀이에서 모두가 좋아하는 것은 추격을 당하는 쪽이라고 단언한다. 악몽과 현실에서 내가 포식자나 괴물에 쫓기고 있는 것보다 더 무서운 것은 없지만 놀이에서는 이보다 더 재미있는 또 다른 것은 없다.

모든 인류의 추적놀이에서 가장 일반적이며 기본적인 놀이는 꼬리잡기다. 세계 모든 지역에서 꼬리잡기 놀이를 하지 않는 아이들은 거의 없으며 이 놀이의 목적은 항상 쫓는 시간은 더 짧게 그리고 쫓기는 시간은 더 길게 보내는 것이다. 붙잡히게 될 때 주어지는 벌칙은 당신이 "추적자"가 되는 것이고 그러면 당신은 누군가를 붙잡아서 당신이 또 다시 쫓기게 되는 기쁨을 얻을 때까지 계속 추적해야 하는 것이다. 아이들이 점점 성장해가면서 그들은 점차 게임의 구조를 변경시키는 규칙을 만들어 더욱 정교화된 꼬리잡기 버전으로 놀이를 하게 된다. 일반적인 사례는 "여우와 거위" 놀이다. 어린 시절에 나는 친구와 함께 미네소타의 얼어붙은 연못가 눈길 위에서 스케이트를 타고 놀았었다. 항상 좋아했던 위치는 여우가 아닌 거위가 되는 것이었다. 만약 당신이 붙잡히게 되면, 당신은 당신이 누군가를 붙잡아서 또 다시 거위가 될 수 있을 때까지 여우가 되어야 한다. 숨바꼭질과 피구는 정확히 말해 추적놀이가 아니다. 그러나 그것 역시 규칙에 따른다는 공통점이 있다. 좋아하는 위치는 쫓기는 입장이라는 것이다. 발견되거나 볼에 맞게 될 때 주어지는 벌칙은 당신이 추적자가 되는 것이다.

축구와 미식축구, 농구, 그리고 하키와 같은 공식적인 스포츠조차 꼬리잡기의 복합버전으로 이해할 수 있다. 수많은 적들이 당신을 추적하는 동안 필드나 코트를 종횡으로 누비며 공을 차거나 옮기거나, 드리블을 하거나, 또는 어떤 골대를 향해서 퍽을 밀어 넣는 데서 기쁨을 느낄 수 있다. 야구도 역시 꼬리잡기의 한 형태이다. 공을 타격한 후에 타자는 상대팀이 태그아웃 시킬 때까지 안전한 지점에서 다른 지점으로 지정된 베이스를 돌아서 달려가야 한다. 이런 모든 게임에서 팀은 교대로 공격과 방어를 하며 좋아하는 위치는 당신이 "적"진영을 가로질러 달릴 때 당신이 쫓기게 되는 공격이다.

그런 활력이 넘치는 수많은 활동에서 아이들은 자신의 두려움은 물론 그들의 신체적 역량을 시험한다. 두려움과 기쁨의 조합은 우리가 스릴이라고 부르는 감정이다. 그런 놀이에서 아이들은 자신을 적절한 두려움 속에 투입하는 방법을 유일하게 알고 있기 때문에 자기행동에 대한 책임감을 가져야 한다. 미끄럼틀이나 그네와 같은 스윙세트에서 흔들며 움직이거나, 나무나 밧줄에 오르는 아이들은 그들에게 공포가 아닌 기쁨을 줄 수 있는 정도의 적절한 두려움을 만들어내기 위해서 올라야 할 높이를 알고 있다. 부모, 코치, 또는 체육교사도 그들을 위해서 그런 판단을 해줄 수 없다. 웽거 스페린이 기술한 "채찍놀이"에서 채찍을 맞고 있는 소년은 만약 그것이 너무 고통스러우면 채찍질을 그만두라는 신호를 보낼 수 있었다. 장난스런 싸움놀이와 모든 형태의 추적놀이에서 각 아이들은 정서나 신체적 도전이 너무 지나치게 되면 타임아웃이나 중단을 요구할 권리를 가지고 있다. 그런 권리가 없다면 어떤 활동도 더 이상 놀이가 될 수 없을 것이다.

오늘날 우리 문화에서 부모와 성인들은 놀이의 잠재적인 위험으로부터 아이들을 과잉보호하는 경향이 있다. 우리는 자신을 돌보고 현명한 판단을 내릴 수 있는 아이들의 능력을 심할 정도로 폄하한다. 이 점에서 우리 문화는 아이들이 자유롭게 놀 수 있었던 수렵채집인의 문화(제2장 참고) 뿐 아니라 전통문화와도 크게 다른 점을 발견할 수 있다. 아이들의 능력에 대한 우리의 과소평가는 불길한 자아성취예언이 될 수 있다. 아이들에게서 자유를 박탈함으로써 우리는 그들이 자신의 행동과 감정을 통제할 방법을 배울 기회도 함께 박탈했다.

공감의 감소와 자기애의 증가

내가 제1장에서 기술한 것처럼 1955년 이후 아이들의 자유놀이 감소는 젊은이들 간의 지속적인 불안, 우울증, 그리고 무력감 증가를 초래했다. 또한 이런 연장선에서 자기애가 증가하고 공감이 감소하는 현상을 나타냈다.

자기애는 부풀려진 자아관으로서 타자로부터 자아를 분리하여 유의미한 쌍방의 관계형성을 방해하는 경향을 말한다. 1970년대 말 이후 이는 자기애적 성격척도(NPI, Narcissistic Personality Inventory)를 사용하여 대학생 표준집단을 대상으로 꾸준히 조사해 왔다. 자기애적 성격척도는 사람들이 주로 자신에 대한 관심의 정도와 다른 사람에 대한 관심의 정도를 쉽게 알아보기 위해서 고안했다. 공감은 자기애와 다소 반대되는 개념이다. 이는 다른 사람의 관점에서 사물을 보고, 다른 사람의 불행에 동정심을 느끼는 등, 다른 사람과 정서적으로 통합되는 경향을 말한다. 공감은 1970년대 이후 대인관계 반응지수(IRI, Interpersonal Reactivity Index) 검사지를 가지고 대학생 표준집단을 대상으로 지속적인 조사를 해왔다. 이 설문지 조사에 따르면, 자기애는 수년 동안 유의미한 수준에서 증가한 반면 공감은 크게 감소했다.[17] 설문지 조사는 분명히 타당한 평가방법이었으며 결과는 실제세계의 행위와 높은 상관관계를 나타냈다. 예를 들어,

자기애에서 높은 점수를 얻은 사람은 다른 사람의 그것과 비교하여 자신의 능력을 과대평가했고, 비판에 대한 반응에서는 격렬하게 공격적이었으며, 보통 사람들보다 화이트칼라 범죄를 저지르는 비율이 더 높은 것으로 나타났다.[18] 공감에서 낮은 점수를 얻은 사람들은 평균적인 사람들보다 집단괴롭힘에 더 많이 가담하고 곤경에 처한 사람들을 돕는 데 덜 자발적이었다.[19]

내가 본장에서 기술한 것을 종합해보면, 놀이의 감소가 사회적·정서적 장애가 증가하게 된 원인이라는 주장은 전혀 놀랄 일이 아니다. 놀이는 아이들에게 자기문제를 해결하고, 자기충동을 억제하고, 자기감정을 조절하고, 타자의 관점에서 사물을 바라보고, 다름과 차이를 타협하고, 그리고 타자와 동등하게 지내는 방법을 가르치는 자연의 방식이다. 이런 능력을 배우는 수단인 놀이를 대체할만한 것은 아무것도 없다. 이는 학교에서 가르칠 수 없는 것들이다. 실제 세계의 생활에서 이런 자기책임, 자기통제, 그리고 사회성의 가르침은 학교에서 가르치는 그 어떤 가르침보다 더 중요하다.

놀이의 감소와 정서적·사회적 발달의 장애가 상호관련성이 있다는 주장을 뒷받침하는 논리적 근거는 물론 실험적 증거도 많이 있다. 아이들에게서 의도적으로 놀이를 박탈하는 장기적인 실험은 현실적으로 불가능할 것이다. 그러나 이는 동물을 상대로 가능하기 때문에 실제로 그런 실험을 꾸준히 실시해 왔다. 예를 들어 한 연구에서는 친구들을 차단하고 오직 부모에 의해서만 양육된 붉은털 원숭이와 엄마뿐 아니라 친구들과 접근이 가능한 환경에서 보편적으로 양육된 붉은털 원숭이를 비교하는 실험을 했다.[20] 전자의 엄마들은 어린 새끼들과 다양한 방법으로 상호작용을 했지만 친구들과 노는 것을 금지시킴으로서 전 발달과정을 통하여 놀이를 박탈했다. 연구결과 전자의 원숭이들이 성장했을 때 그들에게서 여러 가지 면에서 비정상적인 모습들이 발견되었다. 그들은 과도한 두려움과 공격성을 나타냈다. 일반적인 환경에 노출시켰을 때, 그 환경은 보통 원숭이들이 거의 두려움을 느끼지 못하는 정도였음에도 불구하고, 이원숭이들은 공포반응을 보였으며 시간이 지나도 보통 원숭이들처럼 환경에 적응하지 못했다. 동료들과 함께 두었을 때 그들은 다른 동물의 사회적 신호와 초대에 적절하게 응하지도 못했다. 예를 들어, 한 동료가 털 고르기를 시도할 때 그들은 친절한 접근을 허용하기보다 오히려 격렬하게 공격하는 반응을 보였다. 또한 그들은 다른 원숭이의 출현에 공격을 완화시키는 적절한 신호를 보여주지 못함으로서 보통 원숭이들보다 더 자주 공격을 받는 경향이 있었다.

쥐를 대상으로 실시한 유사한 실험에서도 비슷한 결과가 나타났다. 놀이친구들이 없는 상태에서 양육된 쥐는 다양한 행동검사를 실시했을 때, 두려움과 공격성의 두 가지 측면에서 비정상적으로 높은 수준을 나타냈다.[21] 일련의 한 실험에서 친구가 배제된 어린 쥐들 중 일부는 하루에 한 시간씩 활발하게 노는 친구들과 상호작용을 하도록 허용한 반면, 그 외의 쥐들은 하루에 한 시간씩 암페타민을 주사하여 놀지 못하게 통제한 친구들과 상호작용을 하게 했다.[22] 암페타민은 어린 쥐에게서 놀이의 충동만 빼앗을 뿐 다른 사회적 행동은 빼앗지 않는다. 연구결과 동료들과 활발하게 노는 경험을 한 쥐는 놀지 못하게 통제된 쥐들보다도 성인기에 훨씬 더 정상적인 행동을 했다. 분명히 일반적인 정서와 사회성을 발달시키는 어린 쥐들 간의 본질적인 상호작용은 놀이에서 일어났다. 다른 실험에서 놀이가 배제된 어린 쥐는 비정상적인 뇌 발달의 유형을 보여주었다. 놀이를 하지 않으면 뇌의 전두엽에서 내려오는 뉴런의 연결통로, 즉

충동과 감정통제에 결정적인 기능을 하는 것으로 알려진 부분이 정
상적으로 발달하지 못했다.[23]

　오직 과학만을 위해서 어린 원숭이나 쥐들을 친구들과 자유롭
게 놀 수 없도록 통제된 환경에서 양육한다면 매우 잔인한 것으로
생각될 것이다. 그러나 만약 그것이 잔인하다면 아이들을 보호하고
교육하기 위해서 다른 아이들과 함께 즐길 수 있는 자유로운 놀이
를 아이들에게서 박탈한 현재의 "정상적인" 관행에 대해 우리는 무
엇이라고 말할 수 있겠는가? 그것은 정말 잔인하며 위험한 짓이다.

비디오 게임은 어떤가?

　최근 수십 년간 감소는커녕 승승장구했던 놀이 중 하나가 비디
오 게임이다. 어떤 사람들은 바깥놀이가 감소했다는 이유로 TV와
함께 그런 게임을 비난하는 경향이 있다. 그들은 TV 프로그램과 비
디오 게임은 너무 유혹적이어서 아이들을 모니터에 고정시키기 때
문에 다른 활동을 방해한다고 주장한다. 나는 그런 주장을 이해하며
왜 그런 주장이 일부 사람들에게 강하게 먹히는지 그 이유도 알고
있다. 그러나 이런 주장은 내가 관찰한 것이나 연구자들의 체계적인
조사를 통해 얻은 결과와 배치되는 것이다.

　서드베리 벨리 학교의 학생들은 자기가 좋아하는 것이라면 어
떤 방법으로도 놀고 탐색하는 일이 가능했다. 그들은 모두 컴퓨터와
TV에 무한정으로 접속할 수 있었고 거의 모든 아이들은 비디오 게
임을 하면서 놀았다. 그러나 거의 대부분의 아이들도 역시 들판과
나무숲에서 놀고 탐색하는 등 바깥에서 많은 시간을 보냈다. 일반인
들을 대상으로 실시한 게임꾼(game player)에 대한 조사연구는 바깥

에서 자유놀이를 하는 놀이꾼들뿐 아니라 비디오 게임꾼들은 모두 시간이 지나면서 항상 그 두 가지 놀이의 균형을 취하려는 태도를 밝혀냈다.[24] 게임중독으로 보이는 사람들은 일반적으로 만족할만한 다른 놀이이용이 불가능한 사람들이 많다.[25] 비디오 게임놀이는 아이들의 자유로운 바깥놀이보다 오히려 TV시청과 더욱 경쟁적인 것으로 나타났다. 조사에 따르면 게임꾼들은 전반적으로 비게임꾼들보다 바깥에서 노는 시간이 결코 더 적지 않았다. 그들은 TV를 더 적게 시청할 뿐이었다.[26] 실제로 바깥놀이의 증진요인에 대해서 네덜란드 아이들을 대상으로 실시한 최근의 한 대규모 연구에 의하면, 일부 사람들에게는 놀랄 일이겠지만, 자기 방에 TV나 컴퓨터가 있는 아이들은 자기 방에 아무것도 없는 비교대상의 아이들보다 바깥에서 더 많이, 더 적지 않게 놀고 있는 사실이 밝혀졌다.[27]

나는 아이들의 바깥놀이가 감소한 원인은 주로 사회변화로 인해서 부모들의 우려가 증가했기 때문이라고 생각한다. 사회변화는 아이들이 바깥에서 자유롭게 놀 기회를 감소시켰다(제10장 참고). 비디오 게임은 두 가지 이유에서 증가되었다고 볼 수 있다. 첫째, 정말 게임이 재미있으며, 특히 게임을 만드는 데 사용되는 지식과 기술이 날로 발전하기 때문에 갈수록 항상 더 재미있어진다는 점이다. 둘째, 현실세계에서 성인들이 아이들을 한층 더 통제하고 감독하게 되면서부터, 많은 아이들에게 자유가 주어지는 장소, 즉 가상세계가 출현하게 되었다는 점이다. 9살 난 아이는 모퉁이 가게를 혼자서 다니지 못하지만 온갖 종류의 기쁨과 위험으로 가득 찬 신나는 가상세계에 들어가 자유롭게 탐색할 수 있게 되었다.

아이들을 대상으로 하는 설문조사에서 비디오 게임에 대해서 어떻게 생각하느냐는 질문을 던지자, 일반적으로 그들은 자유, 자기

주도성, 능력이라고 응답했다.[28] 그들은 게임에서 자기결정을 하고
자기가 스스로 선택한 도전에서 승리하기 위해 분투한다. 학교와 성
인들이 지배하는 상황에서 그들은 중단 없는 지도가 필요한 바보취
급을 받는다. 그러나 게임에서는 판이하게 다르다. 그들은 자기 책
임감을 가지고 어려운 문제를 해결하면서 특별한 능력을 나타낼 수
있다. 게임에서는 나이가 아닌 능력이 중요하다. 이런 점에서 비디
오 게임은 다른 형태의 진짜 게임과 흡사한 점을 많이 가지고 있다.
비디오 게임은 결코 세대에 걸친 불안, 우울증, 무력감 등을 증가시
키지 않는다. 오히려 그런 고통을 완화시키는 데 도움을 주는 것으
로 나타났다. 이런 특성은 최근 특히 이전의 비디오 게임보다 훨씬
더 사회적이며 창의적인 문제해결의 기회를 무한정으로 제공하는
월드오브워크래프트(world of Warcraft)와 같은 그런 대규모 멀티플레
이어 온라인 롤 - 게임의 출현으로 이미 입증되었다.[29]

　　이런 온라인 게임에서 게임꾼들은 독특한 심리적 · 신체적인 특
징과 재능을 가진 캐릭터(아바타)를 만든다. 그들은 자기가 만든 캐
릭터가 되어 지구상 어디에서도 실제생활의 형태로 존재하는 수많
은 게임꾼들이 동시에 몰려드는 놀랍도록 복잡하고 신나는 가상세
계로 들어간다. 게임꾼들은 가상세계에서 탐색을 계속하면서 친구
나 적이 될 수 있는 사람들을 만난다. 게임꾼들은 혼자서 게임을 시
작하지만 더 높은 단계로 올라갈수록 친구들을 사귀고 다른 사람들
과 함께 행동하면서 상호 탐색을 계속해 나간다. 가상공간에서 친구
들을 사귀는 기술은 실제세계에서 친구들을 사귀는 기술과 반드시
동일한 수준을 유지할 것을 요구한다. 당신은 무례한 행위를 해서는
안 되며 당신이 향유하는 문화예절을 이해하고 준수해야 한다. 잠재
적인 친구의 의도를 알고 그것을 실현하도록 친구를 도와주어야 한

다. 게임꾼들은 당신에 대한 신뢰정도에 따라서 당신을 분류하여 자기친구 명단이나 블랙리스트에 넣어두고 당신을 둘러싼 긍정적이거나 부정적인 정보를 바탕으로 다른 사람들과 소통할 것이다. 그런 게임은 실제생활에서 실질적 손해가 전혀 없는 판타지 세계에서 다양한 인성과 행동양식을 실험하는 무한한 기회를 게임꾼들에게 제공한다.

또한 이런 게임을 통해서 게임꾼들은 길드라고 부르는 특별한 이익집단을 형성한다. 마치 취업지원서를 작성하듯이 게임꾼들은 자기가 소중한 회원이 될 수 있는 이유를 설명하는 지원서를 작성한다. 일반적으로 길드는 실제세계의 회사와 비슷하게 집행부서, 인사부서 등으로 조직된다. 그런 종류의 게임은 여러 가지 면에서 유아학교의 상상적인 사회극 놀이와 비슷하다. 그러나 큰 아이, 십대, 그리고 성인 게임꾼들은 가상세계에서 게임을 즐기고 온라인 문자 메시지로 소통하면서 다양한 관심과 능력에 맞춰 수준을 높여 간다. 모든 사회극 게임처럼 그것은 실제세계의 이해에 초점이 맞춰져 있기 때문에 게임꾼들은 이를 통해 실제세계와 관련된 개념과 사회기술을 훈련할 수 있다. IBM사의 연구는 이런 게임을 통해서 발휘된 리더십은 본질적으로 실제세계에서 현대적인 기업경영에 필요한 리더십과 동일하다는 결론을 내렸다.[30]

비디오 게임에 관한 초기의 연구들은 대부분 일부 게임의 폭력적인 내용이 현실세계에서 아이들의 폭력적인 행동을 증가시킬 것이라는 우려에서 시작되었다. 이런 우려들을 조사하기 위해서 수고했던 연구자들의 초기 주장은 앞서 언급한 연구들에 의해서 불식되었다.[31] 화면상에서 캐릭터를 살해하는 것이 현실생활에서 사람들을 해칠 가능성을 높인다는 증거는 없었다. 실제로 일부 연구는 비디오 게임의 가짜 폭력은 아마 "위험한" 바깥놀이와 비슷한 방식으로 젊은이들이 자기감정을 조절·통제하는 방법을 배우는 데 도움을 준다고 주장했다. 예를 들면, 한 연구는 일상적으로 비디오 게임을 하는 대학생들은 정신적으로 절망적인 일을 겪은 후에 거의 또는 결코 그런 게임을 해본 적이 없는 대학생들보다 덜 적대감을 느끼고 또한 덜 우울해 한다는 사실을 밝혀냈다.[32] 나는 그런 폭력물을 보면 거부감이 생기기 때문에 생생하게 묘사한 폭력 비디오 게임을 하지 않을 뿐더러 영화조차 보지 않으려는 사실을 인정한다. 그러나 내가 그런 게임과 영화를 멀리하는 것이 어떤 도덕적인 가치가 있다고 주장하는 근거를 제시하는 문헌들을 아직까지 본 적이 없다. 나는 결코 내 아이들에게 그런 가짜 폭력물을 금지시킨 적이 없다. 그럼에도 불구하고 그들은 완전히 비폭력적이며 도덕적인 인성을 갖춘 시민으로 성장했다.

오히려 최근 연구자들은 비디오 게임의 **긍정적인** 효과에 관심을 기울이기 시작했다. 몇 가지 실험을 통해서 빠른 속도로 진행되는 비디오 게임을 하는 것은 표준 지능검사의 구성요소 중 하나인 시공간 능력의 점수를 크게 향상시키는 것을 알 수 있었다.[33] 또 다른 연구들은 비디오 게임은 유형에 따라 작동기억(한 번에 여러 개의 정보를 처리하는 능력), 비판능력, 그리고 문제해결력의 측정점수를 향상시킬 수 있다고 주장했다.[34] 나아가 예전에 읽기와 쓰기에 거의 무관심했던 아이가 온라인 비디오 게임의 텍스트 중심 접근을 통해서 고급 문해능력을 획득한다는 증거들이 늘어나고 있다.[35] 내가 이미 언급한 것처럼 행동을 높은 단계로 유도하고 감정을 불러일으키는 게임을 하게 되면 스트레스 상황에서 젊은이들의 자기 감정조절에 유리해진다는 증거도 있다. 현재까지 비디오 게임이 사회적 이익에 도움을 준다는 공식연구는 거의 없으나, 그런 이익을 증명하는 일화적인 보고서들은 많이 있다. 또한 그동안 밝혀낸 연구결과에 의하면, 비디오 게임을 자주 하는 아이들은 평균적으로 게임을 하지 않는 또래들보다 사회적으로 더 잘 적응하는 것을 알 수 있다.[36]

아이들을 바깥으로 나가게 하는 길은 컴퓨터나 TV세트를 버리는 것이 아니다. 이는 우리가 집안에 가지고 있는 책을 버리는 것에 지나지 않는다. 이런 것들은 모두 학습과 즐거움의 중요한 자원이다. 오히려 그 통로는 아이들이 바깥에서 성인들의 간섭을 받지 않고 친구들과 어울려 자유롭게 놀 수 있는 실제적인 기회를 보장해준다. 마치 수렵채집인의 아이들이 활과 화살이나 원시적 뒤지개의 사용기술에 고도로 익숙해질 필요가 있었던 것처럼 오늘날 세계의 아이들은 컴퓨터를 다루는 기술에 고도로 익숙해질 필요가 있다. 그런 기술을 발달시키기 위해서 그들은 현대사회의 주요 도구인 컴퓨터와 놀 수 있는 자유와 기회를 필요로 한다. 그러나 건강한 발전을 위해서 아이들은 집에서 멀리 떨어진 바깥에서 친구들과 함께 놀 수 있는 자유와 기회도 역시 필요로 한다. 여기서 핵심어는 강제가 아닌 **자유와 기회**다.

CHAPTER 9

자유복합연령: 자기 교육력의 핵심요소[1]

　　어느 날 아침 서드베리 벨리 학교의 놀이방에서 놀라운 장면이 내 눈앞에 펼쳐졌다.[2] 13세 소년과 두 명의 7살 난 소녀들이 자신들만의 순수한 기쁨을 만끽하면서 영웅, 괴물, 전투 등을 소재로 환상적인 이야기를 쓰고 있었다. 7살 난 아이는 다음에 일어날 사건과 관련된 아이디어를 몹시 흥분된 목소리로 외쳤다. 한편 뛰어난 예술가인 13살 난 소년은 그 아이디어를 일관성 있는 이야기로 바꿔 쓴후 아이들이 그릴 수 있는 최대한 빠른 속도로 그 장면을 칠판 위에 스케치했다. 게임은 반시간 이상 동안 계속되었다. 그것은 내가 학교의 다른 부서를 관찰하기 위해서 자리를 뜨기 전까지 충분히 관찰이 가능한 꽤 오랜 시간이었다. 내 상식으로는 7살 난 아이가 혼자서는 도저히 쓸 수 없는 이야기와 13살 난 아이도 혼자서는 도저히 만들 수 없는 것이 분명한 예술 창작물을 내가 유일하게 목격할수 있었던 것은 나에게 큰 특권이라는 생각이 들었다. 내가 관찰했던 7살 난 아이의 무한한 창조적인 열정과 상상력이 그들과 함께 놀고 있었던 13살 난 아이의 예술적 재능과 결합함으로써 이런 창조적인 폭발이 가능한 화학적 혼합반응을 적시에 제공한 것이다.

내가 제5장에서 소개했던 서드베리 벨리의 창립자, 대니얼 그린버그는 서드베리 벨리 학교가 성공적인 교육기관으로 남을 수 있었던 "비밀 병기"는 복합연령이었다고 오랫동안 주장해 왔다.[3] 마찬가지로 수가타 미트라도 인도에서 실시한 최소개입교육에 대한 자신의 연구에서 아이들이 누구나 이용 가능한 컴퓨터를 신속히 배울 수 있었던 관건은 역시 복합연령이었다고 주장했다(제6장 참고).[4] 또한 우리가 살펴본 것처럼 수렵채집인의 문화를 연구한 인류학자들도 수렵채집인 문화에서 복합연령이야말로 아이들의 자기교육에 필수적이라는 점을 시사했다(제2장 참고).[5]

연령차이가 크게 나는 아이들이 서로 자유롭게 어울리는 것은 아이들이 스스로 주도성을 발휘하여 자신을 성공적으로 교육하는 능력 중 핵심적인 요소다. 아이들은 관찰은 물론 그들보다 나이가 많거나 적은 아이들 간의 상호작용을 통해서 배운다. 그러나 교육학자들은 자유복합연령의 교육적 가치에 대해 거의 무관심 해왔다. 그들은 교육은 교사에 의해서 통제되고 학생들은 모두 동일한 수준의 환경에 있을 때 가장 효율적인 교육이 이루어진다는 신념에 젖어 있었다. 그들은 아이들이 연령, 능력, 그리고 이해수준에서 큰 차이가 있는 환경에서도 상호학습이 가능하다는 생각은 거의 한 적이 없었으며 설사 그랬더라도 그런 경우는 극히 드물었다.

현재의 진화론적 관점과 역사적 관점에서 보면 현대사회에서 아동의 연령별 분리는 매우 기이한 일이다. 나는 이것을 비극적인 기이함이라고 말할 것이다. 수렵채집인의 문화에서 아이들은 다른 아이들과 함께 놀고 탐색하면서 자신을 교육했다. 그들이 광범위한

복합연령집단 속에서 그와 같은 교육을 했던 것은 필연적이었다(제2
장 참고). 수렵채집인 집단은 규모가 작고 출산간격이 잦지 않아서
아이들은 자기 또래와 비슷한 한두 명 이상의 놀이꾼들을 거의 가
질 수 없었다. 일반적으로 함께 놀거나 탐색하는 집단은 4 – 12세,
또는 7 – 17세에 이르는 연령대에 속하는 6명 정도의 아이들로 구성
되었을 것으로 본다. 우리 종의 역사나 우리 모두가 수렵채집인이었
던 시기를 불문하고 99% 이상이 이와 같은 상황이었을 것이다.[6]

　　진화론적인 역사 속으로 더 깊이 들어가 보면 젊은 세대의 복합
연령은 역시 인간 이전의 조상들에게서도 매우 일반적인 규범이었
을 것으로 보인다. 침팬지, 보노보, 그리고 고릴라 등 우리의 유인원
친척들은 모두 소규모 집단에서 생활하면서 암컷은 한 번에 한 마
리의 새끼를 낳는다. 그러므로 어린 유인원의 놀이에는 보통 상당한
나이 차이가 나는 개체들이 참여했다.[7] 이런 주장은 우리가 유인원
들과 공유하는 최후의 공통 조상들도 역시 비슷한 또래들이 거의
없는 환경에서 생활한 사실을 시사한다. 이는 다른 유인원으로 가는
혈통에서 적어도 우리가 분리된 시점으로 되돌아가 보면, 우리의 놀
이본성과 학습본성은 젊은이들 간의 사회적 상호작용이 대부분 복
합연령의 환경 속에서 이루어지면서 수백만 년 동안 진화해온 것으
로 생각된다.

　　약 10,000년 전에 시작된 농경문화의 발달 이후, 사람들이 대규
모 사회집단 속에서 생활하게 되면서부터 식량을 대량으로 공급할
수 있게 되어 출산간격이 좁혀지게 되었다. 이런 변화는 비슷한 연
령대의 아이들끼리 상호작용을 할 수 있는 기회를 증가시켰다. 전통
적, 비서구적, 학교가 없는 사회(non-schooled society) 즉, 그런 사회
에서는 아이들이 어느 정도 어린 동생들을 보살필 것을 기대했기

때문에, 복합연령은 일반적으로 아이들을 놀이집단에 참여시키는 규범으로 여전히 남아있었다(남아있다).[8] 100여 년 전 유럽에서 시작된 연령분리의 학교교육, 의무교육이 대규모로 확산되면서 아이들은 연령별로 분리된 환경에서 많은 시간을 보내게 되었다.

　　지난 30-40년 동안 미국을 비롯한 많은 다른 서방국가와 선진국에서 아이들에게 시행된 연령분리 정도는 크게 증가하여 놀라울 정도에 이르고 있다. 오늘날 많은 아이들은 1-2년 정도 차가 나는 아이들과 놀 수 있는 기회가 거의 없는 학교 안팎의 환경에서 대부분의 시간을 보내고 있다. 핵가족 규모의 감소, 대가족 연대의 약화, 큰 아이들이 작은 아이들에게 미칠 부정적인 영향에 대한 두려움, 이웃친구와 자유롭게 놀 수 있는 기회감소, 학교에서 보내는 시간증가, 그리고 방과후 학교 프로그램과 성인지도의 연령분리 활동의 증가는 아이들이 그들보다 몇 살씩 나이가 많거나 적은 다른 아이들을 알게 될 기회를 감소시키는 음모로 작용했다. 학년별 학교모델은 우리 문화의 아동기 사상을 빼앗아 갔다. 아동발달을 연구한 많은 심리학자를 포함하여 오늘날 많은 사람들은 아이들이 오직 두 가지 범주의 사람들과 상호작용하는 것을 당연하게 생각하는 것처럼 보인다. 그들은 바로 동일연령 아이들과 성인 보호자나 교사들이다.[9]

　　현재 미국의 서드베리 밸리 학교는 수렵채집인 사회와 전통사회의 학교와 비교할 수 있을 정도로 복합연령을 꾸준히 유지하는 매우 보기 드문 학교환경 중 하나이다. 이 학교의 학생 수는 약 130-180명이며 4세에서 십대 후반에 이르는 다양한 연령대의 학생들은 하루 종일 자기가 좋아하는 사람들과 자유롭게 놀며 상호작용을 할 수 있다. 그들은 매우 많은 시간을 나이가 더 많거나 더 적은 학생들과 상호작용을 하면서 보낸다. 내 동료 연구자인 제이 펠드맨은 서드베리 벨리 학교에서 복합연령의 분포실태가 어느 정도인지 알아보기 위해서 상호작용을 즐기고 있는 2−7명 규모의 모든 소집단들을 조사했다. 그는 이 조사를 위해서 수주일 동안 학교건물과 운동장 등을 14회 이상 순회했다. 조사결과는 사회적 상호작용을 즐겼던 학생들 중 절반 이상이 2년 이상의 연령차가 났으며 그들 중 1/4은 4년 이상의 연령차가 있는 것을 보여주었다.[10] 특히 놀이의 경우, 복합연령은 매우 일반적이었으나 중요한 대화의 경우에는 그리 일반적이지 않았다. 후속으로 실시한 장기간의 질적 연구에서 펠드맨과 나는 청소년들(12세 이상)과 어린 아이들(12세 이하로서 상호작용에서 나이 많은 청소년보다 4년 이상 차이가 나는 아이) 간의 사회적 상호작용이 포함된 약 200개의 개별 장면을 기록하여 분석했다.[11]

　　연령차가 나는 아이들과 자유로운 상호작용을 하는 아이들은 무엇을 얻었을까? 이는 본장의 나머지 부분에서 기술할 것이다. 나는 먼저 복합연령의 집단에서 더 어린 아이들에게 이익이 되는 것부터 조사할 것이다. 그 후 나이 많은 아이들의 이익에 눈을 돌릴 것이다. 대부분의 사례들은 서드베리 벨리 학교의 관찰 자료에서 얻은 것들이다. 하지만 그 중 일부는 비서구 사회, 또는 위아래 학년 간의 상호작용의 기회가 제한된 서구학교의 특별한 실험환경에서 관찰한 복합연령 간 상호작용의 연구를 통해서 얻은 것들이다.

어린 아이들에게 주는 자유복합연령의 가치

　　어린 아이들은 자기 스스로 또는 또래들과 수행하기에는 너무 복잡하거나, 어렵거나, 위험할 수 있는 활동을 복합연령 집단에 참여함으로서 배울 수 있다. 또한 그들은 큰 아이들의 정교한 활동을 관찰하고 그들의 대화를 엿듣는 것만으로도 충분히 배울 수 있으며 또래들이 제공할 수 없는 정서적 지원과 보호도 함께 받을 수 있다. 이런 이익은 너무 자명한 것이지만 여기서 나는 그런 기회가 아이들의 신체적·사회적·정서적·지적 발달에 중요한 정도를 더욱 상세히 증명할 것이다.

근접발달영역의 놀이

4살 난 두 명의 아이들이 캐치볼 놀이를 하는 광경을 상상해 보자. 이 아이들은 캐치볼 놀이가 불가능할 것이다. 그들은 놀이가 가능하도록 공을 똑바로 던질 수도 없고 공을 제대로 잡기도 어려울 것이다. 필경 공을 쫓다가 곧 지쳐서 포기하고 말 것이다. 이제 4살 난 아이와 8살 난 아이가 함께 놀이하는 광경을 상상해 보자. 큰 아이는 작은 아이의 손안으로 들어갈 수 있도록 공을 천천히 던질 수 있고 작은 아이가 잘못 던진 공을 잡기 위해서 뛰고 달릴 수 있다. 두 놀이꾼은 캐치볼 놀이를 하면서 던지고 잡는 기술을 향상시키는 한편 거기서 더 많은 것을 배울 것이다. 이제 갓 4살 된 아이의 세계에서는 공잡기가 불가능하지만 4살과 8살 아이가 함께 노는 세계에서는 공잡기가 가능하기 때문에 모두 신나게 즐길 수 있다. 그 밖의 수많은 다른 활동도 마찬가지다.

제7장에서 소개한 1930년대 러시아의 심리학자인 래브 비고츠키는 아이들이 혼자이거나 또는 능력이 비슷한 아이들과 협력하면 해결이 불가능하지만 더욱 유능한 사람들과 협력하면 해결이 가능한 활동을 설명하기 위해서 **근접발달영역**(zone of proximal development)의 개념을 도입했다.[12] 그는 아이들이 자신들의 근접발달영역 안에서 다른 사람과 협력하게 되면 새로운 기술이 발달되고 더 많은 것

을 이해한다고 주장했다. 하버드 대학의 제롬 브루너(Jerome Bruner)
와 그의 동료들은 비고츠키의 개념을 확장하여, 능숙한 참여자가 신
참자를 공동작업에 참여시키는 수단의 비유로서 **비계**(scaffolding)의
개념을 도입했다.[13] 비계는 상기, 암시, 격려, 그리고 아이들의 활동
을 더 높은 수준으로 향상시키는 기타 지원형태로 구성된다. 위 사
례에서 캐치볼 놀이는 4살 난 아이의 근접발달영역 안에 있으며
8살 난 아이는 천천히 공을 던지고 어린 아이가 잘못 던진 공을 잡
기 위해서 달려감으로써 비계를 설정해 주었다.

　　교육학 서적에서 비고츠키와 브루너의 개념은 아동, 부모, 교사
간의 상호작용을 설명하기 위해서 자주 등장한다. 그러나 나와 펠드
맨의 관찰연구는 그 개념이 아이들 간 복합연령의 상호작용에서 더
욱 훌륭하게 적용될 수 있는 것을 시사한다. 여기는 공식적인 학생
이나 교사가 없지만 모두가 다 즐길 수 있다. 큰 아이들은 활기, 좋
아하는 활동, 이해의 측면에서 성인들보다 작은 아이들에게 더욱 가
깝게 느껴진다. 그러므로 그들이 어린 아이들의 근접발달영역 안에
서 행동하는 것은 매우 당연한 것이다. 더구나 큰 아이들은 작은 아
이들의 장래 교육에 대한 책임이 자기들에게 있는 것으로 보지 않기
때문에 일반적으로 어린 아이들의 요구를 넘어서는 과도한 정보나
도움을 제공하지는 않는다. 그들은 지루하게 만들거나 잘난 체하지
도 않는다.

　　비계설정은 상당한 능력차가 있는 복합연령 놀이에서 모두가
즐겁게 놀 수 있는 수준까지 어린 아이들을 끌어올리는 수단으로써
지속적으로, 자연스럽게, 그리고 종종 무의식적으로 일어난다.

　　다음에서는 나와 펠드맨이 서드베리 벨리의 신체놀이 영역에서
관찰한 몇 가지 사례를 소개할 것이다. 사각형 놀이에서 십대 놀이

꾼들은 나이 많은 놀이꾼들의 사각형 안으로는 공을 세게 쳤으나, 나이 어린 어니(4세)가 밟고 있는 사각형 안으로는 아주 천천히 약하게 공을 쳤다.[14] 또한 그들은 어니가 공을 치지 않고 공을 붙잡고 던지도록 규칙을 변경했다. 레슬링 게임에서 3명의 소년들은(8–11세) 모두 행크(18세)를 공격했다. 행크는 어린 아이들의 능력과 체격을 고려하여 바닥으로 던지는 방식으로 대응했다. 공격자 중에서 가장 나이가 많은 클린트는 가장 멀리 내던져졌다. 가장 어린 제프는 가장 가까이 내던져졌다. 행크는 누구에게도 공포감을 주거나 부상을 입히지 않고 스릴을 극대화하기 위해서 각 소년들을 얼마나 멀리 던질지 그 거리를 정확하게 알고 있는 것 같았다. 칼끝을 패드로 감싼 격렬한 펜싱시합에서 샘(17세)은 자기를 공격하는 6–10세 아이들의 각 기술과 스타일에 맞게 펜싱전략을 조정해가면서 아이들 중 어느 누구도 압도하는 일없이 아이들의 도전을 받아주었다. 농구경기에서 몸이 탄탄한 에드(15세)는 거의 슛을 하지 않았지만 8–10세로 구성된 반대 팀의 아이들이 공을 뺏으려고 그에게 달라붙을 때마다 드리블을 하면서 많은 시간을 보냈다. 그리고서 그는 그의 단 한 명의 팀 동료인 대릴(8세)에게 패스하여 슛을 하도록 돕고 격려했다.

이런 각 사례에서 십대들은 어린 아이들이 참여하여, 즐기고, 게임을 통해 배우도록 배려하기 위해서 자신들의 놀이 수위를 조정했다. 예를 들어 농구코트에서 에드는 어린 팀 동료선수가 농구골대 밑에서 슛을 날릴 준비를 시켜 놓고 슛을 던질 순간을 말해주면서, 그렇게 하지 않았을 때보다 어린 동료선수가 더욱 높은 수준의 농구를 하도록 응원해 주었다. 그러나 십대들이 어린 선수들의 적응을 돕기 위해서 조정을 했다고 해서 실제로 그들에게는 어떤 희생이 따르는 것은 아니었다. 나이 많은 선수들은 분명히 어린 선수들이 즐겁고 그들은 자신의 기량은 물론 어린 선수들의 기량도 최대한 발휘되도록 유도하는 방식으로 놀이를 진행시켰다. 그들은 자제력을 연습하고 어린 아이들의 다양한 공격을 방어하는 가운데 행크의 레슬링 기량과 샘의 펜싱능력은 더욱 완전하게 발휘될 수 있었다. 에드가 슈팅으로 점수를 올리는 것은 너무 싱거워서 누구에게도 즐거움을 주지 못했을 것이다. 그러나 작고, 촘촘한 방어자들의 혼란스러움을 뚫고 드리블을 하면서 어린 팀 동료선수가 슛을 하도록 준비시키는 것은 자신의 드리블링, 패스, 그리고 경기능력을 재미있게 연습하는 방법이었을 뿐 아니라 정말로 많은 사람들을 즐겁게 만드는 것이었다.

또한 우리는 학교에서 복합연령의 카드게임과 보드게임에서 필요로 하는 정신능력을 촉진시키는 많은 비계의 사례를 관찰할 수 있었다. 약 9세 이하가 대부분인 아이들이 비슷한 또래들과 이런 복잡한 게임을 하기는 실제로 불가능하다(예외가 없는 것은 아닐지언정). 그들은 규칙과 방법을 잘 잊어버리며 관심은 곧 시들해지고 만다. 막상 게임이 시작되어도 금세 무너지는 일이 잦다. 그러나 서드베리 벨리에서는 종종 이들보다 더 어린 아이들도 큰 아이들과 그런 게임을 한다. 큰 아이들은 어린 아이들과 놀거나 충분한 선수확보의 필요성 때문에 어린 아이들을 놀이에 참여시킨다. 큰 아이들이 해야 할 일을 상기시켜 주기 때문에 어린 아이들의 놀이가 가능할 수 있다. "이제 네 차례야.""카드를 위로 올려, 그래야 사람들이 볼 수 없지.""무슨 카드를 내놓았는지 잘 생각해봐.""어, 그걸 포기하기 전에 주위를 둘러보고 책상 위에 무엇이 놓여있는지 살펴봐." 주의를 상기시키는 이런 말들은 종종 익명의 목소리 톤으로 표현되거나 특히 도움을 받는 사람을 더욱 집중시키려면, "야, 멍청아"라는 말이 먼저 나온다. 그럼에도 불구하고 그것은 도움이 된다. 가끔 큰 아이들은 게임을 계속하기 위해서 어쩔 수 없이 도움을 제공해야 할 필요가 있다. 이런 게임을 하면서 어린 아이들은 주의집중, 기억, 예측 등과 같은 그런 매우 기본적인 정신능력을 단련한다. 우리가 흔히 지능이라고 부르는 것에 속하는 기본 능력들은 바로 이런 것들이다.

서드베리 벨리에서 어린 학생들은 일반적으로 형식교육을 거치지 않고 3R'을 익힌다. 우리는 복합연령의 상호작용을 관찰한 결과, 그런 일이 일어나는 과정을 이해할 수 있었다. 하루 학교생활 중 어느 시간을 막론하고, 어린 아이들과 큰 아이들이 서로 협력해 가면서 수, 읽기, 쓰기와 관련된 활동을 하는 것은 언제든지 볼 수 있다. 카드게임, 보드게임, 그리고 점수가 기록되는 컴퓨터 게임에서 큰 아이들은 어린 아이들에게 항상 더하고 가끔은 빼는 등의 더욱 복잡한 계산과정, 즉 점수계산법을 가르친다. 문자가 포함된 게임에서 큰 아이들은 아직 글을 읽지 못하는 아이들을 위해서 큰소리로 글자를 읽어주고 어린 아이들이 쓰거나 알고 싶어 하는 단어를 쓰는 방법을 일러준다. 그런 과정을 통해서 어린 아이들은 아주 빈번하게 사용되는 단어를 인식하고 그 단어들이 읽기로 연결되는 방법을 훌륭하게 이해하게 된다.

교직원들에 의하면 펠트맨과 내가 우리의 관찰에서 최대로 관대하게 평가했을 때보다도 현재 아이들은 읽기와 쓰기(또는 더 정확하게 말하면 타이핑)를 더 일찍 배우고 있다고 한다. 그 이유는 주로 컴퓨터 게임, 전자우편, 인터넷 소셜 네트워킹, 그리고 문자 메시지 주고받기가 크게 증가했기 때문이다. 모든 연령의 아이들은 타이핑

문자가 주요 소통수단으로 사용되는 수많은 놀이와 탐색활동에 참여한다. 그러므로 그들은 예전에 구어를 이해하여 말하는 것을 배웠던 것과 똑같은 자연적인 방법으로 읽고 쓰는 것을 배우고 있다.

　더구나 전통적인 학교에서 실시된 획기적인 실험은 복합연령이 문해능력을 증진시킬 수 있다는 비슷한 증거를 내놓았다. 한 연구에서 제임스 크리스티(James Christie)와 산드라 스톤(Sandra Stone)은 교실에서 유치원생들의 행동을 2년간 분리하여 비교했다.[15] 1년 차의 교실은 유치원생, 초등학교 1학년생과 2학년생을 포함한 복합연령으로 조직되었다. 2년 차의 교실은 오직 또래 유치원생들만으로 조직하여 전년과 동일한 교실에서 동일한 교사들이 가르쳤다. 교실에는 2년 동안 계속해서 놀이센터가 설치되어 있었다. 연구자들은 자유놀이 시간의 활동을 비디오에 담았다. 복합연령 상황에서 유치원생들은 적어도 한 명 그리고 1학년이나 2학년 한 명 이상이 섞인 집단에서 놀았다. 그 결과 유치원생들은 초등학교 학생들에 이끌려 읽기와 쓰기와 관련된 놀이를 하도록 유도되었다. 유치원생들은 학생 한 명당 동일연령의 상황보다 복합연령의 상황에서 읽기활동에는 거의 4배, 쓰기활동에는 6배 이상 더 많이 참여한 것으로 나타났다.[16] 이런 대부분의 문해행동은 사회극 상황에서 일어났다. 예를 들어, 요리놀이를 하는 아이들은 침대에 있는 아기에게 베드타임 이야기를 재미있게 해주면서 요리법을 읽고, 생일파티 놀이의 선물에 라벨을 써 붙였다.

　또 다른 연구에서 케이 엠핑거(Kay Emfinger)는 4 – 10세 범위의 복합연령집단 아이들이 여름심화학습 프로그램에 참여하여 자유롭게 노는 모습을 비디오에 담았다.[17] 그녀는 큰 아이들이 어린 아이들에게 수 개념을 노출시켜주는 다수의 사례를 발견했다. 그런 수 개념은 어린 아이들이 스스로 이해하거나 혼자서 사용할 수 있는 능력의 범위를 넘는 것이었다. 예를 들면, 어떤 장면 속의 한 큰 아이는 몸이 아픈 인형에게 7개의 알약을 정확하게 건네주는 방법을 하나에서 일곱까지 세어가면서 어린 아이에게 설명해 주었다. 또 다른 장면 속의 큰 아이는 가게 놀이를 하면서 어린 아이에게 하나는 10달러, 다른 것은 5달러씩 하는 물건을 모두 사면 가격이 얼마인지, 그리고 20달러를 주고 얼마를 거슬러 받아야 하는지를 설명해 주었다. 그들은 그 개념의 적용방법을 정확하게 이해하고 있었다. 그러므로 그런 개념은 더욱 추상적이며 비자발적인 일반교실 수업보다 자기상황 속에서 자기 주도적인 사회극 놀이를 하는 아이들에게 훨씬 더 유의미한 것으로 추측할 수 있다.

서드베리 벨리에서 가장 나이가 어린 아이는 4살이었지만 연구에 의하면 종종 이보다 더 어린 아이들도 역시 복합연령 놀이에서 이익을 얻는 것을 알 수 있다. 보통 2-3살 아이들은 그들 또래의 아이들과 협력하는 사회놀이가 불가능하다. 대신에 그들은 평행놀이(parallel play)를 즐긴다. 그들은 옆 사람들에게 약간 관심을 두면서 일정한 거리를 유지한 채 떨어져서 나란히 논다. 그들은 자기놀이를 사회적 행동으로 통합하지 않는다.[18] 그러나 복합연령 환경에서는 큰 아이들이 비계를 설정하여 걸음마 아기들을 진짜 사회놀이로 끌어들인다. 심지어 3세 아기도 4세 아기의 놀이수준까지 끌어올릴 수 있었다. 이와 별도로 서로 다른 유아학교에서 실시한 두 실험에서는 3세 아기들만으로 구성한 집단보다 4세 아기와 혼합하여 구성한 집단에서 놀았던 3세 아기들이 사회놀이는 더 많이 그리고 평행놀이는 더 적게 즐기는 모습을 보여주었다.[19]

또 다른 사례는 멕시코 마을의 마야 가정에서 36가구를 선택하여 그들을 대상으로 실시한 연구가 있다. 이 연구에서 애슐리 메이나드(Ashley Maynard)는 큰 아이가 작은 어린 아이를 돌보면서 함께 놀고 있는 일상적인 장면을 남매들 몰래 필름에 담았다. 그녀는 작은 아이는 2세, 큰 아이는 3–11세까지에 해당하는 남매들에게 카메라의 초점을 맞췄다. 아이들은 얇게 구운 옥수수 빵을 만들고, 아기 인형을 돌보고, 가짜 가게에서 물건을 파는 시늉을 하는 등 일상적인 활동을 하면서 놀았다. 메이나드에 의하면 역시 모든 놀이장면은 가르치고 배우는 활동의 연속이었다. 큰 아이는 항상 작은 아이가 혼자 하는 것보다 더 나은 방법으로 놀도록 도와주었다. 심지어 3살 난 아기조차 2살 난 아기에게 더 나은 행동모델을 보여주고 그것을 관찰하고 모방하게 했다. 일반적으로 놀이꾼의 나이가 많을수록 2살 난 아기놀이의 복잡한 특성과 사회성을 더욱 능숙하게 발달시켰다.[20] 이런 아이들이 8세쯤 되면 놀라울 정도로 어린 동생들을 세심하게 돌보게 된다. 그들은 특정 역할을 수행하는 방법을 말로 설명해주고 어린 동생들에게 적절한 소품을 제공하고, 신체적으로 까다로운 동작을 도와주고, 2살 난 아기가 적절하게 반응하는 방식으로 자기행동을 조정했다.

어떤 장면에서 8살 난 토닉과 2살 난 케탈이 아기인형에게 목욕시키는 놀이를 하고 있었다. 케탈이 인형을 씻기려고 하자, 토닉은 그 과정을 보여주고, 물 한 바가지를 떠서 인형에게 물을 붓도록 지시하고, 아기인형을 잘 씻기는 방법을 말로 차례차례 일러주면서 함께 놀고 있었다.

관찰학습

복합연령 환경에서 생활하는 아이들은 직접적인 상호작용을 하지 않을 때조차 보고 들음으로써 큰 아이들에게서 배운다. 어린 아이는 큰 아이의 행동을 관찰하고 그런 행동을 실행하는 방식을 이해함은 물론 그것을 시도하려는 의욕을 갖게 된다. 어린 아이들은 큰 아이들의 정교한 언어와 생각을 들으면서 자신의 어휘와 사고를 넓혀나간다.

자기보다 조금 앞선 선배의 행적을 보고 자신의 장래를 생각하는 것은 자연스런 성장과정의 일부분이다. 5살 난 아이는 어른들의 환경이 그들의 환경과 너무 다르기 때문에 어른들의 모방에 특별한 신경을 쓰지 않는다. 그러나 그는 자기 주변에서 볼 수 있는 멋진 8-9세의 큰 아이들처럼 되기를 소망한다. 만약 8-9세의 큰 아이들이 책을 읽고 토론하거나 컴퓨터 게임을 하거나, 나무에 오르거나, 재미있는 카드를 수집한다면, 5살 난 아이도 역시 그런 놀이를 하고 싶어 할 것이다. 8-9세의 아이들도 역시 자신들의 모델로 어린 십대를 찾을 것이다. 또한 어린 십대는 더 나이 든 십대를 찾고 역시 십대 후반 청소년은 성인을 찾을 것이다. 이는 모두 서드베리 벨리와 같은 복합연령 환경에서 자연스럽게 일어나는 현상이다. 어른들은 의도적으로 자신들을 어린 아이의 모델로서 내세울 필요가 없다. 그들은 단지 성인일 뿐이다.

나는 수년 전에 2명의 대학원생들과 함께 서드베리 벨리에서 아이들이 읽기를 배우는 이유와 방법에 관한 소규모 연구를 수행한 적이 있다. 이 연구에서 아이들은 주로 큰 아이들이 책을 읽고 이야기하는 장면을 관찰함으로서 읽고 싶은 동기가 생겼다고 말했다. 어떤 아이는 다음과 같이 말했다. "나는 큰 아이들이 즐겼던 것과 동일한 즐거움을 누리고 싶어서 그 클럽에 들어가길 원했습니다." 펠트맨과 내가 학교에서 수행한 공식적인 연구는 관찰학습이 아닌 공동참여놀이에 집중했었다. 그러나 종종 일단의 큰 아이들이 재미있는 놀이를 하고 있을 때 어린 아이들이 항상 그것을 집중적으로 관찰하는 것을 우리는 곧 눈치 챌 수 있었다. 관찰은 가끔 관찰된 행동의 후속모방으로 이어졌다. 여기 내 관찰노트에서 가져온 한 사례를 소개한다.

나는 학교 운동장 가까이에 앉아서 미끄럼틀 위를 태연하게 걸어 오르내리면서 재주를 부리는 2명의 10세 소녀를 관찰했다. 가까이에 있던 6살 난 아이가 나보다 더욱 집중적으로 그들을 관찰하더니 사다리를 타고 올라가서 높고 가파른 미끄럼틀 위를 혼자서 조심조심 내려오기 시작했다. 이는 어린 소녀에게 분명히 도전이었다. 소녀는 무릎을 굽혀 손을 짚고, 균형을 잃으면 난간을 붙잡으면서 걸어 내려왔다. 또한 나는 나이 많은 두 소녀가 미끄럼틀 옆을 떠나지 않은 채 혹시 어린 소녀가 떨어지면 붙잡아 줄 것 같은 태도를 취하면서, 분명히 그렇다고 확신할 수 없지만, 상당히 불안한 눈으로 지켜보는 것을 알 수 있었다. 큰 아이 중 한 아이가 말했다. "그렇게 하면 안 돼, 그냥 천천히 내려와, 괜찮아." 그러나 어린 소녀는 계속 천천히 걸어서 바닥까지 다 내려온 후 자랑스러운 모습으로 환하게 웃었다. 곧바로 2명의 나이 많은 소녀가 가까이에 있는 나무에 오르기 시작했고 역시 어린 소녀도 그들을 따라서 똑같은 행동을 했다. 어린 소녀

는 나이 많은 소녀들이 하는 활동을 스스로 해내려는 동기
가 일어난 것이 분명해 보였다.

우리는 큰 아이들과 작은 아이들 간에 이루어지는 복합연령의
상호작용에 대한 연구를 통해서 작은 아이들이 큰 아이들의 행동을
관찰한 다음 이어서 관찰과 연합된 후속놀이를 시작하는 사실을 밝
혀냈다. 관찰은 다음 활동을 자극하여 그것과 연합된 후속놀이를 유
도하는 것으로 생각되었다. 예를 들어, 브리짓(7세)은 혼자 카드놀이
를 하고 있는 매기(12세)를 발견하고 관찰하기 시작했다. 매기가 카
드놀이를 끝내자, 브리짓은 매기에게 다가가 카드놀이 방법을 물어
보았다. 매기는 카드놀이의 규칙을 설명하고, 가끔 카드를 가리키면
서 카드놀이를 완전하게 할 수 있도록 어린 소녀를 도와주었다. 또
다른 사례에서 스콧(13세)은 재미있는 랩 음악을 작곡하여 골프채를
마이크 대용으로 삼아 노래를 부르고 있었다. 한편 노아(7세)는 그것
을 보고 낄낄거리며 웃고 있었다. 마침내 스콧이 노아를 자기놀이에
초대했다. 그는 "박자 좀 넣어."라고 말했다. 스콧이 다른 랩을 작곡
하는 동안 노아는 스콧의 "박자"를 따라 하기 시작했다.

졸업논문, 공식 인터뷰, 비공식 담화 등을 통해서 많은 학생들
과 졸업생들은 상급생들의 학교생활을 관찰함으로써, 자신들의 관심
을 발전시킬 수 있었던 사례에 대해서 말했다. 이런 것들 중에는 악
기연주, 진흙축소모형제작, 요리, 필름현상, 컴퓨터 프로그래밍, 극
본창작 등이 있었다. 그밖에 매우 특별하게도 땅에 닿지 않고 학교
건물의 화강암 벽에 발을 딛고서 손에 잡히는 것은 무엇이든지 붙
잡고 매달려 학교건물의 모든 주요 외벽을 횡단하는 것과 같은 묘
기 부리기 등도 있었다. 인류학자 아이블 아이베스펠트(Irenäus Eibl-

Eibesfelt)는 세계의 여러 지역을 돌아다니면서 자신이 관찰한 사실에 근거하여, 공동체의 복합연령은 시간이 지나면서 아동문화를 허용했고, 아동문화를 통해서 어린 아이들은 큰 아이들로부터 특정 지식과 기술을 획득하여 새로운 "세대"문화를 형성한 후 그것을 후세대에 전수했다고 주장했다.[21] 땅에 닿지 않고 서드베리 벨리 학교건물의 외벽둘레를 가로지른 첫 번째 소년은 새로운 문화전통을 출발시켰으며 그것은 수십 년 후 새로운 학생들에게 지속적인 도전이 되었다.

어린 아이들은 맹목적으로 큰 아이들을 모방하지 않는다. 오히려 그들은 관찰하고 자기가 본 것을 깊이 생각한 후 배운 것을 자신에게 타당한 방식으로 행동과 결합시킨다. 바로 이것 때문에 큰 아이들의 실수와 불건전한 행동도 어린 아이들에게 긍정적인 교훈을 제공할 수 있다. 서드베리 벨리에서 초중등학교 교육을 모두 마친 첫 번째 학생들 중 한 명은 학교에 흡연실이 있었던 1970년대를 회상했다. 그는 아버지에게 자신의 유년시절에 십대들과 함께 흡연실에서 보냈던 시간이 매우 유익했다고 말했다.[22] 그는 큰 아이들의 언행을 듣고 봄으로써 담배는 중독성이 있으며, 흡연은 건강과 장수에 위험을 초래하기 때문에 흡연을 해서는 안 된다는 교훈 등 많은 것을 배울 수 있었다. 십대가 되어서 흡연을 해보고 싶은 유혹에 빠질 즈음, 그는 "멋지게" 보이는 흡연의 그 어떤 유혹도 이미 오래 전에 극복할 수 있었다.

데이비드 랜시(David Lancy)는 인류학자로서 라이베리아(Liberia), 파푸아 뉴 기니(Papua New Guinea), 트리니다드(Trinidad) 등 수많은 전 세계의 전통사회에서 놀면서 배우는 아이들을 오랫동안 관찰했다. 그는 『아동기 인류학』(The Anthropology of Childhood)의 저자이며,

『아동기 교육의 인류학』(The Anthropology of Learning in Childhood)의 공동
저자이기도 하다. 그는 후자에서 "가장 중요하고 유일한 학습형태는
관찰이다"라고 기록했다.[23] 전통사회에서는 형식적으로 가르치는 일
이 거의 없다. 그런 사회의 아이들은 능숙한 사람들과 함께 활발하
게 어울리면서 기술을 숙달시킨다. 언어적인 가르침에서도 일부 그
런 활동을 수반하지만 대부분의 아이들은 처음에는 연장자들의 언
행을 관찰하고 엿들음으로써 문화에 적합한 활동과 기술을 배운다.
랜시와 많은 인류학자들은 학습은 교사의 하향식 언어수업을 통해
이루어지고 다른 사람의 것을 베끼는 것은 부정행위라는 생각을 학
생들에게 주입하기 때문에 서방세계의 학교는 실제로 아이들이 관
찰학습을 하지 못하도록 가르친다고 주장했다. 실례로서 랜시는 나
에게 자신이 유타에서 스키를 타면서 겪었던 최근의 경험담을 들려
주었다. 예전에 결코 머리 위로 움직이는 스키 리프트를 사용해 본
적이 없는 것으로 보이는 약 11세쯤의 소년은 다른 사람들이 그 리
프트를 타는 모습에는 눈길도 주지 않은 채, 이 특별한 스키 리프트
에 접근했다. 자기가 탈 차례가 되자, 그는 옆 사람에게 리프트 사
용법을 가르쳐 달라고 요청하면서 자기 머리 위에 있는 스키어들의
고리 밧줄을 들어올렸다. 랜시에 따르면 비슷한 상황에 처한 비서구
문화권의 아이들이라면 기다리는 시간 동안 다른 사람들이 리프트
를 타는 방법을 관찰하여 배웠을 것이라고 주장한다. 스키 리프트를
타는 것과 같은 과제는 언어수업이 아닌 관찰을 통해서 배우는 것
이 훨씬 더 효과적일 수 있다.

실제로 미국의 아이들은 전통적인 비서구 문화권의 아이들보다
그들 주변에서 일어나는 사건에 대한 관심이 더 적기 때문에 관찰
을 통해서 더 적게 배운다는 실험적인 증거들이 있다. 한 연구에서

마리셀라 코리아 차베스(Maricela Correa-Chaves)와 바바라 로고프(Barbara Rogoff)는 과테말라의 전통적인 마야 문화권 아이들의 관찰학습을 캘리포니아와 유럽 - 아프리카계 중산층 아이들과 비교했다.[24] 연구과정은 남매들을 실험실로 데려와 한 아이에게 재미있는 장난감(움직이는 쥐 또는 점프하는 개구리)을 만드는 방법을 가르치고 다른 아이는 그곳 가까이에 앉아서 다른 장난감을 가지고 놀게 했다. 그 후 장난감을 만들도록 직접 가르치지는 않았으나 관찰에 의해서 배울 수 있었던 아이들에게 결정적 테스트에서 장난감을 만들도록 요청했다. 그 결과 가르치지 않은 과테말라 아이들은 가르치지 않은 미국 아이들보다 장난감을 만드는 방법에 대해 더 유의미한 이해를 나타냈다. 더구나 과테말라 집단 중에서도 전통적인 마야 가정 출신들은 더욱 서구화된 마야 가정보다 관찰을 통해서 더 많이 배우는 것으로 나타났다.

돌봄과 정서적 지원

유명한 교육학자 넬 노딩(Nel Nodding)은 오랫동안 돌봄은 교육의 본질이라고 주장해 왔다.[25] 스스로 탐색하고 배우는 일에 헌신하기 위해서는 아이들이 안전과 보호를 느껴야 한다. 아이들은 자기를 돌봐주고 신뢰관계를 형성하는 사람들에게서 가장 잘 배울 수 있다. 교육과 돌봄의 관계에 대한 노딩의 생각에 사람들이 동의할지 여부와 관계없이, 아이들은 자기를 돌봐주지 않는 사람들과 있을 때보다 돌봐주는 사람들과 함께 있을 행복해 한다는 생각에는 논쟁의 여지가 없을 것이다.

민주적 절차에 의해서 확립된 서드베리 벨리 학교의 도덕적 환경에서 어린 아이들을 지속적으로 돌봐주는 큰 아이들의 존재는 어린 아이들이 안전함을 느끼도록 충분히 보장해 주었다. 우리는 학교 탐방을 통해서 어린 아이들을 돌보고 애정을 표현하는 사례를 여러 번 관찰했다. 예를 들어, 우리는 십대들의 무릎에 앉거나 장의자에서 십대들의 옆에 바싹 붙어 앉아있는 어린 아이들을 발견할 수 있었다. 십대들은 어린 아이들에게 책을 읽어주고, 이야기를 나누고, 함께 놀기도 했지만, 십대들이 자기활동에 빠져 있을 때조차 어린 아이들은 그냥 거기에 함께 있는 것만으로 편안함과 친밀감을 느끼는 것처럼 보일 때도 있었다. 또한 우리는 어린 아이들은 도움, 조언, 인정을 구하기 위해서 큰 아이들에게 접근하는 한편, 대부분의 큰 아이들이 어린 아이들의 욕구나 욕망을 만족시키기 위해서 진지하게 반응하는 수많은 사례를 지켜보았다. 우리는 어린 아이들의 분실물을 찾아주고, 장난감을 치우도록 조언하고, 공동놀이를 하면서 기술을 가르치고, 어린 아이들의 창작물을 칭찬하고, 그리고 어린 아이들 간의 다툼을 해결하는 십대들을 관찰했다. 펠트맨은 자기연구의 일부에서 어린 아이들이 큰 아이들에게 조언, 가르침, 그리고 다른 형태의 도움을 요청하는 30개의 사례와 큰 아이들이 항상 기쁘게 응대해주는 26개의 사례를 밝혀냈다.[26] 이 모든 것들은 학교에서 십대들이 어린 아이들을 보호해야 할 어떤 공식적인 책임이 없었던 상황에서 일어났다. 그들은 스스로 원했기 때문에 그리고 어린 아이들의 요청을 뿌리칠 수 없었기 때문에 그렇게 했을 뿐이다.

30명 이상의 학생들이 공부하는 일반교실에서 한 명의 유치원이나 초등학교 교사, 아니 두 명의 교사들이 어떤 수단을 동원할지라도, 서드베리 벨리의 큰 아이들이 어린 학생들에게 제공했던 것처럼 아이들을 각각 직접 돌보고 편안하게 해줄 수는 없을 것이다. 이는 큰 아이들이 의무적이 아니라 스스로 원해서 한 것이기 때문에 어린 학생들의 돌봄을 보다 의미 있게 만들었다.

전통적인 학교에서 큰 아이들이 어린 학생들에게 제공하는 돌봄과 도움에 대한 연구는 거의 없다. 매우 드물고 예외적인 경우이기는 하지만 제프리 고렐(Jeffrey Gorrell)과 린다 킬(Linda Keel)이 대학 부설 실험학교의 튜터링 프로그램에서 이런 연구를 실시한 적이 있다. 이 연구에서 8학년 학생이 1주일에 3번씩 20분 동안 1학년을 튜터링 하게 했다.[27] 첫 달에 튜터는 어린 학생들에게 과제에 대한 책임의식을 불어 넣는데 대부분의 시간을 보냈다. 그러나 첫 달이 끝날 때가 되자, 재미있고 애정이 넘치는 관계가 형성되었다. 1학년생들은 튜터의 무릎에 앉는 것부터 시작하여 손잡기, 키스하기, 머리 쓰다듬기, 정감 어린 농담하기와 같은 모습들을 두드러지게 나타내기 시작했다. 연구자들에 의하면, 1학년생들의 정서적인 욕구와 욕망을 최고로 만족시키는 튜터링 관계는 그 프로그램이 의도한 학업 목적을 성공적으로 충족시킨 것으로 나타났다. 어린 아이들은 튜터와 관계를 형성하기 이전보다 유의미한 정서적인 관계를 형성한 후에 큰 아이들로부터 더 많이 배우는 경향이 있었다. 전통적인 학교에서 그런 애정표현이 대부분 불법으로 취급되고 있는 오늘날, 거의 30년 전에 실시된 고렐과 킬의 연구가 더욱 가치 있게 여겨진다.

큰 아이들에게 주는 자유복합연령의 가치

복합연령이 주는 이점은 두 가지로 요약할 수 있다. 큰 아이들은 어린 아이들과의 상호작용을 통하여 양육과 리더십을 훈련함으로써 성숙한 관계형성을 하는 좋은 경험을 할 수 있다(특히 동생이 없는 아이들에게 중요하다). 어린 아이들을 가르치는 큰 아이들은 개념을 보다 정확히 이해하여 자신들이 아는 것과 알지 못하는 것에 대해 깊이 생각할 수 있다. 그리고 큰 아이들은 어린 아이들이 예전보다 더 복잡하거나 정교한 활동을 하도록 촉진한다. 마찬가지로 어린 아이들은 큰 아이들이 예전보다 더욱 창조적인 활동을 하도록 응원한다. 나는 여기서 복합연령이 큰 아이들에게 주는 3가지 종류의 이점에 대해 간단하게 살펴볼 것이다. 이런 이점들은 어린 아이들에게 주는 이점과 동전의 양면과 같다.

리더십과 돌봄학습

서드베리 벨리에서 큰 아이들은 어린 아이들에게 게임을 가르치고, 어린 아이들이 게임에 익숙하도록 자신들의 경기에 참여시키고, 어린 아이들의 판타지 게임에 구조를 추가시키고, 어린 아이들의 활동과 예술작업을 지원했다. 그리고 책을 읽어주고, 위로하고, 무릎에 앉히고, 분실물을 찾아주고, 분쟁을 해결하고, 위험을 경고했다. 그들은 훌륭한 부모, 돌봄이, 지도자가 되는데 필요한 일련의 기술을 그런 식으로 연습했다. 그들은 그런 것들이 의무적이었기 때문에 그렇게 한 것이 아니다. 그들은 자신들의 내부에 있는 인간본성, 즉 보호적이며 민주적인 학교풍토가 장려하는 것들이 어린 아이들을 응대하는 바른 방법은 이런 것들이라고 말하기 때문에 그들은 모든 것들을 열심히 그리고 자발적으로 실천한 것이다.

또한 우리는 학교에서 큰 아이들이 어린 아이들을 응대하는 적절한 행동방식을 놓고 논쟁하거나 어린 아이에게 친절하게 대하지 못하는 아이들을 책망하는 장면을 관찰했다. 예를 들어, 3명의 소녀들(6-8세)이 4살 난 린다를 다소 매몰차게 물리쳤다. 린다는 종이접기 놀이에 참여하려고 했다. 10살 난 낸시가 근처에서 책을 읽고 있다가 우연히 이 장면을 목격하게 되었다. 그녀는 책을 내려놓고 3명의 소녀들에게 다가가서 "너희들이 그렇게 쫓겨나면 기분이 어떻겠니?"라고 말했다. 그러자 그 소녀들은 4살 난 아이에게 종이를 건네주고 종이접기 방법을 가르쳐 주었다. 또 다른 사례에서 사브리나(17세)는 함께 연극놀이를 했던 어린 아이들이 남겨두고 간 변장용 복장을 멜린다(7세)가 치우지 않았다고 질책했다. 멜린다는 다른 아이들이 가져가서 입어야 할 옷들이기 때문에 자기책임이 아니라고 말했다. 사브리나는 그녀(멜린다)는 학교규칙을 잘 알고 있을 뿐 아니라 더 나이 어린 아이들이 그녀를 모범으로 삼기 때문에 그것은 여전히 그녀의 책임이라고 말해주었다. 이런 질책은 성인들에게서 나오기보다 큰 아이들에게서 나올 때 매우 효과적인 것으로 생각되었다.

또한 펠트맨은 몇몇 십대들이 학교 안팎에서 어린 아이들과 장기간에 걸쳐 지속적인 우정을 나누는 것을 밝혀냈다.[28] 이 사례에 따르면 이런 십대들은 어린 아이들이 마치 자기자신이나 각별한 조카인 것처럼 매우 자랑스럽게 여기면서 의식적이거나 무의식적으로 부모역할을 대신하는 것으로 나타났다. 예를 들어, 학교에서 가장 나이가 많은 19세 숀은 학교에서 렉스(5세)와 조던(6세)과 많은 시간을 즐겁게 보냈다. 숀은 거대하고 특별한 레고블록 세트를 가지고 있었다. 그는 레고블록으로 어린 아이들이 경탄할만한 매우 특수한 건물을 만들었다. 그는 레고세트를 놀이방에 놔두고 어린 아이들이 종종 그것을 가지고 놀 수 있게 배려했다. 그는 블록세트가 분실되지 않고 놀이가 끝난 후 블록을 확실하게 정리하기 위해서 렉스와 조던에게 그 "책임"을 맡겼다. 렉스와 조던이 이 책임이 중요하게 생각하는 것으로 미루어 보아 자신들에 대한 숀의 신뢰를 자랑스럽게 여기는 것 같았다. 졸업 후 1년 뒤 숀은 학교를 3번 방문했는데 그때마다 렉스와 조던을 각별히 찾고 챙겼다.

　우리가 서드베리 밸리에서 관찰한 연구와 일치하는 많은 비교문화연구들이 있다. 이런 연구는 어린 아이들이 많이 존재하면 큰 아이들의 양육본성을 끌어내서 발달을 촉진시킨다고 주장한다. 인류학자 베아트라이스 위팅(Beatrice Whiting)은 아이들의 사회적 상호작용에 관한 많은 비교문화연구를 검토한 후, 세계 모든 지역의 소년과 소녀들은 자기 또래와 비슷한 사람들보다 적어도 3살 정도 더 어린 아이들에게 더 많은 친절과 연민을 나타낸다는 결론을 얻어냈다.[29] 캐럴 엠버(Carol Ember)는 케냐의 농업자립 공동체에서 실시한 연구를 통해서 전통적으로 여성이 하는 일을 할 수 있는 여자 형제가 없기 때문에 집안에서 어머니를 도와 영아나 유아를 보살펴야 했던 소년들(8-16세)은 그런 경험이 없는 소년들보다 평균적으로 더 친절하고, 더 많은 도움을 제공하고, 친구들과의 상호작용에서 덜 공격적이라는 사실을 밝혀냈다.[30]

　젊은이들이 어린 아이들과 상호작용을 함으로써 돌봄과 친절을 배운다는 증거는 전통적인 학교에서 실시한 연구에서 더 많이 나왔다. 통합연령 중심 튜터링 프로그램의 연구에서 타인에 대한 책임감, 공감, 그리고 유익함을 측정했을 때, 어린 아이들의 튜터링에 참여했던 경험은 튜터의 측정점수를 더 높게 유도하는 것으로 나타났다.[31]

　토론토의 메리 고든(Mary Gordon)이 설계한 ROE(root of empathy program) 프로그램, 즉 공감능력의 탄생 프로그램은 더욱 인상적인 연구결과를 내놓았다. 고든은 폭력적인 환경에서 사랑받지 못하고 성장한 아이들은 사랑할 줄 모르는 폭력적인 부모가 되는 사례를 관찰한 후 학대하는 부모와 학대 받는 아이들에 대해 수년간 연구한 끝에 이 프로그램을 개발했다. 이 새로운 프로그램의 숨겨진 의도는 아이의 어머니(때로는 아이의 아버지)가 진짜 아이를 학교교실로 데려와서 다양한 배경 출신의 아이들이 아기를 돌보고, 아기에게 말을 걸고, 아기가 된다는 의미를 깊이 생각해보는 경험을 제공하는 것이었다. 이런 의도는 이 프로그램이 궁극적으로 길거리의 위험한 아이들을 좋은 부모가 될 수 있도록 유도하기 위한 것이었다. 그녀는 자신의 프로그램이 시행된 교실에서 놀라운 반응을 일으켜 즉각적인 영향을 주었다는 사실을 경험을 통해서 알아냈다. 아기와 부모가 한 달에 한 번씩 교실을 방문하는 프로그램을 경험했던 아이들은 다른 사람들에게 더욱 친절하게 대하고 공감하게 되었다. 집단괴롭힘이 약화되었다. 이전에는 다르다는 것 때문에 놀림을 받고 조롱거리가 되었던 아이들은 이제 많은 경우 그들의 차이를 존중하게 되었다. 아기에게 노출되고 아기가 불러일으킨 생각과 감정에 대한 토론은 모든 교실에 공감을 퍼뜨리는 강력한 영향력으로 작용했다. 그 영향력은 한 아기의 방문에서 다음 방문까지 한 달 내내 계속되었다.

여기 고든의 저서에 나오는 그녀의 프로그램에 대한 이야기를 소개한다.[32] 8학년 교실에 매우 거칠고 비열하게 보이는 한 학생이 있었다. 그의 이름은 대런이었다. 대런은 낙제를 해서 다른 학생들보다 2살이 더 많았다. 그는 이미 수염이 희미하게 자라기 시작했고 부분적으로 밀어낸 그의 머리에는 문신도 있어서 주변의 모든 사람들을 겁먹게 했다. 대런의 어머니는 그가 4살이었을 때 자신의 눈앞에서 살해당했기 때문에 그는 위탁가정을 전전하면서 생활했다. 그가 그런 고통과 외로움을 이겨내는 방법은 거칠게 보이고 난폭한 행동을 하는 것이었다. 그러나 교실로 데려온 6개월 된 아기와 아기에 대한 토론은 꽁꽁 얼어붙었던 그의 마음을 녹여놓았다. 엄마가 양단으로 곱게 손질한 부드러운 아기띠인 스너글리를 가져왔다. 엄마는 아기를 품에 꼭 안았다. 아기를 관찰하고 아기에 대한 이야기를 하면서 40분간의 수업시간을 보낸 후, 교실방문이 거의 끝날 무렵, 아기엄마가 스너글리 벨트를 매줄 사람이 없느냐고 물었다. 그때 대런이 손을 들어 모든 사람들을 놀라게 했다. 스너글리 벨트를 고정시킨 후 그는 아기엄마에게 자기가 아기를 안아서 그 안에 놓으면 안 되겠느냐고 물었다. 내가 상상하건데, 아기엄마는 상당히 걱정하면서 부탁을 들어주었을 것이다. 대런은 모서리를 흔들면서 몇 분 동안 조용히 앉아있었다. 그 동안 아기는 만족한 듯이 팔과 가슴으로 파고들었다. 아기와 엄마가 떠날 시간이 되었을 때 대런은 엄마와 교사에게 "만약 결코 사랑을 받아본 적이 없는 사람도 여전히 좋은 아빠가 될 수 있느냐?"고 물었다.

공감능력 탄생 프로그램은 캐나다 전국으로 확산되었으며 이제 수많은 나라로 진출했다. 브리티시 컬럼비아 대학의 심리학 교수인 킴벌리 스고너트-레이첼(Kimberly Schonert-Reichl)은 이 프로그램이 아기의 교실방문에 그치지 않고 전 학년도를 통해서 공격성을 크게 감소시키고 친절함을 증가시킨다는 사실을 증명할 목적으로 통제연구를 실시했다.[33] 만약 우리가 전통적인 학교의 연령분리 환경 속에서 아이들의 공감력과 연민의 감정을 함양하길 원한다면, 상급생과 어린 아이들이 접촉할 수 있는 방안을 반드시 강구해야 할 것이다.

가르치는 것이 학습이다

가르친다는 것은 그것이 교실 안에서 형식적으로 일어나든지 다른 사람들과의 일상적인 상호작용에서 비형식적으로 일어나든지 간에 우리를 지적으로 도전하게 만든다. 우리가 사람에게 특정 개념을 설명하려고 할 때, 우리는 종종 다소 모호하게 이해하고 있을지라도, 그 개념을 전혀 모르는 사람들이 이해할 수 있도록 매우 명쾌한 말로 전환시킨다. 이를 위해서 우리는 개념을 더욱 깊이 생각하고 가끔 그것에 대한 우리의 최초의 이해를 바꾸는 일도 있다. 가르치고 배우는 것은 "교사"와 "학습자"가 서로 배우는 쌍방지향의 활동으로 알려져 왔다.[34] 그런 쌍방성은 특히 교사와 학습자 간의 권위와 지위의 차이가 그렇게 크지 않아서 학습자가 교사에게 편안하게 질문하고 도전할 수 있는 경우에 발생한다. 전통적인 학교를 대상으로 실시한 통합연령 중심 튜터링에 관한 몇몇 연구들은 가르친 개념에 대한 튜티의 이해뿐 아니라 튜터의 이해도 함께 증가한 것을 보여주었다.[35]

큰 아이들이 어린 학생들에게 개념을 가르칠 때, 그들은 자신의 이해를 극대화시켜 그 개념을 명료화 한다. 예를 들어, 인형놀이에서 2살 난 여동생에게 아기를 목욕시키는 순서를 설명하는 8살 난 아이는 그 순서를 언어로 표현하여 처음으로 그것을 구조화된 방식으로 이해하고 있었을 것이다. 마찬가지로 놀이상황에서 다른 아이들이 읽기를 배우거나 수를 사용하도록 도와주는 아이들은 자신들이 어린 아이들에게 그것을 설명하고 질문에 대답해야 하기 때문에 자신이 특정 발음이나 수 개념을 더욱 명확하게 이해하도록 연습하고 있을 것이다.

서드베리 벨리에서 펠트맨과 나는 복합연령의 학생들 사이에서 주고받는 수많은 토론 사례들을 지켜보았다. 이는 양쪽 모두의 이해를 확장시키는 것으로 생각되었다. 예를 들어, 큰 아이가 어린 아이들에게 체스와 같은 전략게임을 가르칠 때, 어린 아이의 질문은 가끔 큰 아이들을 멈칫하게 한 후 대답하기 전에 생각해보도록 만들었다. 그들은 대답할 수 있기 전에 왜 이 말로 전달하는 것이 다른 말로 전달할 때보다 더 좋을 것인지에 대한 자신의 이해를 반성해보아야 했다. 그들은 경험에서 얻은 감정적인 이해를 의식적이며 명료한 언어적 진술로 표현해야 했다. 그런 반성은 그들이 아는 것과 모르는 것을 더욱 분명하게 인식하게 만드는 듯이 보였다. 궁극적으로 그것은 큰 아이들이 자신의 게임에 대한 이해를 더욱 깊게 해주었다.

또한 우리는 놀이의 맥락 밖에서 어린 학생이 큰 아이들에게 조언을 구하는 광경에서 그런 쌍방향적인 교수와 학습사례를 확인할 수 있었다. 예를 들어, 8세의 에릭은 친구답지 않은 두 명의 다른 소년들(8-9세)이 자기별명을 부르면서 귀찮게 구는 것을 14세의 아더에게 말하면서 불평하고 있었다. 아더는 에릭에게 불평거리를 학교의 징계위원회에 호소할 것을 제안했다. 에릭은 "그들은 말할 자유가 있잖아"라고 응수하면서 이 제안에 불만을 나타냈다. 잠시 생각에 잠겼던 아더는 언론의 자유는 그들이 그런 말을 할 권리를 의미하지만 역시 에릭에게도 그들의 말을 듣지 않을 권리가 있다고 대답했다. 이 사례에서 주고받은 대화는 아더뿐 아니라 에릭도 인간의 권리와 자유에 대한 학교방침에 대해 당연히 이전보다 더욱 깊이 생각할 수 있게 했다.

어린 아이들의 창의성 제고 효과

어린 아이들이 큰 아이들에게서 관찰한 높은 수준의 활동을 하고 싶은 동기가 발생하는 것과 마찬가지로 큰 아이들도 어린 아이들로부터 관찰한 창조적이며 상상을 초월한 활동을 하도록 동기가 발생하게 된다. 서드베리 벨리의 공식연구를 통해서 우리는 주도자가 분명할 경우, 십대들과 어린 아이들 간의 상호작용 중 약 절반이상을 십대들이 가르치는 것을 발견했다.[36] 그들은 그림그리기, 찰흙, 블록 또는 상상놀이나 생동감이 넘치는 창의적인 추적놀이 등 우리 문화권의 다른 십대들이라면 이미 그만두었을 그런 모든 활동을 수행하면서 어린 아이들과 유쾌하게 어울려 놀았다. 큰 아이들이 어린 아이들과 직접 놀지 않고 있을 때조차 어린 아이들과 장난감이 거기 있다는 사실만으로, 큰 아이들은 어린 아이들이 거기에 있지 않았을 때보다 더욱 창의적인 놀이를 하도록 동기가 발생한 것처럼 보였다. 그런 지속적인 놀이를 통해서 학교의 많은 학생들은 탁월한 예술가, 건축가, 스토리텔러, 창의적인 사상가가 되었다. 서드베리 벨리의 많은 졸업생들은 고도의 창의성을 요구하는 직업에서 내내 한 우물을 파며 같은 일을 계속하고 있다.[37] 나는 그런 이유 중 일부가 그들의 복합연령 놀이의 경험일 것으로 추측해 본다.

  또한 우리는 카드나 보드게임처럼 무늬만 경쟁적인 게임에서 놀이꾼들의 나이와 능력에 큰 차이가 날 경우, 그렇지 않았을 경우보다 아이들이 더욱 신나고 창의적인 놀이를 하는 사례를 관찰했다. 더욱 기량이 뛰어난 큰 아이들이 훨씬 더 어린 아이들을 패배시킴으로써 얻을 수 있는 어떤 자랑거리도 없었고, 설령 시합이라고 하더라도 어린 아이들은 큰 아이들을 패배시킬 어떤 기대도 하지 않았다. 그러므로 그들은 승리보다 마음껏 즐기면서 자기기량을 펼치는 가운데 창의적인 동작을 실험하면서 재미있게 놀았다. 예를 들어, 복합연령의 체스게임에서 실력이 탁월한 큰 아이들은 새롭고 위험스런 오프닝을 시도하여 일부러 어려운 위치에 들어가거나 게임을 흥미진진하고 재미있게 끌고 가기 위해서 전광석화 같은 속도로

놀이를 주도했다. 내가 8장에서 논의한 것과 같은 신나고 즐거운 태
도는 심각하고 경쟁적이거나 자신의 진가를 증명하려는 태도보다
새로운 기술과 창의적인 사고에 더 많은 도움을 준다.

　나는 자유복합연령의 방법을 기술했다. 나는 어린 아이들이 너무
어려워서 혼자 할 수 없는 활동에 참여하여 배우게 되는 자유복합
연령의 학습방법을 기술했다. 어린 아이들은 복합연령이 아니었을
때보다 더 많은 보살핌과 정서적 지원을 받았으며, 큰 아이들을 관
찰하고 듣는 것으로부터 많은 영감을 얻어 스스로 배웠다. 또한 나
는 큰 아이들이 리더십과 돌봄의 기술을 개발하고 능력을 훈련하는
자유복합연령의 학습 방법을 기술했다. 즉 큰 아이들은 가르치면서
배웠다. 그리고 그들은 복합연령이 아니었을 때보다 더 재미있고,
창의적이며, 예술적인 활동에 참여했다. 학교와 그 밖의 환경에서
아이들을 연령별로 분리함으로써 우리는 그들에게서 이런 절호의
학습기회를 모두 박탈했다.

　내가 복합연령의 상호작용을 강조한다고 해서 동일연령의 상호
작용이 갖는 가치를 폄하하는 것은 아니다. 다목적적인 면에서 볼
때, 비교적 대등한 능력의 소유자들은 차등적인 능력의 소유자들보
다 더 좋은 대화상대와 놀이친구가 될 수 있다. 그들에게는 더 많은
공통점이 있어서 더 많은 이야기를 나눌 수 있고, 상대적으로 중요
한 그들 간의 경쟁적인 상호작용은 더 높은 성취동기를 제공할 수
있다. 아이들이 연령에 따라서 제도적으로 분리되지 않는다면, 그들
은 상당한 연령차이가 나는 아이들 뿐 아니라 연령이 비슷한 아이
들끼리도 많은 시간을 보낼 수 있을 것이다. 서드베리 벨리뿐 아니
라 그 어느 곳에서도 가장 좋은 친구는 비교적 나이가 비슷한 또래

라는 것은 항상 당연한 사실이다.

여기서 나는 능력의 차이가 있는 사람들을 하나로 묶는 자유복합연령을 강조한다. 그러나 나는 결론을 맺기 전에 자유복합연령의 또 다른 가치는 능력이 비슷한 사람들도 하나로 묶을 수 있다는 점을 말할 것이다. 복합연령은 특정 활동에서 그들의 동년배들보다 조금 앞이거나 뒤인 아이들이 큰 아이들이나 어린 아이들 중에서 동등한 파트너를 찾게 해준다. 등산에 서투른 큰 아이는 뒤처지지 않고 어린 아이들과 함께 나무와 바위에 기어오르는 놀이를 할 수 있기 때문에 그의 등산능력은 그런 식으로 향상될 수 있다. 음악적 소질이 동년배 수준을 능가하는 재능이 있는 11세의 기타리스트는 자기수준에 맞는 큰 아이들과 어울려 즉흥연주를 할 수 있다. 어린 체스 신동은 그와 비슷한 수준에 있는 큰 아이 선수들과 신중하면서도 도전적인 시합을 즐길 수 있다. 최적의 발달에 가장 중요한 요소는 상호작용의 상대를 아이들이 자유롭게 선택하는 환경이다. 그래야 그들은 매일매일 시시각각으로 달라지는 자기인식의 욕구에 따라 큰 아이, 어린 아이, 또는 동년배들과 함께 할 수 있다.

CHAPTER 10

현대사회의
아동신뢰양육

2008년 봄, 따사로운 일요일에 리노어 스커네이지(Lenore Skenazy)는 그녀의 9살 난 아들을 맨하튼의 중간지대에 있는 블루밍데일에 떨어뜨려 놓았다. 그녀는 아들에게 25센트짜리 동전 몇 개, 비상용 20달러, 지도, 교통카드를 쥐어주고 혼자서 집에 오겠다는 동의서를 받았다. 퀸즈 자치구에 있는 집으로 돌아오기 위해서는 지하철을 탄 뒤 예전에 어머니와 함께 자주 다녔던 길에서 버스로 갈아타야 했다. 그가 집에 도착했을 때 그는 의기양양해 있었다. 그는 대중교통을 이용해서 혼자서 집으로 돌아올 수 있는 것을 증명하기 위해서 이런 기회를 달라고 어머니에게 통사정을 했고 이제 그 일을 해냈다. 그는 새롭게 성숙된 자아감으로 활기가 넘쳤다.

스커네이지는 당시 뉴욕 선(Newyork Sun)지의 칼럼리스트로서, 아들의 모험에 대한 글을 썼다. 칼럼이 나간 지 몇 시간이 지나지 않아 미디어들은 그녀에게 "미국 최악의 엄마"라는 꼬리표를 붙여주었다. ABC TV의 **더뷰**(The View)에 나온 모든 여성들은 보기 드물게 한 목소리로 단합하여 그녀의 결정을 맹렬히 비난했다. 스커네이지에 따르면, 굉장히 점잖은 4학년 어머니들이 운동장에서 이런 식으로 말했다고 한다. "어 그것 좋은데요. 나도 역시 내 아들을 그렇게 하겠습니다. …그가 대학에 가면." 스커네이지는 이 사건을 매우 흥미로운 저서인 **자유방목 아이들**(Free Range Kids)을 쓰는 기폭장치로 이용했다. 이 책에서 그녀는 많은 학부모들이 얼마나 어리석은지를 보여줌으로써 그들의 두려움을 완화시키려고 노력했다.

지금 나는 스커네이지를 앞설 생각은 없다. 나는 미국 최악의 학부모 경쟁에서 그녀를 알았기 때문에 그녀를 매우 존경한다. 그러나 … 내 아들은 13살이었을 때 혼자서 2주 동안 런던에 다녀온 적이 있다. 나는 그것이 1982년으로 돌아간 시점이고, 당시는 오늘날보다 아이를 믿는 부모가 되는 것이 더 쉬웠다는 점을 인정한다. 그가 아직 12살이었던 어느 봄날, 내 아들은 이런 제안을 가지고 나와 아내에게 다가왔다. 그는 여행비용을 모두 혼자서 마련했기 때문에 우리는 그를 말릴 변명거리로 비용문제를 거론할 수 없었다. 그는 혼자서 전체 여행계획을 세웠다. 사실 그는 대부분의 여행계획을 이미 짜놓은 상태였다. 아들은 어른들의 도움 없이 이 복잡한 일들을 혼자서 계획하여 실행할 수 있기를 자기 자신에게 증명해 보이길 원했다. 또한 그는 몇몇 성들과 박물관의 보물들을 보려고 했다. 그는 그와 관련된 책을 읽었고 이는 그가 즐겨 했던 던전앤 드래곤(dungeons and dragons) 게임에서 매우 유명한 것들이었다. 그는 결코 해외여행의 경험이 없었다. 말이 났으니 말이지 나와 아내도 결코 해외여행을 한 적이 없었다.

우리는 망설였다. "나이 때문이 아니라, 네 당뇨병 때문"이라고 설득했다. 그는 제1유형의 당뇨병을 가지고 있다(물론 아직까지도). 그는 9살 때 처음 당뇨증상이 나타난 이후 스스로 식단을 적절하게 조절하고 혼자서 인슐린을 주사하면서 당 수치를 점검해 왔다. 그는 내가 알고 지내는 성인 당뇨환자처럼 당 수치를 관리했다. 그러나 인슐린에 의존하는 당뇨병을 앓는 사람이라면 누구라도 혼자서 여행하는 것은 위험한 일이다. 인슐린 투입이 필요한 저혈당 증세는 항상 위험이 따랐다. 그런 상황에서라면 당신은 판단력과 심지어 의식까지 잃을지 모른다. 그가 멀리 떨어진 낯선 곳에서 아무도 돌봐줄 사람이 없는 동안 무슨 일이 일어날지 어떻게 알겠는가?

이 모든 걱정에 대해 내 아들은 말했다. "저는 항상 당뇨병을 앓아왔습니다. 만약 제가 당뇨병 때문에 혼자서 여행할 수 없다고 말씀하신다면, 그건 평생 동안 저는 결코 혼자서는 여행할 수 없을 거라고 말씀하시는 것과 다를 것이 없습니다. 저는 그것을 받아들일 수 없습니다. 저는 제가 하고 싶은 일을 하지 못하도록 방해하는 논쟁을 더 이상 하고 싶지 않습니다. 제가 나이가 더 들게 되면 저는 혼자서 여행을 할 것이기 때문에 부모님은 결코 저를 막을 수 없게 될 것입니다. 만약 현재의 나이가 어른들이 걱정할 정도가 아니라면, 제가 지금 여행하는 것과, 18세나 30세나 또는 50세에 여행하는 것과 무슨 차이가 있나요?"그의 논리는 항상 흠잡을 데가 없었다.

결국 우리는 동의해 주었다. 우리는 하여간 그가 어느 곳에서든지 의료경보메달을 걸고 다니겠다는 약속을 확실히 받아내는 잔소리로 부모로서 의무감을 메웠다. 그렇게 하면, 만약 그에게 인슐린 반응이 나타나더라도 사람들이 그것을 읽고 그가 당뇨병 환자이기 때문에 도움이 필요한 것을 알 수 있기 때문이다. 그는 나머지 봄을 보내고 나서 여름 내내 일을 해서 여행에 필요한 경비를 모았다. 그는 여행경비의 대부분을 스스로 구한 작은 식당에서 일하면서 벌었다. 처음에 그는 접시닦이를 하려고 했으나 그가 좋은 일꾼이란 것을 알아본 식당주인이 구이음식을 만드는 부엌 보조원으로 일하게 했다. 그 일은 그 자체만으로도 놀랍게 성장할 수 있는 경험이었다. 10월경에 그는 모험준비를 마쳤다. 이제 그는 13살이 되었다. 그는 서드베리 벨리의 학생이었기 때문에 학교수업에 빠지게 되는 데에는 별 문제가 없었다. 그곳의 모든 교직원들은 이 여행이 소중한 교육적 경험이라는 것을 이해했다. 그래서 학교에서는 견학여행으로 출석을 인정해 주었다.

그는 2주 동안 해외에 머물면서 수많은 성들을 둘러보았고 웨스트민스터 대수도원을 여행했으며, 국립미술관과 그 밖의 박물관의 진귀한 보물들에 심취하면서 며칠을 보내는 등 온 런던거리를 도보로 돌아다녔다. 또한 그는 3인조 록밴드인 무디블루 콘서트를 보기 위해서 짧은 일정으로 옥스퍼드를 방문했고, 또 웨일즈의 수도인 카디프의 언덕을 걸어 올라가서 카디프 성을 보았다. 또한 그가 런던행 비행기에서 만난 15살 난 소녀와 파리에 갔다. 대체로 그 여행은 자기인생을 경영하는 자기능력에 자신감을 새롭게 고조시키는 경이로움의 연속이었다.

이제 나는 내 아들이 단순히 13살 난 보통 아이가 아니었다는 사실을 처음으로 인정하려고 한다. 그가 책임감이 부족하고 사물에 대해 깊이 생각할 수 있는 능력이 부족했다면 나와 아내는 아마 안된다고 말했을 것이다. 신뢰를 주는 부모는 아이를 등한시하지 않는다. 당신은 당신의 아이에 대해 알아야 한다. 그러나 책임은 진공상태에서 성장하지 않는다. 만약 당신이 책임감 있는 아이를 원한다면, 당신은 스스로 책임질 수 있는 자유를 허용해 주어야 한다. 안타깝게도 그것은 오늘 날에는 1982년보다도 더 어려워졌고 1982년에는 그 이전보다 훨씬 더 어려웠었다.

오늘날 부모들은 자녀들의 책임감 수준과 관계없이 그런 모험을 허용하기란 거의 불가능할 것이다. 우선 식당에서 요리하는 일을 하고, 거기서 여행비용을 버는 일은 16세 이하의 어떤 아이들에게도 불법이다(매사추세츠 주에서). 1982년 사회적 압력(social pressure)의 문제에 대한 우리의 판결은 일부 사람들의 눈살을 찌푸리게 만들었다. 만약 당신이, 오늘날의 한 부모가, 그런 결정을 하게 된다면, 당신의 친구와 친척들이 어떻게 반응할지 상상해 보아라.

그러나 다른 시대나 다른 장소에서 살았던 사람들은 우리의 최종 결정이 아니라 우리의 망설임에 대해서 더욱 이상하게 여길 것이다. 스커네이지는 자신의 책 서문에서 다음과 같이 말했다. "우리 고조부는 자신들의 귀여운 아이들의 손에 단 몇 루블과 딱딱한 소시지를 쥐어준 채 느리고 녹슨 증기선에 태워 신세계로 보냈다."[1] 남태평양의 우아포우(UaPou)섬의 마르케사스 섬사람의 어린 아이들을 장기간 관찰한 연구사례는 이런 사실을 증명하고 남는다. 연구자 메리 마티니(Mary Martini)는 다음과 같이 썼다.

13명으로 구성된 고정적인 놀이집단의 아이들을 4개월 동안 매일 관찰하느라 2-5세의 또 다른 2명의 … 아이들은 체계적으로 관찰하지 못했다. 그들은 형제들이 근처 학교에 가 있는 동안 보호자없이 수 시간씩 놀았다. 그들은 활동을 계획하고 논쟁을 해결하고, 위험을 피하고, 상처를 치료하고, 물건을 나누고, 그리고 어른들의 개입 없이 타협을 이끌어냈다. 그들은 어른들을 피했다. 아마 어른들이 자신들의 놀이를 방해할 것으로 생각했기 때문일 것이다. 놀이장소에는 위험 가능성이 상존했다. 크고 강한 파도가 선착장에 부서졌다. 해안의 커다란 바위 위에는 깨진 유리가 널려 있었다. 골짜기의 벽은 가파르고 미끄러웠다. 아이들은 높은 다리 위에서 놀았다. 날이 넓고 무거운 칼, 도끼, 그리고 성냥 등이 주변에 아무렇게나 흩어져 있어서 아이들은 이런 것들을 손쉽게 가지고 놀 수 있었다. 이런 위험에도 불구하고 사건은 거의 없었고 미미했다. 때리고, 괴롭히고, 야단치는 일은 빈번했으나 주먹싸움, 짜증을 부리는 행동, 그리고 오랫동안 우는 일은 거의 없었다. 논쟁은 자주 일어났으나 수 분만에 사라졌다. 아이들은 분쟁을 스스로 해결했기 때문에 자신들의 놀이를 감독하기 위한 어른들이나 연장자들을 찾을 필요가 없었다.[2]

마티니가 부모들에게 성냥과 날카로운 칼을 가지고 노는 아이들의 위험성에 대해 말했을 때, 그들이 그런 사실을 알았을 경우, 그런 물건들을 치우는 것을 볼 수 있었다. 그들은 아이들이 상처를 입는 것을 걱정해서가 아니라 아이들이 성냥을 낭비하고 날카로운 칼날을 망가뜨릴 것을 걱정했기 때문이었다. 마티니에 따르면 이 섬의 아이들은 심리적 · 사회적인 면에서 뛰어나게 잘 적응하고 있었다. 그들은 서방 아이들이 자주 그러듯이 어른의 관심을 요구하거나 칭얼대지 않았다. 그들은 자신들이 일으킨 자기문제를 해결하는 데 매우 탁월할 정도로 능숙했다. 나는 우리가 2-5세의 아이들의 양육에서 이런 마르케사스 섬사람들을 모방하자는 것이 아니다. 우리가 그들에게서 배울 것이 있다고 주장하는 것이다.

나는 오늘날 북미에서 행해지는 것보다 아이의 능력을 더 낮게 평가하는 인간문화가 어느 시대나 장소에서 있었는지 의심하지 않을 수 없다. 아이들의 능력에 대한 우리의 평가절하는 자아성취예언이 될 것이다. 왜냐하면 아이의 자유를 박탈함으로써 우리는 반드시 아이들에게 필요한 자기행동과 감정통제방법을 배울 기회 또한 박탈하기 때문이다.

본장에서는 현대사회에서 아동신뢰 양육방식의 기능을 회복하여 보편화시키기 위한 방안으로서 우리가 할 수 있는 일이 무엇인지 논의할 것이다. 아이들이 자유롭게 놀고, 탐색하고, 그리고 독자적으로 모험을 배울 수 있는 아이의 생득권을 부활시키기 위해서 한 사회의 개인과 집단으로서 우리가 할 수 있는 일은 무엇이 있겠는가? 대다수의 아이들이 용기로 단련하고, 행복하고 건강하고 완전한 인생을 살아가는데 필요한 정서적 복원력을 온전한 수준까지 성장하지 못하게 방해하는 경향을 역전시키기 위해서 우리가 할 수 있는 일은 무엇이 있겠는가?

3가지 유형의 양육방식

위의 질문에 답하는 서곡으로서 나는 양육방식을 3가지로 구분하는 것이 유용할 것으로 생각한다. 각각은 인간의 역사 속에서 특정 시대나 특정장소를 지배했던 방식들이다. 내가 그것들을 따로 분리하여 제시하겠지만, 그것들은 상호 배타적이지 않다. 실제로 오늘날 많은 부모들은 3가지 방식을 모두 적절하게 혼합하여 실행한다.

아동신뢰양육은 자기교육의 본성을 가장 확실하게 꽃피우는 방식이다. 아이를 신뢰하는 부모는 자녀가 스스로 놀고 탐색하면서 자기결정, 위험감수, 자기실수 등에서 배우는 것을 믿는다. 아이를 신뢰하는 부모는 자녀들의 발달을 평가하거나 감독하지 않는다. 이는 아이들이 스스로 그렇게 할 수 있다고 믿기 때문이다. 아이를 신뢰하는 부모는 아이를 등한시하는 부모가 아니다. 부모는 자유뿐 아니라 자양물, 사랑, 존중, 도덕적 모범, 그리고 건강한 발달에 필요한 환경조건을 제공한다. 아이에게 그런 도움이 필요할 때 부모는 아이 자신의 목적을 성취할 수 있도록 도와줌으로써 그의 발달을 감독하기보다 지원한다. 이런 양육방식은 우리가 수렵채집인이었던 오랜 인간의 역사를 통하여 지배적이었다(제2장 참고).

아이를 신뢰하는 부모는 수렵채집인 아이들의 욕구에 상응하는 메시지를 자녀들에게 보낸다. 그 욕구는 현대사회 아이들의 진정한 욕구와도 일치한다. "넌 유능하다. 너에게는 머리와 눈이 있어서 사물을 이해할 수 있다. 넌 네 자신의 능력과 한계를 알고 있다. 놀이와 탐색을 통해서 넌 네가 알아야 하는 것을 배우게 될 것이다. 네 욕구는 소중하게 여겨져야 한다. 네 의견은 중요하다. 넌 네 실수에 책임을 지기 때문에 그것으로부터 배울 것을 믿는다. 사회생활은 의지와 의지가 맞붙어 싸우는 게 아니라, 그들이 가장 원하고 욕구하는 것들을 모두가 얻도록 서로 돕는 것이다. 우리는 널 귀찮게 하기 위해서가 아니라 널 돕기 위해서 함께 존재한다."

수렵채집인들은 항상 이런 방식으로 성장했기 때문에 유능하고, 협력적이고, 오만하지 않으며, 쾌활하며, 자신들의 사회성원들을 소중히 여기게 되었다. 그들은 자기가 강요받아서가 아니라 자기가 스스로 원했기 때문에 자기집단에 공헌했다. 그들은 놀이하는 정신으로 그렇게 충성했다. 일단의 인류학자들은 이 모든 것들을 다음과 같이 요약했다. "성공적인 사냥꾼은 …자기주장이 강하고 독립적이어야 하며 어린 시절부터 그렇게 훈련되어야 한다."[3] 아이들을 신뢰하는 부모들은 현대사회의 성인들도 마찬가지로 자기주장이 강하고 독립적이어야 하며, 아이들도 그렇게 훈련되어야 하는 사실을 이해한다. 이는 아이들을 지도하기보다 스스로 자기발달을 안내하여 세계 속에서 자기발견을 하게 만드는 "훈련"을 의미한다.

지도적인 방식은 아이들이 스스로 지도하도록 허용하는 것이 아니라, 아이의 행동과 발달이 성인들이 지도하는 방향으로 나아갈 것을 요구한다. 이런 방식은 아이들의 의지에 부합하기보다 역행하는 것이다.

지도적-독재적인 양육방식은 농업의 부상과 함께 점차적으로 출현하여 봉건주의와 초기 산업화 시대에 이르러 절정에 달했다. 제3장에서 논의한 것처럼, 군주와 주인에 대한 무조건적인 복종은 삶과 죽음을 의미했다. 따라서 양육의 목적은 자유롭고 독립적인 존재의 창조에서 복종하는 존재의 창조로 변했다. 지도적-독재적인 양육방식은 아이들의 의지를 장려하기보다 꺾게 함으로써 다른 사람의 의지에 자발적으로 복종하는 의지로 대체시켰다. 체벌은 일상적이었으며 의지를 억압하는 수단으로 널리 공인되었다.

최근 적어도 일부 가정에서는 지도적-독재적 양육방식이 심리적이나 신체적 벌로 대체되었다. 일반적으로 죄의식과 수치심을 주는 교육이나 사랑을 포기하거나 철회하려는 위협 등은 아이들을 회초리나 매로 때려서 복종시키는 것보다 더욱 효과적인 방식일 수 있다. 그러나 수단이 무엇이든지 지도적-독재적인 양육방식의 목적은 아이들을 노예로 변화시키는 것이다. 하지만 역사는 우리에게 지도적-독재적인 양육방식은 결코 충분한 효과를 나타낸 적이 없었다는 사실을 말해준다. 자유는 너무 강한 욕구이기 때문에 나이와 관계없이 결코 개인을 완전히 굴복시킬 수 없다. 아무리 겸손한 하인이나 온순한 아이라고 할지라도, 자유는 수면 아래서 부글부글 끓으면서 그 뚜껑이 느슨해지면 언제든지 폭발할 만반의 태세를 갖추고 있다. 이것은 소수자들이 대중을 통제하는 사회가 결코 안정적일 수 없는 이유다. 결국 지도적-독재적인 양육방식은 국가보다 가정에서 더 효력이 없을 것이다.

　오늘날 적어도 우리 문화권에서 대부분의 사람들은 신체적이거나 심리적인 벌을 사용하여 아이들을 복종시키려는 생각을 몰아냈다. 오늘날 세계화와 네트워크화가 보편화된 사회에서는 일반적으로 주도성, 창의성, 자기주장이 중요시 되고 있다. 우리는 생활방식으로써 맹목적인 복종은 온당하지 않다고 생각한다. 미숙련 노동은 기계로 대치되어 감소할 수밖에 없기 때문에 자신을 부양할 방법을 찾기 위해서 사람들은 자발적으로 일을 처리하는 창의적인 사람이 되어야 한다. 현대인들은 수렵채집인들의 가치와 매우 비슷한 가치를 지향한다. 지난 1-2세기 동안 아동노동의 수요가 감소하고 민주적 가치가 되살아남으로써 지도적-독재적인 양육방식은 계속 약화되었다. 1950년대에 한동안 최고조에 달했던 아동신뢰양육은 르네상스의 경험처럼 생각되었으나 그 이후 수십 년 동안 이런 양육방식의 아종인 **지도적-보호적** 양육으로 대체되었다.

　지도적-보호적 부모는 지도적-독재적 부모들처럼 들판이나 공장에서 아이들의 노동을 강요하거나 맹종시키기 위해서 아이의 자유를 제한하지 않는다. 오히려 그들은 아이의 안전과 미래를 걱정한 끝에 아이 혼자서 결정하기보다는 부모가 아이를 위해서 더 좋은 결정을 할 수 있다고 믿는 까닭에 자유를 제한한다. 지도적-보호적 부모는 매우 선한 의도를 가지고 있을지라도, 적어도 과거 지

도적-독재적 부모들이 했던 것 못지않게 아이들의 자유를 박탈한
다. 지도적-보호적 부모는 아이들을 체벌하지 않지만 아이들의 생
활을 통제하기 위하여 부양자로서 자신들이 가지고 있는 모든 권력
을 사용한다. 아이를 신뢰하는 부모들은 아이들이 유능하고 인내심
이 강한 존재로 보는 반면, 지도적-보호적 부모는 아이들을 무능하
고 위태로운 존재로 본다. 아이를 신뢰하는 부모들은 아이들이 스스
로 놀고 탐색하도록 허용할 때, 발달이 극대화될 수 있다고 믿는 반
면, 지도적-보호적 부모는 성인들이 아이를 위해서 세심하게 마련
한 길을 따라가도록 안내할 때 발달이 극대화될 수 있다고 믿는다.

아동신뢰양육의 감소와 원인

20세기 전반부에 아이를 신뢰하던 양육이 왜 20세기 중반에 들
어 반전되기 시작했는가? 바꾸어 말하면, 지난 수십 년 동안에 일어
난 어떤 변화가 부모로 하여금 아이들을 점점 덜 믿게 만들어 아이
들과 지도적-보호적 관계가 강화되었는가? 충분한 답변은 사회에
서 일어나는 상호 관련된 수많은 변화로 설명할 수 있으나 여기에
서는 가장 밀접한 관계가 있다고 생각되는 것을 중심으로 기술할
것이다.

이웃연대의 약화와 이웃놀이집단의 파괴. 1950년대에는 성인들은
물론 아이들까지 대부분 자기이웃을 알고 지냈다. 이는 대부분의 여
성들이 하루 종일 집안에서 생활했기 때문에 친밀한 관계를 유지했
던 것이 부분적인 이유가 될 수 있으나 남성들도 또한 집안에서 보
내는 시간이 지금보다 더 많았다. 당시에는 예전에 비해 평균 노동
일 수가 더 적었기 때문에 많은 사람들이 집안에서 주말을 보낼 수

있었다. 그들은 자녀들이 이웃집에서 자유롭게 뛰어 놀면서 그곳의 모든 사람들과 사귀는 것을 걱정하지 않았다. 또한 그들은 자기이웃이 자녀를 잘 알고 있기 때문에 위험스런 상황을 감시할 것이란 것도 알고 있었다. 이와 대조적으로 오늘날에는 집밖에 있는 직장이 성인 남녀들의 생활을 지배하기 때문에 성인들 간의 교제는 대부분 가정보다 오히려 직장에서 형성된다. 그 결과 부모들이 이웃 사람들의 특성을 잘 알지 못하게 되었고 물론 이는 불신으로 이어졌다.

바깥이나 그 외의 장소에서 아이들에게 가장 매력적인 것은 단연 다른 아이들이다. 한 부모가 아이의 자유로운 바깥놀이를 제약하게 되면 이웃이 아이들을 초대하는 일이 줄어들 것이다. 더구나 많은 아이들이 바깥에서 쫓겨나게 되면 이웃집은 어떤 아이들에게도 덜 안전한 장소가 될 것이다. 그러므로 여러 사람들과 함께 있는 것이 안전하다. 만약 부상자가 발생하면 아이들은 조심하라고 서로 경고하면서 도움을 제공한다(놀이집단에 큰 아이들과 어린 아이들이 섞여있을 경우 특히 사실이다). 만약 유괴범들이 있다면 아이가 혼자 있을 때보다 다수의 목격자들이 있을 때 범행은 더 어려워질 것이다. 이는 악순환을 의미한다. 거의 바깥에 아이들이 없다는 것은 바깥이 예전보다 덜 안전하며 서로 덜 초대하는 것을 의미한다. 이는 훨씬 더 적은 수의 아이들이 바깥에서 놀게 되는 결과를 낳는다. 이런 악순환이 역전될 때, 이웃이 또 다시 아이들이 놀기에 더 안전한 장소가 되어 이웃을 초대하게 될 것이다.

일반적인 양육지식의 감소와 두려움에 대한 세계적인 네트워크의 증가. 1950년대에 대부분의 성인들은 오늘날의 성인들보다 아이들을 더욱 잘 이해하고 친밀한 관계를 유지했다. 가족은 대가족 형태를 띠었기 때문에 같은 동네에 살면서 많은 시간을 함께 나누는 가운데 큰 아이들이 어린 아이들을 돌봐 줄 수 있었다. 대부분의 사람들은 이미 아이들에 대한 충분한 경험을 축적한 상태에서 가족의 품을 떠났다. 그들은 아동발달과 관련된 내용을 잘 알고 있었다. 그들은 아이들의 능력과 아이들의 놀이 및 모험의 가치를 알고 있었다. 또한 그들은 다양한 부모들로 구성된 이웃 네트워크의 일원이었으며 이웃의 친구로서 아이들의 이야기를 함께 나누었다. 이와 대조적으로 오늘날 사람들은 아이에 대한 직접적인 경험이 없는 상태에서 가정을 꾸린다. 그들이 아이와 양육에 대해 알고 있는 정보나 생각은 "전문가"와 미디어를 통해서 얻은 것들이 거의 대부분을 차지한다.

"전문가"는 위험경고를 직업으로 삼는 사람이다. 이런저런 전문가들의 눈에는 아이들에게 잠재적인 위험요소가 아닌 것이란 거의 없다. 칼, 불, 세균, 작은 장난감(삼킬 정도), 진드기와 다른 곤충 독성식물, 자외선, 운동장 시설물, 친구, 큰 아이와 십대, 물론 아이 약탈자와 유괴범들(미디어에 접속해보면 모퉁이마다 숨어 있는 사람)은 모두 위험요소들이다. 만약 당신이 이 모든 소식을 듣는다면, 만약 정말로 각각의 위험률이 매우 낮은 사실을 고려하지 않는다면, 당신은 세상을 매우 끔찍하고 무서운 곳으로 보기 시작할 것이다. 이런 모든 요소에 대해 몇 가지 주의할 점이 있다. 이런 위험은 상존하기 때문에 아이들이 이를 이미 알고 있는 상태라면, 우리는 아이들에게 그 위험성을 충분히 알려야 한다. 그러나 두려움이 지나친 나머지 아이들이 스스로 놀고, 탐색하고, 위험을 감수하는 것을 용납하지 않는다면 우리는 아이들이 스스로 자기를 돌보는 방법을 배우지 못하도록 방해하는 것이나 다름없을 것이다. 아마 그 모든 요소들 중에서 가장 큰 위험성은 바로 그 사실일 것이다.

일부 "전문가"들은 우리는 아이들의 연약한 자존감을 보호할 때, 아이들이 항상 자신을 긍정적으로 생각하는 것으로 믿는 것 같다. 부모들은 아이들의 사소한 성취를 칭찬하고, 경기에 참석하여 응원하고, 자녀들의 생활에 결코 실패가 없도록 만반의 준비를 다해야 한다는 식으로 접근한다. 물론 이는 지도적 - 보호적 양육방식의 일부다. 대부분의 아이들은 계속되는 그런 칭찬과 지지를 거짓으로 인식하기 때문에 그런 것을 부모들이 자신들을 대하는 또 하나의 짜증거리로 간주하고 대수롭지 않게 여긴다. 그러나 그렇지 않은 아이들도 있는데, 우리는 이런 아이를 걱정할 필요가 있다. 또한 "전문가"는 아이들을 어리석음으로부터 보호할 것을 경고한다. 우리는 생물학적인 이유로 아이들, 특히 청소년들이 바보라는 사실을 증명하기 위해서 수없이 쏟아내는 새로운 자료를 일상적으로 읽는다. 이는 사실일 수 없다. 만약 사실이라면 우리는 아이들을 신뢰했던, 그리고 포식자와 같은 진짜 위험이 오늘날의 그것들보다 더욱 만연되었던 수십만 년 동안 한 종으로서 생존이 불가능했을 것이다.

뉴스 미디어는 공포의 최대 공급자다. 이는 거의 매일 어딘가에서 아이들에게 일어나는 끔찍한 사건에 관한 이야기들을 쉬지 않고 퍼 나른다. 만약 수백만 명의 아이들이 어른들의 감독 없이 바깥놀이를 마치고 더 건강하고, 더 현명하고, 더 씩씩하게 귀가했다면 그것은 뉴스감이 되지 못할 것이다. 그러나 만약 어딘가에서 한 명의 아이가 납치, 익사, 교통사고 등을 당했다면, 그 뉴스는 충격적인 내용을 중심으로 국내는 물론 전 세계적으로 확산될 것이다. 부모가 읽는 정보에는 통계적인 현실성이 반영되지 않기 때문에 그것은 모든 부모들에게 악몽으로 되돌아간다.

미래의 고용에 대한 불확실성의 증가. 수십 년에 비해서 현재 고

용세계는 더욱 불안정하다. 미래에 새로 생기게 될 직업이나 필요한
기술을 예측하기는 불가능하다. 노동조합은 한때 직업을 보호하는
일에 앞장섰지만 대부분 그것은 과거의 일이 되었다. 수많은 기업과
회사들이 우후죽순처럼 생겨났다가 순식간에 사라지고 있다. 이 모
든 결과는 부모들이 과거에 자신들의 생활능력을 걱정했던 것보다
이제 자녀들이 생활능력을 더욱 걱정하는 처지로 내몰린 현실을 잘
보여준다. 이는 아동기는 놀 시기가 아니라 이력서를 채울 스펙을
쌓는 시기라는 인식을 더욱 강화시킨다. 다만 아이들을 성인지도의
특별교육과정이나 자원봉사활동에 참여시킬 수 있다면, 수단과 방법
을 가리지 않고 아이들이 뛰어난 점수를 얻게 하여 최고의 명문대
학에 진학시킬 수 있다면, 자녀의 미래가 보장될 것으로 부모들은 믿
는다. 물론 틀린 믿음이지만 부모들의 그런 인식에는 변함이 없다.

불확실성의 시대에서 현실적으로 취업을 보장받는 가장 확실한
방법은 부모나 교사의 재촉을 받지 않고 아이들이 자기 주도적인
경험을 통하여 확실하게 그런 능력을 갖추는 것이다. 불확실성의 시
대는 개인의 책임, 사상의 독립, 자기 주도성, 자기주장, 유연성, 창
의성, 상상력, 그리고 자발적인 위험감수성을 요구한다. 이런 것들
은 아동신뢰양육방식에 의해서 촉진되고 지도적 - 보호적 양육방식
에 의해서 좌절되는 특성을 갖는다.

학교의 권력과 학교의 요구에 동조할 필요성의 증가. 아마 아동의
자유를 위축시킨 가장 중요한 요인은 무엇보다도 아동과 가정생활
을 방해한 학교권력의 지속적인 증가일 것이다. 1950년대의 학교는
아동의 자유에 간섭하는 정도에 그쳤으나 점점 더 그 간섭의 정도
가 심해져 오늘날에는 억압자로 변했다. 과거에 비해 학업기간이 더
늘어났고, 출석제재는 더 강화되었으며, 학교 내의 행동은 더 엄한

통제를 받게 되었다. 더구나 오늘날 학교의 영향력은 과거보다 더욱 확대되어 학교 담을 넘어서 가정생활까지 침투하게 되었다(제1장 참고). 예를 들어, 학부모들은 여름방학의 독서목록에서 제시한 책을 구입해서 자녀들에게 읽어주고 그 사실을 학교로 회신하도록 되어 있다("안 돼, 메리, 그건 감상문을 쓰는데 필요 없는 책이잖아. 네가 좋아하는 책을 읽어서는 안 돼"). 숙제는 어린 학생일지라도 반드시 해야 하기 때문에 학부모들은 숙제장에 사인할 것을 요구받으면 강요자의 행동을 해야 한다. 학부모들은 학교회의에 정기적으로 참석하고 자녀들이 학교에서 잘못된 행동을 하거나 시험성적이 나쁘면 죄의식을 느낀다. 학부모는 학교제도가 아이들이 해야 할 일로 결정한 것은 아이들이 반드시 실천하도록 채근하고 재촉해야 한다. 또한 학교는 교사가 학교에서 수행하는 역할을 가정에서 학부모들이 수행해주기를 기대한다. 이런 것에 대해 불평하는 학부모는 분쟁유발자로 낙인이 찍히게 된다.

나는 Psychology Today에 놀이와 학습과 관련된 블로그를 운영하고 있어서 학부모들이 올려놓은 자녀의 학교생활과 관련된 슬픈 이야기를 자주 읽는다. 다음은 "매우 우수하다"는 평을 받는 한 명문 공립학교 병설 유치원생의 어머니가 올린 글이다. 그녀의 딸이 다니는 학교는 오전 8시에서 오후 3시까지 수업을 진행하며, 유치원 등원 시 장시간의 왕복 버스통학을 제외하면, 30분간의 휴식시간과 점심시간(오전 10:30분이다!) 이외의 휴식시간은 없다. 점심시간에 아이들이 너무 심하게 떠들면 휴대용 확성기를 가진 여성이 아이들을 조용히 시킨다. 또한 이 5살 난 딸아이는 매일 밤 부모의 감독아래 숙제를 해야 한다. 숙제는 수학과제, 국어과제 등 말 그대로 진짜 숙제다. 이 어머니가 말한 결과는 다음과 같다.

설레는 마음으로 유치원에 입학한지 겨우 2-3일 만에 내 딸은 다시 유아학교로 보내달라고 울면서 소리쳤다. 겨우 달래서 그 일은 그냥 넘어갔으나 아이가 집에 돌아와서 나타내는 태도가 크게 달라졌다. 딸 아이는 분노와 불평 사이에서 갈팡질팡했다. 그녀는 어린 여동생에게 소리를 지르고, 아기라고 놀리며, 쾅 소리가 나게 문을 닫았다. 또는 나에게 매달려 내가 자기를 위해서 모든 것을 해주기를 원했다. 나는 이런 일이 학교 때문에 생긴 것을 알았다. … 나와 이야기를 나누었던 학부모들은 더 나쁘지는 않았을지라도, 거의 대부분이 자기 자녀들에 대해서 비슷한 말을 토로했다. 유치원이라는 곳에서 기대할 것이 고작 이것이란 말인가? 나는 무력감을 느끼고 나 스스로 스트레스를 받았다. 내가 다른 학부모에게 말을 꺼냈을 때, 우리는 모두 "그 엄마"가 될지 모른다는, 즉 그것이 우리 자녀에게 더욱 불리한 영향을 미치게 될 것이라는 두려움 때문에 걱정하게 되었다. 현재 학교제도에는 우리 입에 재갈을 물리는 문화가 있다! 우리는 이 나이 또래의 아이가 "할 수 있는"것과 우리들이 "그들이 하게 할"필요가 있는 것을 안내하는 가정 통신문을 거의 매일 받고 있다. 우리 아이들은 "생존할 것"이다. 웃기는 말이지만 나는 내 아이가 생존을 넘어 그 이상의 것을 이루길 바라고 있다. 나는 잘 되는 것은 더 이상 선택이 아니라고 생각한다. 나는 온 몸이 꽁꽁 얼어붙은 채, 눈앞에서 일어나는 범죄현장을 보고도 그것을 제지하기 위해서 아무런 행동도 취할 수 없는 목격자라는 생각을 지울 수 없다!

불가능한 일은 아니지만 이런 환경에서 아이를 신뢰하는 부모가 되기는 참으로 어렵다. 국가는 강제적이며 점점 감옥과 비슷해지는 학교를 통해서 학부모들이 아이들을 신뢰하기보다 지도할 것을 강요하다시피 한다. 당신은 아이들이 학교에서 그것을 변화시키도록 당신의 아이들과 싸워야 한다. 당신은 학교가 당신의 아이들을 위해서 조금이나마 그것을 변화시키도록 학교와 싸워야 한다.

아동발달과 양육의 학교중심모델 강화. 학교제도는 가정생활에 직접적인 영향을 미치지만 오히려 간접적인 영향력이 더욱 광범위하다고 할 수 있다. 일반적으로 연구자, 학부모, 사회는 아동기의 모든 것들을 점점 더 학교교육의 렌즈를 통해 바라본다. 사람들은 모두 학교성적에 따라서 아이들을 분류한다. 아동연구는 대부분 학교의 관심과 학교문제에 초점을 맞춰 학교중심으로 실시한다. 그 결과가 아이의 본성을 왜곡하는 학교중심의 아동발달관으로 나타났다.

학교에서 학습은 아동중심이 아닌 성인중심으로 진행된다. 학교에서 학습이란 미리 정해진 길을 따라가는 연속적인 것이다. 당신은 B를 배우기 전에 A를 배워야 한다. 아이들의 학교친구들은 모두 동일연령이어서 큰 아이들과 놀면서 기술을 배우거나 어린 아이들과 놀면서 책임감을 키울 기회는 거의 주어지지 않는다. 자기 주도적인 놀이와 탐색은 학교당국이 제지한다. 이 모든 것들은 아동발달의 학교중심모델을 구성하는 요소들이다. 결과적으로 사람들은 학습은 기본적으로 연속적이고, 성인중심적이며, 적합한 친구들은 동일연령의 아이들이며, 5-6세 이상의 아이들이 자기 주도적인 놀이와 탐색을 하는 것은 시간낭비라고 믿게 되었다. 예를 들어, 발달심리학 교과서에는 유아학교 시기를 마치 놀이가 자연적으로 멈추거나 그 이후에는 뒷전으로 밀려나는 것처럼 "놀이 시기"라고 공통적으로 기술하고 있다. 우리의 학교교육제도가 아이들의 자연방식을 은폐하게 만들었다.

시간이 지나면서 아동기의 학교중심모델은 더욱 강화되어 아동생활에 전반적인 영향을 미쳤다. 운동장은 아이들이 아이들과 어울려 자유롭게 뛰노는 장소가 아닌, 성인들의 주도로 코칭하고 가르치는 장소로 변했다. 그곳의 아이들은 학교에서 하는 것처럼 연령별 집단으로 분류된다. 오늘날 많은 학부모들은 가정에서 학교중심모델을 암묵적으로 수용하여 자신을 아이를 가르치는 교사로 규정한다. 그들은 교육적인 장난감을 사줄 "코칭시기"를 찾으면서 특별한 교훈을 깨우쳐 줄 의도를 깔고 아이들과 "놀고" 이야기한다. 오늘날 부모와 자녀 간의 상호작용에서 학부모들은 종종 눈알을 바쁘게 굴리면서 아이에 관한 것이라면 "어느 하나"도 빠뜨리지 않으려는 것은 놀랄 일이 아니다. 가정생활은 학교생활 못지않게 지루해지고 있다.

학부모들이 학교중심모델을 믿는 이유는 간단하다. 학부모들은 아이들이 학교에서 좋은 성적을 획득하여 명문대학에 진학하지 못하면, 인생은 필패라는 수사를 확신하기 때문이다. 그들은 자녀를 최고의 경력을 갖춘 아이로 만들기 위해서 자신은 다른 학부모들의 경쟁자가 되어야 한다고 생각한다. 학교제도가 점점 강력해지면서 아동발달에 대한 사람들의 암묵적 개념은 날이 갈수록 학교교육모델과 일치해 갔다. 그리고 학교 안팎에서 아이들의 자유는 감소하고, 통제는 증가되고, 자기 주도적인 모험은 점점 더 박탈되어 갔다. 안타깝게도 많은 경우, 아이는 무능하며 무책임하고, 지속적인 지도와 감독이 필요하다는 가정이 자아성취예언으로 변했다. 아이들이 자기무능과 무책임을 스스로 확신하게 되면, 그들은 거기에 맞춰 행동할 것이다. 한 개인이 어떤 특성을 가지고 있든지 그것을 만개시킬 수 있는 가장 확실한 방법은 이미 그가 자신만의 특성을 가지고 있는 것을 인정하고 그것에 맞게 처우하는 것이다.

아동신뢰의 부모가 되는 방법

많은 부모들이 아동신뢰양육방식을 받아들이기를 좋아할 수 있지만 실제로 그렇게 하는 경우는 퍽 드물다. 두려움의 목소리가 요란함을 넘어 끝없이 계속되는 것으로 보아 그런 두려움의 근거는 결코 허무맹랑한 것 같지 않다. 실제로 끔찍한 사건들이 일어나고 있다. 엄연히 성인 범죄자들이 존재한다. 일탈 청소년들은 해로운 영향을 미칠 수 있다. 아이들과 청소년들(전 연령층의 사람들과 마찬가지로)은 분명히 실수를 저지를 수 있다. 실패는 피해를 가져올 수 있다. 또한 우리는 본성적으로 순응주의자들이다. 물살을 거슬러 헤엄쳐 나가서 육아동료들로부터 부정적 평가를 받을 각오를 하기는 쉽지 않다. 그럼에도 불구하고 그렇게 하는 사람들도 적지 않다. 만약 상류로 충분히 헤엄쳐 나가기 시작한다면 강물은 그 흐름을 바꿀지도 모른다.

모든 인생의 과정에는 위험이 상존하기 때문에 아이들이 행복해지기 위해서는 책임을 다하는 방법을 배우고, 인생의 피할 수 없는 위험과 곤경을 극복하는 데 필요한 특별한 인성을 발달시킬 자유를 보장해야 한다는 생각은 당연하다고 상상해 보아라. 당신에게 반대하는 집단에도 불구하고, 당신의 머릿속을 맴도는 우려의 목소리에도 불구하고, 당신은 어떻게 아이를 신뢰하는 부모가 되어 자녀들에게 더 많은 자유를 허용할 수 있겠는가? 다음에서 몇 가지 방법을 제안할 것이다.

당신 자신의 가치관을 점검하라

행복한 인생이란 무엇인가? 어떤 경험이 인생을 가치 있게 만드는가? 아이를 신뢰하는 부모가 되는 첫 단계는 당신 자신의 가치관을 점검하고 그것을 당신과 자녀 간의 관계에 적용할 수 있는 방법을 깊이 생각해보는 것이다. 만약 자유, 개인적 책임, 자기 주도성, 정직, 겸손, 그리고 타인의 배려 등이 당신의 가치체계에서 상위에 올라있다면, 그리고 그것들이 당신이 당신 자녀에게서 보고 싶은 특징적인 인성이라면, 당신은 아이를 신뢰하는 부모가 될 수 있다. 이 가운데 어느 것도 잔소리, 강압, 또는 회유 등에 의해서 배울 수 있는 것은 없다. 이런 것들은 그런 가치를 강화하거나 억압하는 일상생활의 경험을 통해서 획득되기도 하고 유실되기도 한다. 당신은 당신의 일상생활에서 그것들을 실천하고 당신과 당신 자녀와 관계에 그것들을 적용함으로써 자녀들이 이런 가치를 수용하도록 도와줄 수 있다. 신뢰는 진정성을 증진시킨다. 자기 주도성과 자기 주도성에 의존하는 모든 특성들은 오직 자유로운 상황에서만 발달이 가능하다.

잠시 당신의 어린 시절로 돌아가 당신이 가장 행복했던 순간을 회상해 보아라. 당신은 어디에 있었는가? 당신은 무엇을 하고 있었는가? 누군가가 당신과 함께 있었다면 그는 누구인가? 그 순간에 당신과 함께 있었던 사람은 어른이었는가? 소아정신과 의사이며 저술가인 미첼 토마스(Michael Thomas)가 자신의 강연에서 항상 청중들에게 던지는 질문이다. 그들이 가장 행복했던 아동기의 순간에 어떤 어른과 함께 있었는지를 물었을 때, 보통 약 10%가 손을 들었다. 나머지 90%는 어른과 함께 있지 않았다. 토마스는 우리들의 가장 행복했던 순간은 전능한 어떤 사람이 우리들에게 선물로 준 것이 아니라, 우리 자신의 행위의 결과, 항상 우리 자신과 온전히 하나가 되는 그런 것이라고 주장했다.[4]

내가 이 질문에 대답하려고 할 때 떠오른 기억은 10살이었던 어느 봄날 이른 아침이었다. 나는 등교하기 전에 두세 시간 동안 낚시하기 위해서 동트기 전에 일어났다. 낚시도구를 챙겨 자전거를 타고 집에서 2마일 정도 떨어진 강의 댐을 향해서 어둠 속을 내달렸다. 나는 혼자였다. 이처럼 이른 시간에 일어나길 원하는 친구들은 아무도 없을 것이다. 태양이 수평선 위로 조금씩 올라오기 시작하는 동안, 나는 물에 낚싯대를 드리우고, 단지 나, 강, 이른 아침에 봄노래를 부르는 새, 잔설지대, 입질하는 것 같기도 하고 아닌 것 같기도 한 물고기와 함께 거기에 있었다. 물에 낚싯줄을 드리우고 있어서 나를 그처럼 경이롭게 만든 그 순간이 어떠했는지를 정확히 알기는 어려웠다. 나는 결코 일출과 이른 아침 낚시를 처음 경험한 것은 아니었다. 그러나 그날 아침 나는 갑자기 두렵고 놀라운 감정이 흘러 넘치는 것을 느꼈다. 나는 일상적인 존재를 뛰어넘어 부풀어 오르는 감정을 느꼈다. 놀라운 경험이었다. 인간주의 심리학자들은 오래 전부터 그것을 "신비한 체험"이라고 말했고 종교를 믿는 사람들이라면 그것을 하나님의 은혜 속으로 빨려 들어가는 순간으로 생각했을 것이다. 만약 어른들이 나와 함께 거기에 있었더라면 나는 어떤 방법으로도 결코 그런 경험을 할 수 없었을 것이다. 아무리 좋은 의미로 존경을 받는 어른이라고 하더라도, 어른은 거기에 있는 자체만으로 방해꾼들이다. 나는 어른들이 내 옆에 있었다면 아마 그와 같은 경이로움을 느낄 수 없었을 것이다.

당신 자녀의 미래를 당신이 결정한다는 생각은 버려라

당신이 개인의 자유와 책임을 소중히 여긴다면, 우리는 아이들이 자신의 인생을 설계할 권리를 존중해야 한다. 우리의 야망은 그들의 것이 될 수 없고 그 반대의 경우도 마찬가지다. 자기계획은 유아기에 시작한다. 책임감을 배우기 위해서 아이들은 매년 매일, 매시간의 과정에서 스스로 결정하는 방법을 배워야 한다. 그들은 오직 연습을 통해서 그것을 배울 수 있다. 모든 부모들은 자기 자녀들을 사랑하면서도 걱정이 많기 때문에 아이들을 통제하지 않을 수 없다. 그러나 통제하려는 시도는 목적 자체를 무력화 시킨다. 우리가 아이들의 운명을 결정하려고 하면, 우리는 아이들이 자기인생의 소유권을 행사하지 못하게 방해하게 된다. 우리들이 매일, 매주 인생의 미로를 통해서 미리 아이들을 시험해보려고 하면 우리는 아이들이 자기탐색과 자기실수로부터 배우는 연습의 기회를 방해하게 된다. 아이들이 요구하지 않고 필요로 하지 않는 조언을 하려고 하면, 우리는 아이들이 그것을 원하고 필요로 할 때, 우리들에게 조언을 구할 기회를 감소시키게 된다.

아이들을 신뢰하는 부모로서 당신의 자녀는 당신이 아니라는 점을 스스로 상기하는 것이 매우 중요하다. 소위 말하는 "재생산"이 아니다. 이는 또 다른 당신을 생산하지 않는다. 당신은 당신 유전자의 절반을, 그리고 당신의 반려자는 자기 유전자의 절반을 무작위로 기증하여 그것들을 혼합하고 결합함으로서 유전적으로 완전히 새로운 인간을 탄생시킨다. 그는 당신의 유전적 특성 중 일부를 공유할 것이지만 대부분은 당신과 전혀 다른 것이다. 당신의 자녀는 **당신의**

소유가 아니다. 당신의 자녀는 모든 아이들처럼 성장하고, 배워서 인생의 전 과정을 설계할 목적을 가지고 세계로 들어가는 자신만의 존재다. 당신은 당신의 자녀가 자기형성에 사용하는 오직 환경적 기질의 일부분일 뿐이다. 당신의 자녀가 필요로 하는 것을 제때에 제공하여 양질의 기질이 되도록 노력하라. 그러나 당신 자녀의 발달지도가 당신의 책임이라는 생각은 금물이다.

당신 자녀의 성공과 실패는 당신이 아닌 자녀의 손에 달려있기 때문에 성공과 실패의 평가는 당신이 아닌 자녀의 몫이 되어야 한다. 세상에는 불행한 변호사, 의사, 기업가들로 넘쳐나는 반면, 수많은 사무원들과 수위들은 행복과 만족감을 느끼며 남부럽지 않은 생활을 보내고 있다. 직업성공은 인생성공이 아니다. 당신의 인생이 당신 것이 아니라고 느낀다면 적어도 오랜 기간 동안 당신은 결코 행복할 수 없을 것이다. 이는 당연한 말로 진부하게 들린다. 하지만 막상 자기자녀를 양육할 시기가 되면 너무나 많은 사람들이 그 말을 잊게 된다.

일련의 대규모 조사에서 시누야 루터(sinuya luthar)와 그녀의 컬럼비아 대학 동료들은 미국 동북부 교외지역의 유복한 가정출신의 고등학생들이 가난한 도심지역의 이웃 고등학생들보다 점점 더 불안감과 우울증을 더 크게 느끼고 불법약물을 더 많이 사용한다고 보고했다.[5] 그런 문제를 보고했던 학생들은 대부분 부모에게서 성취에 대한 압력을 강하게 받은 학생들이었다. 또한 동일한 조사에서 연구자들은 부모와 함께 보내는 시간은 시간의 특성에 따라 부정적이거나 긍정적인 효과가 있다고 주장했다. 부모가 아이들을 이런저런 활동으로 끌고 다니는 것은 불안·우울증과 높은 관계가 있었으나 정기적으로 가족과 함께 식사를 하는 것은 불안·우울증과 더 낮은 관계가 있었다. 부모와의 정서적인 밀착은 십대들에게는 중요했다. 그러나 그런 밀착은 부모와 함께 즐거운 시간을 보내는 것보다 부모가 자녀들의 성취에 큰 관심을 나타낼 때 약화되었다. 아이를 신뢰하는 부모는 자녀들과 즐거운 시간을 보낸다. 그들은 자녀를 그들의 "프로젝트"로 생각하지 않는다.

자녀의 활동을 감시하려는 유혹에서 벗어나라

아이를 신뢰하는 부모들은 자녀들과 지속적으로 접촉하여 그들의 활동을 감시하거나 그들의 하루생활을 상세히 알아내려는 욕구에 강하게 반발한다. 현대적인 기술발달로 자녀들의 일거수일투족을 추적하는 일이 식은 죽 먹기가 되었기 때문에 이는 상당히 유혹적이다. 당신은 몰래 카메라를 설치해서 아이들을 관찰할 수 있고 자녀들이 들락거린 웹페이지를 추적할 수 있다. 또한 아이들의 소재와 행방을 스마트폰으로 실시간 보고하라고 요구할 수 있다. 심지어 당신은 아이가 매 순간 어디에 있는지 조사하기 위하여 죄수에게 족쇄를 채우는 것처럼 글로벌 위치추적장치를 이용할 수도 있다. 당신은 그것이 자녀를 돌보는 증거라고 스스로 확신함으로써 그런 감시를 정당화 한다. 그러나 당신이 지속적인 감시를 받고 있다면, 당신은 어떻게 하겠는가? 만약 당신이 사랑하는 남편이나 아내가 당신의 일상을 감시하여 녹음할 뿐 아니라 당신의 모든 사생활을 일일이 평가한다면 당신은 어떻게 하겠는가? 그런 감시가 보내는 메시지는 항상 "나는 당신을 믿을 수 없어"이다. 그런 신뢰부족을 증명하는 데는 현대기술이 필요하지 않으며 오히려 지속적이며 치밀한 조사가 더 효과적이다. 아이를 신뢰하는 부모는 자녀나 다른 사람을 통해서 자기 자녀의 바깥 생활에 대해 상세하게 알려고 하지 않는다. 인간은 심판 받는 일 없이 실험할 기회와 사생활 보호의 권리를 갖는다. 사생활을 침해할 수 있는 조사는 오직 불신감과 불쾌함만 초래할 뿐이다.

아이들이 놀고 탐색할 안전한 장소와 기회를 찾거나 만들어라

아이를 신뢰하는 부모로서 당신은 자녀에 대해 중요한 몇 가지 책임이 있다. 당신은 자녀의 뱃길을 안내하거나 수많은 항해기술을 가르칠 수 없지만 연못을 제공하는 것은 가능하며 당연히 그래야 한다. 부동산업자들은 생애 최초의 주택을 구입하는 젊은 세대들이 가지고 있는 중요한 관심은 대부분 오직 공립학교의 전국성취도검사의 순위와 대학 진학률이라고 말한다. 그러나 아이를 신뢰하는 부모라면 당신의 관심은 이웃에 아이들이 놀 수 있는 공간에 초점을 맞춰야 할 것이다. 저택과 넓은 뜰, 상위권에 해당하는 높은 성적의 조건을 갖춘 이웃일지라도, 바깥에서 함께 놀 수 있는 아이들이 없다면 당신 자녀에게 좋은 곳이 아닐 것이다.

모든 연령대의 아이들이 함께 엉켜서 놀고, 탐색하고, 서로 이야기를 나누면서 생활할 수 있는 이웃을 찾아라. 당신의 자녀는 그들과 하나가 되어 그들에게서 배우기를 원할 것이다. 대개 그런 이웃은 집이 웅장하지 않고, 집주인은 완벽한 잔디 카펫보다 아이들과 민들레 보기를 좋아하고, 정원은 울타리나 장벽으로 분리되어 있지 않을 것이다. 이상적으로 말하면, 그것은 또한 차량통행이 거의 또는 전혀 없어야 하고, 거리는 아이들이 횡단하거나 놀기에 안전할 것을 요구할 것이다. 그들이 한때 그랬던 수준에 미치지는 못할지라도, 그런 이웃들은 여전히 존재한다. 주택 구입자들이 그것을 요구한다면 그런 이웃은 더 많이 들어서게 될 것이다. 또한 부모들이 바깥에서 상당한 여가시간을 보내고 다른 부모 및 아이들과 잘 알고 지내는 이웃을 찾아라. 네덜란드의 4개 도시에서 아이들의 바깥놀이에 영향을 주는 요인에 관한 대규모 연구를 실시한 결과, 가장 중요한 요인 중 하나는 이웃 간 연대라는 사실이 밝혀졌다. 이웃들이 서로 잘 알고 신뢰할수록, 아이들이 바깥에서 놀면서 보내는 시간이 더 많았다.[6]

만약 놀이하기에 좋았던 기존의 이웃으로 이사할 의향이 없으면 현재 당신의 이웃과 잘 지내기 위해서 노력해야 할 것이다. 첫 단계로 당신 가까이에 살고 있는 부모들과 사귀어서 공동 관심거리를 의논하는 일이다. 대부분은 아닐지라도 그런 기회를 흘려보내는 부모들이 많이 있을 수 있으나 누군가는 시작할 필요가 있을 것이다. 그런 모임의 효과는 당장 가족 간의 우정을 촉진시키는 것으로 나타나기 때문에 그들만의 힘으로도 아이들의 우정과 더 많은 바깥놀이가 넘치게 할 수 있다. 그런 모임을 통해서 당신은 아이들이 동네에서 놀기에 적합한 장소를 찾는 일과 동시에 개발을 추진할 수 있다. 그런 곳이라면 어린 아이들이 맨발로 다닐 수 있을 것이다. 부모가 동행하지 않고 자녀를 혼자서 그곳에 보내고서 불안감을 느낀다면, 그곳을 순찰하며 감시할 수 있을 것이다. 그런 놀이에 적합한 장소가 없다면, 당신의 앞마당이라면 어떻겠는가?

마이크 란자(mike lanza)는 플레이보어후드(playborhood)라는 온라인 조직을 창설했다. 그는 집 앞마당에 이웃을 위한 운동장을 만들어 놓았다. 그는 자신의 웹사이트와 최근에 낸 저서에서 비슷한 일을 원하는 사람들에게 필요한 실제적인 조언을 많이 제공했다.[7] 란자의 앞마당 운동장은 모래상자, 농구골대가 있는 주차장, 걸음마 단계의 아이들이 물장구칠 수 있는 매력적인 분수, 장난감으로 채워진 수납벤치가 달린 피크닉 테이블, 그리고 그림도구와 전자기기, 예술작품처럼 울타리에 걸려있는 흰색칠판 등이 고루 갖춰져 있다. 마이크와 그의 가족들은(3명의 어린아이 포함) 이웃을 끌어들이고 만나는 수단으로 앞마당 피크닉 테이블에서 매일 식사를 한다. 그들은 이웃 아이들과 부모들이 원하는 시간이면 언제든지, 란자가 그곳에 있든지 없든지 관계없이, 이웃들이 자신의 앞마당에서 놀거나 라운지에서 이야기 나누는 것을 환영한다는 사실을 다양한 방법으로 알리고 있다. 실제로 그들은 "제발 무단침입 하십시오!"라는 표지판까지 걸어놓았다.

란자에 의하면, 이런 모험은 그들 입장에서 볼 때, 결코 손해 보는 장사가 아니다. 이웃을 알고 자신의 마당에서 재미있게 노는 아이를 보는 것은 그들의 생활에 윤택함을 더해 줄 뿐 아니라 자녀들의 놀이친구들을 지속적으로 공급해 주었다. 마이크는 일부러 모든 연령대의 아이들에게 매력적인 운동장을 설계했다. 또한 그는 뒷마당에 고정시켜놓은 트램펄린과 나무집을 포함하여 더 많은 놀이공간을 만들었다. 이런 것들은 역시 지역주민들에게 개방되었으나 이웃들을 그들의 집으로 끌어들여 거기서 편안하게 놀 수 있게 한 것은 그들의 앞마당 운동장과 란자가 그곳에 자주 나타나는 것이었다.

만약 당신이 21세기를 사는 미국의 보통시민이라면 당신은 즉각 온갖 부정적인 것들을 떠올릴 것이다. 어떤 사람이 부상을 입으면 법적 책임은 어떻게 되지? 불량 청소년들이나 도둑은 어떻게 대처하지? 마을 조례는 어떻게 되지? 이웃들이 소음이나 재산가치의 하락을 걱정하지 않을까? 마이크는 이런 질문들에 대한 훌륭한 답을 가지고 당신의 동네에서 당신이 그 일에 착수하는 방법을 제시했다. 핵심은 긍정적인 마음자세로 시작하는 것이다. 당신의 자녀가 성장하는데 요구되는 건강한 이웃관계, 또는 란자가 말한 것처럼 건강한 "플레이보어후드"를 형성하기 위해서 당신이 무엇을 하기를 원하는 지 찾아보아라. 그리고 당신이 살고 있는 곳에서 그 일을 할 수 있 는 방법을 생각해 보아라. 처음부터 당신이 생각하고 있는 가장 가 까운 이웃들, 심지어 아이가 없는 사람들도 당신에게 반대하지 않고 찬성하도록 거기에 포함시켜라. 그들의 관심을 장애물이 아닌 당신 의 계획 안에서 해결해야 할 문제로 소중하게 다뤄라.

당신의 자녀들이 이웃집 아이들과 함께 자유롭고 안전하게 놀 게 하는 것이야말로 당신이 그들에게 할 수 있는 가장 소중한 일 중 하나일 것이다. 이와 동시에 만약 당신이 이웃집 아이들을 돌봐준다 면 더 이상 좋은 것은 없을 것이다! 세계 여러 지역의 사람들이 란 자의 선도를 따르고 있다. 그의 앞마당 놀이터와 피크닉 장소는 현 재 낡고 거의 사라진 현관을 대체하여 이웃 공동체의 개발지로 변 신할 가능성이 있다. 그러나 당신의 마당 놀이터는 당신의 자녀들이 다른 곳으로 배회하지 못하게 하는 구실이 되어서는 안 된다. 특히 그들은 점점 자라가면서 더 넓은 지역으로 나가지 않으면 안 된다. 당신의 앞마당이나 이웃의 놀이터는 당신 자녀들의 모험세계를 점 점 더 확장시켜 나가는 바로 그 출발장소다.

조금만 더 상상하고 노력하다면, 당신이 자녀들의 자유놀이를 활성화시키기 위해서 할 수 있는 수많은 일들을 발견할 수 있을 것 이다. 예를 들어, 당신은 방과 후 특정 시간 동안 학교 체육관의 개 방을 요구할 수 있다. 당신은 도시공원위원회에 영향력을 행사하여 방과후나 주말에 십대들을 고용하여 놀이터를 감시하는 책임을 맡 길 수 있다. 이렇게 되면 부모들이 자녀들과 함께 있어야 한다는 생 각을 떨쳐버리게 되어 아이들이 그곳에서 안심하고 놀도록 허락할

것이다. 아이를 둔 다른 가족들과 함께 가족휴가를 떠나 그곳에서
어른들 간의 친교를 즐긴다면, 당신의 자녀들은 그동안 다른 가족의
자녀들과 함께 놀게 될 것이다. 가족중심으로 아이를 양육하기에는
핵가족만한 것이 없지만, 아이의 건강한 발달을 위해서라면 아이들
이 어릴지라도 핵가족을 벗어나 넓은 세상구경을 시켜야 한다.

전통적인 학교교육의 대안을 모색하라

아이를 신뢰하는 부모가 되려고 한다면, 당신은 당신의 자녀들
을 위한 전통적인 학교교육의 대안을 찾아야 한다. 이는 자기교육을
책임지려는 욕구와 능력을 거스르기보다 공유하는 대안이 되어야
한다. 나는 이미 그런 대안 중 하나로 서드베리 벨리 학교를 소개했
다. 이 글을 쓰고 있는 현재, 미국에는 서드베리 벨리 학교를 모델
로 삼아서 운영하는 학교가 외국의 14개교를 포함하여 모두 22개교
가 있다.[8] 이는 모두 사립학교지만 수업료는 정규 사립학교보다 훨
씬 낮은 수준이다. 또한 전통적인 공립학교나 사립학교보다 다양한
수준에서 더 많은 놀이와 자기 주도성을 허용하는 비전통적인 학교
들도 세계 곳곳에 많이 있다.

또 다른 대안은 홈스쿨링이다. 수치상으로 보면 홈스쿨링은 미
국에서 가장 큰 규모를 자랑하는 진정한 대안학교 운동이다. 홈스쿨
링을 하고 있는 미국 학령아(5–17세)의 수는 1999년에는 약 850,000
명이었으나 2011년에는 추정상 2,000,000명 수준이거나 그보다 약간
상회한 것으로 보인다. 이는 학령아의 약 1.7%에서 거의 4% 정도를
차지하는 수치다.[9] 홈스쿨링을 선택하는 학부모들이 모두 그런 것은
아니지만, 주로 아이들의 자유를 위해서 그런 교육을 실시하는 경향
이 있다. 홈스쿨링의 거의 1/3은 종교적인 이유로 그것을 선택한

다.[10] 일부는 홈스쿨링에서는 특별한 지도가 가능하기 때문에 앞뒤 재지 않고 선택하기도 한다. 그들은 자녀교육을 다른 사람들에게 맡기기보다 자기자녀의 학교교육을 스스로 통제하길 원한다. 그러나 시간이 지나면서 처음 목적과 달리 대부분의 홈스쿨링 부모들은 점점 유연해지고 덜 지도적으로 변해간다. 그들과 자녀들은 모두 일반적으로 계획된 교육과정이 아이들을 지루하게 만든다는 것을 발견하고 항상 아이가 주도하는 더 흥미로운 것을 시도하고 있다. 홈스쿨링 부모들은 그동안의 경험을 토대로 점차 자기교육을 책임지는 자녀들의 능력을 신뢰해가고 있으며 그들 중 일부는 **언스쿨러**(unschooler)가 되었다.

언스쿨러는 아동신뢰양육과 가장 잘 어울리는 가정중심의 교육 유형에 해당한다. 이 용어는 1970년에 교육이론가이며 전직 교사인 존 홀트(john holt)가 **학교 없는 성장**(growing without school)이라는 자신의 매거진에서 처음 사용했다. 간단히 정의하면 언스쿨링은 학교교육이 아니다. 언스쿨링을 실시하는 학부모들은 자녀들을 학교에 보내지 않는 것은 물론 집에서도 아예 학교에서 하는 것과 같은 종류의 교육을 실시하지 않는다. 그들은 확정된 교육과정도 없으며 교육의 목적에 따른 특별한 과제도 없을 뿐더러 아이들의 진보상태를 평가하는 시험도 없다. 대신에 그들은 자녀들에게 자기관심을 추구하고, 그런 관심의 추구를 위해서 알 필요가 있는 것들을 자기방법으로 배우는 자유를 허용한다. 그들은 학습을 특별한 시간과 장소에서 일어나는 분리개념이 아닌 모든 생활의 일상적인 부분인 통합개념으로 이해한다.

공식문서에서는 언스쿨러들을 홈스쿨링자들과 하나로 묶기 때문에 그들의 수가 얼마나 되는지 정확히 알 수 없다. 그러나 일반적으로 홈스쿨링 운동을 실시하는 사람들은 홈스쿨링자의 약 10%가 언스쿨러들일 것으로 추산한다. 이는 내가 홈스쿨링 대회에서 살펴본 자료에 근거할 때 상당히 합리적인 수치다. 소위 느슨한 홈스쿨링자들을 포함시키게 될 경우 아마 그 수치는 더 높아질 것이다. 느슨한 홈스쿨링자들은 아이들을 위한 일종의 교육과정을 마련해 두고 있으나 반드시 그것을 따르거나 강요하지 않는 가정을 말한다.

최근 나는 내 동료인 지나 라일리(Gina Riley)와 함께 스스로 언스쿨러라고 밝힌 232가구를 대상으로 설문조사를 실시했다. 우리는 아직 조사결과를 분석 중에 있으나 일부는 이미 밝혀진 내용도 있다.[11] 조사대상 가족 중 1/3 이상이 처음에 아이를 학교에 보냈으나 학교가 우울증, 불안 또는 학습흥미의 상실 등과 같은 손상효과 때문에 아이들을 자퇴시켰다. 또한 조사대상 가정의 거의 절반이 언스쿨링으로 이동하기 전에 집안에서 정규학교교육과정을 가르치는 전통적인 형태의 홈스쿨링을 시도한 적이 있었다. 이런 모든 사례에서 볼 때, 기본적으로 아이와 학부모는 학교수업이 지루하거나 스트레스가 많거나 또는 두 가지 모두 때문에, 그리고 아이가 스트레스나 지루함이 없이 잘 배우고 있어서 정규학교교육과정이 불필요했기 때문에 홈스쿨링에서 언스쿨링으로 이동했다고 할 수 있다.

언스쿨링이 자신들의 가정에 주는 주요 이점에 대한 질문에서 대다수 학부모들은 언스쿨링이 아이의 행복, 자기주장, 또는 자신감 등에 미친 긍정적인 효과를 이야기했다. 즉 아이의 자기학습과 호기심, 그리고 가족의 유대감과 가족생활 전반에 미친 긍정적인 효과 등. 이전에 아이를 학교에 보낸 경험이 있는 많은 사람들은 아이들의 개인생활 시간표를 학교시간표에 맞추지 않은 것을 매우 다행스럽게 생각했다. 언스쿨링이 주는 단점에 대한 질문에서 가장 흔한 응답은 자신들의 결정에 대해 비판적인 친척들이나 사람들에게 언스쿨링을 설명하고 방어할 때 받게 되는 스트레스나 짜증과 관련된 것이 많았다. 또한 많은 사람들은 규범과 달리 행동할 때 나타나는 자기회의의 극복에 대해 말했다. 물결을 거슬러 헤엄치는 데는 숱한 어려움이 따를 수 있다. 이는 많은 언스쿨링 운동가들이 협의로는 공동체 회의를 통해서, 광의로는 인터넷 집단을 통해서 강력한 사회적 연대를 구축하는 한 가지 이유다. 그들은 이런 연대를 통해서 상호 사회적 지지를 보낼 수 있다.

언스쿨링이 오랫동안 주변부에서 생존해 오면서 초중등학교 시절의 경험을 모두 건너뛴 성인들의 수가 제법 상당할 정도로 증가하고 있다. 그런 언스쿨링 출신자들이 성취한 인생성공의 실상을 규명하려는 연구는 지금까지 공식적으로 수행된 적이 없다. 그러나 저서, 논문, 그리고 언스쿨링 운동가들의 블로그 등을 통해서 많은 성공사례들이 발견되고 있다. 이런 자료를 종합하면 대체로 언스쿨링 "졸업자"들이 대학진학의 길을 택했을 경우, 대학에 잘 적응하며 생활하는 데 큰 어려움이 없었고, 대학 졸업장의 소지와 관계없이 자기가 원하는 직업을 구하는데도 특별한 어려움이 없었을 것으로 추측할 수 있다.

언스쿨링 출신자의 실상을 소개하기 위해서 나는 최근 케이트 프리드키스(Kate Pridkis)를 만나 인터뷰를 했다. 케이트는 밝고 쾌활한 성품의 소유자이며 현재 뉴욕에서 일하고 있다. 그녀는 25세이며 대학에 입학할 때까지 학교에 다닌 적이 전혀 없었다. 그녀의 부모는 학습은 생활과 분리불가라는 것을 믿었기 때문에, 처음부터 케이트와 동생들에게 언스쿨링을 실시하기로 결정했다. 케이트는 언스쿨링을 받았기 때문에 그녀에게 있었을 것으로 보이는 모든 종류의 이점을 말했다. 그녀는 자기관심을 추구하여 자기열정을 개발할 수 있었다. 이는 너무 다양해서 넘칠 정도로 많았다. 그녀는 여기저기를 돌아다니며 다른 학생들이 할 수 없는 여러 가지 활동에 참여했다. 다른 학생들은 학교에 다녔기 때문에 그런 활동에 참여할 기회가 원천적으로 봉쇄되었다. 그녀는 자신을 동년배들에게 묶어두지 않고 다양한 상황에서 모든 연배의 사람들과 친구로 사귀었다. 그녀는 결코 순응주의를 지향하는 학교문화에 젖지 않았다. 이는 그녀와 다른 사람들이나 다른 사고방식에 당황하는 일없이 함께 즐길 수 있게 했으며 다름을 이해하게 했다. 15세가 되자, 그녀는 유대인의 회당인 시너고그에서 전체 회중들의 예배를 인도하는 일반 성직자로 일하면서 보수를 받았다. 만약 그녀가 학교에 다녔더라면 시간제약 때문에 이런 일은 불가능했을 것이다.

그녀가 시너고그에서 얻은 경험은 사회현상으로써 종교에 대한 열정과 관심을 갖게 했다. 이것이 계기가 되어 그녀는 대학에서 비교종교학을 공부하게 되었고 결국 컬럼비아 대학에서 종교와 관련된 연구주제로 석사학위를 받았다. 그녀는 대학교육의 학문적 요구에 별다른 어려움 없이 잘 적응했다. 대학원생으로서 그녀는 대학원 친구들의 미숙함과 지적인 관심부족, 그리고 수업시간 내내 앉아 있어야 하는 지루한 강의에 크게 실망했다. 현재 그녀는 결혼을 하고 프리랜서 작가가 되어 유명 출판사에서 다양한 글을 쓰는 일을 하고 있다. 또한 시너고그에서 성가대로 봉사할 뿐 아니라, 그녀가 좋아하는 다양한 관심을 지속적으로 추구하면서 하나는 "학교생략" 또 다른 하나는 "망할 케이크 먹어라"(body image)와 같은 두 개의 블로그를 운영하면서 유명작가로 활동하고 있다.

나는 언스쿨링을 응원하는 사회적 변화가 일어나지 않는 한, 언스쿨링이 모든 가정이 원하는 정답이 될 것으로 보지 않는다. 이는 상당한 정도의 시간과 자원을 요구한다. 일반적으로 아이가 어릴 때에는 적어도 한 명의 어른이 집안에 있어야 한다. 그 어른들은 거의 대부분이 어머니이기 때문에 이는 어머니가 스스로 직업을 포기하거나 휴직하거나 전업주부가 되는 것을 의미한다. 언스쿨링 학부모들은 아이의 학습을 직접 지도하지 못할지라도, 적절하고 풍부한 학습 환경을 제공하여 아이가 자기관심을 추구하도록 돕기 위한 노력을 해야 한다. 또한 일반적으로 언스쿨링은 많은 가정들 간의 유대를 필요로 한다. 이는 일부 가정에는 신나는 일이지만 다른 가정에는 끔찍한 일이 될 수 있다. 어떤 아이들은 언스쿨링에서 일반적으로 필요로 하는 것보다 부모로부터 더 떨어져 있을 필요가 있고 어떤 부모들은 아이들로부터 떨어져 지낼 더 많은 시간을 필요로 한다. 비교적 고립된 핵가족 문화에서는 대부분의 어른들이 집밖에서 일하기 때문에 어른들이 아이들과 낮 시간을 함께 보내면서 예전과 같이 성인들 간의 동지애를 충분히 누리기는 힘들 것이다. 서드베리 벨리나 자기 주도적 학습을 지향하는 학교들의 장점은 아이들이 가정으로부터 분리된 안정적인 환경에서 시간을 보낼 수 있는 기회를 제공하는 데 있다. 그런 학교는 부모들이 준비하거나 제공할 필요가 없는 놀이, 탐색, 학습, 친교 맺기 등이 풍성하게 넘쳐나는 곳이다. 그러나 자기보고에 의하면, 많은 가정에서 언스쿨링은 훌륭한 선택이 되고 있다.

미래의 비전

나는 교육의 미래를 낙관한다. 우리가 바짝 정신을 차리고 아이들이 자기학습을 통제하는 자유를 회복하는 문화를 창조하게 되면, 지루하고, 우울하고, 불안을 유발하는 학습으로부터 또다시 신나고, 즐겁고, 통합적인 생활의 일부분으로 자리매김하는 학습으로 돌아갈 것으로 낙관한다.

내 낙관주의는 교육제도에 근거하지 않는다. 교육대학, 교과서와 입시산업, 그리고 교원단체와 학교행정가를 포함한 그런 기관들은 현상유지와 자체 이익이라는 배경에 뿌리를 굳게 내리고 있어서 그들이 할 수 있는 일이라곤 동일한 과정을 더욱더 세차게 몰아붙여 반복하는 것뿐이다. 아이들이 학교에서 가르치는 것을 충분히 배우지 못한 사실이 명백하게 드러나게 되면 여기서 나오는 고함과 울부짖음은 고작해야 아이들은 학교에서 더 많은 시간을 보내야 하고 집에서는 더 많은 시간동안 공부를 해야 한다는 것이다. 만약 x과목의 200시간 수업에서 좋은 결과를 얻지 못했다면, 400시간을 가르치려 들 것이다. 만약 1학년에서 가르치는 것을 잘 배우지 못한다면, 그것을 유치원에서 가르치기 시작해야 할 것이다. 그리고 만약 그들이 유치원에서 배우지 못한다면, 당연히 그것은 유치원 이전부터 배워야 한다는 의미가 될 것이다! 만약 아이들이 지난 학기 동안에 조금 배웠던 것을 여름방학 동안에 잊어버렸다면, 여름방학을 없애야 할 것이며 이는 학교 밖의 활동 가능성을 더욱 약화시킬 것이다.[12]

교육산업에 몸담고 있는 사람들은 대부분 현재의 제도가 효과적으로 작동하지 못하는 사실을 암묵적으로 인정하면서 자기가 "개혁자"일 것으로 생각한다. 이는 의무교육이 시작된 이후 변함없는 사실이었다. 일부는 동일한 노선을 지향하는 점진적인 제도개혁을 원했고(선택범위확대, 시험부담경감 등). 다른 사람들은 기존과는 상이한 노선을 지향하는 점진적인 개혁을 원했다(표준화된 교육과정과 엄격한 평가). 이는 교육학 교수들이 쓴 수많은 저서와 논문들의 소재들이다. 그러나 교육기관에 종사하는 사람들은 모두 그것이 강제적이며 강제적인 학교교육은 효과적으로 작동하지 않기 때문에 아이들이 자기학습에 대해 자기책임을 다하게 하는 것이 유의미한 유일한 개혁이라는 사실을 스스로 인정하지 않는다.

대신에 내가 지향하는 낙관주의는 교육기관 밖에서 일어나고 있는 일들에서 출발한다. 나는 강제적인 학교교육을 과감하게 버리고 유연한 홈스쿨링, 언스쿨링, 서드베리 학교교육, 그리고 아이들에 의한 자기학습 통제가 가능한 다양한 형태의 교육을 향해 나아가는 수많은 사람들의 물결을 보고 용기를 얻었다. 학교제도가 더욱 강제적일수록 그것은 더욱더 많은 학생들이 학교를 떠나게 만들 것이다. 이는 오히려 좋은 일인지도 모른다.

또한 정보기술의 혁명도 학교를 떠나게 하는 운동을 활발하게 하고 있다. 오늘날 인터넷 접속이 가능한 곳에서 컴퓨터 키보드 위에 손을 얹어 놓는 사람이라면 누구라도, 인도의 길거리 아이들조차도, 이용 가능하도록 간편하게 제작되고 멋지게 조직화된 검색엔진을 통해서 세계도처에 널려있는 수많은 지식과 사상에 접속할 수 있다. 당신은 당신이 수행하기 원하는 거의 모든 것들을 인터넷상의 가상강좌와 비디오를 통해서 얻을 수 있다. 당신이 탐구하기를 원하는 거의 모든 사상들을 인터넷상의 논쟁과 반론을 통해서 얻을 수 있을 뿐더러 심지어 그것과 관련된 토론에도 참여할 수 있다. 이는 표준화된 학교제도에서 추구하는 하나의 정답접근방식보다 지적발달에 훨씬 더 큰 도움을 제공한다. 당신이 무엇을 배우거나 비판적인 사고자가 되기 위해서 반드시 학교가 필요하다는 생각은 인터넷의 접속방법을 아는 아이들에게는 웃음거리가 될 것이 자명하기 때문에 하향식을 지향하는 학교교육이 정당성을 확보하기는 점점 더 어려워질 전망이다. 그리고 텍스트 중심의 전자소통이 언어소통처럼 거의 일상화되면 될수록 많은 아이들이 학교에 가기 전에 스스로 읽고 쓰는 법을 깨우치게 될 것이다. 이것도 역시 학부모가 강제적인 학교교육의 필요성에 의문을 제기하게 만드는 질문이 될 수 있다. 조니가 1학년에 입학하기 전에 글을 읽을 수 있다면 왜 그를 1학년에 보내야 하겠는가?

너무 먼 미래가 아닌 적정한 때가 되면 갑작스럽게 대변혁이 일어나는 급변점(tipping point)에 도달할 것으로 우리는 예상할 수 있다. 모든 사람들은 적어도 학교교육과 같은 것을 전혀 받지 않은 채, 성장하여 훌륭한 인생을 살고 있는 또 다른 케이트 프리드스키를 보게 될 것이다. 사람들은 다음과 같이 말하기 시작할 것이다. "케이트, 밥, 메리, 그리고 제인 좀 봐. 이들 중 학교에 다닌 사람은 아무도 없어. 그들은 행복하고, 유능하며, 책임감이 강한 시민들이야. 내 아이가 학교에서 불행하다면 왜 내가 내 아이를 거기에 보내야 하지?" 사람들은 강제적인 학교교육 제도를 만들었거나 반드시 학교가 있어야 한다고 규정한 법을 개정할 것을 주장하기 시작할 것이다. 이는 현재 많은 사람들의 요구가 있어도 꿈도 꾸지 못하게 만들어 놓은 강제적인 제도를 놓고 많은 사람들이 법적 공방을 벌일 필요도 없이 더 많이 떠나도록 재촉할 것이다.

모든 거대한 사회변화와 마찬가지로 여기서 가장 중요한 점은 정상과 비정상을 대하는 신념의 변화다. 그리 오래 된 일은 아니지만 사람들이 종교적이거나 세속적인 관점 중 어느 것을 취하는지 여부에 따라서, 거의 모든 사람들은 동성애자를 죄악에 빠졌거나 질병에 걸린 비정상적인 사람으로 간주했다. 지금도 일부는 여전히 그런 식으로 생각할 것이다. 그러나 그들 중 30세 이하는 거의 찾아볼 수 없을 것이다. 규범은 변하고 있다. 동성애자가 된다는 의미는 이제 왼손잡이처럼 또 다른 정상적인 인간의 변종으로 보게 되었다. 그들은 밖으로 나와 자기의 성적지향성을 당당하게 밝혔다. 더욱더 많은 사람들은 자신들이 소중히 여겼던 친척이나 친구 중 일부가 동성애자이며, 우리 사회의 우상과 영웅 중 일부가 역시 동성애자라는 사실을 알게 되면서부터 그것을 비난하거나 질병으로 부르기가 점차 어려워지고 있다. 나는 여기서 앞으로 교육부문에서 일어날 상황에 대한 내 예측과 유사한 점을 발견할 수 있다. 강제적인 학교에 가지 않거나 자녀를 그곳에 보내지 않는 사람들을 더 많은 사람들이 만나면 만날수록 그런 결정을 일탈이나 위험스런 것으로 생각하기는 점점 더 어려워질 것이다.

또한 여기에 작용하는 또 다른 강한 세력이 있다. 그것은 자유와 자기결정을 욕망하는 자연적인 인간이다. 사람들이 자유를 현실적으로 가능한 것으로 볼 때, 자유를 선택한다고 역사는 말한다. 사회적 성공에서 강제적인 학교교육이 불필요한 것으로 보게 될 때, 그들은 자기 자녀들을 위해 자유를 선택하지 않을 수 **없는** 현실을 알게 될 것이기 때문에 아이들은 스스로 그것을 요구할 것이다. 아이들은 학교교육은 쓴 약이어서 반드시 필요할 뿐 아니라 좋은 것이기 때문에 참고 견뎌야 한다는 주장을 더 이상 귀담아 듣지 않을 것이다. 많은 사람들이 강제적인 학교를 떠나게 되면 힘센 유권자 연합은 가만있지 않을 것이다. 그들은 규제 없이 지출되던 교육예산을 자기주도학습의 지원에 사용하여 강제교육이 아닌 **교육기회**를 증진시킬 것을 주장할 것이다. 현재 미국에서 매년 초중등학교의 의무교육에 약 6천억 달러가 납세자의 세금으로 충당되고 있다. 이

예산의 일부분만을 가지고 무엇을 할 수 있을지 상상해 보아라![13]

　우리는 모든 아이들에게 가정배경이나 소득에 관계없이 풍부한 교육기회를 제공할 사회적 의무가 있다. 또한 이런 의무를 이행할 수 있는 수많은 방법들이 있다. 한 가지 방법은 자율적이며 비강제적인 새로운 학교제도를 만드는 일이다. 아마 이는 서드베리를 모델로 삼을 수 있으며 아이들은 지적, 신체적, 그리고 건강한 도덕적 발달에 도움을 주는 환경 속에서 놀고, 탐색하고, 배우게 될 것이다. 서드베리 벨리 학교의 학생 1인당 비용은 현재 우리가 강제적인 공립학교에 지출하는 학생 1인당 비용의 약 절반에 불과할 뿐이다. 그러므로 이런 계획은 납세자들에게 상당한 금액을 절약하게 하는 결과를 가져 올 수 있다. 또 다른 가능한 방법으로는 모든 사람들에게 무상으로 제공되는 마을공동체센터의 설립을 들 수 있다.

　아이들과 어른들도 함께 놀고, 탐색하고, 친구를 사귀고, 배우는 마을공동체센터를 상상해 보아라. 컴퓨터, 미술용품, 운동기구, 그리고 과학기구 등은 놀면서 이용할 수 있다. 공공 도서관은 그것과 짝이 될 수 있다. 마을공동체센터는 지역주민들에게 음악, 미술, 체육, 수학, 외국어, 요리, 기업관리, 수표책 결산, 또는 사람들이 신나고 재미있거나 구조화된 방식으로 공부하거나 숙달시키기에 매우 중요한 것으로 생각되는 그 밖의 모든 강좌를 제공한다. 그곳에는 어떤 필요조건도, 학년구분도, 사람들 간의 순위나 비교도 없다. 지방극단과 음악그룹은 그곳에서 공연할 수 있으며 모든 연령의 사람들이 자기관심에 따라서 새로운 집단을 형성한다. 실내운동을 할 수 있는 체육관이 있고 가능하다면 바깥놀이와 탐색놀이를 할 수 있는 들판과 나무숲도 있다. 그곳에는 친구들이 있고 신나는 놀이를 할 수 있는 것들이 많이 있기 때문에 아이들은 강제적이 아닌 자발적으로

센터에 찾아 온다. 센터는 큰 아이들이 어린 아이들을 돌봐 줌으로써 얻는 기쁨과 이점을 이용하여 큰 아이들로 하여금 하루 종일 아이를 돌볼 필요가 있는 부모들에게 효과적인 방식으로 아이들을 돌봐주게 할 수 있다.

센터의 운영은 그곳에 참여하여 그곳을 이용하는 사람들에 의한 마을회의 방식을 채택한다. 각 회원들은 민주적 투표를 통해서 주요 예산을 결정하고 그 운영을 감독할 위원들을 선출한다. 그들은 소수의 성인들, 아마 일부는 십대들을 고용하여 일상 업무의 지원을 맡길 것이다. 회원들은 센터의 행동규칙과 그 규칙을 시행하는 제도를 민주적으로 결정할 것이다. 또한 그들은 참여의 대가로 센터운영에 필요한 몇 가지 업무를 지원하기 위한 규칙에 동의할 것이다. 성인들은 물론 아이들에게도 투표권이 주어지며 그들은 모두 회원자격의 계약조건을 수용할 것이다. 이 모든 것들은 강제적인 학교에 비해 마을공동체의 현재 예산 중 적은 비용으로 감당할 수 있는 것들이다.

다만 여기서 나는 강제적인 학교를 대체할 가능성이 있는 것을 상세히 추측할 수 있을 뿐이다. 마을공동체와 지역의 필요와 요구에 따라서 세부사항에는 상당한 차이가 있을 것이라는 생각과 함께 오히려 그렇게 되기를 희망한다. 강제적인 학교의 몰락과 자율적인 교육기회의 부상은 물론 점진적이겠지만 필경 강제적인 제도는 사라질 것이다. 그 후 우리는 완전히 새롭게 변화한 아이들의 자기 통제력과 학습욕구와 더불어 급속히 확산되는 불안과 우울증, 그리고 오늘날 수많은 젊은이들에게 만연되어 있는 무력감의 종말을 목격하게 될 것이다.

감사의 말

나는 제1장에서 내 인생에는 수 백명의 위대한 선생님들이 계셨다고 말했다. 나는 두 손을 모아서 그 모든 선생님들께 큰 감사를 올린다. 나에게 영향을 준 선생님들은 모두 지금은 어디에 사는지 알 수 없는 루비 루와 늘 따뜻한 우정으로 품어준 데니 그린버그가 든든히 지탱하는 책꽂이의 양끝 사이 어딘가에 계실 것이다.

특별히 새로운 사상과 개척적인 연구로 나에게 큰 영감을 준 그린버그에게 감사한다. 나는 사랑하는 내 아들 스콧이 없었더라면 결코 이 책을 쓸 수 없었을 것이다. 스콧은 매우 오래 전에 나를 생소한 학문연구의 방향으로 안내했으며 그 후 지금까지 긴장상태를 유지하도록 도와주었다. 물론 나는 사랑하는 아내, 다이앤에 대한 감사를 빼놓을 수 없을 것이다. 다이앤은 우리가 처음 만난 이후 내 인생을 놀이와 기쁨으로 수놓아 주었다. 그 밖에도 일일이 언급할 수조차 없을 정도로 수없이 많은 동료, 친구, 그리고 사랑하는 사람들에게 감사의 마음을 전한다.

나는 이 책을 위해서 특별히 애쓴 질 마샬에게 감사한다. 그녀는 내 블로그를 통해서 처음 알게 된 후 이를 책으로 펴낼 것을 줄기차게 요구했다. 또한 나는 이 책의 출판가치를 알아보고 나에게 용기를 준 토머스(TJ) 켈러허 편집국장, 이 책의 전 과정을 능숙하게 처리해 준 탁월한 편집자, 콜린 트레이시, 그리고 교정본을 깔끔히 정리해 준 앙투아네트 스미스에게 감사한다. 특별히 나는 이 책의 책임 편집자, 티세 다카키에게 감사한다. 그녀는 빼어난 솜씨로 문장을 다듬고 그 밖의 필요한 모든 지원을 아끼지 않았다. 사랑하는 독자들도 역시 그녀에게 감사를 표해야 할 것이다.

원주

제1장

1. Clinton(2001).
2. 이 절과 다음 절의 일부분은 Gray(2011a)에서 발췌했다.
3. Chudacof(2007).
4. Quoted by Johnson(1988).
5. Finkelhor et al.(2010).
6. Family, Kids, and Youth(2010). 이 조사는 IKEA에서 후원했으며 The marketing research group Family, Kids, and Youth의 CEO, Barbie Clarke 가 감독했다.
7. See O'Brien and Smith(2002).
8. Clements(2004).
9. Hofferth and Sandberg(2001).
10. Hofferth(2009).
11. Clements(2004).
12. Family, Kids, and Youth(2010).
13. Comment posted in the "Readers Comments" section of P.Gray's February 24, 2010, Psychology Today blog essay; http://blogs.psychologytoday.com /blog/freedom-learn. 비평은 2010, 2, 24일자 Psychology Today 블로그 에 세이 P. Gray의 "Readers Comments"섹션에 포스팅 했다(http://blogs.psych ologytoday.com/blog/freedom-learn.).

14. Twenge(2000); Twenge et al.(2010).

15. Newsom et al.(2003).

16. 이 자료는 Newsom과 그 동료들이 작성한 표 4와 표 5에서 얻었다(2003).
    소년과 소녀들의 점수가 비슷하여 반응결과를 양성의 평균점수로 처리
    했다.

17. 질병예방과 통제센터의 기록에 의하면 1950년과 1995년 사이에 아동과
    청소년들의 자살률이 급격히 증가했다. 그 후 아동자살방지를 목적으로 하
    는 프로그램의 개발과 이에 대한 인식의 확산으로 2003년까지 점차적으로
    감소했다. 그러나 더욱 최근에 나온 보고에 의하면, 아동과 청소년 자살률
    은 2003년 이후 다시 증가하는 추세를 나타내고 있다. 다음 웹사이트 참
    고. www.infoplease.com/ipa/A0779940.html#axzz0zVy5PKaL. 2003년 이후
    증가한 자살에 대한 보고서는 Nauert(2008) 참고.

18. Twenge et al.(2004).

19. 우울증과 무기력한 사고방식 간의 인과관계에 관한 자료는 Abramson et
    al.(1989); Alloy et al.(2006); Weems & Silverman(2006); Harrow et
    al.(2009). 참고.

20. References in Twenge et al.(2004); Reich et al.(1997).

21. Luthar and Latendresse(2005).

22. Csikszentmihalyi and Hunter(2005).

제 2 장

1. Lee and DeVore(1968).

2. Diamond(1997).

3. 인간 존재의 기원에 관한 자료는 임의적으로 사용했다. 우리 종으로 진화
   한 영장류의 계보는 약 6백만 년 전에 우리 종과 가장 가까운 유인원의 동
   족(침팬지와 보노보)으로부터 분리되었다(Corballis, 1999). 우리 조상들은
   약 4백만 년 전에 직립보행을 했고, 약 2백만 년에서 백만 년에 다른 유인
   원보다 더 큰 두뇌를 갖게 되었다. 이로 인하여 인간은 불을 피우고 도구
   를 만들고 집단을 이루었으며, 동물을 사냥하고 뿌리, 견과, 씨앗, 과일, 그
   리고 다른 식용식물을 채집하면서 생존을 유지했다(Konner, 2002; Ridley,
   2003).

4. 본장에서 나는 인류학자들이 즉각적인 보상, 평등주의 수렵채집인, 또는

소규모 집단 등으로 부르는 수렵채집인 사회의 다양한 특성을 논의한다. 이들은 이용 가능한 사냥감과 식물에 의존하여 제한된 지역 안에서 이곳에서 저곳으로 이동하면서 생활하는 소규모 집단이다. 이 집단은 지연된 보상, 비평등주의 수렵채집인, 또는 수집인 집단으로 부르는 수렵채집인 사회의 범주에 해당하는 미국 북부 해안의 콰키우틀 족과 일본의 아이누 족 등과는 매우 상이한 특성을 나타낸다. 이런 사회는 정주사회로서 비교적 사람들이 음식물을 얻기 위해서(보통 물고기) 특정 지역의 자원을 이용하면서 생활한다. 여러 가지 면에서 볼 때, 수집인 집단은 수렵채집 사회보다 원시 농업사회와 더욱 비슷한 특성을 나타낸다고 할 수 있다. 그들은 소규모 집단사회보다 더욱 작은 소규모 집단을 유지하면서 생활한다. 고고학적 증거는 그들은 더욱 최근에 유래했고, 농경 이전에 살았던 조상들의 생활 환경을 나타내는 소규모 집단사회와는 크게 다른 특성을 보여준다(Kelly, 1995). 많은 인류학자들의 관행에 비추어 내가 수렵채집인의 의미를 그대로 사용할 경우, 나는 특별히 소규모, 평등주의의 특성을 강조할 것이다.

5. 이 부분과 본장의 나머지 절의 내용은 Gray(2009)에서 인용했다.

6. Ingold(1999).

7. Ingold(1999); Wiessner(1996).

8. Lee(1988), p. 264.

9. Boehm(1999).

10. 수렵채집인 사회의 합의제 의사결정에 관한 충분한 검토는 Silberbauer (1982) 참고. 더욱 일반적인 내용은 Kent(1996) 참고.

11. Gould(1969), p. 90. 모든 수렵채집인 문화에서 아동체벌은 드문 일이지만, 적어도 중앙아프리카의 하즈다와 같은 일부 문화에서는 상당히 빈번하게 관찰되었다.

12. Gosso et al.(2005), pp. 218, 226.

13. Liedloff(1977), p. 90.

14. Guemple(1988), p. 137.

15. Thomas(2006), p. 198.

16. Ibid., pp. 198-199.

17. Bakeman et al.(1990).

18. 우리는 이 조사를 위해서 10명의 인류학자들을 찾아냈다. 그들 중에는 3개 대륙에 거주하면서 7가지 독특한 수렵채집 문화를 연구했던 사람들도

포함되어 있다(Gray, 2009. 참고).

19. Draper(1976), pp. 210, 213.

20. Blurton Jones, Hawkes, and Draper(1994).

21. Hewlett et al.(2011).

22. Thomas(2006).

23. Draper(1976), pp. 205-206.

24. Hewlett et al.(2011).

25. Thomas(2006).

26. Liebenberg(1990).

27. Wannenburgh(1979), p. 41.

28. Thomas(2006), pp. 99-100.

29. Kaplan et al.(2000).

30. Walker et al.(2002).

31. Liebenberg(1990).

32. Kaplan et al.(2011).

33. Bock(2005); Kaplan et al.(2000).

34. Hewlett et al.(2011).

35. Draper(1988); Gosso et al.(2005); Turnbull(1961).

36. Gray and Feldman(2004).

37. Sutton-Smith and Roberts(1970).

38. Marshall(1976).

39. Turnbull(1982).

40. Ibid.

41. Bakeman et al.(1990); Eibl-Eibesfeldt(1989); Gosso(2005).

42. Hay and Murray(1982); Rheingold et al.(1976).

43. Bakeman et al.(1990); Wiessner(1982).

44. Turnbull(1982), p.134.

45. Gould(1969), p. 120.

46. Liedloff(1977), p. 10.

47. Thomas(2006), pp. 216-217.

제 3 장

1. Diamond(1997).

2. Sahlins(1972).

3. Shostak(1981), p. 10.

4. Woodburn(1968).

5. Draper(1988).

6. Bock and Johnson(2004).

7. Salamone(1997).

8. Chagnon(1997); Good and Chanoff(1991). 야노마미 족의 사회조직은 17세기에 스페인, 네덜란드, 포르투갈이 그들에게 자행한 노예사냥과 집단학살의 영향을 받은 사실은 의심의 여지가 없는 것으로 보였다.

9. Fajans(1997).

10. Quoted by Fajans(1997), p. 40.

11. Barry, Child, and Bacon(1959).

12. Gardner(1991).

13. Barry et al.(1959); DeVore et al.(1968); Gould(1969).

14. Ember and Ember(2005).

15. Gray(2009).

16. Thomas(1959), p. 152; Gould(1969), p. 128.

17. Orme(2001).

18. Ibid., p. 315.

19. Ensign(1921).

20. Gray(2009).

21. Weber(1904-1905/1958).

22. Mulhern(1959).

23. Greenleaf(1978), p. 57.

24. Quoted by Mulhern(1959), p. 383.

25. Mulhern(1959), p. 383.

26. Bernard(1836).

27. Melton(1988), p.43.

28. Ibid., pp. 43-44.

29. Ibid., p. 186.

30. Miller(2000).
31. Bowles and Gintis(2000).
32. Melton(1988), p. 158.
33. Heywod(2001).
34. Melton(1988), pp. 531-532.
35. Quoted by Johnson(2000), p. 40.
36. Ensign(1921).
37. Bowles and Gintis(2000).
38. Ross(1901), p. 163.
39. Ibid., p. 164.
40. Ibid., p. 163.
41. Ibid., p. 174.
42. Kaestle(2000).

제 4 장

1. Csikszentmihalyi and Hunter(2003).
2. Schneller(2002).
3. Clark(1977).
4. Einstein(1949), p. 19.
5. McMahon(2007); Oleck(2008); Pytel(2007).
6. Pytel(2007).
7. Education Portal(2007).
8. Gray(2011a); Twenge and Foster(2010); Twenge et al.(2008).
9. H. Smith(2000), pp. 62-63.
10. Merrell et al.(2008); J. D. Smith et al.(2004).
11. Gray(1993).
12. Mayes et al.(2009), p. 2; Pastor and Reuben(2008).
13. Ricaurte et al.(2005).
14. Gray(2010).

제 5 장

1. Greenberg(1974).
2. Sudbury Valley School(1970), p. 18.
3. Ibid., p. 42
4. Gray and Chanoff(1986).
5. Greenberg and Sadofsky(1992); Greenberg, Sadofsky, and Lempka(2005).
6. 서드베리와 수렵채집인 집단과 비교는 Gray(2011b)에서 발췌했다.
7. Ingold(1999).
8. Gray and Feldman(1997, 2004).
9. Gray(2009); Thomas(2006).
10. Gray(2009).
11. Sadofsky, Greenberg, and Greenberg(1994).
12. Gray and Chanoff(1986).

제 6 장

1. Mitra(2003, 2005); Mitra and Rana(2001).
2. Mitra and Dangwal(2010).
3. Mitra(2004).
4. Aristotle(1963 translation).
5. Gordon(1999).
6. Inglis et al.(2001).
7. Roberts et al.(2007).
8. 이 실험에서(Renner, 1988), 이제 갓 하루가 지난 신생아에게 두 개의 비슷한 장기판 무늬 중 하나, 또는 다른 것을 처음으로 보여주고 어떤 것이 신생아의 관심을 가장 많이 끄는지를 알아보기 위해서 그들 앞에서 두 가지 무늬를 가지고 실험을 진행했다. 아기들은 이전에 본 적이 없었던 무늬를 더 오랫동안 응시했다. 신생아가 그런 선호를 드러내기 위해서는 두 무늬 간의 차이를 지각하여 다음 것과 구별되는 차이를 수초 동안 기억해야 했다.
9. Friedmand(1972).
10. Baillargeon(2004, 2008).
11. Ruff(1986, 1989).
12. Schulz and Bonawitz(2007).

13. Bonawitz et al.(2011).

14. Hughes and Hutt(1979); Hughes(1978).

15. Groos(1898), p. 75.

16. Evidence for these species' difference in play is found in Burghardt(2005) and Fagen(1981).

17. Groos(1901).

18. Mitra and Rana(2001).

19. Schulz et al.(2007).

20. Brooks and Metzoff(2002).

21. Ibid.(2008).

22. Okamoto-Barth et al.(2007); Tomonaga(2007).

23. Dennett(1994).

24. Goebel(2000).

25. Mitra(2005).

26. Engel(2006, 2009).

27. Eccles et al.(1993); Galton(2009); Harter(1981); Lepper et al.(2005); Osborne et al.(2003).

28. Vedder-Weiss and Fortus(2011).

제 7 장

1. Michaels et al.(1982).

2. Allport(1920); Beilock et al.(2004).

3. Aiello and Douthitt(2001).

4. 내가 본장에서 인용한 많은 연구물들을 연구한 학자들은 가설이나 결과를 기술하는 과정에서 "놀이" 또는 "놀기 좋아하는" 용어를 사용하지 않았다. 대신에 그들은 "압박을 느끼는" 대 "압박을 느끼지 않는" 마음의 상태, 또는 긍정적인 분위기 대 부정적인 분위기, 또는 내적 동기가 부여된 목적과 작업 대 외적 동기가 부여된 목적과 작업 등에 대해서 이야기 했다. 그러나 본장의 관점에서 보면 이런 모든 연구는 놀이에 관한 것으로 볼 수 있다. 놀이는 내적 동기가 부여되고, 압박을 느끼지 않는 활동으로서 긍정적인 마음의 상태에서 일어난다.

5. Amabile(1996); Hennessey and Amabile(2010).

6. Amabile(2001).

7. Howard-Jones et al.(2002).

8. Isen, Daubman, and Nowicki(1987).

9. Estrada, Isen, and Young(1997).

10. Dias and Harris(1988, 1990).

11. Richards and Sanderson(1999).

12. 놀이의 특징을 정의하는 이런 논의의 요약본은 Gray(2009) 참고.

13. 특히 놀이의 특징을 정의하는 이런 목록과 관련된 유용한 자료들은 Huizinga(1944/1955), Rubin et al.(1983), Smith(2005a), Sylva et al.(1976), and Vygotsky(1933/1978) 등 참고.

14. King(1982).

15. Kohn(1980); Kohn and Slomczynski(1990).

16. 이런 연구의 분석은 Patall et al.(2008) 참고.

17. Lepper et al.(1973).

18. 이런 실험의 검토는 Lepper and Henderlong(2000) 참고.

19. Vygotsky(1933/1978).

20. Ibid., pp. 99-100.

21. Leslie(1994).

22. Einstein(1949).

23. Csikszentmihalyi(1990).

24. Fredrickson(2001, 2003).

25. Byers(1977).

26. Symons(1978).

제 8 장

1. 공식적인 청소년 스포츠의 중상 발생률과 관련된 논의는 Hyman(2009) 참고.

2. Piaget(1932/1965).

3. 공식적 팀 스포츠가 청소년 집단 간의 갈등을 유발·악화시킬 수 있는 방법을 보여주는 고전적 연구는 Sherif et al.(1961) 참고.

4. M. Greenberg(1992).

5. Furth(1996); Furth and Kane(1992).

6. Connolly and Doyle(1984); Elias and Berk(2002); Jenkins and

Astington(1996); Newton and Jenvey(2011).

7. Burns and Brainerd(1979); Dockett(1998, described by Smith, 2005); Saltz, Dixon, and Johnson(1977).

8. Eisen(1988).

9. Brown et al.(1971).

10. Chazan and Cohen(2010).

11. Wegener-Spohring(1994).

12. Spinka et al.(2001).

13. Groos(1898)가 처음 주장했고 더욱 최근에는 다른 연구자들이 확증했다 (Fairbanks, 2000; Power, 2000, 참고). 그러나 늑대와 개를 포함한 육식동물의 경우 예외가 있었다. 이 경우 추적게임에서 선호하는 위치는 추적자의 위치였다.

14. Power(2000), p. 194.

15. Pellis et al.(2010).

16. Aldis(1975), p. 187.

17. Konrath et al.(2011); Twenge and Foster(2010).

18. Blickle et al.(2006); Judge et al.(2006); Thomaes et al.(2009).

19. Konrath et al.(2011).

20. Herman et al.(2011).

21. Pellis and Pellis(2011).

22. Hall(1998); Einon et al.(1978).

23. Pellis and Pellis(2011).

24. For reviews, see Goldstein(2011) and Przybylski et al.(2010); Yee(2006).

25. Przybylski et al.(2009).

26. Goldstein(2011).

27. Aarts et al.(2010).

28. Mcleod and Lin(2010); Olson(2010); Przybylski et al.(2010); Yee(2006).

29. Barnett and Coulson(2010).

30. Reaves and Malone(2007).

31. Ferguson(2010).

32. Ferguson and Rueda(2010).

33. Green and Bavelier(2003); Spence and Feng(2010).

34. Akilli(2007).

35. Black and Steinhkuehler(2009).

36. Durkin and Barber(2002); Ferguson(2010); Olson(2010).

제 9 장

1. 본장은 내가 American Journal of Play(Gray, 2011c)에 기고했던 논문을 상당 부분 수정·보완한 것이다.

2. 아이들의 놀이를 관찰하는 통상적인 방법은 약간 멀리 떨어져 앉아있는 것이지만 충분히 보고 듣기 위해서 책이나 잡지를 읽는 척 하면서 그들에게 가까이 다가갔다. 나는 관찰하고 들은 것을 슬그머니 메모하거나 아니면 직후에 곧 메모했다.

3. D. Greenberg(1992).

4. Mitra(2005).

5. Gray(2009).

6. Gray(2009); Konner(1975).

7. Konner(1975).

8. Konner(2010), pp. 492-495. 다양한 사례는 Roopnarine et al.(1994); Farver and Howes(1988) 참고.

9. 이런 암묵적 가정 중 하나는 아이들의 복합연령 상호작용과 관련된 연구가 매우 부족하다는 것이다. 나는 2000-2010년에 출판된 것으로 발달 심리학을 선도하는 두 가지 학술지(Child Development and Developmental Psychology)의 쟁점들을 모두 조사했다(Gray, 2011c). 나는 24개월 터울 이하인 아이들 간의 상호작용과 24개월 터울 이상인 아이들 간의 상호작용에 참여한 19명에 관한 총 213개의 논문을 찾았다. 이들 19명 중에서 15명은 형제자매 간의 완전한 상호작용으로 처리했고 적어도 4명은 비형제자매 간의 부분적인 상호작용으로 처리했다. 사회과학 분야의 교육학과 심리학의 학술지 뿐 아니라 데이터베이스에 대한 철저한 조사를 했으나 아동들 간의 복합연령 상호작용과 관련된 연구를 거의 찾지 못했다.

10. Gray and Feldman(1997).

11. Ibid.(2004).

12. Vygotsky(1978).

13. Wood et al.(1976).

14. 본장과 이 책의 다른 부분에서 기술한 서드베리 벨리 학생들의 이름은 모두 익명이다.
15. Christie and Stone(1999); Christie et al.(2002).
16. I calculated this from the numbers in Table 3 of Christie and Stone(1999), p. 122.
17. Emfinger(2009).
18. Originally established in a classic study by Parten(1932).
19. Goldman(1981); Mounts and Roopnarine(1987).
20. Maynard(2002); Maynard and Tovote(2010).
21. Eibl-Eibesfeldt(1982).
22. D. Greenberg(1987), p. 77.
23. Lancy et al.(2010) p. 5.
24. Correa-Chavez and Rogoff(2009).
25. Noddings(2005).
26. Feldman and Gray(1999).
27. Gorrell and Keel(1986).
28. Feldman(1997).
29. Whiting(1983).
30. Ember(1973).
31. Dearden(1998); Spencer(2006); Yogev and Ronen(1982).
32. Gordon(2005).
33. Schonert-Reichl et al.(2011).
34. LeBlanc and Bearisn(2004).
35. Cohen et al.(1982); McKinstery and Topping(2003).
36. Gray and Feldman(2004).
37. Gray and Chanoff(1986); Greenberg et al.(2005).

제 10 장

1. Skenazy(2009), p. xii.
2. Martini(1994), p. 74.
3. DeVore et al.(1968).
4. Ozment(2011).

5. Luthar and D'Avenzo(1999); Luthar Latendresse(2005).

6. Aarts et al.(2010).

7. Lanza(2012). Also, Lanza's website at www.playborhood.com.

8. 서드베리 학교는 웹사이트 www.sudval.org. 참고.

9. 미국 교육부(2008)는 홈스쿨링에 등록한 학생수를 1999년에 850,000명, 2007년에 1,508,000명으로 추산했다. 그 이후 미국 교육부의 자료는 아직 이용할 수 없지만 Ray(2011)는 2010년에 2,040,000명의 추정치를 제시했다.

10. 2007년에 실시한 미국 홈스쿨링 가족에 대한 조사에서 36%는 홈스쿨링을 하는 가장 중요한 이유를 종교적이거나 도덕적 교육을 제공하는 것이라고 응답했다.

11. 조사결과에 대한 예비 보고서는 Gray(2012b) 참고.

12. 여름방학에 반대하는 사례는 Von Drehle(2010) 참고. 여름방학을 폐지하는 사례는 Gray(2012a) 참고.

13. 미국 교육부 자료는 www.ed.gov 참고.

인명 색인

사항 색인

참고 문헌

본 QR코드를 스캔하시면 '언스쿨링'의 참고문헌을 참고하실 수 있습니다.

저자 소개

피터 그레이는 신경내분비학, 발달심리학, 인류학, 그리고 교육학 분야에서 탁월한 연구물을 생산했다. 그는 심리학의 전 분야를 진화론적 관점에서 바라보는 대학교재, 심리학의 저술자이다. 이 저서는 오랜 시간에 걸쳐 국제적인 호평을 받아왔다. 최근 그는 인간의 진화과정에서 보여준 놀이의 역할과 아이들에게 충분한 자유를 허용할 때, 자연적으로 발생하는 놀이와 탐험 중심의 자기교육에 대해 집중적인 연구를 하고 있다. 그는 자신의 저서, 『자유학습: 왜 우리 아이들이 더 행복하고, 더 자립적이며 더 나은 학교생활을 할 수 있도록 아이들의 놀이본성을 해방해야 하는가』(2015)에서 이런 사상을 더욱 확장시켰다. 또한 그는 Psychology Today에서 매우 인기 있는 "Freedom to Learn"의 블로그를 운영하고 있다. 현재 그레이는 글쓰기와 연구뿐 아니라 장거리 자전거 타기, 험한 골짜기에서 스키타기, 카약, 그리고 텃밭 가구기 등 다양한 놀이생활을 즐기고 있다.

피터 그레이는 주로 미네소타와 위스콘신의 작은 마을에서 성장했으나 16세 때 전 가족이 버몬트로 이사한 이후 계속 동부에서 살고 있다. 그는 뉴욕의 컬럼비아 대학에서 심리학과 생물학을 수학한 후 록펠러 대학에서 생물학 박사 학위를 취득했다. 그 이후 그는 보스턴 대학에서 심리학부에 둥지를 틀고 30년간 교수로 봉직했다. 현재는 교육과 행정가에서 은퇴하고 연구교수의 지위를 가지고 있다.

역자 소개

황기우는 고려대학교 대학원에서 교육사회학을 공부했다. 고려대학교교육문제연구소 연구교수로 일한 적이 있다. 현재 총신대학교 기독교교육과 교수로 재직하고 있다. 주요 저역서에는 『교사의 권력』, 『21세기 교사의 역할』, 『영감을 주는 교사』, 『교사 리더십』, 『재외한인 민족교육관』(공저), 『통합사회의 한국교육』(공저), 『공교육의 미래』 등이 있다. 최근에는 언스쿨링에 관심을 쏟고 있다.

언스쿨링

초판인쇄	2015년 8월 10일
초판발행	2015년 8월 24일
지은이	Peter Gray
옮긴이	황기우
펴낸이	안상준
편 집	김선민·배근하
기획/마케팅	이선경
표지디자인	홍실비아
제 작	우인도·고철민
펴낸곳	㈜ 박영story
	서울특별시 마포구 월드컵북로 400, 5층 2호(상암동, 문화콘텐츠센터)
	등록 2014. 2. 12. 제2014-000009호
전 화	02)733-6771
f a x	02)736-4818
e-mail	pys@pybook.co.kr
homepage	www.pybook.co.kr
ISBN	979-11-85754-17-8 93370

* 잘못된 책은 바꿔드립니다. 본서의 무단복제행위를 금합니다.
* 역자와 협의하여 인지첩부를 생략합니다.

정 가   17,000원